物流管理与工程类十二五规划系列教材
安徽省特色专业、安徽省专业综合改革试点项目

采购管理

主　编　梁　雯　　叶春森
副主编　张晓林　　张　萍　　刘兰凤
　　　　秦　浩　　刘宏伟

合肥工业大学出版社

图书在版编目(CIP)数据

采购管理/梁雯,叶春森主编 . —合肥:合肥工业大学出版社,2013.8(2018.8重印)

ISBN 978 - 7 - 5650 - 1477 - 2

Ⅰ.①采⋯ Ⅱ.①梁⋯②叶⋯ Ⅲ.①采购管理 Ⅳ.①F253.2

中国版本图书馆 CIP 数据核字(2013)第 199317 号

采 购 管 理

主编	梁 雯 叶春森		责任编辑 陆向军
出 版	合肥工业大学出版社	版 次	2013 年 8 月第 1 版
地 址	合肥市屯溪路 193 号	印 次	2018 年 8 月第 2 次印刷
邮 编	230009	开 本	710 毫米×1000 毫米 1/16
电 话	综合编辑部:0551 - 62903028	印 张	21.25
	市场营销部:0551 - 62903198	字 数	381 千字
网 址	www.hfutpress.com.cn	印 刷	合肥现代印务有限公司
E-mail	hfutpress@163.com	发 行	全国新华书店

ISBN 978 - 7 - 5650 - 1477 - 2　　　　　　　定价: 42.00 元

如果有影响阅读的印装质量问题,请与出版社市场营销部联系调换。

编 委 会

委　　员 （排名不分先后）

张学和　中国科学技术大学

李　凯　合肥工业大学

许　皓　安徽大学

张雯蕊　安徽大学

李德才　合肥学院

桂云苗　安徽工程大学

王　亮　铜陵学院

许正松　皖西学院

曹桂银　蚌埠学院

张　萍　安徽外国语学院

谢艳平　安徽三联学院

李晓翔　安徽大学

贾明伟　中外运合肥物流有限公司

罗玉霞　中外运合肥物流有限公司

汪齐虎　徽商金属物流有限公司

黄成松　徽商物流有限公司

隋勇军　安徽徽运物流有限公司

王　丹　合肥永春物流有限公司

前　言

采购管理是物流管理与工程大类的核心课程。全书内容主要包括十章：采购管理概述，采购管理基础理论，供应商管理，采购成本与控制，采购谈判与合同，采购绩效评估，专题采购，采购管理信息系统，采购库存控制与管理，采购相关法规解读。本书每章根据内容学习规律附有案例讨论和复习思考题。

本书系安徽省省级特色专业：物流管理（皖教高【2010】28 号20100158），安徽省省级专业综合改革试点专业：物流管理（皖教高【2012】14 号 2012ZY015），安徽省教学研究项目：大学生实践创新能力多元化培养模式研究（［2012yxm079］），教育部青年基金项目（12YJC630268）、安徽省教育厅人文社科项目（SK2012B039）、安徽大学第一、第三批骨干教师项目（330100042、12333010304）等一系列项目的部分相关研究成果。全书观念新颖、体系科学、内容全面、信息丰富、结构严谨。本书可供高等本科教育采购管理、物流管理、物流工程以及管理科学与工程大类、工商管理大类、工业工程类、电子商务类、国际贸易等相关专业作为教材使用，也可供高等职业学院、企业界、学术界、政府相关人员等作为教材和参考书。

本书由安徽大学物流与供应链研究中心梁雯、叶春森策划、拟定大纲、组织、协调、统稿，参加编写人员的具体分工如下：第一章梁雯、庞为，第二章刘兰凤、张晓林，第三章叶春森，第四章刘宏伟、张晓林、叶锋华，第五章秦浩、张晓林、欧志明，第六章张萍、叶春森，第七章叶春森，第八章梁雯、周雷，第九章叶春森，第十章孙华、耿天霖。同时，张磊、岳佩资、张利沙、田会芳、刘晓慧等参与资料收集、录入、校对等工作，在此表示感谢。

感谢中国物流与采购联合会、中国物流学会、安徽省政府采购中心、安徽省发展与改革委员会、安徽省交通运输厅、安徽省商务厅、安徽省发展研究中心、安徽省物流与采购联合会、安徽省物流协会、安徽省招标中心、合肥高新技术开发区管委会、格力电器、凌达压缩机有限公司、中外运物流发展公司、淮矿现代物流有限公司、中外运合肥物流有限公司、皖新传媒集团有限公司、新宁物流有限公司、安徽江汽物流有限公司、安徽迅捷物流有限公司、安徽春天有限流公司、安徽标准研究院、安徽徽运物流有限公司、合肥朝阳物流有限公司、合肥光太物流有限公司、徽商金属物流有限公司、徽商物流有限公司、安徽百路物流有限公司、中铁快运股份有限公司上海分公司、合肥高新创业园管理有限公司、上海达龙信息科技有限公司、安徽明信软件有限公司、安徽物流与采购考试服务中心、中国科学技术大学、安徽大学、淮北师范大学、安徽审计学院、安徽外国语学院等单位给予的调研配合和资料提供的方便。

在本书编写过程中，直接或间接参考和借鉴了国内外物流学、管理学、经济学、数学、计算机、工程学、法学等方面的大量素材，在此向有关作者表示由衷的谢意。

由于编者水平有限，加上时间仓促，书中难免会挂一漏万，不足之处敬请广大专家、学者、同行、读者和关心采购及教育的一切同仁的批评指正。

编　者

2013 年 8 月

目 录

第 1 章　采购管理概述

1.1　采购的起源与发展

随着经济全球化的深入发展，我国企业面临着更为严峻的挑战，如何使企业立于不败之地，不仅要在生产制造、市场营销等方面寻找突破口，也要在采购上挖掘潜力。树立现代采购理念，利用科学的采购理论和方法指导采购，将会形成企业采购优势，提高企业市场竞争力。

1.1.1　采购的概念

1.1.1.1　采购的定义

在任何群居的社会中，无论是为满足个人的生活需要，还是为企业产销活动所需，都会面临许多交易机会，经历无数次的采购。因此，采购是一种频繁的日常经济活动，从人们日常生活到企业运作，从民间到政府，都离不开采购。一个组织只要存在，就要从外界获得所需的有形和无形资源，这种行为便可称为"采购"。

狭义的采购（purchase）是指"一手交钱，一手交货"，以货币换取物品的方式。这种以货币换取物品的方式，无论对于个人还是企业机构都是最普遍的采购途径。因此，在狭义的采购之下，买方一定要先具备支付能力，也就是要有钱，才能换取他人的物品来满足自己的需求。

广义的采购是指除了以购买的方式占有物品之外，还可以通过其他途径取得物品的使用权，以达到满足需求的目的。现代意义的采购大多和供应商联系在一起，并随着企业和社会经济的发展而被不断地赋予新的内涵。

随着市场经济的发展，企业经营管理理念、运营方式的改变和信息技术的广泛应用，采购的作用日益突出。它不但是保证生产正常运转的必要条件，而且为企业降低成本、增加盈利创造了条件。正确理解采购、创新采购模式是现代企业在全球化、信息化的市场经济竞争中赖以生存的一个保障，也是现代企业谋求发展壮大的一个必然途径。

不同行业、不同企业，由于它们所处的企业环境不同，对采购有不同的理解。一般而言，采购就是从系统外部获得货物、土建工程和服务的完整采买过程。货物采购就是根据需要购买项目建设所需的投入物及与之相关的服务；土建工程采购是指通过招标或其他商定方式选择工程承包单位及其相关的服务；服务采购主要指聘请咨询公司或咨询专家。

综上，采购（purchasing）包含两层基本含义：一层为"采"，即选择，指从许多对象中选择若干个的意思；另一层为"购"，即购买，是通过商品交易的手段把所选对象从对方手中转移到自己手中的一种行为。因此，采购就是指在一定的时间和地点条件下通过交易手段，实现从多个备选对象中选择购买能够满足自身需求的物品的企业活动过程。采购包含如下要点：

（1）采购是从资源市场获得资源的过程；

（2）采购的实现需具备一定的条件；

（3）采购的过程是一个选择的过程；

（4）采购是商流和物流以及信息流过程的统一，离开任何一个流程，采购工作都无法正常开展；

（5）采购是一种经济活动。

1.1.1.2 采购的相关延伸

（1）采购的相关概念

1）购买。购买（buying）实际上就是狭义的采购，通常指消费者为了满足需要而发生的一种经济行为，如为了居住而购买房屋，为了防寒而购买棉衣等。

2）订购。订购是采购下订单的过程，它是指按照事先约定的条件向供应商发出采购订单，或者在没有询问供应商的条件下直接发出采购订单。电话订购就属于这个范畴，虽然没有事先询问，但电话订购的产品已经列在供应商的产品目录中。

3）购置。购置包括从供应商处获取的产品送至最终目的地所经历的所有活动。其意义稍微广泛点，一般用于固定资产和设备的采购。

4）前、后期采购。前期采购指采购过程中下订单之前的相关工作；后期采购指采购过程中自下订单开始以后的相关工作。

5）战略采购。战略采购是指宏观范围内确立采购资源、建立最优供应商体系及战略伙伴关系等。

6）供应。采购与供应具有密切的关系，但二者在概念上并不是一致的，供应的含义大于采购的含义。供应包括内部供应和外部供应，内部供应如生产自用、车间之间的供应等；外部供应是从外部寻找供应商、组织货源、对企业进行供应，采购就属于此类。此外，采购与供应的区别还包括：供应是保证需要的意思，而采购的功能远远多于供应，它还具有降低成本、减少资金占用等功能。

（2）采购的基本特征

1）采购是从资源市场获取资源的过程。采购对于生活或生产的意义，在于它能够提供生活或生产所需要而自己又缺乏的资源。这些资源，包括生活资料，如粮食、服装等，也包括生产资料，如机床、矿石等；包括物质资源（如原材料、设备、工具等），也包括非物质资源如产销信息、办公软件、生产技术等。能够提供这些资源的供应商，形成了一个资源市场。采购的基本功能就是帮助人们从资源市场获取他们所需要的各种资源。

2）采购是商流和物流过程的统一。在采购过程中，一是要将资源的所有权从供应商转移到购买方，这是商流过程，主要通过商品交易、等价交换等方式来实现商品所有权的转移；二是要实现将资源的物质实体从供应商转移到购买方，这是物流过程，主要通过运输、储存、包装、装卸等手段来实现商品空间位置的转移。只有这两个过程都完全实现了，采购过程才算完成。

3）采购是一种经济活动。采购是企业经济活动的主要组成部分。所谓经济活动，就是要遵循经济规律，追求经济效益。在采购活动整个过程中，一方面，通过采购，获取了资源，保证了企业生产的顺利进行，这是采购的效益；另一方面，在采购过程中，也会发生各种费用，这就是采购成本。我们要追求采购经济效益的最大化，就要不断降低采购成本，以最少的成本换取最大的效益。而要做到这一点，最关键的就是要努力追求科学采购，科学采购是实现企业经济利益最大化的基本利润源泉。

1.1.1.3 采购分类

人类采购活动的出现，是社会分工及生产力发展的必然结果。依据不同的标志对采购进行分类，有助于企业依据每一种采购的特点，合理选择采购方式。

（1）按采购范围分类

1）国内采购

所谓国内采购指企业以本币向国内供应商采购所需物资的一种行为。例如，机械制造企业，向国内供应商采购钢材、轴承等原材料、配件。国内采购主要指在国内市场采购，并不是指采购的物资都一定是国内生产的，也可以向国外企业设在国内的代理商采购所需物资，只是以本币支付货款，不需以外汇结算。国内采购又分为本地市场采购和外地市场采购两种。通常情况下，采购人员首先应考虑在本地市场采购，这样可以节省采购成本，减少运输，节约时间，同时保障供应；在本地市场不能满足需要时，再考虑从外地市场采购。

2) 国际采购

所谓国际采购，是指国内采购企业直接向国外厂商采购所需物资的一种行为。国际采购也称跨国采购、全球采购，是利用全球的资源，在全球范围内去寻找供应商，寻找质量最好、价格合理的产品、工程和服务。企业采购着眼于全球市场，就会涉及国际采购。从事国际采购，不仅要制定战略性和实效性策略，熟悉《2000 年国际贸易术语解释通则》，掌握国际采购理论、方法和手段，又要熟悉国际采购规则、条例、惯例的实际运作过程，在掌握采购理论的同时了解系统的实务过程，从而更好地把握国际采购理论与实务的全貌。

国际采购方式一般通过直接向国外厂方咨询，或者向国外厂方设在本地的代理商咨询采购。其主要采购对象为成套机器设备、生产线等，如我国进口的电视、电脑生产线等，并与之相配套的仪器、仪表及配件。国际采购的优点主要有：①质量有保证；②影响国内价格；③利用"汇率"变动获利。但也存在一些不足，主要有：①交易过程复杂，影响交易效率；②需要较高的库存，加大了储存费用；③纠纷追索困难，无法满足急需交货。尽管国外采购存在一定的风险，但由于我国在新型材料、设备等方面技术相对落后，国际采购仍然是我国企业采购的一种重要途径。

国际采购的对象为：①国内无法生产的产品，如电脑制造商需要的 CPU、汽车制造商需要的光电控制系统等；②无代理商经销的产品，通常直接进行国外采购；③国外产品价格上有优势的产品，如进口汽车、农产品等。

一般跨国公司在进行全球采购活动中有以下 4 种方式：

① 以制造企业为核心的全球采购活动。例如通用电气、通用汽车等一些技术密集型的，或者品牌非常响亮、具有国际品牌的，又或者是具有很大资金优势的跨国公司，它们作为采购龙头来主导采购体系和采购市场。而对于中国企业来讲，很多只是为这类企业提供一些配套性的产品，如汽车配件。

② 以贸易企业为核心的全球采购体系。在国际上很多大的企业或者是有竞争力的企业，为了把自身的资源集中于一些核心的领域，通常对企业的很多采购活动采用外包的方式，而承担这种采购外包的市场主体，往往是那些在国际市场上非常活跃的贸易企业。

③ 以大型零售集团为核心的采购活动。一些大型的跨国零售巨头近几年来在中国市场上的表现是非常引人注目的，他们采购时更关注国内非常有优势的快速消费品和劳动密集型产品，如服装、鞋帽、食品等商品。这些商品通过跨国零售巨头进入国际市场的主流渠道，特别是进入主流的零售渠道中去，这对中国出口有非常重要的影响。过去，中国很多产品出口是依托原来

传统的国有贸易企业，或者企业的自行出口，往往不能进入进口国主流的渠道，只能进入一些街边市场或者是其他的市场，而现在这些跨国零售巨头可使中国很多企业商品进入到正规的渠道中去。

④ 以专业采购组织和经纪人为核心的跨国采购体系。中小企业为了获得最佳商品的供应和最佳零售品供应，往往委托一些经纪人或者一些专业的采购组织来为它们服务。目前，这些经纪人和采购组织采用国际上更为流行的运作方式即网上采购，特别是集合众多中小企业的采购要求，到中国或者一些低成本的国家进行采购。

（2）按采购时间分类

企业的物资采购，按照采购商与供应商之间交易时间长短的不同，一般分为以下两类：

1）长期合同采购

长期合同采购是指采购商和供应商通过合同，以稳定双方的交易关系，合同期一般在一年以上。在合同期内，采购方承诺应在供应方采购其所需产品，供应方承担保证采购方在数量、品种、规格、型号等方面的需要。长期采购合同的优点为：①有利于增强双方的信任和理解，建立稳定的供需关系；②有利于降低双方为价格洽谈的费用；③有明确的法律保证，维护双方各自的利益。但是，这种方式也存在如下不足：①价格调整困难如市场供求关系变化，采购方要求供应商调整价格有一定难度；②合同数量固定，采购数量调整有难度；③采购人员形成了对供应商的依赖，缺乏创新意识，在合同期内，采购商有了更好的供货渠道，也将影响采购商的选择。

长期合同采购，供需关系稳定，主要适应于采购方需求量大且需求连续不断的物品，如企业的主要原材料、燃料、动力；主要设备及配套设备，如空调生产企业需长期采购压缩机、发电厂需签订供煤长期合同等。

2）短期合同采购

短期合同采购指采购商和供应商通过合同，实现一次交易，以满足生产经营活动需要。短期采购双方之间关系不稳定，采购产品的数量、品种随时变化，对采购方来讲有较大灵活性，能够依据变化的市场环境，调整供应商。但由于这种不稳定性，也将出现价格洽谈、交易及服务等方面的不足。短期采购适用于如下情况：①非经常消耗物品，如机器设备、车辆、电脑等；②补缺产品，由于供求关系变化，为弥补长期合同造成的供货中断，以鉴定短期合同补充；③价格波动大的产品采购，经常通过短期采购合同进行，因为这种产品，供应商和采购商都不希望签订长期合同，以免利益受损；④质量不稳定产品，如农产品、试制新产品等一般也是一次性采购。

（3）按照采购主体分类

采购主体即承担具体采购任务的人员。按采购主体不同，将采购可分为以下两类：

1）个人采购

个人采购是指消费者为满足自身需要而发生的购买消费品的行为。如购买生活必需品、耐用品等，实质上是一种购买活动，购买对象主要为生活资料，其特点为单次、单品种、单一决策，购买过程相对简单。

2）组织采购

所谓组织是指"事物特定的结构形式"，即人和事物按照一定的任务和形式所进行的有效组合，是实现既定目标的手段。因此，组织采购是为实现组织目标而发生的采购行为。组织可以按不同标志进行分类，但从组织的经济活动，特别是从采购的角度，一般可分为：①家庭是一种组织，通常购买的仍然以生活资料为主；②政府、事业单位、军队采购支出，按照国家相关的法律、法规，在一定价值以上都应实行招标采购；③企业组织是社会经济的主体部分，因而，企业采购也就成为我们研究的重点。

所谓政府采购是指各级国家机关、事业单位或团体组织，使用财政性资金采购依法制定的集中采购目录以内的或者采购限额标准以上的货物、工程和服务的行为。从政府采购的概念中可以看出，政府采购应当包含以下4个方面的内容：①作为政府采购当事人之一的采购人只能是各级国家机关、国有事业单位或经国家机关依法设立的团体组织，而其他法人、社会团体和个人不能成为政府采购人。②政府采购所使用的资金只局限于财政性资金。换言之，政府采购的资金来源是政府行政拨款，不包括计划外资金和自筹资金等项目。③政府采购的范围包括两个部分：一是各级国家机关、事业单位和团体组织采购依法制定的集中采购目录以内的货物、工程和服务；二是采购各级政府所确定的政府采购限额标准以上的货物、工程和服务。④政府采购的对象或者说是采购的客体包括货物、工程和服务。所谓货物，是指各种形态和种类的物品，包括原材料、燃料、设备、产品等；所谓工程，是指建设工程，包括建筑物和构筑物的新建、改建、扩建、装修、拆除、修缮等；所谓服务，则是指除货物和工程以外的其他政府采购对象。

企业采购是现今市场经济下一种最主要、最主流的采购。企业采购一般分为生产企业采购和流通企业采购。企业是大批量商品生产的主体，为了实现大批量产品的生产，就需要大批量商品的采购。企业的生产，是以采购作为前提条件的。没有采购，生产就不能进行。企业的采购，不但采购数量多、采购市场范围宽，而且对采购活动的要求也特别严格。它要对企业的需求品种、需求量、需求规律进行深入的研究，要对国内、国外众多的供应厂商进行分析研究，还要对采购过程各个环节进行深入研究和科学操作，才能完成采购任务，保证企业生产所需的各种物资的适时供应。

商业流通企业采购是为了销售而采购，是一种生活消费，采购对象为生活资料。这些企业又可分为批发企业、零售企业等。现代采购研究的重点是生产企业的采购，即生产资料（也称物资）的采购。服务产品采购不进行重点研究。

（4）按照采购对象分类

采购的对象既有产品、设备等各种各样的物品，也有房屋、构筑物、市政及环境改造等工程，还有其他各种服务。

1）物品采购

物品采购包括原材料、协作件、产成品等的采购，以及生产资料如机器设备的采购等。不同的物品，对采购的时间、地点、价格、供应商等的要求不同。由于物品性质、标准等的不同，所需要的配套物流运作和管理活动也有很大不同。

2）工程采购

工程采购的范围包括房屋、构筑物、市政及环境改造等，一些大的工程项目采购，往往采用交钥匙方式，也称交钥匙工程。

3）服务采购

服务采购包括技术、知识、咨询和教育服务的采购，某些业务的外包就是服务采购，通常采用一揽子合同采购服务的形式。

（5）按采购价格方式分类

1）招标采购

将采购商品的所有条件详细列明，刊登公告。投标供应商按公告的条件，在规定时间内，交纳投标押金，参加投标。招标采购按规定必须至少3家以上供应商报价，投标才可以开标，开标后原则上以报价最低的供应商中标。若中标的报价仍高过标底时，采购人员有权宣布废标，或征得监办人员的同意，以议价方式办理。

2）询价现购

采购人员选取信用可靠的供应商将采购条件讲明，询问价格或寄询价单并促请对方报价，比较后现价采购。

3）比价采购

采购人员请数家供应商提供价格后，从中加以比较后，决定向哪家供应商进行采购。

4) 议价采购

采购人员与供应商经讨价还价后，议定价格进行采购。

一般来说，询价、比价和议价是结合使用的，很少单独进行。

(6) 按采购订约方式分类

1) 订约采购

买卖双方根据订立合约的方式进行的采购。

2) 口头电话采购

买卖双方不经过订约方式，而是以口头或电话洽谈方式进行的采购行为。

3) 书信电报采购

买卖双方借书信或电报的往返而进行的采购行为。

4) 网络采购

指利用国际互联网 Internet 等网络工具进行的现代化采购方式。

(7) 按采购制度分类

1) 集中采购

由公司总部采购部门统一进行采购，如医药连锁药店、连锁超市等由总部进行统一采购。

2) 分散采购

由各门店或各商品部独立进行采购。

(8) 按采购方式分类

1) 直接渠道采购

直接向商品生产厂商进行采购。

2) 间接渠道采购

通过代理商或批发商向商品生产厂商进行采购。

(9) 按采购的科学化程度分类

1) 传统采购

所谓传统采购，就是议价采购。采购者根据采购品种、数量、质量等方面的要求，货比三家，通过谈判，讨价还价，最后达成一致，得以成交的采购形式。

2) 科学采购

所谓科学采购，就是在科学理论的指导下，采用科学的方法和现代科技手段实施的采购。科学采购根据指导理论和采取的方式方法的不同，可划分为订货点采购、JIT 采购、MRP 采购、供应链采购、招标采购和电子商务采购。①订货点采购。订货点采购已有半个世纪的历史，无论从理论上还是实践上都比较成熟。订货点采购的原理是，当库存降低到一定水平时，按规定的量组织订货。订货点采购还可细分为定量订货法、定期订货法。订货点采购在现实中有着广泛应用。②JIT采购，又称准时化采购，是一种完全以满足需求为依据的采购方法。需求方根据自己的需要，对供应商下达订货指令，要求供应商在指定的时间，将指定品种、指定数量、指定质量的物品送到指定的地点。JIT采购的基本思想是追求零库存，"彻底杜绝一切浪费"。具体做法是在需要的时候，将合适品种、合适数量、合适质量的物料送达合适的地点。这种即时送达，要做到既不早又不晚，既不多又不少，既保证需要又不增加库存。③MRP（物料需求计划）采购。MRP采购是一种解决相关需求的采购方式，主要应用于生产企业的物料采购。生产企业的主产品，有时称为主机，是由许多部件构成的，部件是由组件构成的，而组件又是由零件构成的。这种从主机到零件的树形图构成了主产品结构文件。在MRP计算机系统中，输入主产品数量、主产品结构文件和载明库存量的库存文件，系统就可输出何时采购，采购多少原材料、零部件的指导文件。按此文件采购，既可满足生产需求，又能实现最小量库存。④供应链采购。供应链采购就是在供应链条件下的采购。这是供应方积极主动向采购方提供其所需物料的采购。在供应链的条件下，供应方遵循供应链的宗旨，在利益共享原则的基础上，依据采购方提供的信息，及时满足采购方对原材料和产成品的需求。⑤招标采购。招标采购一般是大宗物品和工程的采购。采购方为了寻求最好的供应商，通过发布标书的形式，向特定或非特定的潜在供应商提出采购物资或工程的条件。由于众多的供应商参与竞标，采购方可以在更广泛的范围内寻求最优合作伙伴，达到价格最低、服务最优。⑥电子商务采购。电子商务采购是在计算机技术、通信技术和网络技术高度发展条件下的科学采购方式。这种采购方式，可以在全球范围内寻求到最好的供应商，而且速度快、费用低、操作简单、效率高。这种采购方式通常适合于标准或不太复杂产品的采购。

1.1.2　采购的地位、作用与目标

　　采购是企业经营的一个重要环节，同时也是企业获取利润的重要来源。随着市场经济的发展、技术的进步、竞争的日益激烈，采购已经由单纯的商品买卖发展成为一种职能，一门专业，一种可为企业节省成本、增加利润、获取服务的资源。采购在企业经营中占据着举足轻重的地位。

1.1.2.1　采购在企业经营中的地位

　　正确认识采购在企业经营中的地位有助于企业通过采购来建立自己的竞争优势。一般来说，采购在企业经营中的地位主要表现在以下几个方面：

（1）采购制约着产品销售工作的质量

作为向项目产品销售提供对象的先导环节，商品采购必须是购进商品的品种、数量符合市场需求，才能实现商品销售经营业务的高质量、高效率、高效益，从而达到采购与销售的和谐统一；相反，则会导致购销之间的矛盾，造成经营呆滞，影响企业功能的发挥。因此，商品销售工作量的高低很大程度上取决于商品采购的规模构成。

（2）采购制约着研发工作的质量

采购与项目的研发密切相关。没有采购的支持，项目的研发方案成功率会大大降低。研发人员经常会感觉到因为采购不到某种物料，或者受到某种加工工艺的限制，使得设计方案难以实现；或者设计人员费尽心思所得到的研发样品在功能上与同行业相差甚远，这些结果都与采购部门的配合密切度有关。

（3）采购决定着最终产品的周转速度

采购员必须把握好采购活动的时间和采购的数量，工作人员必须解决好业务活动中的适时和适量问题。如果采购工作运行的时点与把握好的量度同企业其他环节的活动达到了适度结合，就可以加快商品周转速度，进而加快资金周转，为企业项目带来切实的利益；反之，就会造成商品积压，商品周转速度减缓，商品库存费用增加，以致不得不运用大量的人力物力去处理积压的商品，否则将造成浪费。

（4）采购决定着生产的稳定状况

企业在生产中经常出现这样的情况：即使有99％的物料已经到位，而有1％的物料因各种原因不能按照计划到货，也将迫使生产中断。另一种情况是，当几乎所有的零件都已经组装完毕，但因为一个零件的质量问题导致整个产品功能失效，必须重新找到问题所在，并进行替换。严重的物料采购问题会大大降低生产劳动效率，有时可能使整个生产前功尽弃。所以，批量采购的稳定性是影响正常生产的重要因素之一。

（5）采购关系着项目经济效益的实现程度

企业的采购活动对项目的经济效益影响很大。由于项目经济效益是直接通过项目最后生产的效益即利润额来表示的，而商品采购过程中及进货后代售阶段所支付费用的多少同利润额成反比，因而，购进商品的适销率如何，对企业经营的数量值有很大影响。项目经济效益的实现是同市场经营机会联系在一起的。确定商品采购的时间、地点、方式、数量、品种等等，都要充分考虑企业对有关市场机会的利用问题。为了提高企业的经济效益，项目管理者要注重分析市场趋势，寻求可能的经营机会，以防止采购工作的盲目性。

重视企业采购，控制采购成本，是企业现代化管理的必然要求。

以汽车制造厂为例，汽车物流可以分为零部件进厂物流和产成品销售物流。其中：与采购密切相关的是零部件供应物流，涉及国际采购与国内采购，同时需要与相应物流过程结合起来，具体如图 1-1 和图 1-2 所示。

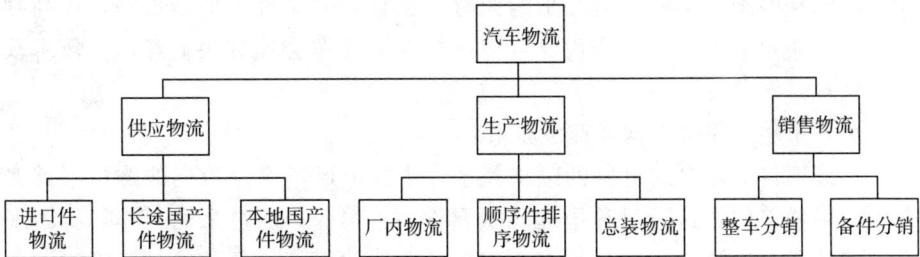

图 1-1 汽车制造厂供应物流中的国际与国内采购物流

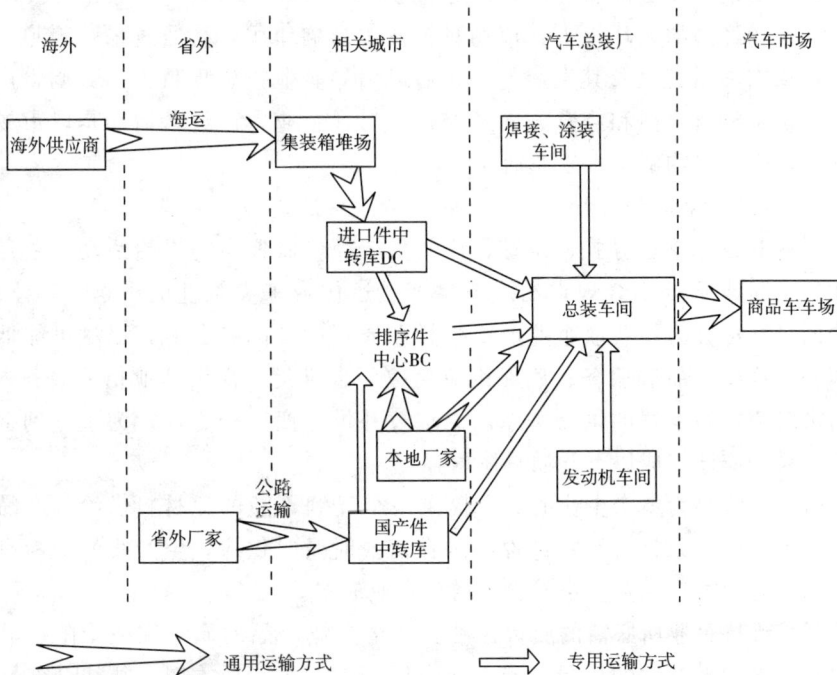

图 1-2 汽车零部件采购与物流过程示意图

1.1.2.2 采购在企业经营中的作用

(1) 采购工作可以促使资源的合理利用

节约和合理地利用物质资源是当今社会一个很重要的问题。采购工作过程中也需要通过更好的工作方式来达到这个效果。第一，合理的采购，防止优料劣用，长材短用；第二，优化配置物质资源，防止优劣混用，在采购中，要力求优化配置的最大综合效应和整体效应，防止局部优化损害整体优化、部分优化损害整体优化；第三，在采购工作中，要应用价值工程分析，力求功能与消耗匹配；第四，通过采购同时引进合理利用资源的新技术，提高物质资源利用效率；第五，采购要贯彻执行有关资源合理利用的经济、技术政策和法规。

（2）采购工作可以沟通经济联系

不同项目部门之间良好的经济关系，主要是通过商品流通的购销渠道实现的。采购工作在这一过程中起着重要作用：第一，通过采购工作，巩固现有的经济联系；第二，通过采购工作，开拓新的渠道、新的领域；第三，通过采购工作，整合开展除采购以外的技术、资金、科研等方面的合作。

（3）采购工作可以洞察市场的变化趋势

在市场经济的大环境下，市场对企业的影响作用，是通过采购渠道，观察市场供求关系变化及其发展趋势，借以引导企业投资项目方向、调整产业结构、确定经营目标和经营方向及经营策略。企业生产经营活动是以市场为导向，而进行采购活动、生产活动的。

1.1.2.3 采购的目标

采购的目标就是寻找、跟踪、评估供应商，监督实物供给活动，避免由于供给中断或质量不合规定给企业生产、运作带来灾难性的影响。具体地，采购的目标可分为：获取企业所需数量和质量的产品和服务，以尽可能低的成本获取这些产品和服务；确保供应商按要求供货，提供其他相关服务；巩固与供应商之间良好的供需关系，寻求替补供应商 4 个方面。为了达到上述目标，采购应该完成以下几项具体内容：

（1）采购要为整个企业的生产提供一个连续不断的原材料供给、产品供给和服务供给。原材料和零部件必须在需要时及时供应，生产线的中断有可能影响雇主和客户利益，当然也会增加企业成本。

（2）维持企业所必需的质量标准。一个企业产品的质量往往受限于其购买的原材料和零部件的质量。当企业专注于控制采购成本时，往往会忽视采购的质量。因此，在降低价格的同时绝对不能在产品质量上妥协。

（3）寻找或培养可靠的供应商。好的供应商不仅有助于企业解决很多采购方面的问题，而且还能促进企业研发水平的提高，提升企业竞争力。采购经理的主要目标之一就是要发现高质量的供应商，并与之成为战略合作伙伴。

（4）将采购物品标准化。将原材料标准化，可以适当降低库存、储运成本，而且可以使采购部门在一定的质量上与供应商洽谈价格，降低对某些供应商的依赖性。

（5）以最低价格购买所需产品和服务。所谓最低价格，是根据所购买产品的时间限制、所消耗的资源以及企业采购成本限制等条件来决定的，不可能有统一的规定，也不会自动达成。此外，考虑最低价格时也应该将非货币因素考虑在内。这些非货币成本包括：劳务、原材料的质量、数量以及特殊运输条件等因素所引起的成本。

（6）创造竞争优势，提高企业的竞争地位。科学合理的采购可以确保企业以最低价格购买到所需的原材料，并且可以维系企业的竞争地位。这样做不仅控制了成本，还能确保企业原材料的及时供应。同时，采购活动还可以培养和建立与供应商之间的关系，确保即使是在比较恶劣的条件下也有一个稳定、连续的原材料供应，从而使企业自身在竞争当中处于有利地位。

（7）加强与其他部门的协同工作。采购不是一个完全独立的环节，它和生产、计划、营销、财务密切相连，几乎涉及整个企业运作过程。因此，采购部门一定要和其他部门通力合作，协调解决共同的问题。

（8）以最低的管理成本达到采购目的。与企业其他活动类似，采购活动涉及运营成本以及管理成本。整个采购运作过程需要合理有效的管理，因此在考虑运营成本最小的同时也应该考虑将整个过程的管理成本最小化。

因此，采购目标不仅仅是以最少的钱买到最好的商品，而是要发挥采购在企业中的战略职能，为企业降低成本、提高产品质量、推进产品开发、提升企业竞争力等方面做出积极的贡献。

1.1.3 采购要素、程序（流程）和原则

1.1.3.1 采购要素

物料采购的基本原则，就是人们常提到的 5R，即适时（right time）、适质（right quality）、适量（right quantity）、适价（right price）、适地（right place）地从供应商手中购买到生产所需的材料。

（1）适当的时间

指采购时间不宜太早或太晚。太早则造成存货积压，占用仓库空间和资金；太晚则导致缺乏原料引起生产停顿，势必造成重大损失。近年来出现的"零库存"观念和即时制（jist in time）采购理论，强调了适时采购、及时交货的这一采购原则。

（2）适当的品质

指品质以适合可用为原则。因为品质太好，不但购入成本偏高，甚至

造成使用上浪费，如购买最高时速超过道路速度限制很多的汽车、购买产能超过产量很多的机器等。反之，品质太差，将无法达到使用目的，并增加使用上的困难和损失，如买入风量不够的空调、买入损耗率太高的原料等。

（3）适当的数量

指采购的数量不宜太多或太少，应避免"过与不及"。采购数量太多，虽然可能获得价格折扣，但会积压采购资金，若企业产品需求下降，将会造成呆料。采购数量太少，可能会影响生产供应，也会因采购次数的增加而增加作业费用。采购数量一般可按经济订货批量来确定。

（4）适当的价格

指价格应该以公平合理为原则，避免购入的成本太高或太低。如果采购价格太高，就会增加生产成本，影响企业产品的市场竞争力。反之，若采购价格太低，所谓"一分价钱一分货"，卖方可能会偷工减料或降低后期服务水平；另外，若卖方无利可图，交易意愿低落，买方就可能减少了一个供应来源。

（5）适当的地点

天时不如地利，企业往往愿意选择距离较近的供应商进行合作，因为这样沟通更方便，处理事务更快捷，也可以降低物流成本。越来越多的企业甚至在建厂之初就开始考虑"群聚效应"，即能否在周边地区找到企业所需的大部分供应商，这对企业的长期发展有着不可估量的作用。当然，选择供应商也不是距离越近越好，还要结合采购成本、战略合作能力等其他因素综合考虑，这也是近些年来跨国采购、全球采购得以迅速发展的原因之一。

"5R"理念看似简单，但在实际工作中采购面对的情况千变万化，需要采购人员通过知识的不断学习和经验的不断积累，进行统筹考虑，才能将这5项原则贯穿到整个采购工作过程之中。

1.1.3.2 采购流程

采购作业流程会因采购品的来源（国内市场采购、国际市场采购）、采购方式（议价比价、招标）及采购对象（物料、工程发包、服务）等的不同，在作业细节上有若干差异，但基本流程大同小异，如图1-3所示。

（1）确认需求

在采购之前，应确定买哪些物料，买多少，何时买，由谁决定等。

（2）描述需求

确认需求之后，对需求的细节如品质、包装、售后服务、运输及检验方式等，均需加以明确说明，以便对供应商选择和价格谈判等作业能顺利进行。

```
         ┌─────────────┐
         │  采购政策文件  │
         └──────┬──────┘
                ↓
         ┌─────────────┐
         │   采购申请    │
         └──────┬──────┘
                ↓
         ┌─────────────┐
         │   采购计划    │
         └──────┬──────┘
                ↓
┌─────────┐  ┌─────────────┐  ┌─────────────┐
│ 供应商文件 │→│   采购订单    │←│  采购报价文件  │
└─────────┘  └──────┬──────┘  └─────────────┘
                ↓
         ┌─────────────┐
         │ 订单追踪与催货  │
         └──────┬──────┘
                ↓
         ┌─────────────┐
         │   收货管理    │
         └──────┬──────┘
        ┌───────┼────────┐
        ↓       ↓        ↓
   ┌───────┐ ┌───────┐ ┌──────────┐
   │ 库存文件 │ │ 库存管理 │ │ 采购发票归档 │
   └───────┘ └───────┘ └──────────┘
```

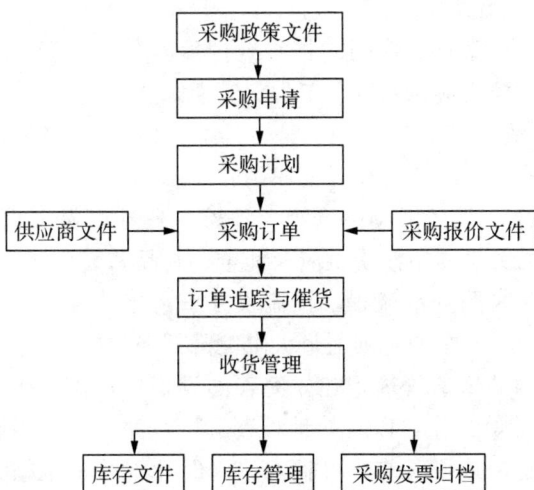

图 1 - 3　采购的基本流程

（3）选择可能的供应来源

就需求说明，从原有供应商中选取业绩良好的厂商，通知其报价，或以公告登报等方式公开征求。

（4）确定适宜的价格

确定可能的供应商后，进行价格谈判或招标，以确定适宜的价格。

（5）发出采购订单

对报价进行分析并选择供应商后，就可发出采购订单。

（6）订单跟踪与催货

签约订货之后，为保证供应商能够按期、保质、保量交货，应依据合约规定，督促厂商按规定交货，并进行严格检验入库。

（7）核对发票

供应商交货验收合格后，随即开具发票；要求付清货款时，对于发票的内容是否正确，应先经采购部门核对，财务部门才能办理付款手续。

（8）不符与退货处理

如商品与国家法定标准或合约规定不符而验收不合格，则依据国家法规或合约规定退货，并立即办理重购。

（9）结案

无论验收合格付款，还是验收不合格退货，均需办理结案手续，清查各项书面资料有无缺失、绩效好坏等，签报高级管理层及权责部门核阅批示。

（10）记录与档案维护

经结案后的采购案件，应列入档案登记编号分类保管，以便参阅或事后发生问题的查考。档案应该具有一定的保管期限。

1.1.3.3 采购原则

采购人员进行采购时应遵循以下原则：

（1）廉洁自律，严格供应商选择、评价、甄选以保证供应商供货质量，处理好与供应商的关系，不接受供应商礼金、礼品和宴请；

（2）严格遵守采购规范流程，按流程办事，能及时按质按量地采购到所需物品，在满足公司需求的基础上最大限度降低采购成本；

（3）加强采购的事前管理，建立完善的设备价格信息档案，做好采购相关文档的存档、备份工作，以有效地控制和降低采购成本并保证采购质量；

（4）所有采购，必须事前获得批准。未经计划并报审核和批准，除急购外不得采购，急购需按《紧急采购管理流程》要求进行采购；

（5）凡具有共同特性的物品，尽最大可能以集中办理采购，可以核定物品项目，通知各申购部门提出请购，然后集中办理采购；

（6）采购物品在条件相同的前提下应在正在发生业务或已确认的供应商处购买，不得随意变更供应商；

（7）科学、客观、认真地进行收货质量检查。

1.2 采购管理

采购与采购管理是两个不同的概念，如果企业采购处于一种自发状态，没有进行有效的计划、组织、协调与控制，那么可以说企业有采购活动，却没有采购管理。在考虑风险、资金占用、适度规模和及时性等因素的条件下，通过实施科学的采购管理，可以合理选择采购方式、采购品种、采购批量和采购地点，以有限的资金保证企业生产经营的顺利进行，为企业降低成本、提高效益做出积极的贡献。

1.2.1 采购管理的定义

采购管理指对采购过程的计划、组织、协调和控制，包括管理供应商关系所必需的所有活动。采购管理有内部和外部两个方面，它着眼于组织内部、组织及其供应商之间构建持续的采购流程。

1.2.2　采购管理的作用

（1）采购管理的价值作用

据一般制造型企业反映，采购成本占企业总成本的比例为 $30\% \sim 90\%$，平均水平在 60% 以上，材料价格每降低 2%，净资产回报率通常可增加 15%。

（2）采购管理的供应作用

良好的采购管理能缩短生产周期、提高生产效率、减少库存、增强对市场的应变力。

（3）采购管理的质量作用

供应商上游质量控制得好，不仅可以为下游质量控制打好基础，同时可以降低质量成本，减少企业来货的检验。经验表明如果一个企业将 1/4 或 1/3 的质量管理精力花在供应商质量管理上，那么企业自身的质量起码可以提高 50% 以上。

（4）采购管理在企业战略上的作用

与供应商建立伙伴关系，在自己不用直接投资的前提下，充分利用供应商的能力为自己开发生产专用产品，既节约资金、降低风险，又以最快的速度形成生产能力。

1.2.3　采购管理的内容

为了实现企业采购目标，企业就必须重视加强企业采购管理。企业采购管理的主要任务：一是通过采购管理，保证企业所需物资的正常供应；二是通过采购管理，能够从市场上获取支持企业进行物资采购和生产经营决策的相关信息；三是与供应商建立长期友好的关系，建立企业稳定的资源供应基地。

企业物资采购管理的主要内容如图 1-4 所示。

（1）采购市场分析

采购对象的市场供求分析、供应商分析，进而制定价格策略和采购策略。

（2）采购制度建设

制订采购工作管理目标、供应商选择制度、价格管理制度、采购作业制度等。用制度规范采购程序、采购人员行为，使采购运行机制科学化、合理化。采购制度各细则包括：物资采购入库验收管理规定、物料与采购管理系统、公司中进口物资采购供应规定、公司采购规程、采购工作实施办法、物料与采购管理工作内容、国内物资采购供应工作规定、设备引进管理条例、标准采购作业程序、标准采购作业细则等。

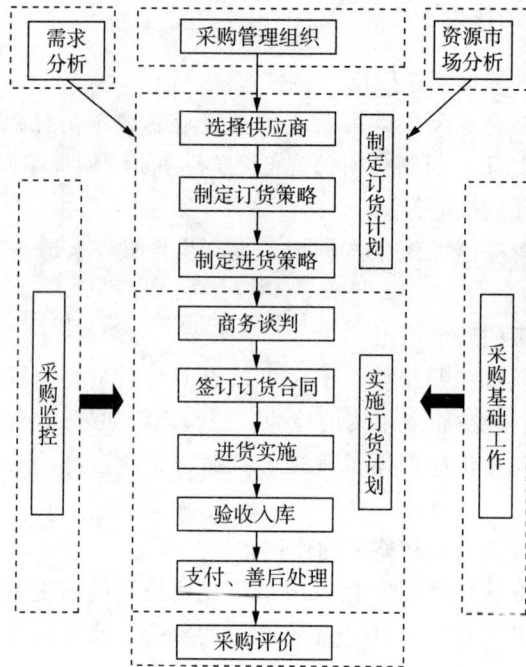

图 1-4 采购管理内容

（3）采购组织管理

采购部门是企业为了进行采购活动以保证生产运作顺利进行而建立的一个组织。随着企业与市场的联系日益紧密，采购部门的工作状况直接影响着整个企业的资金流业务流程与竞争优势。企业建立采购部门，亦称为采购部门内部组织的部门化，也就是将采购部门负责的各项功能整合起来，并以分工方式建立不同的部门加以执行。企业目前普遍采用的采购组织有"集中型"、"分散型"和"复合型"等模式。采购组织设计、建立和运行，需要同物流管理和供应链管理结合起来考虑。

（4）采购合同管理

采购合同是需求方向供货厂商采购货品时，按双方达成协议后所签订的且有法律效力的书面文件，它确认了供需双方之间的购销关系和权利与义务。

（5）采购战略管理

采购战略包括：采购品种战略决策、供应商战略决策、采购方式及其选择、跨国采购战略等。

1.2.4 采购管理的误区

采购、外协工作在企业运营中地位十分重要，它的影响往往最直接、最明显地反映到成本、质量上，对于工程公司、商贸公司等企业，由于采购、外协的比重大，采购管理的意义就更加重大了。然而，根据对几家不同类型、不同性质的企业的调研和管理咨询，目前不少企业的采购都存在管理的误区，有些几乎已成通病。

（1）采购只要保证"货比三家"就行了

很多企业的管理者认为采购只要保证"货比三家"就行了，通常都要求负责采购的工作人员申报采购方案时要提供至少3家报价，管理者审批就看有没有3家的比价，再选一个价格合适的（绝大多数时候是选价格最低的那一个）。这个办法很简单，在采购管理上，把这种采购方式叫作"询价采购"或"选购"。但这样的管理方法有没有问题呢？答案是有，而且问题还不少。其实，很多管理者都可能发现"货比三家"的方法经常失灵：这3家是怎样选出来的？中间的代理商算不算数？同样类别的采购这次审批的3家和上次的3家是不是同样的3家？会不会有申报者通过操纵报价信息影响审批者决策的可能？为了防备这种可能，我们往往又要求采购工程师只提供客观的报价而不能有任何主观评价，结果上边的问题依然存在，又屏蔽了可能有用的决策支持信息，还免除了申报者的责任。

解决这个问题的关键是要给采购人员的询价活动圈定一个范围，这就是"合格供方评审"。"合格供方评审"是质量管理的概念，但从更广义和实用的角度，就是管理者按照一个有关质量、成本等方面的标准，划定一个范围。这个范围可以由企业高层管理者直接决定，也可以由一个委员会决定。总之，采购执行人员不能单独决定这个范围，也不能跳出这个范围活动，并要对每次采购活动中这个范围内的决策支持信息负责。

（2）招标"一招就灵"

招标的采购方式给人以客观、公平、透明的印象，很多管理者认为采取招标方式，可以引入竞争，降低成本，所以也就万事大吉了。但有时候招标也不是"一招就灵"。为什么要招标？什么情况下该招标？还有什么情况可以采用更合适的采购方式？这涉及采购方式选择的问题。

（3）档案保存好，采购信息就都留下来了

在调研和咨询过程中，有不少管理者很早就意识到采购管理存在问题，但苦于无力改进或来不及改进，于是要求相关人员把所有和采购相关的记录、文件统统存档，以待具备条件时分析信息、改进工作。但实际上，从这些保存完好的采购档案中，往往还是得不到充足有用的信息，甚至有很多必要的信息再也无法获得了。这在很大程度上，就是由于采购工作过程不够规范引起的。比如，规范的采购管理要求在询价时供应商应对不同规格型号的设备单独报价，但采购人员往往把不同规格型号的设备打包，有时甚至把不同类型的设备打包询价，每次打包的方法和数量都不一样。这样一来，历次询价信息无法落实到具体产品，无从比较，管理者在决策时还是无法判断本次采购价格是高是低。

1.2.5 采购管理的发展趋势

随着时代发展，科学技术的发展可以说是日新月异，一些新理论、新技术也给采购赋予了新的活力。这就要求采购人员必须学习、运用各种可以提高采购绩效的新知识和手段，了解采购的发展趋势以调整采购策略来为企业获取更大的利益。

1.2.5.1 全球采购

所谓全球采购，就是指利用全球的资源，在世界范围内寻找供应商，寻找质量和价格令人满意的产品或服务。随着贸易的发展，在商业采购中对国外资源的采购不再被看做是一种不同寻常的活动。今天，很难找到一个组织一点儿也不用国外供应源。不仅仅是跨国公司，对于很多组织而言，国外资源都是采购的重要组成部分。

(1) 全球采购的原因

1) 价格

对一些国家来说，国外供应商提供产品的总成本一般比国内供应商低一些，这是进行全球采购的主要原因。这种价格优势主要体现在低廉的劳动力成本、有利的汇率变动和较高的生产效率等方面。

2) 质量

采购者选择全球采购在质量方面的考虑主要是基于：某些国外产品的性能是国内生产的同类型产品所达不到的，某些国外供应商的质量稳定性要好一些。

3) 国内物资的匮乏

某些原材料，特别是自然资源，国内匮乏，只能依靠大量从国外进口。此时购买者可能必须到国外才能得到他所需要的货物，如铁矿石、咖啡等。

4) 完善的技术服务

由于各国技术发展水平的差异，一些国外厂家如果在本地有一个组织完善的分销网络，那么所能提供的担保服务及技术咨询等相关服务会做得比国内厂家更好。

5）营销的手段

为了能在其他国家销售本国的产品，可能会答应向那些国家的供应商采购一定金额的货物，数量由双方协商决定。这在国际贸易中是司空见惯的事情。

除了以上原因，很多企业进行全球采购还可能出于战略考虑，引进国外供应商可以给国内供应商带来压力从而获得价格或其他方面的让步。此外，全球采购环境的好转也促进了全球采购的发展，使得有利可图的全球采购越来越普及。

（2）全球采购的风险

进行全球采购时，也会涉及很多潜在问题，如供应商的选择是否合适、交货时间是否准时、政治问题、汇率波动、付款方式、法律问题、语言问题等。这就要求我们必须认识这些风险，从而采取措施将其每一部分的影响最小化。

1.2.5.2　电子采购

从全球的采购发展趋势来看，电子采购将越来越广泛地被企业管理者接受。事实上，许多跨国公司已通过电子采购方式获得了它们想采购的相当一部分物品，一些公司一年通过电子采购的金额就达数百亿美元之巨。实行了电子采购的企业认为电子采购与传统采购方式相比有许多的优点：首先，因特网给采供双方提供了更广阔的选择余地；其次，在采购单价及采购管理费用上的开支也可降低或较大幅度减少；另外，电子采购的应用合同使交易可在更短时间内完成，这正好满足企业实行柔性制造的需要，同时提高采购效率。

1.2.5.3　外包

随着国内生产企业分工越来越细化，企业的部分采购业务也有外包倾向。在目前阶段，大部分将采购业务外包的企业只是把一些相对于生产原材料不太重要的杂项采购外包给别的公司来经营，主要物品的采购一般仍由企业自身的采购人员来操作。把采购业务外包的好处是承包公司有更强的采购能力、更多的采购渠道，或者整合多个企业的相同需求来和供应商谈价而获得价格折扣，从而企业可以获得比自身采购更大的利益。

1.3　采购管理的学习方法

1.3.1　采购管理的学习原则

1.3.1.1　把握采购管理的基本观点

企业应该从总价值、总成本的角度考察企业的经营效果，而不是片面地追求诸如采购、生产和分销等单个功能的优化。采购管理的目的，是通过采购及其供应管理活动与供应链各个环节的协调运作，实现最佳业务绩效，从而增强整个公司业务的表现。

（1）建立供应链价值系统的观点

建立供应链环境下的采购管理体系。高效的供应链设计、供应链成员之间的信息分享、集中库存策略及库存的可视化管理和生产的良好协调，会使库存水平降低，运输作业更为有效，并改善订单实现率及其他一些关键的业务功能。例如，考察采购系统总费用，分析采购活动存在问题，发现其内在规律和进行系统化的途径和方法，都应当寻求最为满意的整体效果或达到最佳效益。

（2）权衡的观点

进行采购过程设计、运作和管理时，常常会遇到功能、成本和物流效率的选择，诸如物品性能、质量与价格、成本等的关系，采购批量与库存水平、内向物流成本与外向物流成本、运输批量与库存量、预防鉴定成本与内外部故障成本、效率与效益、经济与环保等方面的权衡。需要在比较、交替作用过程中进行权衡与选择，选择的基本方法是系统整体绩效评价。

（3）采购管理与其相关环节信息共享的观点

当供应链的各个环节只是单独完善自己，而不是把它的目标和活动与其他部门整合在一起的时候，整个链条就会出现不尽如人意的表现。正如美国一位著名的管理学教授所言，采购管理师的工作是"一种基于协作的策略，把跨企业的业务运作联合在一起，以期实现市场机会的一个共同愿景"。可见，供应链各个环节之间必须进行协作才能够实现供应链的最大价值优化。

1.3.1.2 熟悉采购管理的基本内容和流程

（1）掌握采购管理策略及其实现方法

针对具体企业、产品进行采购管理战略和策略研究，熟悉本企业物料、产品性质、供求特点、供应商分布和供应渠道等基本信息，在此基础上，分析、研究、制订企业采购战略、采购制度、采购方法和管理途径。

（2）熟悉采购业务及企业 ERP 管理软件

利用电子交易平台进行采购，通过电子商务模式进行采购将是一个主要研究方向。学习采购管理，应当掌握企业 ERP 软件与采购内容、电子商务采购过程的联系，熟悉企业采购相关部门的职能与采购管理的联系，熟悉供应商、供应部门的职能和相应的物流渠道。

（3）熟悉采购流程及其管理过程

熟悉不同采购方式的采购过程、监管途径和监管方法。要用制度将科学的、合理的采购流程固定下来，形成科学的监管过程。

1.3.1.3　掌握采购管理的主要方法

在采购管理学习过程中，要能够将采购管理理论、方法和有关物流知识与技术结合起来。采购是供应链管理的重要环节，采购涉及商流、物流、资金流和信息流的综合过程，相关理论与实际作业过程要紧密结合起来。采购的商流活动要与相应的物流活动结合起来，要将科学的理论应用于采购计划、实施和控制工作中。

1.3.2　采购管理的学习策略

采购管理学习的方法要以理论联系实际为基本原则，加强基本功训练，通过课程设计、仿真软件模拟或采购项目设计、谈判和实践活动，熟悉采购过程、技能和方法，提升实现采购管理想达到的目标的能力。

掌握典型的采购管理案例。通过剖析典型案例，正确认识采购与物流等业务之间的关系，并且能够做到举一反三。采购管理人员要能够掌握客户或生产过程的准确需求和市场供给状况，了解不同供应商及对供应商的考察，掌握采购过程的质量控制技术、方法及其应用。

学习采购管理还需加强职业道德修养，树立良好的职业道德风范。从事采购管理的工作人员，必须有良好的职业道德风范，既要有良好的专业技术素质，也要有良好的职业道德。所谓良好的专业技术素质包括对所购物品的性质、性能、运输条件要求等基本知识的了解，同时也要防止商业回扣等行为对正常采购过程的干扰。因此，采购人员还必须要有良好的职业道德修养，对市场中的不规范行为，要做到防微杜渐，坚决抵制。

【案例分析】

高效采购带来的物流奇迹

武汉中商集团股份有限公司自 1998 年初就组建了中商集团供配货中心，对集团公司下面的八大卖场实行进销分离，集中采购，统一进货，统一核定售价，统一对供应商结算。供配货中心在运营一年后，取得了显著的成绩，成为当时全国商业三大物流中心之一。

中商集团物流系统之所以能取得如此业绩，是与其商品采购制度和采购策略息息相关的。

供配货中心下设 5 个专业采购部，即穿着类采购部、生鲜食品采购部、一般食品采购部、电器商品采购部、日用百货文化商品采购部，由供配货中心总经理直接领导，副总经理协助管理。

各采购部推行高级经理领导下的买手负责制，高级经理全面负责采购部的日常业务；买手分为买手和买手助理两个级别。高级经理和买手的工资收入与其经营业绩直接挂钩。

高级经理对各级买手有业务指导权和行政上的领导权；各买手之间属平级关系，但上一级买手对下一级买手在业务上有指导权。

中商集团认为，对供应商的引进、评估及认可是采购工作关键的一步。经过实践，中商集团供配货中心总结出一套引进、评估及认可供应商的程序，主要有以下步骤。

（1）接洽和登记

各采购部在供应商接待日，由买手或买手助理接待未进场的供应商，并与之洽谈。收取供应商相关证件，了解其经营意图，并把供应商分为厂商和代理经销商两大类，填写《供应商资料登记卡》。

（2）对供应商进行调查和分析

首先是检查该供应商的资信状况，相关证件是否属实。供应商提交营业执照复印件、税务登记证复印件，还要提交供应商法定代表签字（并加盖公司印章）后发给供应商谈判人员的授权书原件。如果供应商是代理商时，应提交供应商生产厂家之间签订的代理合同或其他证明的复印件；进口商品应提交进口许可证、进出口卫生免疫证、进出口单据和其他有关文件的复印件。此外，供应商还应出具商标注册证、条码证明、专利证明等其他相关证件。此外还要调查了解供应商的产品在同类商品中所处的地位；生产厂家的规模、代理商的权限、供应商的价格和质量，是否有充足的货源，此类商品的毛利率；同类商品在中商集团各大卖场的销售情况；供应商的产品在竞争商场销售的情况；供应商对中商集团的支持力度；供应商的商品引进后市场销售情况的分析预测等。为了保证引进工作的效率，上述调查、分析工作必须在一周内完成。

（3）审核供应商

将获得认可的供应商确定为后备供应商，并将所填写的《供应商资料登记卡》、《供应商引进申报表》及其供应商的相关证件，上交给采购部高级经理。高级经理审核同意后，填写《引进供应商登记表》，提交给"供应商审查委员会"审核批准。

（4）确定引进供应商

"供应商审查委员会"由中商集团供配货中心总经理、物价部门、质检部门、财务部门、监督部门代表及买手和高级经理组成。"供应商审查委员会"对新引进的供应商的资质、引进商品的质量、价格、销售预测、相关费用、经营位置等进行审查后，最后确定该供应商所供商品是否引进。

对中间商的引进、评估、认可结束之后，进行商品采购。在新商品到达各卖场进场时，还要由各卖场质检员进行抽样检验，抽查合格后方可上柜销售，从而保证了商品的质量。

问题：

（1）武汉中商集团的采购成功之处是什么？你对采购的重要性如何理解？

（2）武汉中商集团的采购还有什么不足？你认为下一步应如何发展？

复习思考题

1. 什么是采购，你对采购工作是如何理解的？

2. 采购可以实现哪些功能？采购的目标是什么？

3. 你认为国内企业目前采购工作中存在哪些问题？

4. 采购和采购管理有何不同？

5. 现代采购和传统采购的区别有哪些？

第2章 采购管理基础理论

2.1 供应市场分析

供应市场分析是指为了满足企业目前及未来发展的需要，针对所采购的商品或服务，系统地进行供应商、供应价格、供应量、供应风险等基础数据的调研、搜集、整理和归纳，从中分析出所有相关要素以获得最大回报的过程，为企业的采购决策提供依据。

2.1.1 市场与市场结构

2.1.1.1 市场

从狭义上讲，市场是商品交换的场所，这种意义上的市场是指有形市场。从广义上讲，市场是商品交换关系的总和，市场可以是有形的，也可以是无形的。

市场是供给和需求的综合。供应商和采购商之间关系的模式是由交付的货物和劳务的外部结构决定的。外部结构包含几个通过市场相联系的环节，外部结构又可以分为产业部门和产业链。

2.1.1.2 市场供给曲线

供给曲线是向上倾斜或向上弯曲的曲线，如图2-1所示。

（1）供给曲线向上倾斜

供给曲线向上倾斜的原因有两个：一是因为市场上愿意支付的价格越高，厂商愿意提供的产品就越多，这是因为市场上产品价格越高，厂商的收入就越多。二是因为在短期内供应更多的产品将因投入增加而使成本上升，成本上升是因为短期内的生产受到边际收益递减规律的影响。但最终的价格并不是由供给方决定的，而是由市场供求两个方面决定的。

除产品本身的价格变化外，其他条件的变化也将引起供给曲线移动。

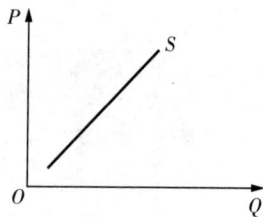

图2-1 供给曲线

（2）供给曲线的移动

引起供给曲线移动（见图 2-2）的因素有很多，主要有：

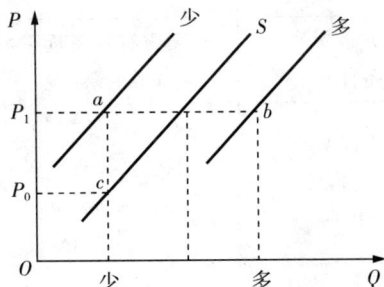

图 2-2　改变短期供给曲线

1）时间。企业的生产决策有短期决策和长期决策。在短期，供给量很难发生很大变化；在长期，供给量是可以根据市场情况随时进行调整的。随着时间的变化，供给曲线可来回移动。通常，规模扩大、技术进步和经验学习意味着供给曲线右移。结果是与过去相比，以更低的价格提供了更多的产品。

2）进入。如果有一些公司进入某个行业，供给曲线将会右移，这与现有公司增加规模有相同的效果。然而，这意味着现有公司不得不和新进入者瓜分市场。

3）成本的变化。降低企业的生产成本可以使一个组织在同样的价格下供应更多的产品。如图 2-2 所示，这个过程表现为从 a 到 b。

从另一个角度讲，组织可以以更低的价格供应同样数量的产品。实际上，如果组织使整个成本下降，将能降低价格，从 a 移到 c。然后，虽然由新的供给曲线给出公司的选择，但是关于价格和销量方面的结果取决于需求。

有很多方面的原因会使成本下降，如削减工资、削减政府对不同商品或服务的征税等。同样，政府给予补贴，尤其是对于公共部门补贴，会产生同样的效果。

2.1.1.3　供应市场结构

市场结构通常可以分为卖方完全垄断市场、垄断性竞争市场、寡头垄断下的竞争市场、完全竞争市场、买主寡头垄断市场和独家采购垄断市场。竞争包括从一个供应商多个购买者到多个供应商一个购买者等不同的类型，对它们分别解释如表 2-1 所示。

表 2-1 市场结构

卖方＼买方	一个（垄断）	很少（寡头）	很多（竞争）
一个（垄断）	双方垄断 （备件）	卖方有限垄断 （燃油泵）	1 卖方完全垄断 （水、电、煤气）
很少（寡头）	双方有限垄断 （电话交换机、 火车机车）	双边寡头垄断 （化学半成品）	2 卖方寡头垄断 （钢铁、石油） 3 垄断性竞争 （复印机、计算机）
很多（竞争）	6 买方完全垄断 （武器系统、军火）	5 买方寡头垄断 （汽车部件、 集团采购）	4 完全竞争市场 （木材、粮油、办公 用品、日用品）

（1）卖方完全垄断市场

卖方完全垄断市场指一个供应商和多个购买者的市场。产生完全垄断的原因及其分类有自然垄断、政府垄断和控制垄断等。自然垄断往往来源于显著的规模经济，如飞机发动机技术、中国供电市场等；政府垄断是基于政府给予的特许经营，如铁路、邮政及其他公用设施等；控制垄断包括拥有专利权，拥有专门的资源等而产生的垄断。

（2）垄断竞争市场

垄断竞争市场指少量卖方和许多买方的市场。新的卖方通过产品的差异性来区别于其他的卖方。这种市场结构是最具有现实意义的市场结构，其中存在大量的供应商，各供应商所提供的商品不同，企业进入和退出市场完全自由。多数日用消费品、耐用消费品和工业产品的市场都属于此类。

（3）寡头垄断下的竞争市场

寡头垄断下的竞争市场指较少量卖方和许多买方的市场。这类行业存在明显的规模经济，市场进入障碍明显。价格由行业的领导者或者卡特控制。石油行业内的一个卡特是石油输出国组织（OPEC），它为所有成员定价。

（4）完全竞争市场

完全竞争市场指许多卖方和许多买方的市场。在完全竞争市场中，所有的卖方和买方具有同等的重要性。大多数市场都不是完全竞争市场，但是可以像完全竞争的市场那样高效地运作。价格是由分享该市场的所有采购商和供应商共同影响确定的。该市场具有高度的透明性，产品结构、质量与性能不同的供应商之间几乎没有差异，市场信息完备，产品的进入障碍小。这类市场的典型产品有铁、铜、铝等金属产品，主要存在于专业产品市场、期货市场等。

（5）买方寡头垄断市场

买方寡头垄断市场指许多卖方和少量买方的市场。在这种市场中买方对定价有很大的影响，因为所有卖方都在为生意激烈竞争。在这种市场中采购者十分明了彼此的行为，并且共同占据比通常较小的采购者更加有利的位置。汽车工业中半成品和部件采购者的地位就是这样的例子，一些部门采用的集团采购也容易形成这种市场。

（6）独家采购垄断市场

独家采购垄断市场指几个卖方和一个买方的市场。这是和卖方完全垄断相反的情况，在这种市场中，买方控制价格。这种类型市场的典型例子如铁路用的机车和列车的采购市场、军需物品的采购市场。

不同的供应市场决定了采购企业在买卖中的不同地位，因而必须采取不同的采购策略和方法。

根据完全垄断、寡头垄断、垄断竞争和完全竞争这 4 种典型市场的采购特征（如表 2-2），进一步分析 4 种典型市场的采购策略：

1）完全垄断市场：从产品设计角度出发，采购企业应尽量避免选择卖方完全垄断市场中的产品，如不得已，就要与供应商结成合作伙伴关系。

2）寡头垄断市场：采购商应最大可能的与供应商结成伙伴性的互利合作关系。

3）垄断竞争市场：采购商应尽可能优化已有的供应商并发展成伙伴型供应商。

4）完全竞争市场：在完全竞争市场下，采购商应把供应商看作商业性的供应业务合作关系。

表 2-2　四种典型市场的采购特征

	1 完全垄断	2 寡头垄断	3 垄断竞争	4 完全竞争
特点	只有一个供应商，供应商完全控制价格	供应商数量有限，卖方控制价格	供应商数量不多，采购方可能控制价格	存在大量的供应商，由市场控制价格
卖方定价策略	制定使利润最大化并不诱使产生替代品的价格	卖方跟从市场领导者	卖方试图使产品的价格差异化	按市场价格销售
产品类型	专利所有者（药品）、版权所有者（软件）	钢材、铜、胶合板、汽车、计算机设备	部分印刷品	农产品（初级产品交易）、标准件（轴承、纽扣）

（续表）

	1 完全垄断	2 寡头垄断	3 垄断竞争	4 完全竞争
具有价值的采购活动	发现可能的替代品，重新设计产品等	分析成本，必要时可以与较弱的竞争者签订合同，以获得扣让	分析成本、了解供应商的流程	期货或其他套期交易

2.1.2　供应市场分析的必要性

采购方进行供应市场分析主要是为了适应以下因素的变化：

（1）技术的不断创新

无论是生产性企业还是非生产性企业，为保持竞争力必须致力于产品的创新和质量的改善。当出现新技术时，企业或公司在制定自制/外购的决策中就需要对最终供应商的选择进行大量的研究。

（2）供应市场的不断变化

供应市场处在不断变化之中，例如，国家间的政治协定会突然限制一些出口贸易；供应商会因为突然破产而消失或被竞争对手收购，价格水平和供应的持续性都会受到影响。需求也会出现同样变化，如对某一产品的需求会急剧上升，从而导致紧缺状况的发生。采购者因此必须预期某一产品供需状况可能发生的变化，并由此获得对自己的商品价格动态的更好理解。

（3）汇率的变动

主要币种汇率的不断变化给国际采购者带来了新的挑战。许多国家的高通货膨胀、巨额政府预算赤字、汇率的迅速变化都要求采购者对其原料需求的重新分配做出快速反应。

（4）产业的生命周期及其产业转移

供应市场分析中，产业的生命周期及其产业转移是很重要的内容。总体上，传统的制造业及相关产品已由原来的发达国家转移到发展中国家，新兴产业如信息技术产业等则为发达国家所控制。这种社会变迁反映了制造业的区域化调整，说明了不同产业的发展阶段即产业的生命周期，也会相应地导致供应市场结构的改变。

2.1.3　供应市场的分析步骤

供应市场分析可能是周期性的，也可能是以项目为基础进行的。供应市场分析可以是用于收集关于特定工业部门的趋势及其发展动态的定性分析；

也可以是从综合统计和其他公共资源中获得大量数据的定量分析，大多数的供应市场分析包括这两个方面，如供应商基准分析就是定性分析和定量分析的结合；供应市场分析既可以是短期分析也可以是长期分析。

进行供应市场分析并没有严格的步骤，有限的时间通常对分析过程会产生一定的影响，并且每个项目都有自己的方法，所以很难提供一种标准的方法。但是一般情况下，供应市场分析主要有以下步骤：

（1）确定目标。要解决什么问题，问题解决到什么程度，解决问题的时间多长，需要多少信息，信息准确到什么程度，如何获取信息，谁负责获取信息，如何处理信息等问题都包含在一个简明概述中。

（2）成本效益分析。分析成本所包含的内容，进行分析所需要的时间，并分析获得的效益是否大于所付出的成本。

（3）可行性分析。分析公司中的哪些信息是可用的；从公开出版物和统计资料中可以得到什么信息；是否需要从国际数据库及其专业代理商中获得信息，并以较低的成本从中获得产品和市场分析；是否需要从一些部门购买研究、分析服务，甚至进行外出调研。

（4）制定分析计划的方案。确定获取信息需要采取的具体行动，包括目标、工作内容、时间进度、负责人、所需资源等。除了案头分析之外，还要与供应商面谈，加上实地研究。案头分析是收集、分析及解释任务的数据，它们一般是别人已经收集好的，在采购中这类分析用的最多；实地研究是收集、分析和解释案头分析无法得出的细节，它设法追寻新信息，通过详细的项目计划为此类分析做好准备。

（5）方案的实施。在实施阶段，遵循分析方案的计划是非常重要的。

（6）撰写总结报告及评估。供应市场分析及信息收集结束后，要对所获得的信息和情报进行归纳、总结、分析，在此基础上提出总结报告，并就不同的供应商选择方案进行比较。对分析结果的评估应该包括对预期问题的解决程度，以及对方法和结果是否满意等。

2.2　采购商品与服务

2.2.1　商品与服务细分

2.2.1.1　采购商品的一般分类

（1）采购物品的 80/20 法则

采购物品的 80/20 法则的含义是：数量或者种类为 80％的采购物品只占

所有采购物品价值的 20%，而剩下的 20% 则占有 80% 的价值；其中有 50% 的物品的价值总量在 2% 以下。产品中原材料（含零部件）的这种 80/20 特性为采购物品的策略制定提供了有益的启示，即采购工作的重点应该放在数量只占 20% 而价值占到 80% 的物品上。这些物品包括了战略物品和集中采购品。此外，有 50% 的物品可以不予重视，其运作的好坏对成本、生产等的影响甚微。

（2）采购商品的分类

采购商品分类是采购工作专业化实施的基础。1983 年 Kraljic 提出了采购物品分类模块，为该工作的开展提供了一套普遍被人接受的方法，它主要基于两个因素：一是采购物品对本公司的重要性，主要指该采购物品对公司的生产、质量、供应、成本及产品等影响的大小；二是供应风险，主要指短期、长期供应保障能力，供应商的数量，供应竞争激烈程度，自制可能性大小等。依据不同采购物品的重要性及供应风险，可将它们分为战略采购品、瓶颈采购品、集中采购品及正常采购品。

1）战略采购品是指价值比例高、产品要求高，同时又只能依靠个别供应商或者供应难以确保的物品。原料是许多公司的采购总量中的重要组成部分，原料的采购通常涉及大量的资金。另外，它们部分地决定了成品的成本价格，因此它们通常被标记为战略产品。比如汽车厂需要采购的发动机和变速器，电视机厂需采购的彩色显像管及计算机厂商需要采购的微处理器等。

2）瓶颈采购品指的是价值比例虽不算高，但供应保障不力的物品，如油漆厂用的色粉，食品行业用的维生素等。

3）集中采购品是指那些价值比例较高，但很容易从不同的供应商所采购的物品，主要包括化工、钢铁、包装等原材料或标准产品等。

4）正常采购品则包括诸如办公用品、维修备件、标准件及其他价值低、有大量供应商的商品。这些商品占到了产品的 80%；同时，它们的价值占到了采购金额的 20%，并且作为前述特征的结果，采购者 80% 的工作与这些用品有关。此类物品的采购具有产品类别众多、高度专一性、多数用品的消耗率不高且没有规则，以及使用者对用品的选择能够产生相当大的影响等特点。

由于数量仅占 20% 的战略物品与集中采购物品占据了采购价值的 80%，它们的采购成本控制与降低对公司的整体成本就显得十分重要。因此，把不同时期或不同单位的同类产品集中起来进行统一、大量采购将会取得显著的降价效果。

（3）不同商品的采购策略

对于战略采购品，首要的策略是要找到可靠的供应商并发展同他们的伙伴关系，通过双方的共同努力去改进产品质量、提高交货可靠性、降低成本并组织供应商早期参与本公司的产品开发。

对于集中采购品，由于供应充足，产品的通用性强，其主要着眼点是想方设法降低采购成本，追求最低价格。通常可采取两种做法：一是将不同时期或不同单位的同类产品集中起来统一同供应商谈判；二是采用招标的方式找不同的供应商参与竞价。需要注意的是，在追求价格的同时要保证质量和供应的可靠性。一般情况下，这类物品不宜签订长期合同，且采购时要密切关注供应市场的价格走向与趋势。

瓶颈采购品的策略主要是要让供应商能确保产品供应，必要时甚至可提高一些价格或增加一些成本，采取的行动是通过风险分析制订应急计划，同时与相应的供应商改善关系（最好是建立伙伴关系），以确保供应。

正常采购品只占价值的 20％以下，在采购管理不善的情况下采购人员却往往花费大量的时间和精力去对付这些无足轻重的物品。这些物品的采购策略是要提高行政效率，采用程序化、规格化、系统化的工作作业方式等；主要措施有提高物品的标准化、通用化程度以减少物品种类，减少供应商数量，采用计算机系统、程序化作业以减少开单、发单、跟单、跟票等行政工作时间，提高工作的准确性及效率。

2.2.1.2　采购商品的细分

（1）细分的种类

1）有形商品和无形商品

① 有形商品采购的内容包括原料、辅助材料、半成品、零部件、成品、投资品或固定设备，以及维护和维修运营用品。

原料就是未经转化或转化程度比较低的材料，在生产流程中作为基本的材料存在，比如矿物原料、天然原料等。在产品的制造过程中，即使原料发生物理或化学变化，它依然存在于产品里面。通常，原料是产品的制造成本中比率最高的项目。

辅助材料是指在产品制造过程中被使用或消耗的除了原料之外的材料。有些辅料与产品制造有直接关系，但是产品制成时，辅料本身已经消失，如化学制品所需的催化剂；有些辅料虽然还附着在产品上，但因其价值并不高而被视为辅料，如成衣上的纽扣；有些辅料与产品制造过程没有直接的关系，只是消耗性的材料或工具，如锉刀、钢刷或灭藻剂；包装材料及产生能量所耗用的燃料也属于辅料的范围。

半成品是指已经过一次或多次处理，并将在后面的阶段进行深加工的材料。它们在最终产品中实际存在，如钢板、钢丝和塑料薄片。

零部件是指不需要再经历额外的物理变化，但是将通过与其他部件相连接而被包括进某个系统中的产品，它们被嵌入最终产品内部。比如汽车的前灯装置、灯泡、电池、发动机零件、电子零件、变速箱等。

成品主要是指用于销售而采购的所有产品。它们在经过可以忽略的价值增值后，与其他的成品/制品一起销售，如由汽车生产商提供的附件，像汽车收音机等。制造商并不生产这些产品，而是从专门的供货商那里取得这些产品。百货公司所销售的消费品也属于这个范围。

投资品或固定设备是指不会被立刻消耗，但其采购价值经过一段时间后会贬值的产品。其账面价值一般会逐年在资产负债表中报告。投资品可以是生产中使用的机器，也可以是计算机和建筑物等。

维护和维修运营用品是为保持组织的运转（尤其是辅助活动的进行）而需要的间接材料或用于消费的物品。这些物品一般由库存供应，如办公用品、清洁材料和复印纸等，也包括维护材料和备件。

② 无形商品采购主要指服务和技术的采购或是采购设备时附带的服务。其主要形式有技术、服务和工程发包。

技术是指能够正确操作和使用机器、设备、原料的专业知识。只有取得技术才能使机器和设备发挥效能，提高产品的产出率或确保优良的质量、降低材料损耗率、减少机器或设备的故障率，这样才能达到减少投入、增加产出的目的。

服务是在合同的基础上由第三方完成的活动，是指为了用于服务、维护、保养等目的的采购。服务的范围很广，包括安装服务、雇用临时劳务、培训服务、维修服务、升级服务以及某些特殊的专业服务。

工程发包包括厂房、办公室等建筑物的建设与修缮，以及配管工程、动力配线工程、空调或保温工程、机器储槽架设工程以及仪表安装工程等。工程发包有时要求承包商连工带料，以争取完工时效；有时自行备料，仅以点工方式计付工资给承包商，这样可以节省工程发包的成本。但是规模较大的企业，本身兼具机器制造和维修能力，就有可能购入材料自行施工，无论在完工质量、成本及时间等方面，均有良好的管制和绩效。

2）直接物料和间接物料

国外还经常把采购物料划分为直接物料和间接物料。

直接物料是与最终产品生产直接相关的物料，它通常是大宗采购。直接物料由于它的可预见性和大宗交易的特点，在采购交易中所占比重比较少（生产公司中占 20%～40%），但是却占生产企业总采购支出的 60%左右。

间接物料是与最终产品不直接相关的商品或服务。间接物料又可以分为

ORM（Operating Resource Management，运营资源管理）和 MRO（Maintenance Repair and Operations，保养、维修与运营）。ORM 通常是指企业日常采购的办公用品和服务，MRO 是指维持企业生产活动持续进行的维护、修理、装配等，包括备品备件、零部件（如润滑油等）。ORM 的采购要比 MRO 的采购容易得多，也就是说在采购过程中 MRO 要比 ORM 重要。

（2）不同细分采购品的采购策略

根据上述分类，主要类型商品的采购策略分述如下：

1）原材料的采购

原材料采购的方式包括现货采购、远期合约采购和期货采购等不同的方式。在原材料采购中，商品交易所发挥了非常重要的作用。世界上主要的商品交易所位于美国，其中有从事贵重金属交易的纽约商品交易所，从事谷物、大豆、玉米交易的芝加哥交易所。美国之外的一个主要商品交易所是伦敦金属交易所，它主要从事有色金属的交易。

期货交易是远期交易，期货市场一般被用来对特定交易的价格风险进行套期保值。

适宜在期货市场进行采购的原材料有以下几类：

① 所采购原材料占到成品成本价格的很大部分。

② 几乎不可能将由采购带来的价格上涨转嫁到销售价格上。

③ 成品中使用的原材料不能被其他产品代替。

2）投资品的采购

投资品的采购一般是按照计划的预算和程序来进行，通常会设置专门的项目小组。一个负责较大投资方案的小组通常包括项目领导人、项目工程师、计划工程师、项目管理员、工艺工程师或环境专家、项目采购员以及各个专业的工程师。

项目领导人负责项目在技术、预算等方面的最优实现；项目工程师负责不同技术专业之间的协调；计划工程师负责设立和维持最新的计划和文件；项目管理员负责预测管理；项目采购员作为采购部门的代表具体负责采购各方面事宜，包括订单处理、到货检验和在供应商工地的质量检查，监控采购过程；各个专业代表的工程师主要有土木工程、机械工程、电气设备、仪表设备、附属辅助设备、管路系统和动力供应等方面的专家。

投资项目的采购中还包括一些特殊的方面，如银行担保、产权让渡、性能保证等。

① 零部件的采购

采购零部件时，最值得注意的是零部件的质量问题，因为生产线上的任何缺陷都会导致生产延误和生产损失。零部件是用来组成最终产品的部件，它们可以是标准的，也可以是非标准的。零部件通常是为连续生产采购的，其质量决定着成品的质量。因此，需要对零部件采购的质量问题给予特别的重视。

在不断改善零部件采购质量的过程中，买方可以采取以下预防措施：首先对其现有的质量体系和生产流程进行检查，当认为供应商能够按照要求的质量提供产品之后，再将其列在"许可的供应商"名单上；而那些经常无法满足质量标准的供应商将被淘汰。在评估之后，双方将共同达成质量协议，确定质量改善的目标。如果满足了这些目标，来料检查和交货时的质量检查就可以取消了，或者检查的频率将明显降低。

② MRO 的采购

在 MRO 的采购方面，为了提高采购效率首先应该减少日常工作。可以采取的措施包括通过标准化使产品种类大为减少、确定外购物料计划和向特定的经销商采购、运用电子商务和互联网技术。同供应商之间的协定可以通过连续交易进行，事先预定好价格、交货条件和合同期限。奖励条款通常是合同的一部分，它规定了多大的订货量将给予何种奖励。

在采购 MRO 商品时，可以采用总合同的方式。总合同通常包括一个工厂或部门对于 MRO 用品的全部需求。可以将总合同提供给供应商，以确保定期、及时的交货。

总合同的建立过程如下：首先，由相关的使用者和采购者对特定的产品组或产品种类进行分析，在详细的清单基础上决定削减产品品种并将其标准化；然后分析供应商的数量以便把整个产品组交付给一个专门的供应商，通常是一个经销商。这种方式下，内部的使用者可以直接向供应商订购，而无需采购部门的干涉。供应商每隔一定时间向每个部门的经理或预算负责人提供以月度统计为基础的从该部门发出的订单总数。这种解决方案避免了大量的工作并且解决了许多采购部门中的所谓"小订单问题"。这种总合同是以供应商和用户组织之间高度的联合为特征的。

③ 服务的采购

服务采购中经常遇到的问题是"自己做"和外购的取舍问题。一般情况下，当内部能力不足可能导致无法完成计划的工作，或者由于缺乏经验而无法以可接受的质量水平或合理的成本水平在内部完成计划的工作时，适宜采用外部采购。

服务外购的作用在于：投资可以集中于核心活动，对于第三方的知识、设备和经验的最优使用，部分风险转嫁给第三方。外包导致组织中的基本过程更加简单，独立的观察防止组织的短视，柔性增加，工作量的波动可以更容易地吸收。

此外，外部采购可能导致对供应商的依赖增加，需要经常检查与外包有关的成本，将活动转嫁给第三方时，产生沟通和组织问题的风险、信息"泄露"的风险、由第三方实施活动时的社会和法律问题的风险等。

在服务的采购方面应该注意的问题还有：与纳税和社会保障的最终责任有关的法律、弹性工作范围、保险、安全法令和所有权。

2.2.2　商品与服务规格说明

2.2.2.1　商品规格的含义

商品规格是用户将需求传递给可能的供应商的主要方式。商品规格是对原材料、产品或服务的技术要求的描述，如产品必须满足的性能参数，或者产品或服务如何实现的设计方案。

对采购的产品或服务定义不当或者根本不定义将导致一系列问题的产生。如果采购方都不能清楚地明白自己需要什么，又怎么能使供应商交付"好的"产品或"正确的"服务呢？所以，采购方必须在明确地定义规格之后，再开始询价。

2.2.2.2　商品规格说明的必要性

规格说明是采购订单和采购合约的核心，规格对获得优秀品质的商品起着非常重要的作用，更能协调解决工程部门、制造部门、行销部门及采购部门间的冲突。

在产品的设计方面，原料的选择对成本的确定起着非常重要的作用。产品在设计时，原料的成本会因规格的确定而固定，并且是发生在向采购部门提出采购之前。由于市场、原料及生产方法的经常波动、持续修正、简化及改善提高等等，从原始设计中就将商品规格化、标准化将会节省很多费用。

在供应商准备报价或者进入谈判之前，供应商需要以规格说明作为基础。规格有助于供应商决定它们是否提供这种产品或服务；若提供，以什么价格提供。

2.2.2.3　商品规格的类型

商品的描述可以采用多种形式，也可以是几种形式的组合。常用的描述方式主要有设计图和样图、品牌和商标、化学和物理性能、商业规格、设计规格、市场等级、原材料和制造方式的规格、功能规格和样品等等。多数企业的产品需要以上述方式中的两种或更多来描述产品。

（1）设计图和样图

规格的一般形式是工程图样或者工程设计图。这种形式适用于机械加工品、铸件、锻件、压膜部件、建筑、电子线路和组件等的采购。这种描述方式成本较大，这不仅因为准备蓝图或计算机程序本身的成本，而且还因为用这种方式来描述的产品，对于供应商来说往往是特殊化的，而不是标准化的商品，因此生产成本很高。不过，这种描述方式是所有描述方法中最准确的一种，尤其适用于购买那些精度要求较高的产品。

（2）品牌和商标

当产品或服务有专利或商业机密保护，或者用户明确说明对某个品牌的偏好时，就需要使用品牌和商品名来描述商品或服务。用品牌和商标作为规格说明会因同一品牌有多个型号而产生问题，但一般来讲，众多品牌中总有一个可以满足用户的需求。可以列出物品主要的和必备的性能，以便确定合适的品牌，确定什么物资可以满足需求，并且识别产品的大小、重量、速度和容量方面的细微差别。

另一方面，使用品牌描述产品可能会造成对品牌的过度依赖。这可能会减少潜在供应商的数量，也会使采购者丧失机会，享受不到竞争带来的价格降低或者质量改进。

（3）化学和物理规格

化学和物理特性决定的规格定义了采购方所想采购的原材料的特性。物理和化学规格为供应商提供了制造工艺要求，如钢轨的化学和物理规格中规定了钢材的断面尺寸、抗拉强度、抗压强度和脆性等。

（4）商业规格

商业规格描述原材料和做工的质量、尺寸、化学成分、检验方法等。由于重复使用相同的材料，行业及政府会为这些材料制定商业标准。这些商业标准对标准化项目进行了完整的说明，是进行批量生产的重要条件，对采购方而言相当重要。依据商业规格制定可以省去许多麻烦。

在商业贸易往来中，许多商品已经有了标准规格。国家标准化委员会或商品检验局、民间的标准化协会、工业及商业协会等都在致力于制定标准规格及标准检验方法。商业标准可适用于原料、装配物料、个别的零件以及配件等。

（5）设计规格

设计规格是买方为自己建立的所需产品的规格，它对所需要的产品或服务给出了完整的描述，并且通常定义了通过何种流程可以制造出产品和原材料。设计规格可以使买方最大程度地控制最终结果。

买方在建立设计规格时应该尽量符合产品的标准，如果必须有特别的尺寸、公差或特征时，应努力使这些"特别品"成为标准零件的附加或者替代品，如此可以节省时间和金钱。还应该尽可能地避免使用著名品牌或因商标、专利品所造成的单一供应来源所导致的过高价格。

由于确保符合公司规格的检验成本相当高，因此使用这种方法采购原料时需要特别地做好检验工作。

（6）市场等级

所谓等级是依据过去所建立的标准来判定某项商品的品质。此方法通常限于天然商品，这样的产品主要有木材、农产品及肉制品和奶制品。市场等级的主要问题是产品质量在时间方面的变动性和评定者给出的等级的连贯性。

在采用市场的规格方式时，检验的作用非常重要。采购具备同等级的商品时，用户通常运用人员的检验作为采购的技巧，如个人购买鞋子、衬衫、衣物之类的日常用品会自行采购。

（7）原材料和制造方式的规格

原材料和制造方法的规格使供应商确切地了解使用什么样的原材料和如何生产所需产品。因为采购方向供应商阐明了如何完成工作，供应商从如何完成品质保证中解脱出来。

原材料和制造方法的规格常使用于军事服务和能源部门，近年来在产业界也有所运用，如颜料、钢铁、化学及药品等行业。但是这种方法在产业界中的应用还是非常小的，因为采购人员的责任太重大了。采用这种方法，规格制定及检验的成本是相当昂贵的。

（8）功能规格

功能规格定义了产品或服务所必须达到的效果，它们用于定义重要的设备和许多类型的服务。采购方对最终结果感兴趣，细节并不制定，而是取决于供应商。当使用了功能规格时，供应商将最大限度地确定如何满足需求，同时对最终产品的质量承担风险。

使用这种规格时，供应商的选择是非常重要的，必须要选择有能力且诚实的供应商，因为供应商必须承担设计、制造产品及品质的责任，若供应商能力不足，就无法提供许多先进的技术及制造知识；若供应商不够诚实，材料及技术则可能会相当低劣。所以使用这项规格时，必须在众多的供应商中选择最佳者，有潜力的供应商可保证品质且通过竞争提供较合理的价格。

（9）样品

样品可以用作规格。当样品满足采购方的需求时，规格将引用样品，并且声明生产的其他的产品应该以样品为标准。样品法通常只适用于其他的规格方法皆不适用时，颜色、印刷及等级为无法以规格说明的三种主要形态。例如，对石版印刷工作而言，最好是由供应商进行试印，通过样品来判断；对一些商品而言，如小麦、玉米、棉花等，用等级和样品是最佳的描述规格的方法。

2.2.2.4 服务的工作说明

（1）工作说明概述

当采购服务的时候，通常以工作说明 SOW（State of Work）的形式定义规格。图 2-3 给出了采购的典型的工作说明。当 SOW 描述适用于某个特定的产品或服务的具体要求时，这个 SOW 就是唯一的。SOW 为供应商清晰地描述了将要完成的包括检查、检验和接收等工作，质量、服务支持、文档化、维护、将要取得的成果和其他要求。在服务完成后，采购方和供应方之间的许多纠纷都是对服务的不同理解造成的。简单的 SOW 也说明了将来需要做的工作，时间期限、所期望的最终产品或结果、评估绩效和质量的标准。随着服务变得越来越复杂，工作说明也变得越来越复杂。对于比较费时或费力的项目，适当的、详细化的 SOW 可以使项目得到很好的管理。

SOW 可以分割为若干部分来进行描述。每个部分可以当作一个独立的子项目进行管理。对整个项目可以使用工作细目分类来报价和管理，并用它来使活动序列化，工作细目分类可以作为项目管理图表的一种形式，比如性能评审技术。

当 SOW 被分成若干部分的时候，对各个部分的成功结束的连续性进行协调是必要的。当每个部分结束时，质量评估可以确保 SOW 的规格满足了要求，并且在下一步工作继续之前保证具体细节已经通过了。这种安全措施可以保证尽早地发现偏差，避免偏差的扩大。

	绩效	功能性设计	努力水平
艺术和娱乐服务		*	
效益管理	*		
资本设备安装和拆除			*
建筑			*
咨询服务		*	
合同制造	*		
设计工作		*	

服务			
环境、健康和安全服务	*		
经验/开发			*
设备管理	*		
车队租赁和维护服务	*		
地面维护服务		*	
检查和测试服务	*		
照管服务	*		
研究室服务	*		
努力水平和支持服务			*
维护服务		*	*
外包			*
出版和广告		*	
修理·			*
软件开发		*	
研究			*
长途通信	*		
临时雇佣的服务			*
展览会和贸易会	*		
出差服务		*	

图 2-3　请购所需要的典型的工作说明

工作说明编制不好可能会导致以下问题：

① 质量低劣的产品和服务。

② 浪费时间和金钱。

③ 不合理的定价。

④ 合同纠纷和诉讼。

⑤ 来自未经请求的反对者、代理人，甚至有时候来自政府官员的详细审查。

⑥ 销售额的损失。

⑦ 顾客的不满。

编制良好的工作说明可以起到如下作用：

① 高效的内部规划和交流。

② 高质量的邀标和具有竞争力的提议。

③ 减少模糊性。

④ 对工作人员所需做的工作有清晰的描述。

⑤ 明确指出将要使用的度量标准。

⑥ 使顾客满意。

（2）工作说明的类型

如同产品规格，工作说明也可以分为以下几种类型：

1）工作的绩效说明

工作的绩效说明与绩效规格比较相似。当设计工作由供应商负责时，采购方描述最终产品的绩效特点。

2）工作的功能说明

在工作的功能说明中，采购方描述了将要解决的问题，而把方法和设计留给供应商去做。

3）工作的设计说明

工作的设计说明主要用于建筑、货物的制造，或者装备规划，它是最详细的一种工作说明形式。在这种形式的工作说明中，采购方详细描述了方法和设计，但是没有详细说明绩效的属性。它的度量是通过对比产品和设计来实现的。

4）工作的努力水平说明

工作的努力水平说明是工作的绩效说明的一种特殊形式。工作的努力水平是指工作提供方服务的努力程度。采购方采用多种方法描述了产品的绩效属性并且详细描述了方法和设计。它的度量是通过同行的评估来进行的。

5）复合的工作说明

复合的工作说明是用上面 4 种方式的组合来进行工作说明。

（3）工作说明编制

与规格相似，工作说明的编制需要遵循一个标准的大纲以免遗漏要点。通常，工作说明需包含以下内容：

1）项目目标。所选择的工作说明的类型反映了项目目标。比如，工作的绩效说明目标定位为理想的交货结果，功能性的工作说明把目标定位为将要解决的问题。

2）背景信息。背景信息提供问题的历史信息、为什么问题需要解决、可能的限制和供应商可能需要注意的其他信息。

3）项目/工作范围的要求。这个部分定义了项目本身、工作范围、需求、技术因素、引用、文件、任务、检验、接收和绩效标准、采购方和供应商的责任。

4）工作进度。工作进度应说明需要经过的特定阶段及每个阶段所需要完成的可度量的成果。

5）交付指标。本部分描述了所需要交付的东西、检查周期、评估标准和需要收集的信息。

6）进度报告的最终期限。进度报告的最终期限设计需要包括在进度报告中的信息。

7）绩效评估要素。每个工作说明都应该清晰地规定所有绩效和质量的标准，并规定如何用它们进行度量。当对供应商进行评估时，结果应该对双方公开。

2.2.2.5　规格带来的问题

如果规格制定得不好，企业采购不到理想的产品，就可能产生其他成本。产生规格问题的原因有：

（1）缺乏标准化。为了把库存降到最小，制定的规格应该尽可能地满足更广的范围内的产品。为每个产品生产唯一的规格会导致零件数量和库存的增加。

（2）苛刻的规格。苛刻的规格是指规格的制定者对物品的要求比它实际所需要的条件更严格。这种行为的典型后果是过高的采购成本和原本可用的供应商由于达不到过于严格的规格要求而被排除。

（3）松散的规格。松散的规格是指规格的制定者省略了关键的细节或者对关键的参数未施加限制。这种失误或省略的典型结果是连续不断的质量问题，供应商交付来的商品或服务满足了规格的要求，但是却不能满足实际要求。

（4）倾斜的规格。倾斜的规格是指只有特殊的产品或供应商才能满足的规格。典型的结果是人为地限制竞争和过高的采购价格。

（5）无用的普通规格。无用的普通规格是指对产品没有实质性限制的规格，因而这样的规格就起不到应有的作用。

（6）过时的规格。因为规格可以为供应商报价提供参考，并且可以为产品的生产和服务的交付提供指导，那么不合时宜的规格将会使所有的后续工作产生问题，并且可能产生非常高的成本。

（7）国际市场中标准的差异。供应商和采购方使用同样的标准规格是非常重要的。如果供应商和采购方采用不同的国际标准规格体系，那么就会产生规格问题。

2.3 采购计划与预算

2.3.1 采购计划

2.3.1.1 采购业务计划

（1）编制采购计划的目的

制订采购计划是整个采购管理进行运作的第一步，采购计划制订得是否合理、完善，直接关系到整个采购运作的成败。采购计划是根据市场需求、企业的生产能力和采购环境容量等确定采购的时间、采购的数量以及如何采购的作业。一般制造企业制订采购计划主要是为了指导采购部门的实际采购工作，保证产销活动的正常进行和企业的经营效益。因此，一项合理、完善的采购计划应达到以下目的：

1）预估物料或商品需用的时间和数量，保证连续供应。在企业的生产活动中，生产所需的物料必须能够在需要的时候可以获得，而且能够满足需要。因此，采购计划必须根据企业的生产计划、采购环境等估算物流需用的时间和数量，在恰当的时候进行采购，保证生产的连续进行。

2）配合企业生产计划与资金调度。制造企业的采购活动与生产活动是紧密关联的，是直接服务于生产活动的。因此，采购计划一般要依据生产计划来制订，确保采购适当的物料满足生产的需要。

3）避免物料储存过多，积压资金和占用存储空间。在实际的生产经营过程中，库存是不可避免的，有时还是十分必要的。库存实质上是一种闲置资源，不仅不会在生产经营中创造价值，反而还会因占用资金而增加产品的成本。也正因为如此，准时生产（JIT）和零库存管理成为一种先进的生产运作和管理模式。物料储存过多会造成大量资金的积压，影响到资金的正常周转，同时还会增加市场风险，给企业经营带来负面影响。

4）使采购部门事先准备，选择有利时机购入物料。在瞬息万变的市场上，要抓住有利的采购时机并不容易，只有事先制订完善、可行的采购计划，才能使采购人员做好充分的采购准备，在适当的时候购入物料，而不至于临时抱佛脚。

5）确立物料耗用标准，以便管制物料采购数量以及成本。通过以往经验及对市场的预测，采购计划能够较准确地确立所要物料的规格、数量、价格等标准，这样可以对采购成本、采购数量和质量进行控制。

（2）编制采购计划的基础资料

1）生产计划（Production Schedule）。根据企业的销售预测，再加上人为的判断，就可以拟定销售目标和销售计划。销售计划表明各种产品在不同时间的预期销售数量；而生产计划则是依据销售数量，加上预期的期末存货减去期初存货来制定的。

2）物料清单（Bill of Material，BOM）。一般生产计划只列出产成品的数量，而不能表示某一产品需用哪些物料，以及数量多少，因此必须借助于用料清单。物料清单是由研发或产品设计部门制定的，根据物料清单可以精确地计算出制造每一种产品的物料需求数量（Material Requirement）。将物料清单上所列的耗用量即通称的标准用量，与实际用量相比较，可作为物料管理的依据。

3）存量卡（Rin Card）。如果产成品有库存，那么生产数量不一定要等于销售数量。同理，若材料有库存，则材料采购数量也不一定要等于材料需用量。因此，必须建立物料的存量卡，以表明某一物料目前的库存状况；再依据需求数量，并考虑购料的时间和安全库存量，算出正确的采购数量，然后才开具请购单，进行采购活动。

（3）采购计划的编制程序

采购计划的编制主要有以下几个步骤。

1）准备订单计划

准备订单计划也主要分为 4 个方面的内容：了解市场需求、了解生产需求、准备订单环境资料、制定订单计划说明书。

① 了解市场需求。市场需求是启动生产供应程序流动的牵引项，要想制定比较准确的订单计划，首先必须掌握市场需求计划，或者是市场销售计划。市场需求的进一步分解便得到生产需求计划。企业的年度销售计划一般在上年的年末制定，并报送至各个相关部门，同时下发到销售部门、计划部门、采购部门，以便指导全年的供应链运转；根据年度计划制定季度、月度的市场销售需求计划。

② 了解生产需求。生产需求对采购来说可以称之为生产物料需求。生产物料需求的时间是根据生产计划产生的，通常生产物料需求计划是订单计划的主要来源。为了便于理解生产物料需求，采购计划人员需要深入熟知生产计划及工艺常识。在 MRP 系统中，物料需求计划是主生产计划的细化，它主要来源于主生产计划、独立需求的预测、物料清单文件、库存文件。编制物料需求计划的主要步骤包括：决定毛需求；决定净需求；对订单下达日期及订单数量进行计划。

③ 准备订单环境资料。准备订单环境资料是准备订单计划中一个非常重要的内容。订单环境是在订单物料的认证计划完毕之后形成的，订单环境的资料主要包括：订单物料的供应商消息；订单比例信息；最小包装信息；订单周期。

订单环境一般使用信息系统管理。订单人员根据生产需求的物料项目，从信息系统中查询了解该物料的采购环境参数及其描述。

④ 制定订单计划说明书。制定订单计划说明书也就是准备好订单计划所需要的资料，主要内容包括：订单计划说明书等。

2）评估订单需求

评估订单需求是采购计划中非常重要的一个环节，只有准确地评估订单需求，才能为计算订单容量提供参考依据，以便制定出好的订单计划。它主要包括 3 个方面的内容：分析市场需求、分析生产需求、确定订单需求。

① 分析市场需求。市场需求和生产需求是评估订单需求的两个重要方面。订单计划不仅仅来源于生产计划，一方面，订单计划首先要考虑的是企业的生产需求，生产需求的大小直接决定了订单需求的大小；另一方面，制定订单计划还得兼顾企业的市场战略及潜在的市场需求等；此外，制定订单计划还需要分析市场资料的可信度。

因此，必须仔细分析签订合同的数量与还没有签订合同的数量（包括没有及时交货的合同）等一系列数据，同时研究其变化趋势，全面考虑订单计划的规范性和严谨性，还要参照相关的历史要货数据，找出问题的所在。只有这样，才能对市场需求有一个全面的了解，才能制定出一个满足企业远期发展与近期实际需求相结合的订单计划。

② 分析生产需求。分析生产需求是评估订单需求首先要做的工作。要分析生产需求，首先就需要研究生产需求的产生过程，然后再分析生产需求量和要货时间。例如，某企业根据生产计划大纲，对零部件的清单进行检查，得到部件的毛需求量。在第一周，现有的库存量是 80 件，毛需求量是 40 件，那么剩下的现有库存量为 $80-40=40$（件），到第三周时，库存为 40 件，此时预计入库 120 件，毛需求量 70 件，那么新的现有库存为 $40+120-70=90$（件）。每周都有不同的毛需求量和入库量，于是就产生了不同的生产需求，对企业不同时期产生的不同生产需求进行分析是很有必要的。

③ 确定订单需求。根据对市场需求和对生产需求的分析结果，就可以确定订单需求。通常来讲，订单需求的内容是通过订单管理，在未来指定的时间内，将指定数量的合格物料采购入库。

3）计算订单容量

计算订单容量是采购计划中的重要组成部分。只有准确地计算好订单容量，才能对比需求和容量，经过综合平衡，最后制定出正确的订单计划。计算订单容量主要有以下 4 个方面的内容：

① 分析供应资料。对于采购工作来讲，在目前的采购环境中，所要采购物料的供应商信息是一项非常重要的信息资料。如果没有供应商供应物料，那么无论是生产需求还是紧急市场需求，一切都无从谈起。可见，有供应商的物料供应是满足生产需求和满足紧急市场需求的必要条件。例如，某企业想设计一家练歌房的隔音系统，隔音玻璃棉是完成该系统的关键材料，经过考察，该种材料被垄断在少数供应商的手中，在这种情况下，企业的计划人员就应充分利用好这些情报，在下达订单计划时就会有的放矢了。

② 计算总体订单容量。总体订单容量一般来说是两方面内容的组合：一是可供给的物料数量，另一方面是可供给物料的交货时间。举一个例子来说明这两方面的结合情况：A 供应商在 12 月 31 日之前可供应 5 万个特种按钮（i 型 3 万个，ii 型 2 万个）；B 供应商在 12 月 31 日之前可供应 8 万个特种按钮（i 型 4 万个，ii 型 4 万个），那么 12 月 31 日之前 i 和 ii 两种按钮的总体订单容量为 13 万个，其中 i 型和 ii 型按钮分别为 7 万和 6 万个。

③ 计算承接订单容量。承接订单容量是指某供应商在指定的时间内已经签下的订单量。仍以前一个例子来说明：A 供应商在 12 月 31 日之前可以供给 5 万个特种按钮（i 型 3 万个，ii 型 2 万个），若是已经承接 i 型特种按钮 2 万个，ii 型 2 万个，那么对 i 型和 ii 型物料已承接的订单量就比较清楚，即 2 万个（i 型）＋2 万个（ii 型）＝4 万个。

④ 确定剩余订单容量。剩余订单容量是指某物料所有供应商群体的剩余的可供应物料的总量，可以用下面的公式表示：

物料剩余订单容量＝物料供应商群体总体订单容量－已承接订单量

4）制定订单计划

制定订单计划是采购计划的最后一个环节，也是最重要的环节。它主要包括 4 个方面的内容：对比需求与容量、综合平衡、确定余量认证计划、制定订单计划。

① 对比需求与容量。对比需求与容量是制定订单计划的首要环节，只有比较出需求与容量的关系才能有的放矢地制定订单计划。如果经过对比发现需求小于容量，即无论需求多大，容量总能满足需求，则企业要根据物料需求来制定订单计划；如果供应商的容量小于企业的物料需求，则要求企业根

据容量制定合适的物料需求计划。这样就产生了剩余物料需求，需要对剩余物料需求重新制定计划。

② 综合平衡。综合平衡是指综合考虑市场、生产、订单容量等要素，分析物料订单需求的可行性，必要时调整订单计划，计算容量不能满足的剩余订单需求。

③ 确定余量计划。在对比需求与容量的时候，如果容量小于需求就会产生剩余需求。对于剩余需求，要提交计划制定者处理，并确定能否按照物料需求规定的时间及数量交货。

④ 制订订单计划。制订订单计划是采购计划的最后一个环节，订单计划做好之后就可以按照计划进行采购工作了。一份订单包含的内容有下单数量和下单时间两个方面。

下单数量＝生产需求量－计划入库量－现有库存量＋安全库存量

下单时间＝要求到货时间－认证周期－订单周期－缓冲时间

表 2-3 和表 2-4 给出了两个典型的企业采购计划表。

表 2-3 某电子公司采购计划表

材料编号	材料名称	材料规格	三月底库存		四 月				五 月				六 月			
			仓库	验收前	已购未入量	总存量	计划用量	本月底结存	已购未入量	总存量	计划用量	本月底结存	已购未入量	总存量	计划用量	本月底结存
			700		500	1 200	800	400	1 400	1 800	1 200	600	1 800	2 400	1 600	800

表 2-4 某人造纤维公司采购数量计划表

供应商	本日存货		本日存货耗用期限	订购日期	L/C申请日期	L/C开出日期	装船			船到入库后总库存量
	日期	存量/t					装船量/t	开船日	抵达日期	

2.3.1.2 战略采购计划

战略采购计划是公司的长期采购计划，不同于前面所讲的采购业务计划。

（1）战略计划的层次

战略计划是一种方法，用这一方法确定长远发展方向，并且建立达到这一目标的手段。组织制定战略计划的过程既是一种艺术，又是一种科学。对未来做出计划，并且建立一个共同的发展方向是战略计划的核心。下一层次的计划（即业务计划）的核心是考虑这一远景目标的实现，并综合一些具体的计划来确定资源的获得和分配。

组织中战略计划的开发分为 3 个层次：组织或企业层次，业务层次，职能层次（见图 2-4）。

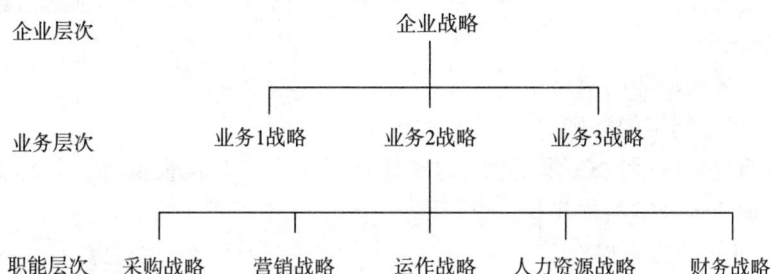

图 2-4　战略的层次

1）组织或企业战略计划

各种类型、各种规模的企业，都要制定自己的战略计划。一般来说，战略计划是高层管理者组成的团队制定的，它要回答如下的问题：①组织开展什么样的业务？②这些业务中如何分配资源？③这些业务在哪些地方开展？④目标是什么？

这些决策直接关系到组织内各个层次间的资源的分配，也关系到外部资源的管理，比如供应商管理。

过去企业的采购管理者并不会参与到组织战略计划的开发中。然而，发达国家自 20 世纪 80 年代以来，采购职能的高层管理在战略计划中发挥着越来越重要的作用。根据美国高级采购研究中心进行的几项调研，大家公认应将组织战略与采购和供应战略联系起来考虑。

2）业务战略计划

一旦确定了组织开展什么样的业务，就必须制定一个计划以保证此项业务的成功运作。业务战略计划回答的是在这一行业中如何竞争等问题。企业战略决定了业务层次的战略计划制定，而业务层次的战略目标支持和帮助企业目标的实现。

3) 职能或部门战略计划

业务计划又驱动了职能层次战略计划的制订，比如采购、营销、财务、生产、会计、人力资源、客户服务以及研发职能。职能层次的战略回答的问题是这一职能战略如何帮助业务战略以及公司战略的实现。采购管理的核心工作是围绕公司的战略计划和业务计划制定采购计划。这就要根据企业层次的决策来确定采购规模、区域，然后分配优先权、进度表、目标以及个人责任。

企业各层次的战略保持一致对组织的整体成功来说非常重要。除了各项战略计划要保持一致外，公司的绩效评测和薪酬体系等，都必须适应组织的长期战略。

(2) 采购职能的战略目标

1) 目标制定的原则

采购目标的制定必须与组织的整体目标一致，并且根据每个目标对组织成功的影响来确定其优先权。

① 目标的优先权

并不是所有的目标都具有相同的优先权。应该首先追求对组织的运作影响最大的、并能对组织的总体目标产生贡献最大的目标。企业可以通过3个层次的计划活动设立这些优先权，并使它们保持一致，然后在组织内传达这些信息，以确保目标和它们的优先权的有效性。

② 目标的整合

采购目标必须与组织的其他目标保持一致，目标的整合才能确保总体目标的成功。采购部门的员工必须理解他们与其他部门之间的关系。

③ 目标的可测性

要将目标分成几组（如成本节约、产品或工序的改进等等），以便进行量化或度量。首先，通过测量或量化现状建立一个标准是非常有用的；然后，将来测量的结果就可以与内部标准、外部标准或其他历史数据进行比较。

2) 采购职能的战略目标

采购职能的战略目标就是很好地管理为企业提供产品与服务的供应关系，以支持企业总体目标的实现。供应商与企业的合作程度决定了采购工作对企业成功的贡献，好的战略计划要让供应商和内部客户了解采购职能能够做出的贡献。问题在于如何将计划分解成为用最少的资源为企业提供产品与服务的影响因素。表2-5列出了开发战略采购计划时需要考虑的典型问题。

表 2-5 确定战略采购计划中要回答的问题

1. 什么？	6. 价格多少？	8. 怎样？
制造或购买	额外费用	体系和程序
标准化还是差异化产品	标准价格	计算机化
2. 重点？	较低的价格	谈判
质量还是成本	基于成本的价格	竞标
供应商的参与程度	基本市场的价格	定标
3. 多少？	租赁/制造/购买的价格	空白订单/延期交货订单
大量还是少量（库存）	7. 在哪里？	群体购买
4. 谁？	城市，区域	物料需求计划
集中还是分散	国内，国际	长期合同
员工素质	大还是小	采购调查
高层管理的介入	多来源还是单一来源	价值分析
5. 什么时候？	供应商周转率高还是低	9. 为什么？
现在还是以后	与供应商的关系	目标一致
提前购买	供应商的资格	市场原因
	供应商所有权	内部原因

（3）战略采购计划的原则与过程

1）战略采购计划的原则

战略采购计划的基本原则是必须支持企业战略和业务战略。采购管理者必须首先理解业务计划的目标，最好能参与到业务计划的制订当中，然后运用这些信息，开发一个最有效的支持企业战略的采购战略。为使采购战略与企业战略保持一致，需要在各个层次的计划制定的过程中进行信息的交流。采购部门必须接受来自于企业层次和业务部门的信息，使其能够更好地开发采购战略。

2）制定战略采购计划需要考虑的因素

采购者制定战略计划时要考虑的因素包括：

① 产品与服务是已有的还是新开发的。

② 某项产品与服务的市场动态。

③ 某项产品或服务的供应商之间的竞争。

④ 产品与服务的可得性。

⑤ 在途库存成本。

⑥ 可能的供应商生产所需产品或提供所需服务的意愿。

3）战略采购计划的过程

采购战略能够对客户满意度、成本结构以及返修率等产生深远的影响，这种影响可以是积极的也可以是消极的。战略采购计划活动包含如下步骤：

① 仔细研究公司与业务层次的战略中，采购管理职能对其有影响的部分。

② 确定采购管理职能怎样才能对更高一层的战略做出贡献，或者是使收益最大化或者是降低失败的风险等。

③ 寻找机会改进现存的供应和采购过程。

④ 为寻找到的改进机会建立明确的目标和措施。

⑤ 研究改进方法实施的要素。

⑥ 获得授权然后实施改进。

⑦ 评估改进的过程和结果。

（4）战略采购计划的内容

1）资源战略

企业在制定资源战略时，采购者应该明确如下问题：

① 以往资源的使用方式，以及资源的预期需求量。

② 资源的来源，现有的和潜在的。

③ 资源的市场类型，如从制造商处购买还是从分销商处购买。

④ 采购资源的形态，如原材料、半成品或产成品。

⑤ 可以得到的供应总量。

⑥ 资源在某一区域受到的政策约束。

⑦ 资源运达的成本。

开发资源战略时，采购职能还需要考虑一些与资源选择、物流因素，如运距和运输方式、客户、关税、自由贸易区以及代理人和经纪人的使用、通信方式如 EDI 的使用以及金融如汇率和支付方式有关的问题。

2）供应商战略

要区分资源战略和供应商战略是非常困难的，因为二者紧密相连。资源战略的制定是为了确定组织如何满足某一具体的产品和服务（商品）的需求，而制定供应商战略目的在于确定此商品的供应链上各种供应商的位置、地址和发展状况。

供应商战略应该回答下面的问题：

① 哪个供应商能够提供总成本最低、质量最高、提前期最短以及最好的服务？

② 哪个（些）供应商能提供提高产品技术的途径？

③ 每个潜在供应商的相对优势是什么？

④ 每个可选供应商的相对风险是什么？

3）应急计划

万一企业得不到满足数量、质量或价格需求的商品或服务，则替代品是什么？如何才能满足顾客的需求？这是应急计划需要解决的问题。根据市场的稳定性、与采购相关的风险以及对于实现组织战略目标的重要程度不同，应急计划在各企业中对各种产品的作用不同。

2.3.2 采购预算

采购预算是将企业未来一定时期内经营决策的目标通过有关数据系统地反映出来，是经营决策具体化、数量化的表现。预算的时间范围要与企业的计划期保持一致，不能过长或过短。长于计划期的预算没有意义，会浪费人力、物力和财力，而过短的预算则不能保证计划的顺利执行。企业所能获得的可分配的资金在一定程度上是有限的，企业的管理者必须通过科学地分配有限的资源，来提高效率以获得最大的收益。一个良好的企业不仅要赚取合理的利润，还要保证企业有良好的资金流，因此，良好的预算既要注重工作实践，又要强调财务业绩。

2.3.2.1 预算的作用、类型和编制流程

（1）预算的作用

① 保障战略计划和作业计划的执行，确保组织向良好的方向发展；

② 协调组织经营资源；

③ 在部门之间合理安排有限资金，保证资金分配的效率；

④ 通过审批和拨款过程以及差异分析控制支出；

⑤ 将目前的收入和支出与预算的收入和支出相比较，对企业的财务状况进行监视。

（2）预算的种类

预算的种类不同，所起的作用也不同，根据时间的长短，可以将预算分为长期预算和短期预算。长期预算是指时间跨度超过一年以上的预算，主要涉及固定资产的投资问题，是一种规划性质的资本支出预算。长期预算对企业战略计划的执行有着重要意义，其编制质量的好坏将直接影响到企业的长期目标是否能够实现，影响到今后企业较长时间内的发展。企业的短期预算是指企业在一年内对经营财务等方面所进行的总体规划的数量说明。短期预算是一种执行预算，对企业计划的实施影响重大。

根据预算所涉的范围，可以分为全面预算和分类预算。全面预算又称为总预算，是短期预算的一种，涉及企业的产品或服务的现金收支等各方面的问题。总预算由分预算综合而成。分预算种类多种多样，有基于具体活动

的过程预算，有各分部门的预算。

总预算根据其内容的不同分为财务预算、决策预算和业务预算 3 类。财务预算是指企业在计划期内有关现金收支、经营成果以及财务状况的预算，主要包括现金预算、预计损益表、预计资产负债表等；专门决策预算是指企业为特定投资决策项目或一次性业务所编制的专门预算，包括销售预算、成本预算、管理费用预算等。采购预算是业务预算的一种，它们的编制将直接影响到企业的直接材料预算、制造费用预算等。

（3）预算编制流程

对制造业而言，通常业务部门的行销计划是年度经营计划的起点，然后生产计划才随之制定。生产预算包括采购预算、直接人工预算及制造费用预算。由此可见，采购预算是采购部门为配合年度的销售预测或生产数量，对需求的原料、物料、零件等的数量及成本做详实的估计，以利于整个企业目标的达成。换句话说，采购预算如果单独编制，不但缺乏实际的应用价值，也失去了与其他部门的配合，所以必须以企业整体预算制度为依据。采购预算编制的流程和步骤如图 2-5 所示。

（4）采购中涉及的预算

采购部门中涉及的主要预算有以下几种。

1）原材料预算。原材料预算的主要目的是：确定用于生产既定数量产品或者提供既定水平服务的原材料成本。原材料预算的时间通常是一年或更短。预算的依据是生产或销售的预期水平以及未来原材料的估计价格，这就意味着实际费用有可能偏离预算。因此，很多组织采用灵活的预算，灵活的预算要反映条件的变化，比如产品的增加或减少来调整实际的采购支出。良好的原材料预算具有如下作用：①确保原料需要时能够得到；②确定随时备用的原材料和零部件的最大价值和最小价值；③确定和评估采购支出的财务需求。

2）MRO 预算。MRO 采购包含在经营管理过程中，但它们并没有成为生产运作中的一部分。MRO 项目主要有：办公用品、润滑油、机器修理用零部件等。MRO 项目的数目可能很大，对每一项都作出预算并不可行。MRO 预算通常按以往的比例来确定，然后根据库存和一般价格水平的预期变化来进行调整。

3）资产预算。固定资产的采购通常占支出的较大部分，良好的采购活动和谈判组织能为企业节省很多资金。通过研究资源市场以及与关键供应商建立密切的关系，可以为企业节省出很多资金。固定资产的预算不仅要考虑初始成本，还要考虑包括维护、能源消耗以及辅助零部件成本等的生命周期总费用。由于这些支出的长期性质，通常用净现值算法进行预算和

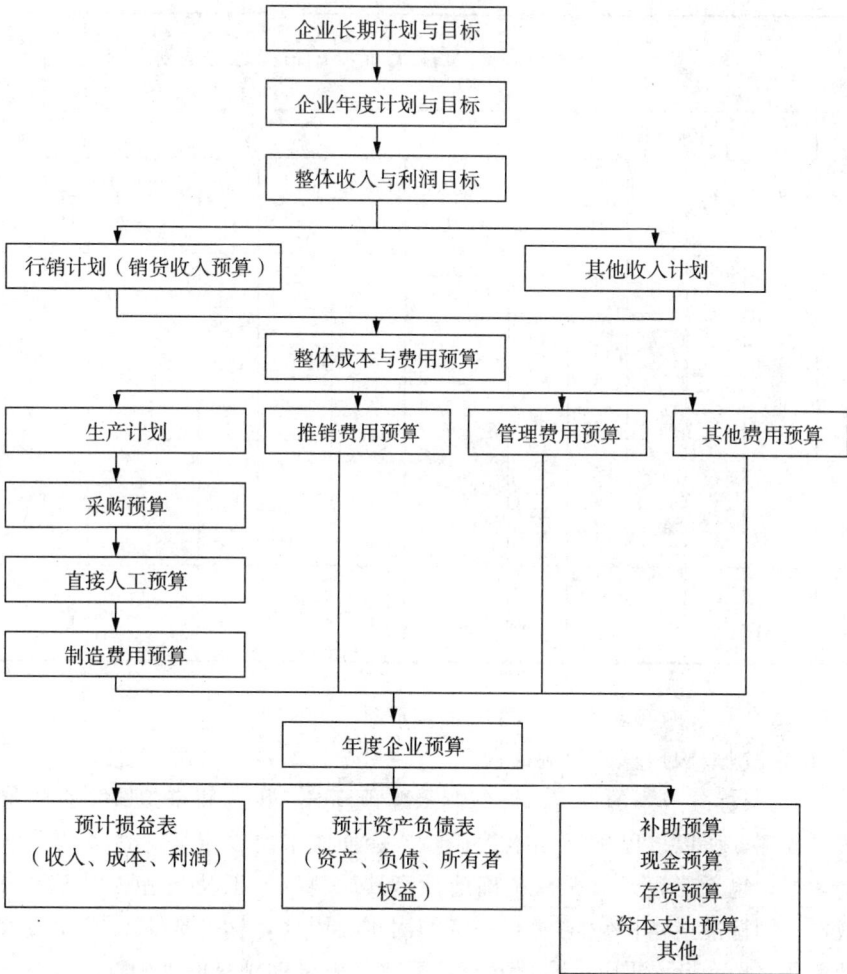

图 2-5　采购预算编制流程

做出决策。

　　4）采购费用预算。采购费用预算的内容包括采购业务中发生的各项费用，包括工资、供热费、电费、通信费、差旅费以及购买办公用品等的费用。通常，这项预算是根据预期的业务和行政工作量来制定的。采购业务费用预算应该反映组织的总体目标。例如，如果组织的目标是减少间接费用，那么业务预算中的间接费用预算就应该反映出这一点。

　　表 2-6 给出了某纺织公司的采购预算表格式。

表 2-6　某纺织公司采购预算表

物流类别	主要原料、物料及机器零件											总计
付款方式	到　期					新　购						
	Usance L/C	D/A	Local L/C	P/N	小计	Usance L/C	Local L/C	cash	小计	报关费及运杂费	合计	
年月月月月月												
半年总计												

2.3.2.2　采购预算编制步骤及注意事项

（1）编制采购预算的影响因素

1）物料标准成本的设定。在编制采购预算时，因为将来拟购物料的价格不容易预测，所以多以标准成本替代。若标准成本的设定缺乏过去的采购资料为依据，也无工程人员严密精确地计算其原料、人工及制造费用等组合生产成本，则标准成本的设定就有一定的困难。因此，标准成本与实际购入价格的差额（Purchase Price Variance），就会影响采购预算的准确性。

2）生产效率。生产效率的高低将使预计的物料需求量与实际的耗用量产生误差。产品的生产效率降低，会导致原物料的单位耗用量提高，而使采购预算中的预算数量不够生产所需。产出率（Yield Rate）过低，则会导致经常进行业务更改（Rework），而使得零部件的损耗超出正常水平。所以，当生产效率降低时，采购预算必须将这部分额外的耗用率计算进去，才不会发生原材料预算资金的短缺现象。

3）预期价格。在编制采购预算时，经常需要对物料价格涨跌幅度、市场景气与否、汇率变动等加以预测，因为个人主观判断与事实的变化常有差距，就可能会造成采购预算较大的偏差。此外，季节性的供应状况，最低订购量等因素，将使采购数量超过正常的需求数量，而且企业财务状况的好坏也将影响采购数量（安全库存量）的多少以及采购预算（付款时间）的准确性。

由于影响采购预算的因素很多，故采购预算拟定之后，必须与产销部门保持经常的联系，并针对现实的状况作出必要的调整与修订，才能达成维持正常产销活动的目标，并协助财务部门妥善规划资金的来源。

（2）采购预算的编制步骤

采购预算的编制同其他类型预算编制过程一样，也包含以下几个步骤：

1）审查企业以及部门的战略目标。采购预算的最终目的是为了保证企业采购目标的实现，企业在编制采购预算前，首先要审视本部门和企业总体的目标，以确保它们之间的相互协调。

2）制定明确的工作计划。采购管理者必须了解本部门的业务活动，制订出详细的计划表，从而确定部门实施这些活动所需要的资源。

3）确定所需的资源。有了详细的工作计划表，采购管理者就可以对支出做出切合实际的估计，从而确定为了实现目标所需要的人力、物力和财力资源。

4）提出准确的预算数字。采购预算应当保证最高准确性。要实现最高准确性，可以通过以往的经验来推断，也可以借助数学工具和统计资料科学地分析和计算得出。

5）汇总。汇总各分部门、各分单元的预算。最初的预算总数来自每个分单元，经过层层提交、汇总，最后形成总预算。

6）提交预算。采购预算通常是由采购部门会同其他部门共同编制的，采购预算编制后要提交企业财务部门及相关管理部门，为企业资金筹集和管理决策提供支持。

（3）编制预算的注意事项

1）加强采购部门与生产经营部门和其他接口部门的沟通。为了可以编制出与企业目标相一致的可实现的采购预算，必须找出一种科学的方法来达到这一目标，企业管理者应当与采购部门主管就目标积极开展沟通，调查要求和期望，考虑假设条件和参数的变动，制订劳动力和资金需求计划。

2）适当改变绩效评估方式。为了鼓励采购部门提出更具挑战性的预算报告，企业有必要对采购部门的绩效评估方式进行改善。采购预算是在战略目标框架之内提出的，在从设置目标到提交预算这一连续的动态过程中，不仅要仔细审查影响预算实现的内部不可控因素，还要详细研究外部不可控因素，并进一步识别出影响预算实现的关键成功因素。人力资源部门在进行业绩评估时，必须有所考虑，并向管理者提出建议。企业的高层管理者必须解决部门主管对绩效评估的后顾之忧，使他们的预算编制更趋于合理。

3）选择恰当的预算形式。传统的采购预算只代表当期应支付的采购资金，而非真正的采购现金支出预算（非现金流），这种预算对财务人员的资金筹划，并无太大益处。按此进行预算，有时会误导财务人员进行错误的资金筹划。为了使得预算对实际的资金有意义，采购预算应以现金为基础进行编制；也就是说，采购预算应以本期付款的金额为基础进行编制，而不用本期采购金额为基础进行编制。因此，企业内部各部门所采用的预算形式应把重点放在现金流上而不是收入或利润上，当然最佳的预算形式最终还是取决于组织的具体目标。

4）建立趋势模型。预算是对未来开支的计划，所有代表期望行为的数字都是估算值，采购预算提供的是代表采购支出情况的数字预报。为了使这些数字有最大价值，应当建立一个趋势模型。模型应以已有的数据资料为基础，具有时间敏感性，能够反映材料需求和市场行情的变化。

5）用滚动预算的方法。企业经营是一个连续不断的过程，只是为了使用方便才在时间上对它们进行划分。为了能够使预算与实际过程更紧密地结合在一起，预算应尽可能采用滚动的方法，在制定当期预算的时候应根据实际情况同时对下几期的业务进行预算，才能保证企业活动在预算上的连续性。预算活动的滚动性，要求采购部门的管理人员投入大量精力。工作过程可以采取分两步走的方式：第一步是整体思考，要求管理者从总体战略出发，勾划出预算的框架，制定出必要的行动方案，如果预算结果出现偏差要及时修改；第二步进入细化阶段，采购部门管理者制定最终预算的细节。

无论是何种类型的预算，只要满足了上面的要求都可以最大限度地发挥其潜能，保证组织计划的顺利实施。

2.4 采购模式

2.4.1 集中与分散采购

企业的采购作业方式是多种多样的，具体体现在采购决策权力的集中与分散的程度。这种权力的集散程度与所采购的货品特性、采购量、企业的管理水平、信息化的程度和管理者的观念等多种因素有关，不同的企业选取的采购模式不同。常见的有集中采购和分散采购两种。

2.4.1.1 集中采购

（1）集中采购的含义

集中采购是相对于分散采购而言的，它是指企业在核心管理层建立专门的采购机构，统一组织企业所需物品的采购进货业务。跨国公司的全球采购部门的建设是集中采购的典型应用。它以组建内部采购部门的方式，来统一管理其分布于世界各地分支机构的采购业务，减少采购渠道，通过批量采购获得价格优惠。

随着连锁经营、特许经营和外包制造（Original Equipment Manufacture, OEM）模式的增加，集中采购更是体现了经营主体的权力、利益、意志、品质和制度，是经营主体赢得市场，保护产权、技术和商业秘密，提高效率，取得最大利益的战略和制度安排。因此，集中采购将成为未来企业采购的主要方式，具有很好的发展前景。如 IBM、恒基伟业、麦当劳等企业都在这一层面上通过集中采购实现了自身的利益。

（2）集中采购的优势

实施集中采购有以下优势：

1）有利于获得采购规模效益，降低进货成本和物流成本，争取主动权。

2）易于稳定本企业与供应商之间的关系，得到供应商在技术开发、货款结算、售后服务支持等诸多方面的支持与合作。

3）集中采购责任重大，采取公开招标、集体决策的方式，可以有效地制止腐败。

4）有利于采购决策中专业分工和专业技能的发展，同时也有利于提高工作效率。

5）如果采购决策都集中控制的话，所购物料就比较容易达到标准化。

6）减少了管理上的重复劳动。这样就不必让每一个部门的负责人都去填采购订单，只需采购部门针对公司的全部需求填一张订单就可以了。

7）可以节省运费和获得供应商折扣。由于合并了多个部门的需求，采购部门找到供应商时，其手上的订单数量就足以引起供应商的兴趣，采购部门可以说服供应商尽快发送或给予数量折扣。除此之外因为集中了所有的需求后货物可以整车地进行装运，因此可以节省运费。

8）对于供应商而言，这也可以推动其有效管理。他们不必同时与公司内的许多人打交道，而只需和采购经理联系。

（3）集中采购适用的采购主体和采购客体

1）适用的采购主体

① 集团范围实施的采购活动。

② 跨国公司的采购。

③ 连锁经营、OEM 厂商、特许经营企业的采购。

2）适用的采购客体

① 大宗或批量物品，价值高或总价多的物品。

② 关键零部件、原材料或其他战略资源，保密程度高、产权约束多的物品。

③ 容易出问题的物品。

④ 最好是定期采购的物品，以免影响决策者的正常工作。

（4）集中采购的实施步骤

1）根据企业所处的国内外政治、经济、社会、文化等环境及竞争状况，制定本企业采购战略。

2）根据本企业产品销售状况、市场开发情况、生产能力，确定采购计划。

3）定期或根据大宗物品采购要求做出集中采购决策，决策时要考虑试产反馈意见，同时需要结合生产过程中工艺情况和质量情况。

4）当决策做出后，由采购管理部门实施信息分析、市场调查及询价，并根据库存情况进行战术安排。

5）由采购部门根据资源供给状况、自身采购规模和采购进度安排，结合最有利的采购方式实施采购、并办理检验送货手续，及时保障生产需要。

6）对于符合适时、适量、适质、适价、适地的物品，经检验合格后要及时办理资金转账手续，保证信誉，争取下次合作。

2.4.1.2 分散采购

（1）分散采购的含义

与集中采购相对应，分散采购是由企业下属各单位，如子公司、分厂、车间或分店实施的满足自身生产经营需要的采购。这是集团将权力分散下放的采购活动。分散采购是集中采购的完善和补充，有利于采购环节与存货、供料等环节的协调配合，有利于增强基层工作责任心，使基层工作富有弹性和成效。

分散采购方式具有如下基本特点：

① 批量小或单件物品，且价值低、开支小。

② 过程短、手续简、决策层次低。

③ 问题反馈快，针对性强，方便灵活。

④ 占用资金少，库存空间少，保管简单、方便。

（2）分散采购的优势

分散采购的优势有：

① 对利润中心直接负责。

② 对于内部用户有更强的顾客导向。

③ 较少的官僚采购程序。

④ 较少需要内部协调。

⑤ 与供应商直接沟通。

（3）分散采购适用的采购主体和采购客体

1）分散采购适用的采购主体

① 二级法人单位、子公司、分厂、车间。

② 离主厂区或集团供应基地较远，其供应成本低于集中采购成本的情况。

③ 异国、异地供应的情况。

2）分散采购适用的采购客体

① 小批量、单件、价值低、总支出在产品经营费用中所占比重小的物品（各厂情况不同，自己确定）。

② 分散采购优于集中采购的物品，包括费用、时间、效率、质量等因素均有利，不影响正常的生产与经营的情况。

③ 市场资源有保证，易于送达，较少物流费用的物品。

④ 分散后，各基层有这方面的采购与检测能力的物品。

⑤ 产品开发研制、实验所需的物品。

（4）分散采购的实施步骤

分散采购的程序与集中采购大致相同，只是取消了集中决策环节而直接实施其他步骤。企业下属单位的生产研发人员根据生产、科研、维护、办公的需要，填写请购单；由基层主管审核、签字，到指定财务部门领取支票或汇票或现金；然后到市场或厂家购买、进货、检验、领取或核销、结算即可。采购时一般采用现货交易方式。

2.4.1.3　选择集中采购或分散采购的考虑因素

集中采购的优势就是分散采购的劣势，分散采购的优点也正是集中采购的不足。在实际采购中要趋利避害、扬长避短，根据企业自身的条件、资源状况、市场需要，灵活地做出制度安排，并积极创新采购方式和内容，使企业在市场竞争中处于有利的地位。

在决定采购是集中或分散进行时，应该考虑下面的因素：

（1）采购需求的通用性。经营单位对购买产品所要求的通用性越高，从集中的或协作的方法中得到的好处就越多。这就是为什么大型公司中的原材料和包装材料的购买通常集中在一个地点的原因。

（2）地理位置。当经营单位位于不同的国家或地区时，就可能会极大地阻碍协作的努力。例如，在欧洲和美国之间的贸易和管理实践就存在较大的差异，甚至在欧洲范围内也存在着重大的文化差异。一些大型公司已经将全球的协作战略转为地区的协作战略。

（3）供应市场结构。有时，公司会在它的一些供应市场上选择一个或数量有限的几个大型供应商组织。在这种情况下，采用协同的采购方法则可以获得一个更好的谈判地位。

（4）潜在的节约。一些类型的原材料的价格对采购数量非常敏感。在这种情况下，购买更多的数量会立刻带来成本的节约。对于标准商品和高技术部件都是如此。

（5）所需的专门技术。有时，有效的采购需要非常高的专业技术，如对高技术半导体和微芯片的采购。因此，大多数电子产品制造商已经将这些产品的购买集中化。

（6）价格波动。如果物资（如果汁、小麦、咖啡）价格对政治和经济气候的敏感程度很高，集中的采购方法就会受到偏爱。

（7）客户需求。有时，客户会向制造商制定其所需产品应具备的条件。这种现象在飞机制造工业中非常普遍。这些条件是与负责产品制造的经营单位商定的，这种情况下不适于采取集中采购模式。

除了以上需要考虑的因素外，选择集中采购时，还应该以有利于资源的合理配置、减少交易环节、加速周转、简化手续、满足要求、节约物品、提高综合利用率、保证和促进生产的发展，调动各方的积极性、促进企业整体目标的实现等为原则。

当然，集中和分散采购并不是完全对立的，仅靠一种采购方式不能满足生产需要。大多数公司在两个极端之间进行平衡：在某个时候它们会采用集中的采购组织，而在几年以后也许他们选择更加分散的采购形式。

2.4.2 联合采购

集中采购是指企业或集团内部的集中化采购管理，而联合采购是指多个企业之间的采购联盟行为，因此，可以认为联合采购是集中采购在外延上的进一步拓展。随着市场竞争的日益激烈，企业在采购过程中实施联合正在成为企业降低成本、提高效益的重要途径之一。

2.4.2.1 联合采购的必要性

如果从企业外部去分析我国企业的现行采购机制，其外部特征是各企业（无论是国内还是国外）的采购基本上仍是各自为政，相互之间缺乏在采购及相关环节的联合和沟通；或采购政策不统一、采购效率低下的现象十分突出，很难实现经济有效的采购目标。由此导致的主要问题有以下几个方面：

（1）各企业都设有采购及相关业务的执行和管理部门。如从企业群体、行业直至国家的角度看，采购机构重叠，配套设施重复建设，造成采购环节的管理成本和固定资产投入大幅度增加。

（2）多头对外，分散采购。对于通用和相似器材无法统一归口和合并采购，无法获得大批量采购带来的价格优惠，使各企业的采购成本居高不下。采购管理政策完全由企业自行制定，其依据为企业自身的采购需求和采购环境条件，与其他企业基本没有横向的联系，不了解其他企业的采购状况和需求。

（3）各企业自备库存，又缺乏企业间库存资源的信息交流和统一协调，使通用材料的储备重复，造成各企业的库存量增大，沉淀和积压的物资日益增多。

（4）采购环节的质量控制和技术管理工作重复进行，管理费用居高不下。各企业在质量保证系统的建立和控制、供应商评审和管理、器材技术标准和验收规范等各类相关文件的编制和管理上未实现一致化和标准化。各企业重复进行编制和管理等工作，相关的管理费用难以降低。

（5）采购应变能力差。以外包生产为例，由于产品设计的改进、制造方法的改进等原因造成的材料紧急需求不可避免，但是由于从国外采购周期比较长，器材的紧急需求难以满足。

因此，在采购工作中需要突破现行采购方式的束缚，从采购机制上入手，探索新形势下企业间的合作。利用采购环节的规模效益是从根本上解决上述问题的方法之一。

2.4.2.2　联合采购的优点

这里引入了企业群体规模采购成本的概念，即两个以上的企业采用某种方式进行联合采购时的总成本。企业在采购环节上实施联合可极大地减少采购及相关环节的成本，为企业创造可观的效益。联合采购的优点主要体现在以下方面：

（1）采购环节

如同批发和零售的价格差距一样，器材采购的单价与采购的数量成反比，即采购的数量越大，采购的价格越低。例如，飞机制造用器材的差价有时可达 90%。企业间联合采购，可合并同类器材的采购数量，通过统一采购使采购单价大幅度降低，使各企业的采购费用相应降低。

（2）管理环节

管理落后是我国企业的普遍现象，后继企业只有吸取先行企业的经验和教训，站在先行者的肩上，才能避免低水平重复，收到事半功倍的效果。对于一些生产同类产品的企业，如果各个企业在采购及质量保证的相关环节的要求相同、需要的物品相同，就可以在管理环节上实施联合，归口管理相关工作。联合后的费用可以由各个企业分担，从而使费用大大降低。

（3）仓储环节

通过实施各企业库存资源的共享和器材的统一调拨，可以大幅度减少备用物资的积压和资金占用，提高各企业的紧急需求满足率，减少因器材供应短缺造成的生产停顿损失。

（4）运输环节

器材单位重量运费率与单次运输总量成反比，特别是国际运输更为明显。企业在运输环节的联合，可通过合并小重量的货物运输，使单次运量加大，从而可以降低运费率计费，减少运输费用支出。

2.4.2.3 联合采购的方式

国际上一些跨国公司为降低采购成本，发展了一些联合采购的具体形式。

（1）采购战略联盟

采购战略联盟是指两个或两个以上的企业出于对整个世界市场的预期目标和企业自身总体经营目标的考虑，采取一种长期联合与合作的采购方式。这种联合是自发的、非强制性的，联合各方仍保持各个公司采购的独立性和自主权，彼此依靠相互间达成的协议以及经济利益的考虑联结成松散的整体。随着现代信息网络技术的发展，开辟了一个崭新的企业合作空间，企业间可通过网络保证采购信息的及时传递，使处于异地甚至异国的企业间实施联合采购成为可能。国际上一些跨国公司为充分利用规模效益、降低采购成本、提高企业的经济效益，正在向采购战略联盟发展。

（2）通用材料的合并采购

这种方式主要用于有互相竞争关系的企业之间，通过合并通用材料的采购数量和统一归口采购来获得大规模采购带来的低价优惠。在这种联合方式下，每一项采购业务都交给采购成本最低的一方去完成，使联合体的整体采购成本低于各方原来进行单独采购的成本之和，这是这些企业的联合准则。这种合作的组织策略主要分为虚拟运作策略和实体运作策略。虚拟运作策略的特点是组织成本低，它可以不断强化合作各方最具优势的功能和弱化非优势功能。

例如，由美国施乐公司（Xerox）、斯坦雷公司（Stanley Works）和联合技术公司（United Technologies）三家组成的钢材采购集团，虽然施乐公司的钢材用量仅是其他两家用量的1/4，但是它通过这种方式获得了这两家公司大规模采购带来的低价好处。又如，美国波音公司为降低其零部件采购成本、提高其民用飞机的竞争实力，根据其零部件生产商原材料采购状况，在全球范围内统一全部约750个生产商的原材料采购和运输业务，以整合这些生产商的原材料采购渠道及价格。其目的是通过降低生产商的原材料采购成本，进而达到降低其零部件的采购成本、降低其飞机整体成本、提高其飞机竞争能力。

这种企业间的合作正在世界范围内盛行。联合采购已超过了企业界限、行业界限，甚至国家界限。目前，我国一些企业为解决采购环节存在的问题，正在探讨企业间联合采购的可能性。企业在采购及其相关环节的联合将为企业降本增效，提高企业的竞争力，开创良好的前景。

2.4.3　询价采购

所谓询价采购，就是采购者向选定的若干个供应商发出询价函，让供应商报价，然后根据各个供应商的报价而选定供应商的方法。询价采购是国际上通用的一种采购方法。

2.4.3.1　询价采购的特点

询价采购有以下特点：

（1）不是面向整个社会所有的供应商，而是在充分调查的基础上，筛选一些比较有实力的供应商。所选择的供应商数量不是很多，但是其产品质量好、价格低、企业实力强、服务好、信用度高。

（2）采购过程比较简单、工作量小。因为备选供应商的数量少、范围窄，所以无论是通信联系、采购进货都比较方便、灵活，采购程序比较简单、工作量小、采购成本低、效率高。

（3）邀请性采购。询价采购通常是分别向各个供应商发询价函，供应商并不面对面竞争，因此各自的产品价格和质量能比较客观、公正地反映出来，避免了面对面竞争时常常发生的价格扭曲、质量走样的问题。

正是由于询价采购具有这样的特点和优点，才被广泛地应用于企业采购和政府采购活动之中。尽管询价采购具有上述优点，但它同时还具局限性，就是它所选供应商数量少、范围窄，可能选中的供应商不一定是最优的。与其他采购方式相比较，询价采购较适用于数量少、价值低的商品或急需商品的采购。

2.4.3.2　询价采购的实施步骤

（1）供应商的调查和选择

为发挥询价采购的特点和优越性，克服其局限性，最关键的一条，就是要对资源市场进行充分调查，了解掌握供应商的基本情况。只有这一步做好了，才能保证询价采购的供应商都是优秀的供应商。

（2）编制及发出询价函

询价采购不同于招标等采购方式，为充分发挥其特点、尽量简化手续、提高办事效率，应编制简单明了的询价函。询价函包括以下几项内容：

① 项目名称、数量、技术参数要求。

② 履约期限及交货地点。

③ 供应商应携带的资质证明材料。

④ 递交报价单地点、截止时间。

⑤ 报价单位法人代表或委托人签字盖章。

询价函编制好后，应选择向至少3家以上的供应商发出。

（3）报价单的递交及评审

1）递交。供应商在报价截止日前，将报价单密封并在封口处加盖公章，递交到采购机关。

2）评审。采购机关应在规定时间内组成评审小组，对供应商的报价进行详细分析、比较。为了确保商品质量、性能达到需方单位要求，对于一些专业性较强或非常规的商品，可以由需方单位及供应商共同磋商，或到供需双方现场考察商品的质量和运行环境。为了更加有效地利用资金，可在原有的报价的基础上与供应商进行谈判，争取少花钱，多办事，办好事。

应该注意的是，省钱并不是采购的唯一目的，不要单纯为了追求节支率，而无限度地压价。有些供应商为了抢滩采购市场，甚至以低于成本的价格竞价，从而导致供应商之间的恶性竞争。长此以往，供应商会逐渐对参与询价采购活动失去兴趣或产生一些投机取巧的行为，从长远角度来讲不利于采购的健康发展。

（4）合同的签订及验收、付款程序

1）签订合同。选中供应商后，供应商与需方单位按询价采购的程序签订采购合同，合同中应明确采购项目的名称、数量、金额、交货方式、履约期限、双方权利与义务、保修期、验收方法、付款方式及违约责任等条款。

2）验收、付款。合同履行完毕，由采购机关会同需方单位对商品进行验收，对技术性要求高的商品，可邀请专业人士协助验收。验收合格后，由需方单位填制验收单，交采购机关审验，办理有关付款手续。

（5）履约保证金

为了约束供应商切实履行合同，中标的供应商应在签订合同时向采购机关交纳一定数额的履约保证金。在合同履行完毕，质量无问题的情况下，予以结清。

如果在采购活动中，邀请到的供应商不足3家，或者3家报价均高于控制价格，应该根据实际情况采取二次询价或者改变采购方式来确定供应商。

2.5 采购组织

采购组织，是指为了完成企业的采购任务，保证生产经营活动顺利进行，由采购人员按照一定的规则组建的一种采购团队。采购组织是一个基于整个企业的，负责为整个企业所有采购过程提供支持的一个中心组织，在企业中发挥举足轻重的作用，无论生产企业还是流通商贸企业，都需要建立一支高效的采购团队，通过降低采购成本，保证企业生产经营活动的正常进行。

2.5.1 企业采购组织结构

采购组织机构的结构设计可以定义为：管理意义上做出决定的过程，它涉及为满足一个组织机构及其中间的子单位的要求，从而选择和实施组织结构的过程。

广义地讲，组织机构的设计有两个一般的模式：机械的组织结构和有机的组织结构。Burns 认为组织结构的两个"理想的"形式中，机械的组织结构适合在稳定的条件下采购；而有机的组织结构适用于不断冒出新问题的动态的环境（表 2-7）。

表 2-7　机械的组织结构和有机的组织结构的对比

机械的组织结构	有机的组织结构
·工作任务是分块化的和专业化的，很少去关注工作任务与组织机构的目标之间的关系 ·工作任务是严格规定好的，除非有高层管理的正式决定，否则是不能变更的 ·规定的角色定义（权力、义务和技术方法对每个成员都是描述好的） ·多层等级结构的管理控制、权限责任和交流通信。约束是来自雇员和组织机构之间的雇佣合同 ·有关组织机构的情况和运作的信息按照规定是归首席主管掌握的 ·交流是纯粹的上级与下级之间的垂直型 ·交流基本以上级发出指示和决定的形式，以及下级提供信息和请示的形式进行 ·坚持对组织机构的忠诚和对上级的服从 ·作用和声望取决于组织机构和其成员的认同	·工作任务是相互依存的，强调工作任务与组织机构目标之间的关系 ·工作任务被不断地调整，而且随着组织结构成员之间的互助被不断重新规定 ·一般化的角色定义，成员们对任务完成所承担的责任超越了个别角色的定义 ·网状结构的管理控制、权限责任和交流通信 ·约束更多地来自利益的共同性，而不是简单的合同关系 ·主管领导不再是无所不知的、全能的，中心资料库对组织机构所在之处是一视同仁的 ·交流既是垂直的也是水平的，取决于信息在何处 ·交流基本上是以互通信息和建议的形式进行的 ·对组织机构的任务和目标的投入，将比忠诚和服从得到更高的评价 ·作用和声望取决于外部环境的接纳和专家评定

资料来源：Burns T, Stalker G M. The Management of Innovation. Taivistock Publications, 1986.

2.5.1.1 机械组织结构

在机械的组织结构中,工作既可以以职能为基础,也可以以部门为基础来划分。

(1) 职能化的组织结构是根据完成组织机构基本任务的需要来"引进职能"的,如图2-6所示。这些"引进的职能"是专门化的,如研究和开发、生产、采购、市场营销、财务和人力资源管理。这些职能被专门划分给各个部,每个部由定义好权力和责任的经理管理控制(采购工作不直接汇报给首席执行主管,除非它是对企业起战略作用的主要业务活动)。

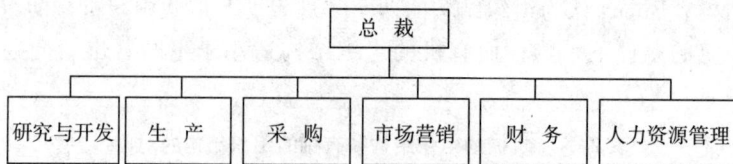

图2-6 一个基本的职能化组织结构

1) 优点

① 总裁与所有基本职能直接接触。

② 明确主要职能领域的位置。

③ 每个职能内部易于交流和做决定。

④ 简化职能专业人员的培训。

⑤ 保留管理高层对企业的策略性掌控。

2) 缺点

① 协调与其他职能方面可能不尽如人意之处。

② 或许只片面强调职能而忽略了企业的整体目标。

③ 每项任务都各自为政,而不是全面的相互关联。

④ 有众多职能行为而不产生"增值"。

⑤ 可能促使无益的部门间冲突和对抗。

⑥ 全面培训的管理人才的发展有限。

⑦ 内外部客户和供应商的满意度可能较低。

(2) 部门型的组织结构是基于组织结构的产品或服务这样的"输出职能"基础。部门划分的其他基础还包括地理区域或运作过程。这种组织结构通常适用大型的、高度分工的且在不同地区或国家都有经营业务的组织机构。如图2-7所示,在部门型组织结构的某一层上又根据职能划分成许多部,每个部又负责某一特定职能或运作过程。某些关键性职能,如政策制定,也可能会集中进行。

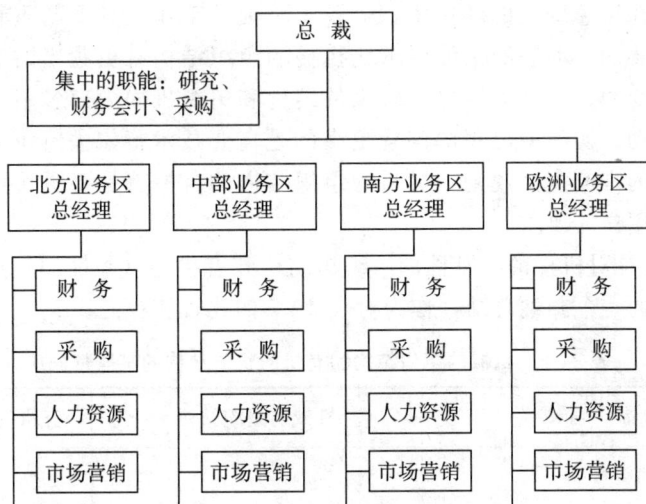

图 2-7 多层次的部门型组织结构

1) 优点

① 强调产品、服务、地域等特点。

② 允许各单位适应当地情况。

③ 适应当地法制、政策和文化等因素。

④ 允许地区总经理参与制定策略。

⑤ 为一般的管理发展提供培训条件。

2) 缺点:

① 有关权利和义务是集中还是下放到部门,可能会产生混淆。

② 部门间冲突。

③ 职能的业务活动重复。

④ 需要多个总经理。

⑤ 高成本。

⑥ 部门分得太多的地方,协调可能比较复杂。

然而,最近的趋势表明非集中化或分散化是发展方向,其原因如下:

① 需要做出决定的地方应尽量接近要解决问题的地方。

② 发展的总趋势是独立的利润中心伴随有非集中地分散负责体制。

③ 分散化有利于客户、供应商和本地社区有紧密的良好关系。

④ 在解决综合性问题方面有摆脱职能专业化的倾向。

2.5.1.2 有机组织结构

Mintzberg 将有机的组织结构定义为:以组织机构中缺乏标准化为特征的

组织结构。在迅速变化的环境中，对各个单独的工作任务不断重新调整和重新定义是必要的。动态的条件要求比机械的组织结构有更频繁的工作职位和工作角色的变动，要求等级层次较少的结构和组织机构内部各不同职能之间有更多的互动。实际中出现的问题更多的是需要技术行家去解决问题，而不是应用刻板的官僚主义规则。灵活的组织结构的目标就是要更快捷地响应环境的变化和用户的要求。

表2-8是对机械的（刚性的）组织结构和有机的（柔性的）组织结构的主要不同点的一个归纳总结，作为对表2-7的比较和补充。

表2-8　机械的组织结构和有机的组织结构的某些特征

特　征	机械的组织结构	有机的组织结构
等级层次的数量	多	少
金字塔形或扁平化的结构	金字塔形	扁平化
做出决策的集中化程度	高	低
分权的程度	低	高
正常规则的数量	多	少
目的和目标的专门化细分程度	高	低
管理控制的间距	窄	宽
交流的内容和流程	订单和说明书：通过正式渠道的垂直流程	建议和意见：通过合作的横向流程
职位规范	刚性	柔性
基于知识的权威性	低	高
基于职位的权威性	高	低

矩阵型组织结构是以上面两种形式的组织结构为基础的。首先是职能型划分，然后根据业务项目和产品进行划分。矩阵型组织结构下的成员也同时归属某一特定职能，如采购人员也是某一项目小组的成员。因此，这类组织结构的特征是具有两条交叉的权力线。如图2-8所示，观察矩阵型组织结构最简单的方式是在现有的职能型结构上安置以项目为基础的部门或小组（但观察角度要合适）。这种安置根据项目时间的长短而定。

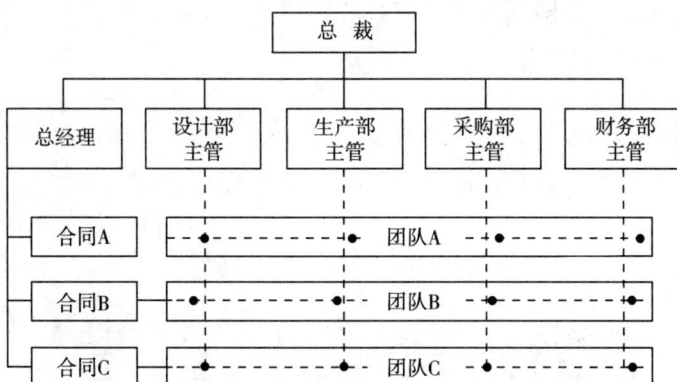

图 2-8 矩阵型组织结构

矩阵型组织结构的优点：

① 以一个人为主，面对所涉及项目的所有事务。

② 使得同时应对几个项目的需求成为可能。

③ 最大限度地利用有限的职能专业人员。

④ 确保职能专业人员对每个项目的同等服务。

⑤ 为经营多元化企业提供良好的培训条件。

矩阵型组织结构的缺点：

① 违反统一指挥原则（小组成员要向多个上级汇报）。

② 主管的权利和义务互相重叠，造成单位间冲突和实施的难度，以及应优先安排的事物被延迟。

③ 要用奖金形式推动团队合作。

④ 作决定迟缓。

⑤ 向小组成员做解释工作相当困难。

Grinnel 和 Apple 指出，只有在下述情况下才应考虑采用矩阵型组织结构：企业的主要产品是复杂、短周期的，如航空建设产品；产品设计要求创新并在一定的时间内完成。

矩阵型的组织结构通常在面对下列因素时才应用：高度的不确定性、复杂的技术、中长期的项目、中长期的内部依存关系和较强的变化趋势。

2.5.1.3 网络组织结构

网络可以是稳定的，也可以是动态的（图 2-9）。在稳定的网络中，一个核心的组织机构本身是根据职能或产品分割成部门的，而又将某些职能承包给所选择的合作伙伴。这样，它能把力量集中在它能做得最好的工作上。而动态的网络是由一个"中介"的组织机构先建立一个网络，在这个网络中，大部分工作是由其他网络伙伴做的。这些网络伙伴随着时间和项目的变化而变化。

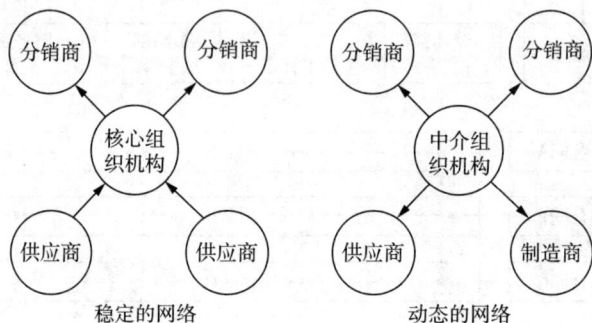

图 2-9　稳定的网络结构和动态的网络结构

Miles 和 Snow 认为，动态网络有以下 4 个基本的设计构思特征：

（1）垂直分散性。在一个网络中，像产品设计、市场营销和生产的其他方面这样的职能是由独立的组织机构完成的，它们又通过网络连在一起。

（2）中介机构。中介机构通过承包、特许或合资协议等将不同的职能连在一起。因此，中介将协调、管理控制和监督所规定的目标、项目或合同完成的情况。

（3）市场机制。市场机制是指利用市场的力量而不是形式上的结构将网络的各方捆绑在一起。因此，合同和支付的执行取决于工作的表现和任务的完成。当这方面低于所要求的水准时，中介会不再执行原先的安排，而去组织新的联盟。

（4）完全公开的信息系统。精心设计的信息系统是不同的网络参与者连接到一起的媒介。因此，他们各自的增值贡献是可以互惠的，而且是可以及时验证的。

网络结构的优点有：

① 网络结构使得组织机构能专于它们所长，这样能发挥有特色的竞争力。

② 网络结构能够让职能化结构的技术专业化充分显示出来；能够让部门型的组织结构的市场响应力充分显示出来；能够让矩阵型的组织机构的各方均衡的特点充分显示出来。

③ 网络中合作伙伴的合作结果是一种所谓的协同作用，即整体大于局部之和，或 $1+1>2$ 的效果。

网络结构的缺点有：

① 网络结构缺少对运作的控制管理。

② 即使微不足道的误解也可能导致产品不符合规范。

③ 网络中的组织结构对于来自它们制造业的合同人的竞争是十分脆弱的。

④ 假如网络中的一个合作伙伴生意失败或者脱离原来的业务，则整个网络就瓦解了。

⑤ 对于网络中的合作伙伴开发、设计和生产制造的技术创新的产品和成果难以保护。

⑥ 当动态的组织机构变得墨守成规、守口如瓶和受约束于其他合作伙伴时，就失去了它们灵活的优点了。

2.5.2　采购团队组织

采购主要涉及采购、供应源、新产品开发和商品管理，人们正在使用各种各样的采购和供应管理团队，包括多功能团队、供应商团队、顾客团队、供应商—顾客混合团队、供应商委员会、采购委员会、商品管理团队和各种协会。随着有供应商介入的团队和多功能团队的增长，团队技巧的使用也有望增长。密歇根州立大学的一项研究表明，接受调查的 80％的公司在未来三年中将不断强化多功能团队的作用。

跨职能团队是由来自不同职能部门的人员组成的，他们组合在一起团结奋斗，能够完成特殊的任务。跨职能团队的任务可以是特定的工程或者是一系列连续的任务。密歇根州立大学的研究表明，公司在跨职能团队中开发人力资源主要有 5 大理由：①及时实现目标；②研究跨职能任务与问题的所有权；③促成改进新的合作；④提高效率；⑤促进团队的发展。

采购方面 3 个重要的跨职能团队是：供应源团队、新产品开发团队和商品管理团队。

（1）跨职能供应源团队

跨职能供应源团队"由 3 个不同部门的员工组成，他们合作完成与采购或物料相关的决策制定。"跨职能供应源团队的任务很多，表 2-9 列出了美国 18 家公司 107 个跨职能供应源团队各种相关任务的百分率的调查。

表 2-9　团队各种相关任务的百分率调查

供应源团队	团队采购所占百分比（％）
制定降低成本的策略	74
评估和挑选供应商	73
支持所需资源的引进和制定产品规格	67
在新产品开发期支持所需物料的获得	56

（续表）

供应源团队	团队采购所占百分比（%）
执行供应商的发展活动	47
支持产品设计	44
履行价值分析活动	40
制定本土物料策略	38
协商采购协议	38
确认不同业务单元的采购条款	36
为整个业务单元制定策略	36
新技术开发	34
制定共同的供应源战略	26

（2）新产品开发团队

高效率的新产品开发过程能够提高组织的竞争地位，跨职能团队能够用多种方法推进新产品的开发进程，包括缩短开发周期、提高产品质量、降低生产成本。这些目标受到高度关注，因为这个过程的共同性大于连续性，每一个职能区完成其任务后，就把它传递给下一个职能区。关键的职能团队通常是关于设计、策划、制造、品质检验、采购和市场销售的，这些部门对新产品的开发同时发挥作用。因为大部分的生产成本用于采购原料，所以需要供应商的早期介入。由《采购杂志》所进行的一项调查发现：70％的调查对象都说，他们的公司正在全力开发新产品；然而45％的公司则表示，他们的公司已经制定出计划，加大采购在新产品开发中的参与程度。

Harley-Davidson 摩托车制造公司成功地应用了跨职能团队来进行融资和产品开发，在这里有不同的跨职能团队负责制造摩托车的每条生产线。各个核心团队负责其产品生产流水线的循环周期。每个核心团队都有一个项目管理员，他们一般来自设计团队、生产团队、采购团队、营销团队。一旦核心团队根据资源制定设计方案和车的类型模式，这项工作就立即移交到公司所设的专业策划中心。这个专业策划中心本身就是一个跨职能团队。它由采购专业人员、策划工程师、供应商和其他一些人组成，一起努力地将所有设计部分整合成一种高效优质形式。一旦这种设计方案被采用，核心团队就负责把生产出来的产品销售给顾客，同时负责搜集和分析区域报告，调查顾客对产品的满意度，搜集市场信息。

（3）商品管理团队

当经费居高不下，商品交易越来越复杂，并对公司的成功产生重要影响时，商品管理团队便被组建起来。这些团队通常是永久性的，它们能够提供很多的专业知识，促进部门之间的协调和沟通，加强产品质量控制，加强同供应商的交流。

商品管理团队能够制定和实施旨在使所有权成本最低的策略。这些团队要从事很多活动，包括供应基础缩减、统一产品要求、供应商质量认证、管理货物发送、节约成本、处理好与供应商的关系等。

商品管理团队的主要职责为：

① 确保每个成员的参与和奉献。

② 保持团队重心与方向。

③ 解决团队内部冲突。

④ 确保获得组织资源。

⑤ 阻止某个或某项职能在团队中居于特权地位。

⑥ 处理团队所遇到的内部与外部障碍。

⑦ 协调多项任务并管理团队任务的作用。

⑧ 明确每个成员的作用。

⑨ 向成员提供绩效反馈。

（4）有供应商参与的团队

将供应商纳入跨职能团队取决于任务的性质。例如，明智的做法是指派有供应商参与的团队去开发并提高供应商的能力，而不是指派团队去评估并挑选新的供应商。

在产品设计阶段，让供应商加入跨职能团队能够大大提高利润，这种情况在单一的商品生产工业中也是很普遍的，如自动化与消费者电气化部门。波音 777 商用飞机的开发就充分地将供应商纳入跨职能团队中去，从而促进了历史上最成功的设计与生产。自动生产者定期地向供应者提出设计主要配件的基本权责要求，如定位系统。

供应商参与的最大障碍就是保密性，尤其是牵涉新产品设计。一些公司要求供应商签署机密协议以减小对团队效率的潜在影响。

（5）有顾客参与的团队

一些组织为了真正做到顾客至上，已在其团队中吸收了最终消费者。例如，当一个商用飞机制造商设计了一款新的民用飞机，邀请潜在的客户参与到设计团队中来有重要的意义。他们知道一种新飞机必须有从航线角度考虑的最好特征，如预定的乘客运载量、航线规划、维修计划与消费者服务策略。然而，调查发现，吸收了消费者的团队并不经常参与采购。

(6) 供应商委员会

许多大公司，如通用汽车与波音，将供应商委员会作为一种管理它们与供应商关系的方式。供应商委员会通常由公司的供应商群的10～15个高级主管，还有6～8个采购公司的高级管理人员组成。供应商委员会每年召开2～4次会议，会议的目标是发展与供应商的关系，为处理采购部门的采购事宜加强交流。供应商委员会允许供应商积极参加采购部门的采购管理活动，与关键采购者就策略问题进行有效讨论与交流，确定与供应商群相关的问题，并在成本、质量、交货的提高方面达成具有竞争性的目标。

(7) 采购委员会

采购委员会一般由公司的高级采购人员组成，建立的初衷就是为了促进事业部、公司与工厂之间的协调。许多公司把采购委员会作为在各分权单位间共享信息的一种方式，或是作为牵涉许多采购团队的某个特定问题的协调方式。委员会的目标就是要适当地管理采购者—供应商有关部门并促进其稳步前进。

威尔曼多元酯纤维与PET树脂的采购通过合作采购委员来执行。威尔曼有一个采购分支机构，每一个分支的采购情况都会向本地的经理汇报。合作采购委员会制订年度采购商业计划，为各端点提供标准化的货物与服务，简化合理化原料加工过程，发挥低价采购的杠杆作用。

(8) 联合会

采购联合会是由两个或更多的独立组织正式或非正式地联合在一起，或通过一个独立的第三方将它们各自对物料、服务与资产的采购需要联合起来，以影响外部供应商的价格、服务、技术价值追加，其影响远远大于每个公司单独采购货物与服务。采购联合会是一个合作采购组织形式，作为一种以较低总成本在较大范围内进行交付服务的方式，它经常被私人或公立的部门组织使用。采购联合会可采取许多形式，包括定期开会讨论采购事宜的非正式群体和以管理成员的供应活动为目的的正式集权化联合会。

联合会在非盈利组织中很普遍，尤其是教育协会与健康保健组织。例如，1999年对美国的221个药店医院采购主管的调查发现，在供应、服务与原材料方面占总耗费的72％（有1.280个亿）的物资都是通过联合采购组织来进行的，如美国网络与普热米尔有限公司。高级采购研究中心对大的私人企业主与服务组织的采购联合会的调查发现，131家公司中的28家，即21％，都参加了一个或多个采购联合会。

【拓展阅读】

福州福大自动化科技有限公司采购组织

福州福大自动化有限公司成立于 1992 年 3 月，是一家以工业自动化为主营、融科、工、贸于一体，专业从事工业自动化工程项目设计、安装、调试等服务和代理销售各类进口名牌电气及自动化产品的民营高新技术企业，是福建省具有较强实力的工程技术服务型单位，是国内规模较大的电气产品分销商及工业自动化系统集成商。公司以雄厚的技术实力和良好信誉，与世界著名工控产品厂商法国施耐德、日本 OMRON、富士、瑞典 ABB、松下电工、德国西门子、金钟穆勒、魏德米勒等公司建立了长期稳定的技术和商务合作关系。

福州福大自动化科技有限公司的采购分为经销专购、代理专购、品牌采购。经销专购即为经销商性质的采购。经销商，就是在某一区域和领域只拥有销售或服务的单位或个人。经销商具有独立的经营机构，拥有商品的所有权（买断制造商的产品/服务），获得经营利润，多品种经营，经营活动过程不受或很少受供货商限制，与供货商责权对等。因此经销专购通俗地说是从供应商那边采购商品，中间加了差价以后销售给业务员，其中价格是处于不透明状态。代理专购是具有代理商性质的采购。代理商是代企业打理生意，不是买断企业的产品，而是厂家给额度的一种经营行为，货物的所有权属于厂家，而不是商家。他们不是自己用产品，而是代企业转手卖出去。所以"代理商"，一般是指企业，是赚取企业代理佣金的商业单位。代理专购拥有其他自动化产品的代理权，通过销售产品获得厂家的佣金，代理专购的供货价格也是不透明的。品牌采购即直接走厂家，所有的价格和折扣都是厂家统一给出。品牌采购可以根据客户需要产品型号和数量集单，当集单到一定数量后，品牌采购可以向厂家申请特价或者更好的折扣。品牌采购的价格是透明的，福大的所有业务员都可以利用本公司的系统来查到自己所需要产品在商务网上的价格。区别就在于不同的品牌采购所给的价格折扣不一样。

福州福大自动化科技有限公司安徽分公司，在合肥的采购小组由 5 人组成。小组长 A，是施奈德小配件单品经销专购。采购员 B，是图尔克的经销专购。采购员 C，基恩士采购。采购员 D 和 E，负责供应商渠道开发。组内每个人有自己的工作，除了渠道开发，每个采购之间是平行关系。小组长负责流转组内采购职员的数据流转，图 2-10 为采购组织图。

图 2-11 为采购流程图，其中包括 EAP（EmployeeAssistanceProgram，员工帮助计划）、F3 协调管理系统、FD 邮件系统。

```
            ┌─────────────┐
            │ 业务员询价成功 │
            └──────┬──────┘
                   ↓
           ┌──────────────┐
           │ F3发布供货信息成功 │
           └──────┬───────┘
                  ↓
           ┌──────────────┐
           │ 业务员预约数据成功 │
           └──────┬───────┘
                  ↓
           ┌──────────────┐
           │   FD邮件提醒   │
           │  采购数据预约成功 │
           └──────┬───────┘
                  ↓
           ┌──────────────┐
           │ F3中预约调拨处理单 │
           │  供应商被冻结资金 │
           └──────┬───────┘
```

```
┌──────────────┐          ┌──────────────┐
│ 供应商在系统中有资金 │          │ 供应商在系统无资金 │
└──────┬───────┘          └──────┬───────┘
       │                         ↓
       │                 ┌──────────────┐
       │                 │ EAP中供应商授信 │
       │                 └──────┬───────┘
       │   ┌──────────────┐     │
       └──→│ 预约调拨处理单流转 │←────┘
           └──────┬───────┘
                  ↓
           ┌──────────┐
           │  采购订单  │
           └──┬────┬──┘
        ┌─────┘    └─────┐
     ┌──────┐         ┌──────┐
     │ 期 货 │         │ 现 货 │
     └──┬───┘         └──┬───┘
        ↓                │
    ┌──────┐             │
    │ 货期到了 │           │
    └──┬───┘             │
       │   ┌──────────┐  │
       └──→│ 采购预入库  │←─┘
           └────┬─────┘
                ↓
           ┌──────────┐
           │  请款单   │
           └────┬─────┘
                ↓
           ┌──────────┐
           │  发票核销  │
           └────┬─────┘
                ↓
            ╭────────╮
            │  结 束  │
            ╰────────╯
```

```
┌──────────────┐
│   高级副总裁   │
└──────┬───────┘
       ↓
┌──────────────┐
│  高级业务员经理  │
└──────┬───────┘
       ↓
┌──────────────┐
│   业务经理    │
└──────┬───────┘
       ↓
┌──────────────┐
│ 业务系统开发经理 │
│  （采购小组）   │
└──────┬───────┘
       ↓
┌──────────────┐
│    小组长    │
└──────┬───────┘
       ↓
┌──────────────┐
│    采购员    │
└──────────────┘
```

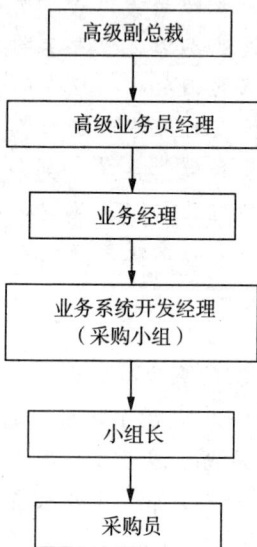

图 2-10 采购组织图　　　　　　　图 2-11 采购流程图

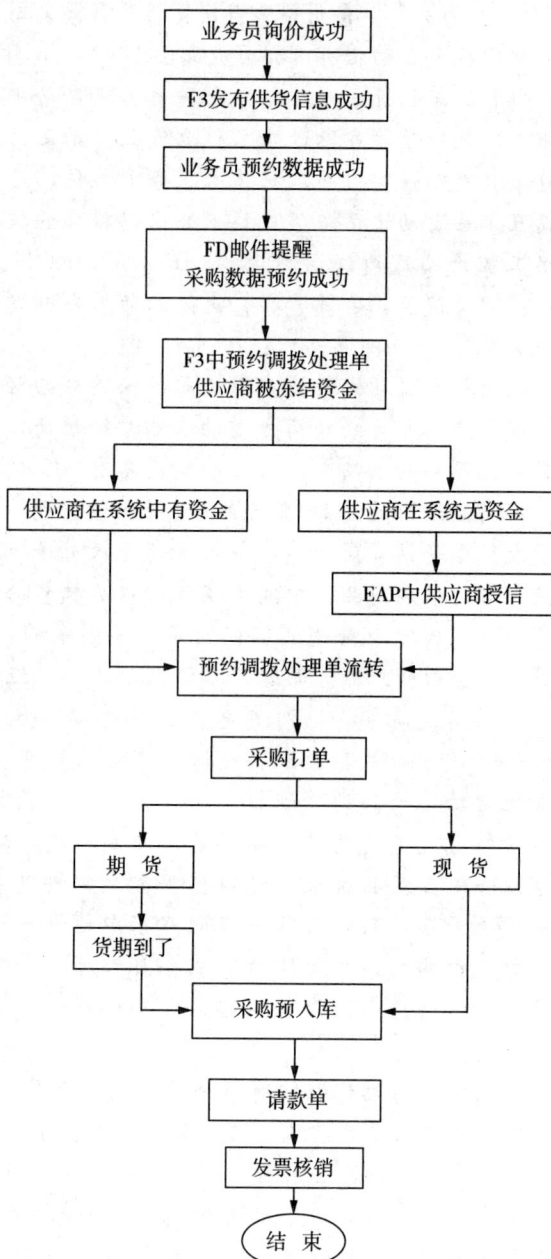

【案例分析】

R公司汽车零部件采购案例分析

1 R公司简介

R公司是一家集商用车、乘用车及动力总成研发、制造、销售和服务于一体的综合型汽车厂商。公司具有年产63万辆整车、50万台发动机及相关核心零部件的生产能力,公司主导产品类型有:6~12米客车底盘,0.5~50吨重、中、轻、微卡车,多功能商用车,6~12座商务车,越野车,电动车,发动机。

2 R公司组织机构及采购部门结构

2.1 R公司组织机构

R公司的组织结构图见图1。在生产过程中,各项技术资料由生产技术部提供,交由生产部负责生产,生产部制定物料需求计划,交由采购部门,采购部根据物料仓储部门库存信息制定采购计划,继而进行采购。采购完成后,一切进厂物资都需要品管部门检验。

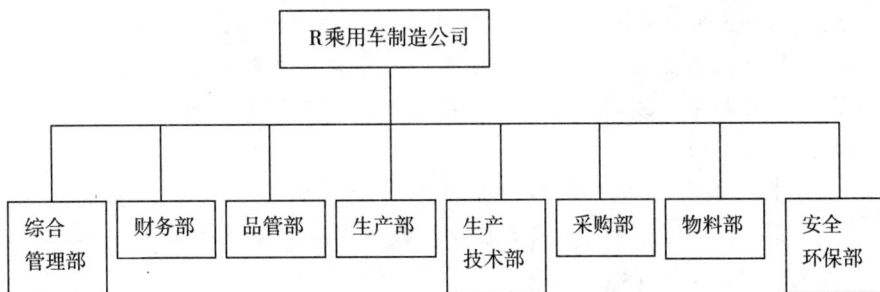

图1 R公司组织结构图

2.2 采购部门和各部门之间的关系

① 采购与计划、生产部门的关系。生产、计划部门应尽早将物料需求计划告诉采购部门,采购部门有充足的时间选择供应商,取得谈判优势。采购部门亦必须通知生产管制部门所需要的前置时间,以及后续的变化和相关动态:数量或时间。

② 采购与品管的关系。采购不可过于强调价格因素而忽略品质要求。采购人员必须熟悉有关品质的标准,以便从供应商处购买到合乎用途的东西。采购人员直接与供应商接触,可以帮助品管部门建立供应商所能配合的一套检验标准。品管部门亦应将检验结果有机制地告知采购人员,借以考核供应商,同时采购还应与品质建立共同对供应商品质稽核的机制等。

③ 采购与研发技术设计部门关系。技术部门于设计物料规格时,必要考

虑可获得性，价格成本等市场因素，不可太理想化。采购应该早期参与，可以在物料的替换和环境安全下提供市场和行业标准，如欧盟的 HORS 标准等。

④ 采购与仓库的关系。大量采购可以降低物料的单位成本，但是相对的，因存量的增加提高仓储成本。因此，为了使整体的采购成本降低，采购与仓储部门必须科学设计适当的最低存量及订购点。大批量采购时采购人员应于订购作业完成时告知仓库，以便仓储部门能事先准备所需的空间；而仓储部门应定期将存量记录通知采购，以利存量的控制。采购还应该协助仓库处理呆料/退货等问题。

⑤ 采购与财务会计出纳的关系。有些交易会牵扯到押金/预付款，但大多是：订购开始到交货、请款、付款为止，都需要作会计处理。会计部门可为采购部门提供各项有关的计算资料，例如：应实际支出金额与预算金额的比较、材料成本的计算。采购人员在选择较佳品质时，必须考虑成本因素；在订购较大数量时，必须考虑公司财务负担能力；在议定价格时，必须考虑付款方式（现金支付或期票支付），以避免造成财务上的损失或风险。因此，采购部门应与财务部门在资金调度与运用、汇率与利率的价差、付款条件与额度等方面，做妥善的协调，同时还可以从供应商获得折扣的机会，以及改善买卖关系。

2.3　R 公司采购部门结构

R 公司采购部门负责人为采购经理，部门分成主要原料组，一般原料组，设备管理科，信息管理科，见图 2。

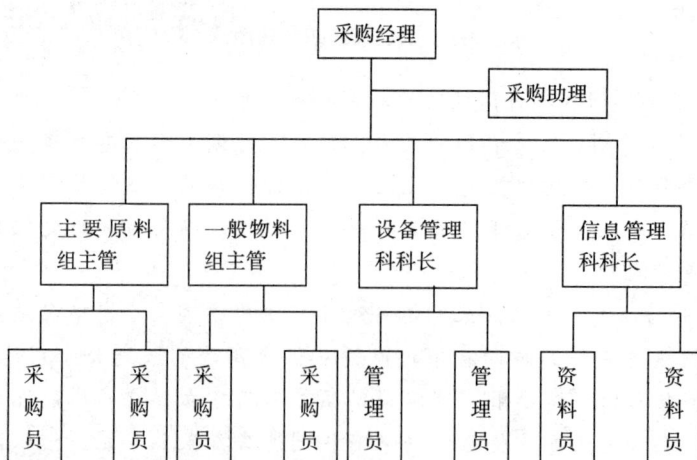

图 2　R 公司采购部门结构图

采购经理：完善公司采购制度，制定并优化采购流程，控制采购质量与成本，制定采购计划，是采购的决策者，审核采购需求，决定合适的采购方式；采购助理：协助配合采购主管的部门工作，更新、完善、创新采购工作和流程，进行原材料等其他公司和客户所需的物品筛选、检查、采购、发货及质保工作；采购小组组长：例如主要原料采购组和一般原料采购组的组长，负责新产品，新材料供应商的寻找，资料收集及开发工作；对新供应商品质体制系统状况（产能，设备，交期，技术，品质等）的评估及认证，以保证供应商的优良性；与供应商的比价，议价谈判工作。设备管理科科长：信息管理科科长：负责对设备设施的维护与管理，资料信息的管理。

R 公司对于物流的划分：供应商到 R 公司的采购物流；R 公司内部装配制造物流；R 公司到客户的整车物流；整个供应链的维修保修零部件供应物流等。其中，采购物流又分为原材料采购物流和零部件采购物流。目前，R 公司大部分零部件采取外购。R 公司大部分的整车设计技术由日产和台湾裕隆提供，采购包括 KD 件的国外进口采购和零部件的国内采购。

3　R 公司汽车零部件的采购物流现状

3.1　R 公司汽车零部件分类及采购物资来源

R 公司在关键零部件自主生产方面，控制着"两桥一箱"3 家零部件生产企业。表 1 为 R 公司汽车零部件行业及细分产品。R 公司的设计部门对汽车零部件根据（20/80）法则进行定位，按照重要性分为 A 类零部件，B 类零部件，C 类零部件，其中 A、B 类零部件供应商选择必须是已建立完善的 ISO/TS16949 质量管理体系，并通过第三方质量体系认证。只供应 C 类零部件供应商需通过 ISO/9001：2000 质量管理体系。对通过 ISO/TS16949 质量管理体系认证，ISO14001 环境体系认证和 OHSAS18001 职业健康安全体系认证的供应商优先选择。关键零部件来源见表 2。

表 1　R 公司汽车零部件分类

汽车零部件	细　分
车身以及零配件	车顶、车门、天窗、后备箱、保险杠、汽车轮胎、汽车表盘、油箱。
底盘以及零配件	前桥、后桥、传动轴、万向节、变速箱、悬挂系统、分离器、弹性元件、减震器。
汽车电子	车体电子控制装置以及车载电子控制装置。主要含车载视频、转向控制器、音响、控制电机、防盗器、汽车记录仪、发动控制电子、底盘控制系统、车载娱乐电子、车载通信电子。

（续表）

汽车零部件	细 分
发动机以及零配件	油泵、活塞、喷油嘴、汽缸、曲轴滤油器，电点火器。
通用件	车体轴承、皮套、座椅、密封圈、油管、弹簧、标准间、紧固件。

表2　R公司汽车零部件其他关键零部件来源表

关键零部件	来源
汽车前后桥及配件	合肥车桥有限责任公司
汽车零配件	合肥JH汽车有限公司
储气筒等汽车零部件	黄山市JH工贸有限公司
专用汽车零配件	安徽JH专用汽车有限公司
齿轮箱体铸件	六安JH汽车齿轮制造有限公司
专用汽车材料	安徽JH银联重型工程机械有限公司
车桥	安徽AK汽车股份有限公司购
重卡车桥	安徽AK福田曙光车桥有限公司
消声器	合肥HL汽车零部件有限公司
汽车制动管	合肥JH汽车制管有限公司
冲压件	庐江县同大JH车身附件有限公司

3.2　R公司汽车零部件采购需求处理流程

根据R公司汽车零部件采购物流需求处理流程，从物料请购到入库环节及具体步骤，采购流程见图3。

1. 由生产部门根据库存信息和生产需求申请采购，向领导提交请购单；
2. 领导对于请购单进行批准审批，符合公司需求的请购单予以批准；
3. 生产技术部门和生产部门商定，拟出物料需求计划，交由采购部；
4. 采购部门发布采购信息和浏览供应商的供应信息，并进行询价；
5. 供应商提供产品参数，向R公司供应商管理部门进行产品报价；
6. 供应商管理部门进行招标采购，审批报价单并选择合适供应商；
7. 采购部门根据物料需求计划和中标供应商信息制定采购计划；

8. 采购部门采购来的物料经质检部门检验；

9. 产品检验合格后即可采购货物，入库待用；

10. 产品不合格需要与供应商联系进行退货。

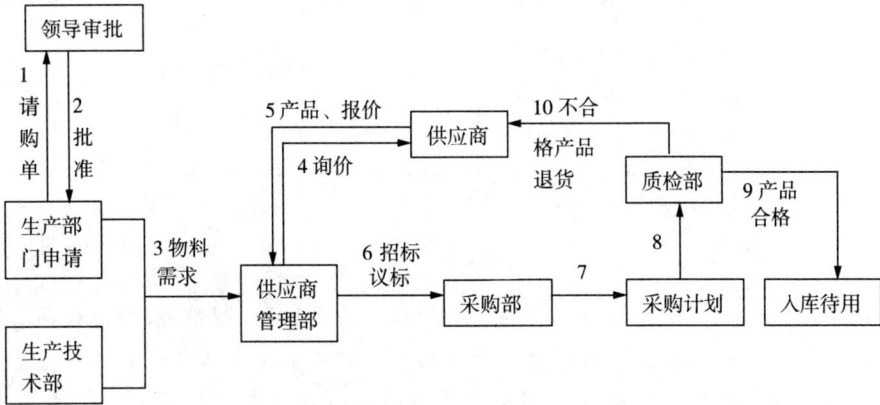

图 3　R 公司采购流程图

3.3　R 公司汽车零部件采购策略

3.3.1　R 公司汽车零部件采购定位

R 公司从汽车零部件属性上分类，分为关键零部件、特色零部件、标准零部件。

（1）关键零部件的采购，例如悬架、发动机和变速器等，通常情况下，R 公司选择自制或者从上述关联公司购买，该类零部件能够带来主要利润，需要采用战略性采购，实现本企业和供应商的长期合作伙伴，实现双赢。

（2）特色零部件采购，例如汽车内饰件、保险杠和空调等价格高的零部件，R 公司选择与供应商建立合作伙伴关系，供应商一般也很单一固定，虽然利润所占比例不是很大，但没有特殊情况不会中断合同或更改供应商。

（3）标准零部件采购，例如汽车紧固件、玻璃、轮胎和蓄电池等标准化程度高的零部件，选择供应商可以有很多选择，更换供应商的成本很低，通常采用竞标的方式决定产品的价格。

R 公司汽车零部件分类，引入卡拉杰克模型，又叫卡拉杰克矩阵（Kraljic Matrix），以供应物品对收益和供应风险的两个重要方面为维度（准则），建立零部件采购定位矩阵，如图 4。根据不同采购物品对利润潜力和供应风险的影响程度，或根据采购物品在坐标系中所处位置不同，分为 4 类采购项目。

（1）战略物品，对应 R 公司的关键零部件，例如悬架、发动机和变速器

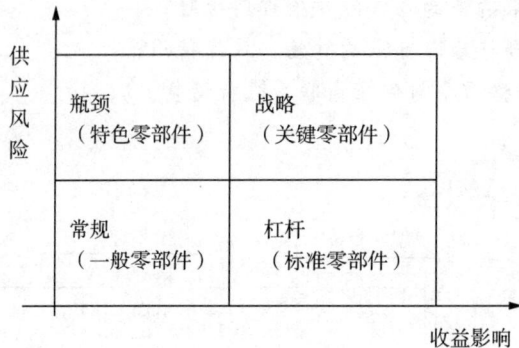

图 4　卡拉杰克矩阵（Kraljic Matrix）

等自制或从关联企业购买的零部件，买卖双方力量均衡，相互依赖性较高。R公司采取与供应商建立战略联盟，紧密联系，建立长期合作伙伴关系。

（2）杠杆项目，对应R公司标准零部件，可选供应商较多、能够为买方带来较高利润的采购项目，替换供应商较为容易，具有标准化的产品质量标准。R公司实行采购招标，以竞标方式制定产品价格。供应商选择，目标定价，与中标供应商协商达成一致并签订合同，按合同内容执行。

（3）瓶颈项目，对应R公司特色零部件，指只存在某一个供应商、运输不便、财务影响较低的采购项目。例如汽车内饰件、保险杠和空调等价格高的零部件，通常供应商在合同关系占据主导地位，导致高昂的价格、较长的交货时间和劣质的服务。R公司应尽量寻找替代品或寻找替代的供应商。

（4）常规项目，对应R公司一般零部件，是指供给丰富、采购容易、财务影响较低的采购项目。R公司可以通过提高产品标准和改进生产流程，减少对此类项目的采购投入。

3.3.2　R公司汽车零部件采购模式

（1）R公司汽车零部件传统采购模式

在传统的采购模式下，R公司采购部门根据物料需求和库存情况制定采购计划，通常选择价格低的供应商进行短暂性的合作。采购的目的是为了补充库存，对于采购过程中产品质量和交货期等方面的控制也大多是通过事后把关的办法来进行。传统采购模式的弊端主要表现在以下几个方面：第一，采购过程中信息的封闭性。第二，对产品质量、交货期的控制难度大。第三，供需双方的关系未能很好地协调，竞争多于合作。

（2）R公司汽车零部件的VMI采购模式

R公司汽车零部件探索基于VMI管理模式的寄存仓供货模式，将自身自有库存降低到最小，并在库存共同管理基础上，和供应商建立一个稳定、互信的长期供货机制。例如，在 R 公司的采购过程中，R 公司和供应商进行沟通和联系，有效的进行信息共享，每 6 个月与供应商签订一个开口合同或者闭口合同，在月初通知供应方订货计划，供应方按照 R 公司提供的订货计划合理生产，之后将 R 公司订货单上要求的产品运送到 R 公司设置的中间仓库，R 公司工厂的装配车间根据生产计划内容持领料单到设置的中间仓库领取需要的产品，库存情况由供应方负责整理上报并补充库存保证 R 公司顺利生产，产品出现问题和交货期延误问题均由供应方负责，减少库存成本，整个供应链的竞争力有所提高。R 公司汽车零部件采购模式见图 5。

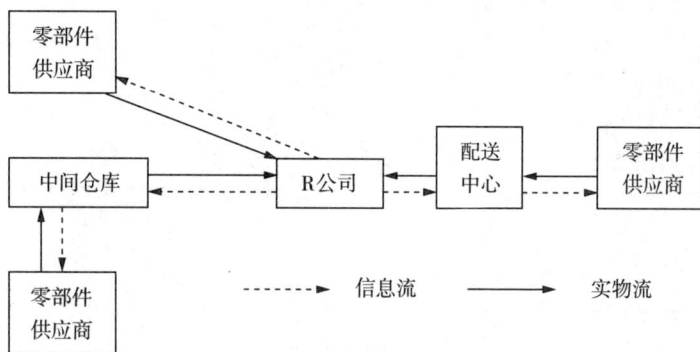

图 5　R 公司汽车零部件采购模式

在 VMI 环境下的采购物流活动中，采购部门和供应商建立长期、稳定的合作关系，有效地进行信息共享，这样就简化了采购程序，降低了采购成本。仓库所有权归零部件供应商所有，而库存水平也同样由零部件供应商控制，当库存需要补货时，由零部件供应商提出经 R 公司确认后进行补货，信息集中点在零部件供应商处，与以往的传统模式相反，零部件供应商占据了库存管理的主动地位，但库存压力也转移到了零部件供应商处，对于 R 公司和零部件供应商都是有利的。

复习思考题

1. 供应市场结构有哪些类型？

2. 分析供应市场的步骤有哪些？

3. 从采购方的角度研究供应市场细分和商品细分，市场营销学中是否有一些方法可以借鉴？

4. 深入理解采购物品模块分类法及其意义所在。

5. 你能否提出采购物品分类管理的其他方法？

6. 采购商品的规格描述包括哪几种形式？规格描述不清会给采购工作带

来哪些问题?

7. 什么是战略性采购计划? 编制战略性采购计划需要考虑哪些问题?

8. 编制采购业务计划的目的是什么? 依据有哪些?

9. 简述编制采购业务计划的基本程序。

10. 什么是采购预算? 为什么要编制采购预算?

11. 采购预算包括哪几种类型? 不同采购品的预算编制的要点有哪些?

12. 采购模式有哪几种? 各自的优缺点是什么? 什么情况下适用?

13. 采购组织结构有哪几种? 采购团队组织有哪些形式?

第 3 章　供应商管理

供应商管理是采购管理领域中的重要工作，也是国内企业管理中的薄弱环节。本章对企业的供应商选择、供应商审核、供应商评估和供应商关系管理等系列知识进行了详细的介绍，使读者通过对本章的学习，全面掌握供应商管理的基本知识和工作要点。

3.1　供应商管理概述

3.1.1　概述

3.1.1.1　供应商管理基本概念

供应商，是指可以为企业生产提供原材料、设备、工具及其他资源的企业。供应商，可以是生产企业，也可以是流通企业。企业要维持正常生产，就必须要有一批可靠的供应商为企业提供各种各样的物资供应。因此供应商对企业的物资供应起着非常重要的作用，采购管理就是直接和供应商打交道并从供应商那里获得各种物资。因此采购管理的一个重要工作，就是要做好供应商管理。

所谓供应商管理，就是对供应商的了解、选择、开发、使用和控制等综合性的管理工作的总称。其中，了解是基础，选择、开发、控制是手段，使用是目的。供应商管理的目的，就是要建立起一支稳定可靠的供应商队伍，为企业生产提供可靠的物资供应。

3.1.1.2　供应商管理的意义

供应商管理的重要意义可以从两个层面来考虑，即技术层面和战略层面。

（1）从技术层面分析

1）供应商管理有利于降低采购成本

据美国先进制造业研究报告表明，采购成本在企业总成本中占据着相当大的比重，对美国制造企业而言，原材料采购成本一般占产品单位成本的 $40\%\sim60\%$，大型汽车制造企业更高。研究报告指出，采购成本所占比例将随着核心能力的集中和业务外包比例的增加而增加，因此，供应商作为供应链中的结盟企业直接关系着产品的最终成本。美国采购经理们预测，未来 5 年，竞争压力将迫使制造商们每年降低 $5\%\sim8\%$ 的产品成本（除去通货膨胀因素）。但这仅仅依靠制造商是无法实现的，制造商必须与供应链另一端生产型企业——供应商联合才能实现产品成本的降低。

2）供应商管理有利于提高产品质量

有研究表明，30％的质量问题是由供应商引起的。因此，提高原材料、零配件的质量是改进产品质量的有效手段。

3）供应商管理有利于降低库存

减少库存的压力使制造商将前端库存转嫁到供应商身上，将后端库存转嫁到销售商身上，不利于合作伙伴关系的建立，供应商管理可以用来协调库存管理。

4）供应商管理有利于缩短交货期

据统计，80％的产品交货期延长是由供应商引起的，缩短产品交货期应从源头做起。

5）供应商管理有利于制造资源的集成

（2）从战略层面分析

信息技术和计算机网络技术，尤其是全球性网络 Internet 的迅速发展为现代制造企业跨地域、跨行业实现信息和技术的实时传递与交换，提供了必要条件。制造业面临的是全球性的市场、资源、技术和人员的竞争，制造资源市场已成为一个开放型的大市场。制造资源应被集中起来发挥作用早已是人们在制造生产中得到的共识。

1）供应商管理有利于集成供应链

供应链是由节点企业组成的，节点企业在需求信息的驱动下，通过职能分工与合作实现供应链的价值。从系统论的角度来看，制造资源是整个制造系统的输入，而供应商的行为和要素市场的规范与制造资源的质量密切相关，所以供应商管理问题是制造的出发点，也是制造成败的关键之一。

2）供应商管理有利于提升核心能力

随着企业越来越注重于核心能力的培养和核心业务的开拓，从外部获取资源，通过供应商介入进行新产品开发以提升自身的核心能力的情况也逐渐增多。

3）供应商管理有利于新产品开发

据美国采购经理们预测，未来 5 年，新产品上市时间将缩短 40％～60％，仅仅依靠制造商或核心企业的能力是远远不够的，与供应商合作已势在必行。

3.1.1.3 供应商管理的体系

（1）供应商调查

供应商调查的目的，就是要了解企业有哪些可能的供应商，各个供应商的基本情况如何，为我们了解资源市场以及选择企业的正式供应商做准备。

（2）资源市场调查

资源市场调查的目的，就是在供应商调查的基础上，进一步了解掌握整个资源市场的基本情况和基本性质：是买方市场还是卖方市场；是竞争市场还是垄断市场；是成长的市场还是没落的市场；资源生产能力、技术水平、管理水平以及价格水平等，为制定采购决策和选择供应商做准备。

（3）供应商开发

在供应商调查和资源市场调查的基础上，还可能发现比较好的供应商，但是我们不一定能马上得到一个完全合乎企业要求的供应商，还需要我们在现有的基础上进一步加以开发，才能得到一个基本合乎企业需要的供应商。将一个现有的原型供应商转化成一个基本符合企业需要的供应商的过程，这是一个开发过程，具体包括供应商深入调查、供应商辅导、供应商改进、供应商考核等活动。

（4）供应商考核

供应商考核是一个很重要的工作。它分布在各个阶段：在供应商开发过程中需要考核；在供应商选择阶段也需要考核；在供应商使用阶段也需要考核。不过每个阶段考核的内容和形式并不完全相同。

（5）供应商选择

在供应商考核的基础上，选定合适的供应商。

（6）供应商使用

与选定的供应商开展正常的业务活动。

（7）供应商激励与控制

在使用过程中对供应商进行激励和控制。

3.1.2 供应商管理的原则

企业开展供应商管理工作，应该遵循 4 大原则，才能实现供应商的有效管理。

（1）归口管理原则

归口管理原则体现在集中、专职上，供应商管理需要有专职的岗位或组织来进行。供应商的管理是一个系统工程，绝不仅仅是简单的信息记录，因此需要专门的人来开展相关的组织工作。供应商的分散管理常常给企业带来一些问题，多个部门都跟一个供应商接触，同一个企业的两个采购人员，和供应商的两个销售进行交易，增加了管理成本，同时也摊薄了企业的议价筹码。不同组织单位有不同的标准，供应商信息管理的深度不同，准入程序执行的力度不一，定点定价的程序有些有，有些没有等等，导致企业供应商无从谈管理。

（2）规范管理原则

供应商管理需要相应的标准体系来指导具体的管理行为，同时应该透明化、具体化、科学化。也就是说供应商信息、流程规范的执行应该透明化，执行规范、评价指标等应该具体化，具有可操作性，同时能够有效的实现管理目标。

（3）差异化管理原则

供应商的管理不能够一概而论，所有的供应商管理的精细程度、具体标准、发展策略都应该根据其特点进行差异化的管理，否则一锅粥，只能是什么都管不了。因此，要根据不同类型的供应商及产品特性，对供应商采取差异化的管理策略、制定不同的管理规则和流程。核心采购品供应商需要开展供应市场分析、供应商详细背景调查、供应商日常跟踪、供应商评价与激励等；但一些普通的如办公用品，可能只是简单的信息记录加上规范化的操作流程。

（4）动态管理原则

1）对供应商进行动态评价管理。供应商是一个发展的个体，企业也是一个发展的个体，今天适合的供应商，有可能明天就不适合了，所以企业应该根据自己的发展战略和发展需要，调整供应商选择、评价和发展策略，才能够让供应商管理真正的为企业服务。

2）对供应商的基本信息要定期复核。就像前面说的，供应商是一个发展的个体，他的信息也在不停地发生变化，因此对于供应商的重要信息一定要定期复合，及时跟踪，最快地作出有利于自身的调整。

3）对供应商的级别要进行动态调整。

3.1.3 供应商管理准备

（1）自制与外包采购的选择。这是企业生产体系构造和供应战略形成中关系到企业整体战略的重大问题。

（2）单一供应商与多家供应商的选择。这受多种技术经济条件、采购规模、管理和人为等因素的影响。

（3）国内供应商与国际供应商的选择。这由比较优势与国内外价格差、企业国际化程度、零售业企业定位和目标客户群、采购商品品质要求、交易成本和物流成本等多种因素决定。

（4）直接采购与间接采购的选择。直接采购即在没有中间商介入的情况下完成采购，这取决于供应商的渠道策略和本企业的采购规模和能力。

3.2 供应商选择标准与方法

3.2.1 供应商选择标准

3.2.1.1 供应商选择的短期标准

选择、评价供应商的短期标准一般是商品质量合适、价格水平低、交易费用少、交付及时、整体服务水平好。采购单位可以通过市场调查获得有关供应商的资料，把获得的信息编制成一览表（表3-1），并就这几个方面进行比较，依据比较出的结论做出正确决策。

表3-1 供应商资料信息一览表

供应商	质量	价格	地址	运费	其他费用	生产情况	交付情况	服务措施	附注

商品名称： 品种规格： 计量单位：

（1）商品质量合适

采购物品的质量是否合乎采购单位的要求是企业生产经营活动正常进行的必要条件，也是采购单位进行商品采购时首要考虑的因素。质量次的商品，虽然采购成本低，但实际上导致了企业的总成本的增加。因为质量不合格的产品在企业投入使用的过程中，往往会影响生产的连续性和产品的质量，这些最终都将会反映到企业总成本中去。另一方面，质量过高并不意味着采购物品就适合企业生产所用，因为如果质量过高，远远超过了生产要求的质量，对企业而言也是一种浪费。因此，对于采购中质量的要求是符合企业生产所需，要求过高或过低都是错误的。评价供应商产品的质量，不仅要从商品检验入手，而且要从供应商企业内部去考察，如企业内部的质量检测系统是否完善，是否已经通过了 ISO9000 论证等。

（2）成本低

对供应商的报价单进行成本分析，是有效甄选供应商的方式之一。不过成本不仅仅包括采购价格，而且包括原料或零部件使用过程中或生命周期结束后所发生的一切支出。采购价格低对于降低企业生产经营成本，提高竞争力和增加利润，有着明显的作用，因而它是选择供应商的一个重要条件。但是价格最低的供应商不一定就是最合适的，因为在产品质量、交货时间上达不到要求，或者由于地理位置过远而使运输费用增加，因此总成本最低才是选择供应商时考虑的主要因素。所谓总成本包括取得成本、作业成本和处置成本。

1）取得成本，包括下列几项：

① 开发成本，即寻求、查访、评选供应商的支出，应包括订单处理的费用；

② 采购价格，即与供应商谈判后购入的成本；

③ 运输成本，如果是从国外采购，供应商以 FOB 报价，买方还需要支付运费，甚至保险费；

④ 检验成本，即进料检验所需支付的检验人员的工资及检验仪器或工具的折旧费用。

2）作业成本，主要包括：

① 仓储成本，包括仓库租金、仓管人员工资、仓储设备的折旧费用等；

② 操作成本；

③ 维修成本。

（3）交货及时

供应单位能否按约定的交货期限和交货条件组织供货，直接影响企业生产和供应活动的连续性，因此交货时间也是选择供应商所要考虑的因素之一。企业在考虑交货时间时，一方面要降低原料的库存数量，另一方面又要降低停工断料的风险，因此要审慎供应商的交货时间，以决定其是否能成为公司往来的对象。影响供应商交货时间的因素主要有：

① 供应商从取得原料、加工到包装所需要的生产周期；

② 供应商生产计划的刚性与弹性；

③ 供应商的库存准备；

④ 所采购原料或零部件在生产过程中所需要的供应商数目与阶层（上下游）；

⑤ 运输条件及能力，供应商交货的及时性一般用合同完成率或委托任务完成率来表示。

（4）整体服务水平好

供应商的整体服务水平是指供应商内部各作业环节，能够配合购买者的能力与态度，如各种技术服务项目、方便订购者的措施、为订购者节约费用的措施等。评价供应整体服务水平的主要指标有以下几个方面。

① 安装服务。如空调的免费安装、电脑的装机调试、贴片机的安装调试等都属于供应商提供的安装服务的范畴。对于采购者来讲，安装服务是一大便利。通过安装服务，采购商可以缩短设备的投产时间或应用时间。供应商

能否提供非常完善的安装服务是评价供应商服务水平的一个重要指标，同时也是认证人员对供应商进行认证的重要依据。

② 培训服务。对采购者来讲，会不会使用所采购的物品决定着该采购过程是否结束。

如果采购者对如何使用所采购的物品不甚了解，供应商就有责任向采购者传授所卖产品的使用知识。每一个新产品的问世都应该推出相应的辅助活动（如培训或讲座），供应商对产品售前与售后的培训工作情况，会大大影响采购方对供应商的选择。

③ 维修服务。供应商对所售产品一般都会做出免费保修一段时间的保证。例如，我们到电子市场买一台电脑，我们通常会问卖方提供多长时间的保修，有的提供一年免费保修，有的提供半年。一年免费保修是指买到产品后一年内，因产品质量问题而出现的使用难题都可以得到供应商的免费维修。免费维修是对买方利益的保护，同时也对供应商提供的产品提出了更高的质量要求。供应商会想方设法地提高产品质量，避免或减少免费维修情况的出现。

④ 升级服务。这也是一种常见的售后服务形式，尤其对于现代信息时代的产品就更需要升级服务的支持。信息时代的产品更新换代非常快，各种新产品层出不穷，功能越来越强大，价格越来越低廉，供应商提供免费或者有偿的升级服务是对采购者的一大诱惑，也是供应商竞争力的体现。例如，各种各样的杀毒软件一般都要提供升级服务，只要购买了公司产品就可以随时在网上得到免费升级的服务。

⑤ 技术支持服务。这是供应商寻求广泛合作的一种手段。采购者有时非常想了解在其产品系统中究竟具有什么样参数的器件最合适，有时浪费大量的时间和费用也不一定能够找到合适的解决办法。这时，如果供应商向采购者提供相应的技术支持，供应商在为采购者解决难题的同时也销售了自己的产品。

（5）履行合同的承诺与能力

企业进行采购，在确定供应商有无履行合同的承诺与能力时，要考虑以下几点。

① 先确认供应商对采购的项目、订单金额及数量是否感兴趣。订单数量大，供应商可能生产能力不足；而订单数量少，供应商可能缺乏兴趣。

② 供应商处理订单的时间。

③ 供应商在需要采购的项目上是否具有核心能力。

④ 供应商是否具有自行研发产品的能力。

⑤ 供应商目前的闲置设备状况，以了解其接单情况和生产设备的利用率。

3.2.1.2　供应商选择的长期标准

选择供应商的长期标准主要在于评估供应商是否能提供长期而稳定的供应，其生产能力是否能配合本企业的成长而相对扩展，供应商是否具有健全的企业体制，与本企业是否有相近的经营理念，其产品未来的发展方向能否符合本企业的需求，以及是否具有长期合作的意愿等。

（1）供应商的财务状况是否稳定

供应商的财务状况直接影响到其交货和履约的绩效，如果供应商的财务出现问题，周转不灵，导致破产倒闭，将会造成自身供料不足，甚至出现停工的严重危机。因此，供应商的财务状况是考虑供应商长期供货能力的一个重要指标。虽然企业不容易判断一家供应商的财务状况，但是可以利用资产负债表来考核供应商一段时期内营运的成果，观察其所拥有的资产和负债情况；通过损益表，考察供应商一段时期内的销售业绩与成本费用情况。如果供应商是上市公司还可以利用公司的年度报表中的信息来计算各种财务比率，以观察其现金流动情况，应收、应付账款的状况，库存周转率，获利能力等。

（2）供应商内部组织与管理是否良好

供应商内部组织与管理是关系到日后供应商服务质量的因素。供应商内部组织机构设置是否合理影响着采购的效率及其质量，如果供应商组织机构设置混乱，采购的效率与质量就会因此下降，甚至由于供应商部门之间的互相扯皮而影响到供应活动能否及时、高质量地完成。另外，供应商的高层主管是否将采购单位视为主要客户也是影响供应质量的一个因素。如果供应商的高层没有将买主视为主要客户，在面临一些突发状况时，便无法取得优先处理的机会。

除此之外，还可以从供应商机器设备的新旧程度及保养状况，看出管理者对生产工具、产品质量的重视程度，以及内部管理的好坏。另外，可以参照供应商同业之间的评价及所属产业的地位。对客户满意程度的认知、对工厂的管理、对采购原材料来源的掌握、生产流程的控制，也是评估供应商内部管理时的指标。

（3）供应商员工的状况是否稳定

供应商员工的平均年龄也是反映企业管理中是否存在问题的一个重要指标，若平均年龄偏高，表明供应商员工的流动率较低，相反也可能显示出供应商无法吸收新员工的加入，从而缺乏新观念、新技术的引进。另外，供应商员工的工作态度及受培训的水平也会直接影响到产出的效能，这些都可以通过在现场参观时观察到。

3.2.2　供应商选择方法

3.2.2.1　供应商选择概述

供应商选择是供应商管理的目的，是最重要的一项工作。选择一批好的供应商，不但对企业的正常生产起着决定作用，而且对企业的发展也非常重要。因此，我们要不惜下大力气采用各种方法选择好的供应商。

实际上供应商选择，融合在供应商开发的全过程中。供应商开发的过程包括了几次供应商的选择过程：在众多的供应商中，每个品种要选择5～10个供应商进入初步调查。初步调查以后，要选择1～3个供应商，进入深入调查；深入调查之后又要做一次选择，初步确定1～2个供应商。初步确定的供应商进入试运行，又要进行试运行的考核和选择，确定最后的供应商结果。

一个好的供应商的标准，最根本的就是其产品好。而产品好，又表现在：一是产品质量好；二是产品价格合适；三是产品先进，技术含量高，发展前景好；四是产品货源稳定、供应有保障。这样的好产品，只有那些有实力的企业才能够生产出来。因此一个好的供应商需要具备以下一些条件：

（1）企业生产能力强

其表现在：产量高、规模大、生产历史长、经验丰富，生产设备好。

（2）企业技术水平高

其表现在：生产技术先进、设计能力和开发能力强，生产设备先进，产品的技术含量高，达到国内先进水平。

（3）企业管理水平高

其表现在：有一个坚强有力的领导班子，尤其是要有一个有魄力、有能力、有管理水平的一把手；要有一个高水平的生产管理系统；还要有一个有力的、具体落实的质量管理保障体系。要在全企业中形成一种严肃认真、一丝不苟的工作作风。

（4）企业服务水平高

其表现在：能对顾客高度负责、主动热忱认真服务，并且售后服务制度健全、服务能力强。要选择出合乎这样要求的供应商，需要采用一些科学和严格的方法。选择供应商的方法，要根据具体情况采用合适的方法。常用的方法主要有两类：一是考核选择，二是招标选择。

3.2.2.2　考核选择

考核选择，就是在对供应商充分调查了解的基础上，再进行认真考核、分析比较而选择供应商的方法。

(1) 首先，要调查了解供应商。供应商调查可以分为初步供应商调查和深入供应商调查。每个阶段的调查对象都有一个供应商选择的问题，而且选择的目的和依据是不同的。

① 初步供应商调查对象的选择非常简单，选择的基本依据就是其产品的品种规格、质量价格水平、生产能力、地理位置、运输条件等。在这些条件合适的供应商当中选择几个，就是我们初步供应商调查的对象。

② 深入供应商调查对象的选择，一是根据我们自己产品 ABC 分类确定的产品重要程度，二是根据供应商企业生产能力水平的实际情况。对于我们企业的关键产品、重要产品，我们要认真地选择供应商。这些产品，或者是价值高、或者是精度高、或者是性能优越、或者是技术先进、或者是稀缺品、或者是我们企业产品关键的、核心的零部件等。我们要对这些产品的供应商进行深入研究、考察考核，选择真正能够满足我们企业要求的供应商。对于那些不太重要的产品，如普通的、供大于求的原材料、通用件、标准件、零件部件等，可以不需要进行深入供应商调查。深入供应商调查对象的选择标准主要是企业的实力、产品的技术水平、质量保障体系和管理水平等。

(2) 其次，要考察考核供应商。初步确定的供应商还要进入试运行阶段的考察考核，试运行阶段的考察考核更实际、更全面、更严格。因为这是直接面对实际的生产运作。在运作过程中，就要进行所有各个评价指标的考核评估，包括产品质量合格率、按时交货率、按时交货量率、交货差错率、交货破损率、价格水平、进货费用水平、信用度、配合度等的考核和评估。在单项考核评估的基础上，还要进行综合评估。综合评估就是把以上各个指标进行加权平均计算得到一个综合成绩。可以用下式计算：

$$S = \frac{\sum W_i P_i}{\sum W_i} \times 100\%$$

式中：S 为综合指标；P_i 为第 i 个指标；W_i 为第 i 个指标的权数，由人们根据各个指标的相对重要性而主观设定。我们把各个选定的单项考核指标值与相应的权数值相乘再相加除以总权数，就可以算出综合成绩值 S。S 可以作为供应商表现的综合描述，这个值越高的供应商表现越好。

(3) 最后，要考核选择供应商。通过试运作阶段，得出各个供应商的综合评估成绩，基本上就可以最后确定哪些供应商可以入选，哪些供应商被淘汰了。一般试运作阶段达到优秀级的应该入选，达到一般或较差级的供应商，应予以淘汰。对于良好级的供应商，可以根据情况，将其列入候补名单。候补名单中的成员可以根据情况处理，可以入选，也可以落选。

现在一些企业为了制造供应商之间的竞争机制，创造了一些做法，就是选 2 个或 3 个供应商，称作 AB 角或 ABC 角。A 角作为主供应商，分配较大的供应量；B 角（或再加上 C 角）作为副供应商，分配较小的供应量。综合成绩为优的供应商担任 A 角，候补供应商担任 B 角。在运行一段时间以后，如果 A 角的表现有所退步而 B 角的表现有所进步的话，则可以把 B 角提升为 A 角，而把原来的 A 角降为 B 角。这样无形中就造成了 A 角和 B 角之间的竞争，促使他们竞相改进产品和服务，使得采购企业获得更大的好处。

从以上可以看出，考核选择供应商是一个较长时间的深入细致的工作。这个工作需要采购管理部门牵头负责、全厂各个部门的人共同协调才能完成。当供应商选定之后，应当终止试运作期，签订正式的供应商关系合同，进入正式运作期后，就开始了比较稳定正常的物资供需关系运作。

3.2.2.3　招标选择

选择供应商也可以通过招标的方式。招标选择是采购企业采用招标的方式，吸引多个有实力的供应商来投标竞争，然后经过评标小组分析评比而选择最优供应商的方法。

招标选择的主要工作，一是要准备一份合适的招标书；二是要建立一个合适的评标小组和评标规则；三是要组织好整个招标投标活动。

招标书是采购企业的一份目标任务书，也是一份招标操作说明书。作为目标任务书，其中有目标任务，也有对完成目标任务的一些要求。这些都是对供应商提出的要求，也就是企业选择目标供应商的一些标准。作为招标操作书，其中有关于本次招标操作的具体详细的操作方法、步骤和规则，告诉供应商如何一步步地参加投标活动。招标书是整个招标投标活动中由采购企业提供的最主要的文件，也是整个招标投标活动的核心和依据。因此，起草好一份合适的招标书，是搞好招标活动的一个关键环节。

招标活动的另一个关键环节就是要组织好评标。评标就意味着具体选择供应商。能不能选择一个好的供应商，关键就看评标活动的具体操作。要搞好评标活动，一是要组织一个好的评标小组；二是要拟定一个好的评标规则，三是要组织好评标活动。

在招标活动中，广大供应商的主要工作，一是起草自己的投标书参与投标竞争；二是参加招标会，进行自己的投标说明和辩论。评标小组根据各个供应商的标书以及他们的投标陈述，进行质询、分析和评比，最后得出中标的供应商。这样就选定了最后的供应商。

3.3 供应商审核与认证

3.3.1 供应商审核

3.3.1.1 供应商审核的概念

供应商审核是对现有供应商进行表现考评及年度质量体系审核，是供应商管理过程中的重要内容，它是在完成供应市场调研分析、对潜在的供应商已做初步筛选的基础上对可能发展的供应商进行的管理活动。供应商质量体系审核则是供应商审核的一个重要方面，由于质量管理在企业管理中占据着特殊的重要地位，因而一般的公司往往将供应商质量体系审核单独列出，当然也可视情况要求将它当成是供应商审核的一部分与供应商审核一起进行。

供应商审核可以安排在供应商认证的前、中、后进行，目的是确认、筛选出最好的供应商，优化供应商结构，提高竞争优势。

3.3.1.2 供应商审核的层次

就采购供应的控制层次来说，供应商审核可局限在产品层次、工艺过程层次，也可深入到质量保证体系层次，甚至深入到供应商的公司整体经营管理体系层次（公司层次）。

（1）产品层次。主要是确认、改进供应商的产品质量。实施办法对比正式供应前的产品或样品认可检验和供货过程中的来料质量检查结果。

（2）工艺过程层次。这一层次的审核主要针对那些质量对生产工艺有很强依赖性的产品。要保证供货质量的可靠性，往往必须深入到供应商的生产现场了解其工艺过程，确认其工艺水平、质量控制体系及相应的设备设施能够满足产品的质量要求。这一层次的审核包括工艺过程的评审，也包括供应过程中因质量不稳定而进行的供应商现场工艺确认与调整。

（3）质量保证体系层次。这是就供应商的整个质量体系和过程，参照ISO9000标准或其他质量体系标准而进行的审核。

（4）公司层次。公司层次的审核是对供应商进行审核的最高层次，它不仅要考察供应商的质量体系，还要审核供应商经营管理水平、财务与成本控制、计划制造系统、信息系统和设计工程能力等各主要企业管理过程。

在实际情况中，对于那些普通商业型供应商，采购商一般只局限于产品层次和工艺过程层次的审核，但是如果采购商要挑选合作伙伴，情况就不一样了，特别是那些管理严格、技术先进的国际大公司，它们通常会大量采用质量保证体系和公司层次的审核来控制供应链管理体系。

3.3.1.3　供应商审核的方法

供应商审核的主要方法可以分为主观判断法和客观判断法。所谓主观判断法是指依据个人的印象和经验对供应商进行的判断，这种评判缺乏科学标准，评判的依据十分笼统、模糊；客观判断法是指依据事先制定的标准或准则对供应商进行量化的考核和审定，包括调查法、现场打分评比法、供应商绩效考评、供应商综合审核、总体成本法等方法。

（1）调查法。调查法是指事先准备一些标准格式的调查表格发给不同的供应商填写，收回后进行比较的方法。这种方法常用于招标、寻价及供应情况的初步了解等情况。

（2）现场打分评比法。现场打分评比法是预先准备一些问题并格式化，然后组织不同部门的专业人员到供应商的现场进行检查确认的方法。

（3）供应商绩效考评。供应商绩效考评是指对已经供货的现有供应商的供货、质量、价格等进行跟踪、考核和评比。

（4）供应商综合审核。供应商综合审核是针对供应商公司层次而组织的包括质量、工程、企划、采购等专业人员参与的全面审核，它通常将问卷调查和现场审核结合起来。

（5）总体成本法。总体成本法是一种为了降低供应商的总体成本而达到一个新的水平，从而降低采购价格为目的一种方法。它需要供应商的通力合作，由采购商组织强有力的综合专家团队对供应商的财务及成本进行全面、细致的分析，找出可以降低成本的方法，并要求供应商付诸实施与改进，改进后的受益则由双方共享。

3.3.1.4　供应商审核的程序

（1）市场调研，搜集供应商信息

供应商审核是在对供应市场进行调研分析的基础上进行的。对供应市场调研，搜集供应商的信息、资料是审核的前提，只有掌握了供应商详实的资料，才能对供应商做出客观、公正的审核。在市场调研阶段，主要应该从供应商的市场分布，采购物品的质量、价格，供应商的生产规模等方面收集供应商的情况。

（2）确定供应商审核的主要指标

不同的供应商，其审核的指标也不同，因此应该针对供应商的实际情况和本单位所采购物品的特性，对所要审核的供应商制定具体的审核指标。

（3）成立供应商审核小组

对供应商的审核应视不同的采购物品成立相应的审核小组。对于一些标准品及金额比较低的物品，可以用采购人员自行决定的方式，由采购人员组成审核小组。这种方式最简单，也最为快速、方便；对于非标准品、价值金额较大的物品，则可以成立跨功能小组或商品小组来执行审核的任务。所谓跨功能小组是指依据采购物品的性质，由采购部门、质量部门、物料管理部门、工程及研发部门、主管或财务部门的人员共同组成的临时性的供应商审核组织。

（4）综合评分

供应商审核的最后一个环节是对供应商进行综合评分。针对每个审核项目，权衡彼此的重要性，分别给予不同的分数，审核小组决定了供应的审核内容及权重后，可根据供应商反馈的调查表及实地调查的资料，编制出供应商的资格评分表。

3.3.1.5 供应商审核的内容

由于供应商自身条件的差别（各有优劣），必须有客观的评分项目作为选拔合格供应商的依据。因此，供应商审核应该制定详细的审核内容，通常包括下列各项。

（1）供应商的经营状况。其主要包括供应商经营的历史、负责人的资历、注册资本金额、员工人数、完工记录及绩效、主要的客户、财务状况。

（2）供应商的生产能力。其主要包括供应商的生产设备是否先进，生产能力是否已充分利用，厂房的空间距离，以及生产作业的人力是否充足。

（3）技术能力。其主要包括供应商的技术是自行开发还是从外引进，有无与国际知名技术开发机构的合作，现有产品或试制品的技术评估，产品的开发周期，技术人员的数量及受教育程度等。

（4）管理制度。其主要包括生产流程是否顺畅合理，产出效率如何，物料控制是否计算机化，生产计划是否经常改变，采购作业是否对成本计算提供良好的基础。

（5）质量管理。其主要包括质量管理方针、政策，质量管理制度的执行及落实情况，有无质量管理制度手册，有无质量保证的作业方案，有无年度质量检验的目标，有无政治机构的评鉴等级，是否通过 ISO9000 认证。

3.3.2 供应商认证

3.3.2.1 供应商认证流程

供应商认证是供应商管理的一项重要内容。在供应商认证之前，供应商至少要满足 3 个方面的条件：供应商提交的文件已经通过认证；价格及其他商务条款符合要求；供应商审核必须合格。

新供应商认证需要经理批准、财务部门调查，客户指定的需要出具的函件、供应商调查表等文件。作为供应商而言，需要提供的信息包括工商文件（工商营业执照、税务登记证、资信等级、注册资本、经营范围）、行业资质和资格证书、产品质量文件、资源（工厂分布、运输、技术支持、服务等级）、客户名单、公司财务分析等。企业在必要时可由资信调查公司进行财务状况、信用等级调查，也可安排专门项目调查小组进行市场调查。

企业供应商认证流程如图 3-1 所示。

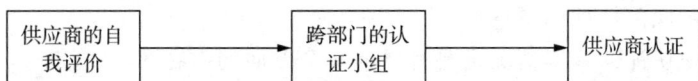

图 3-1 企业供应商认证流程

具体来说，供应商的认证流程如下。

（1）供应商自我评价。对供应商进行认证之前应要求供应商先进行自我评价。一般是先发信息或指令给供应商，让供应商先对自己做出自我评价，然后再组织有关人员进行认证。

（2）成立供应商认证小组。收回供应商自我评价的资料后，应着手成立供应商认证小组。供应商认证小组应包括不同部门成员，主要有质量管理、工程、生产等部门，认证小组成立后应确认对供应商认证采取的形式和认证的指标体系。

（3）针对认证的内容，确定相应的指标评分体系。对于供应商的认证要针对不同的供应商采取不同的评分体系。但一般情况下，供应商认证的评分体系包括领导班子和风格、信息系统及分析、战略计划、人力资源、过程控制、商务运作、客户满意程度、供应管理、销售管理、时间管理、环境管理等子系统。

（4）会同质量、工程、生产等部门进行现场调查。对供应商的现场调查中，要了解供应商的管理机构设置情况，各部门之间的分工及汇报流程；考察供应商质量控制与管理体系、生产工艺、顾客服务、环境体系等内容。在现场考察的同时应根据预先设置的评分体系，进行子系统的评价，并给出相应的分值。

（5）各部门汇总评分。进行现场考察后，各个部门应通过现场观察情况，并结合供应商的相关文件、先前的市场调查情况、与供应商的客户和供应商的会谈情况，以及小组讨论进行综合评分，得出供应商最终认证的总成绩。各部门进行汇总评分后，组织现场调查的部门应写出考察报告，呈报上级领导，并且将考察的资料进行备案并存档。

（6）将认证情况反馈给供应商。对供应商进行认证的最终结果应反馈给供应商，让供应商明确自己的不足之处，以便进行改进与提高。

（7）供应商认证跟踪。对供应商进行认证后，要进行跟踪。供应商的认证不仅仅是审查和评估的过程，而且也是一个反馈与跟踪的过程，要随时监测供应商的执行情况，不断督促供应商进行改进。总之，供应商的认证是一个长期的、动态的过程，是通过评估来确认和培养供应商的过程。

3.3.2.2　供应商认证的主要内容

（1）供应商认证的基本情况

供应商认证的基本情况主要有以下几个方面的内容。

① 企业的经营环境。其主要包括企业所在国家的政治、经济和法律环境的稳定性，进出口是否有限制，货币的可兑换性，近几年的通货膨胀情况，基础设施情况，有无地理限制等内容。

② 企业近几年的财务状况。其主要包括各种会计报表、银行报表、企业经营报告等。

③ 企业在同行业中的信誉及地位。其主要包括同行业对企业产品质量、交货可靠性、交货周期及灵活性、客户服务及支持、成本等各项的评价。

④ 企业近几年的销售情况。其包括销售量及趋势、人均销售量、本公司产品产量占行业总产量的比例。

⑤ 企业现有的紧密的、伙伴型的合作关系。其包括与本公司的竞争对手，与其他客户或供应商之间的关系。

⑥ 地理位置。其主要包括与本公司的距离和通关的难易程度。

⑦ 企业的员工情况。其主要有员工的教育程度、出勤率、流失率、工作时间、平均工资水平、生产工人与员工总数的比例等。

（2）供应商企业管理的情况

对供应商企业管理情况的认证要考虑以下几个方面的因素。

① 企业管理的组织框架、各组织之间的功能分配以及组织之间的协调情况。

② 企业的经营战略及目标，企业的产品质量改进措施，技术革新的情况，提高生产率及降低成本的主要举措，员工的培训及发展情况，质量体系及是否通过 ISO9000 认证，对供应商的管理战略情况等。

（3）供应商的质量体系及保证情况

供应商质量体系及保证情况的主要内容如下所述。

① 质量管理机构的设置情况及功能。

② 供应商的质量体系是否完整，主要包括质量保证文件的完整性与正确

性、有无质量管理的目标与计划、质量的审核情况、与质量管理相关的培训工作如何等。

③ 企业产品的质量水平，主要包括产品质量、过程质量、供应商质量及顾客质量投诉情况。

④ 质量改进情况，主要包括与顾客、供应商的质量协议，是否参与顾客的质量改进，是否参与供应商的质量改进，质量成本控制情况，是否接受顾客对其质量的审核等。

（4）供应商的设计、工程与工艺情况

这部分的内容主要包括以下几个方面。

① 相关机构的设立与相应职责。

② 工程技术人员的能力，主要包括工程技术人员受教育的情况、工作经验、在本公司产品开发方面的水平、在公司产品生产方面的工艺水平、工程人员的流失情况。

③ 开发与设计情况，主要有开发设计的试验情况、与顾客共同开发的情况、与供应商共同开发的情况、产品开发的周期、产品及工艺开发程序、对顾客资料的保密情况等。

（5）供应商的生产情况

供应商生产情况的主要内容包括生产机构、生产工艺过程及生产人员情况，具体情况包括以下几个方面。

① 生产机构的设置情况及职能。

② 生产工艺过程情况，主要有工艺布置、设备（工艺）的可靠性、生产工艺的改进情况、设备利用率、工艺的灵活性、作业指导的情况、生产能力等。

③ 生产人员的情况，主要有职工参与生产管理的程度、生产的现场管理情况、生产报表及信息的控制情况、外协加工控制情况、生产现场环境与清洁情况等。

（6）供应商的企划与物流管理情况

这项内容主要有以下几个方面。

① 相关机构的设立情况。

② 物流管理系统的情况，主要包括物流管理、物料的可追溯性、仓储条件与管理、仓储量、MRP 系统等。

③ 发货交单情况，主要包括发货交单的可靠性、灵活性、及时供应能力、包装及运输情况、交货的准确程度。

④ 供应商管理情况，主要有供应商的选择、审核情况、供应商表现考评

的情况、供应商的分类管理情况、供应商的改进与优化情况等。

（7）供应商的环境管理情况

供应商的环境管理情况主要包括以下几个方面。

① 环境管理机构的设置及管理职能。

② 环境管理体系，主要有环境管理的文件体系、环境管理的方针与计划等。

③ 环境控制的情况，主要有环境控制的运作情况、沟通与培训情况、应急措施、环境监测情况、环境管理体系的审核情况。

（8）供应商对市场及顾客服务支持的情况

供应商对市场及顾客服务支持的情况主要包括以下几个方面。

① 相关机构的设置情况。

② 交货周期及条件，主要有正常交货的周期、紧急交货的周期、交货与付款的条件、保险与承诺。

③ 价格与沟通情况，主要包括合同的评审、价格态度与降低成本的态度、电子邮件与联系手段、收单与发货沟通的情况。

④ 顾客投诉与服务情况，主要包括顾客投诉的处理程序、顾客投诉处理情况与反应时间、顾客的满意程度、售后服务机构、顾客数量及伙伴顾客的数量等。

3.4　供应商绩效考核

供应商绩效考核是对现有供应商的日常表现进行定期监控和考核。传统上，虽然也一直在进行供应商的考核工作，但是一般都只是对重要供应商的来货质量进行定期检查，而没有一整套的规范和程序。随着采购管理在企业中的地位越来越重要，供应商的管理水平也在不断上升，原有的考核方法已不再适应企业管理的需要。

3.4.1　供应商绩效考核的目的

供应商绩效管理的主要目的是确保供应商供应的质量，同时在供应商之间进行比较，以便继续同优秀的供应商进行合作，而淘汰绩效差的供应商。供应商的绩效管理同时也是了解供应商存在的不足之处，将不足之处反馈给供应商，可以促使供应商改善其业绩，为日后更好地完成供应活动打下良好的基础。

3.4.2 供应商绩效考核的基本原则

（1）供应商绩效管理必须持续进行，要定期地检查目标达成的程度。当供应商知道会定期地被评估时，自然就会致力于改善自身的绩效，从而提高供应质量。

（2）要从供应商和企业自身各自的整体运作方面来进行评估以确立整体的目标。

（3）供应商的绩效总会受到各种外来因素的影响，因此对供应商的绩效进行评估时，要考虑到外在因素带来的影响，不能仅仅衡量绩效。

3.4.3 供应商绩效考核的范围

不同的单位对供应商表现的考评要求不同，相应的考评指标也就不一样，最简单的做法是仅衡量供应商的交货质量。成熟一些的除考核质量外，也跟踪供应商的交货表现；较先进的系统则进一步扩展到供应商的支持与服务、供应商参与本公司产品开发等表现，也就是由考评订单、交单实现过程延伸到产品开发过程。

世界先进水平的厂家则考核以下内容：

（1）考评所有的供应商，并且文件规定好考评什么、何时考评、怎样考评、由谁考评；

（2）事先确定好考评指标，并通过信息系统自动计算考评结果；

（3）考评指标明确、合理，与公司的大目标保持一致；

（4）考评指标具体，考评准则体现跨功能精神；

（5）考评表现反馈给供应商，并通报到公司内部相关人员；

（6）组织供应商会议跟踪相应的改善行动；

（7）设定明确的改进目标。

3.4.4 供应商绩效考核的准备工作

要实施供应商考评，就必须制定一个供应商考评办法或工作程序，以便有关部门或人员依文件实施。实施过程中要对供应商的表现（如质量、交货、服务等）进行监测记录，为考评提供量化依据。考评前还要选定被考评的供应商，将考评做法、标准及要求同相应的供应商进行充分沟通，并在本公司内对参与考评的部门或人员做好沟通协调。供应商考评工作常由采购人员牵头组织，品质、企划等人员共同参与。

3.4.5 供应商考核指标体系

这里的供应商考核主要是指供应商签订正式合同以后正式运作期间对供应商整个运作活动的全面考核。这种考核应当比试运作期间更全面。这个期间应该从哪些方面来对供应商进行考核呢？应主要从以下几个方面进行考核：

（1）产品质量

产品质量是最重要的因素，在开始运作的一段时间内，主要加强对产品质量的检查。检查可分为两种：一种是全检，一种是抽检。全检工作量太大，一般采用抽检的方法。质量的好坏可以用质量合格率来描述。如果在一次交货中一共抽检了 n 件，其中有 m 件是合格的，则质量合格率为 p，其公式为

$$p = \frac{m}{n} \times 100\%$$

显然，质量合格率 p 越高越好。

如果在 N 次的交货中，每次的产品合格率 p 都不一样，则可以用平均合格率 $\bar{p}$ 来描述：

$$\bar{p} = \frac{\sum\limits_{i=1}^{N} p_i}{N}$$

有些情况下，企业采取对不合格产品退货的措施。这时质量合格率也可以用退货率来描述。所谓退货率，是指退货量占采购进货量的比率。如果采购进货 n 次（或件、个），其中退货 r 次（或件、个），则退货率可以表示为：

$$退货率 = \frac{r}{n} \times 100\%$$

显然，退货率越高，表明其产品质量越差。

（2）交货期

交货期也是一个很重要的考核指标参数。考察交货期主要是考察供应商的准时交货率。准时交货率可以用准时交货的次数与总交货次数之比来衡量：

$$交货准时率 = \frac{准时交货的次数}{总交货次数} \times 100\%$$

（3）交货量

考察交货量主要是考核按时交货量，按时交货量可以用按时交货量率来评价。按时交货量率是指给定交货期内的实际交货量与期内应当完成交货量的比率：

$$按时交货量率 = \frac{期内实际完成交货量}{期内应当完成交货量} \times 100\%$$

也可以用未按时交货量率来描述:

$$未按时交货量率 = \frac{期内实际未完成交货量}{期内应当完成交货量} \times 100\% = 1 - 按时交货量率$$

如果每期的交货量率不同,则可以求出各个交货期的平均按时交货量率:

$$平均按时交货量率 = \frac{\sum 按时交货量率}{N} \times 100\%$$

考核总的供货满足率可以用总供货满足率或总缺货率来描述:

$$总供货满足率 = \frac{期内实际完成供货量}{期内应当完成供货总量} \times 100\%$$

$$总缺货率 = \frac{期内实际未完成供货量}{期内应当完成供货总量} \times 100\% = 1 - 总供货满足率$$

(4) 工作质量

考核工作质量,可以用交货差错率和交货破损率来描述:

$$交货差错率 = \frac{期内交货差错量}{期内交货总量} \times 100\%$$

$$交货破损率 = \frac{期内交货破损量}{期内交货总量} \times 100\%$$

(5) 价格

价格就是指供货的价格水平。考核供应商的价格水平,可以和市场同档次产品的平均价和最低价进行比较,分别用市场平均价格比率和市场最低价格比率来表示:

$$平均价格比率 = \frac{供应商的供货价格 - 市场平均价}{市场平均价} \times 100\%$$

$$最低价格比率 = \frac{供应商的供货价格 - 市场最低价}{市场最低价} \times 100\%$$

(6) 进货费用水平

考核供应商的进货费用水平,可以用进货费用节约率来考核:

$$进货费用节约率=\frac{本期进货费用-上期进货费用}{上期进货费用}\times100\%$$

（7）信用度

信用度主要考核供应商履行自己的承诺、以诚待人、不故意拖账、欠账的程度。信用度可以用下列公式来描述：

$$信用度=\frac{期内守信的次数}{期内交往总次数}\times100\%$$

（8）配合度

主要考核供应商的协调精神。在和供应商相处过程中，常常因为环境的变化或具体情况的变化，需要把工作任务进行调整变更，这种变更可能会导致供应商工作方式的变更、甚至导致供应商要做出一点牺牲。这时可以考察供应商在这些方面积极配合的程度。另外若工作出现了困难、或者发生了问题，可能有时也需要供应商配合才能解决。在这些时候，都可以看出供应商的配合程度。考核供应商的配合度，主要靠人们的主观评分来考核。主要找与供应商相处的有关人员，让他们根据这个方面的体验为供应商评分。特别典型的，可能会有上报或投诉的情况。这时可以把上报或投诉的情况也作为评分依据之一。

3.4.6 供应商评估考核程序

下面来看一个案例，说明企业评估考核供应商的程序和方法，以供参考。

（1）目的

1）对供应商进行评估考核和选择，以期寻求最佳的供应商。

2）保证供应商具有提供满足本组织规定要求的能力，促使公司产品的品质得到稳定发展和提高。

（2）适用范围

适用于向本组织提供产品（外购、外协）及服务的供应商的评估考核及选择。

（3）职责

1）供应商评估小组

副总为组长，资材、品保、工程经理任副组长，采购、TQC科长、采购工程师、TQC工程师、开发工程师为小组成员。

① 对新供应商的调查与评估考核。

② 主要材料价格估算。

③ 核准合格供应商名单。

2）资材经理

负责供应商开发、评估、定期复核、比价议价、大宗订单的审核。

3）采购科长

负责供应商资料的收集、协助资材经理对供应商进行评估、复核。

4）技术经理

协同资材经理对供应商进行评估及定期复核。

5）品保部

① 品保经理，协同资材经理对供应商进行评估及定期复核。

② TQC 科长，负责供应商来料各种品质数据的分析与审核。

③ 进料检验员（TQC），负责对供应商的来料进行检验与试验并做记录。

（4）定义

1）采购经办部门

① 运输、办公用品、非生产用料及生产性用料采购经办部门为采购部。

② 仪器、设备的采购及仪器校正的服务采购经办部门为采购部。

③ 食堂等总务后勤物品采购为总务部，具体办法另行规定。

2）品质验收部门

① 生产用料验收为 TQC 部。

② 仪器设备验收为维修部或使用部门。

3）数量验收部门

所有数量验收均为货仓部。

（5）程序要点

1）供应商资料收集及初评

① 采购科长主动开发且收集具有合作潜力的厂商相关资料，并记录于《厂商资料卡》内。

② 资材经理根据《厂商资料卡》的内容评估其加工或接单能力，并参考以往业绩及业界风范等评定是否可列为交易对象，不合格者予以淘汰。

2）送样

经初评合格后，由采购科长通知供应商送样或开列试做《订购单》呈经理核准后，通知送样或试做，以利确定其接单能力，同时知会 TQC 主管。

3）品质确认

① 试做加工后产品均由 TQC 按《进货检验与试验控制程序》及《来料检验规范》的规定进一步确认产品品质，并做记录。

② 无形劳务由需求部门主管确认。

③ 品质不合格由 TQC 部门通知采购部，再通知供应商送样，重新确认其品质，若仍不合格则予以淘汰。

4）品质保证能力及生产能力的调查

样品确认合格后，由采购评估小组到供应商生产工厂进行现场调查其品质保证能力，并记录于《供应商评估表》上；同时对其生产能力进行调查，并记录于《生产能力调查表》中，以利确定其接单能力。

5）询议价

资材经理征询供应商的报价，采购科长同时搜集有关同类产品价格资料，进行比价，有条件者可对供应商产品进行估价。掌握了一定资料后，由采购评估小组召集供应商进行议价，使公司接受的是一个较合理的产品价格。

6）签订采购协议

价格评估合理者，由采购科长与供应商拟定《采购协议书》，再由经理签名。

7）登录列管

经采购评估小组评估合格者，由副总核准并列入《合格供应商名册》。

8）供应商供货情况考核与定期复核

① 所有合格供应商每半年复核一次，复核时应由采购科长填写《供应商考核表》会同采购评估小组进行"价格"、"品质"、"交期交量"及"配合度"的考核，且评定等级呈副总经理核定。

② 经复核评定不合格者应由资材经理决定暂停或减少采购或外包数量，并通知该供应商进行改善，或由公司派人进行辅导。

③ 采购部门人员追踪评估供应商改善成效，成效不佳视情况要求该供应商于延期内改善，否则予以淘汰。

④ 复核为合格者，可继续保留于《合格供应商名册》内。

9）记录维护

复核或评估供应商的记录均应由采购经办部门按《品质记录控制程序》的规定加以保存与维护。

（6）相关文件

1）进货检验与试验控制程序。

2）品质记录控制程序。

（7）支持性文件

支持性文件主要包括：《来料检验规范》、《采购协议书》、《厂商资料卡》、《供应商评估表》、《生产能力调查表》、《供应商考核表》（表 3 - 2）、《合格供应商名册》等。

表 3 - 2 供应商考核表

供应商名称			联系人	
地址及邮编			电话	
项 目	配 分	考核内容及方法	得分	考核人
价格	最高为 40 分,标准分为 20 分	根据市场最高价、最低价、平均价、自行估价制定一标准价格,标准价格对应分数为 20 分。 每高于标准价格 1%,标准分扣 2 分,每低于标准价格 1%,标准分加 2 分。 同一供应商供应几种物料,得分按平均计算。		
品质	30 分	以交货批退率考核: 批退率＝退货批数/交货总批数 得分＝30 分×(1－批退率)		
逾期率	20 分	逾期率＝逾期批数/交货批数 得分＝20 分×(1－逾期率) 另外:逾期 1 天,加扣 1 分;逾期造成停工待料 1 次,扣 2 分。		
配合度	10 分	(1) 出现问题,不太配合解决,每次扣 1 分; (2) 公司会议正式批评或抱怨 1 次扣 2 分; (3) 客户批评或抱怨 1 次扣 3 分。		
		总 计		
备 注	(1) 得分在 85～100 分者为 A 级,A 级为优秀供应商可加大采购量; (2) 得分在 70～84 分者为 B 级,B 级为合格供应商可正常采购; (3) 得分在 60～69 分者为 C 级,C 级为应辅助供应商,需进行辅助,减量采购或暂停采购; (4) 得分在 59 分以下者为 D 级,D 级为不合格供应商予以淘汰。			

资料来源:郭继伟. 货仓、采购、生管、物控管理实例与问答 [M]. 广东:广东经济出版社,2000.

3.5 供应商关系管理

3.5.1 供应商细分

供应商细分是指在供应市场上，采购方依据采购物品的金额、采购商品的重要性及供应商对采购方的重视程度和信赖性等因素，将供应商划分成若干个群体。供应商细分是供应商关系管理的先行环节，只有在供应商细分的基础上，采购方才有可能根据细分供应商的不同情况实行不同的供应商关系策略。

根据不同方法可以将供应商细分为以下几种。

（1）公开竞价型、供应商网络型、供应链管理型

① 公开竞价型。采购方将所采购的物品公开地向若干供应商提出采购计划，各个供应商根据自身的情况进行竞价，采购方依据供应商竞价的情况，选择其中价格低、质量好的供应商作为该项采购计划的供应商，这类供应商就称为公开竞价型供应商。在供大于求的市场中，采购方处于有利地位，采用公开竞价选择供应商，对产品质量和价格有较大的选择余地，是企业降低成本的途径之一。

② 供应商网络型。采购方通过与供应商长期的选择与交易中，将在价格、质量、售后服务、综合实力等方面比较优秀的供应商组成供应商网络，企业某些物品的采购只限于在供应商网络中进行。供应商网络的实质就是采购方的资源市场，采购方可以针对不同的物资组建不同的供应商网络。供应商网络型的特点是采购方与供应商之间的交易是一种长期性的合作关系，但在这个网络中应采取优胜劣汰的机制，以便长期共存、定期评估、筛选，适当淘汰，同时吸收更为优秀的供应商进入。

③ 供应链管理型。其是以供应链管理为指导思想的供应商管理，采购方与供应商之间的关系更为密切，采购方与供应商之间通过信息共享，适时传递自己的需求信息，而供应商根据实时的信息，将采购方所需的物资按时、按质、按量地送交采购方。

（2）重点供应商和普通供应商

根据80/20规则可以将采购物品分为重点采购品（占采购价值80％的20％的采购物品）和普通采购品（占采购价值20％的80％的采购物品）。相应地，可以将供应商依据80/20规则分类，划分为重点供应商和普通供应商，即占80％采购金额的20％的供应商为重点供应商，而其余只占20％采购金额

的 80% 的供应商为普通供应商。对于重点供应商应投入 80% 的时间和精力进行管理与改进。这些供应商提供的物品为企业的战略物品或需集中采购的物品，如汽车厂需要采购的发动机和变速器，电视机厂需要采购的彩色显像管及一些价值高但供应保障不力的物品。而对于普通供应商则只需要投入 20% 的时间和精力跟踪其交货。因为这类供应商所提供的物品的运作对企业的成本质量和生产的影响较小，如办公用品、维修备件、标准件等物品。

在按 80/20 规则进行供应商细分时，应注意如下问题：

① 80/20 规则细分的供应商并不是一成不变的，是有一定时间限度的，随着企业生产结构和产品线的调整，需要重新进行细分；

② 对重点供应商和普通供应商应采取不同的策略。

（3）短期目标型、长期目标型、渗透型、联盟型、纵向集成型

① 短期目标型。其是指采购方与供应商之间的关系是交易关系，即一般的买卖关系。双方的交易仅停留在短期的交易合同上，各自所关注的是如何谈判、如何提高自己的谈判技巧使自己不吃亏，而不是如何改善自己的工作，使双方都获利。供应商根据交易的要求提供标准化的产品或服务，以保证每一笔交易的信誉，当交易完成后，双方关系也就终止了，双方只有供销人员有联系，而其他部门的人员一般不参加双方之间的业务活动，也很少有什么业务活动。

② 长期目标型。其是指采购方与供应商保持长期的关系，双方有可能为了共同的利益来改进各自的工作感兴趣，并在此基础上建立起超越买卖关系的合作。长期目标型的特征是建立一种合作伙伴关系，双方工作重点是从长远利益出发，相互配合，不断改进产品质量与服务质量，共同降低成本，提高共同的竞争力。合作的范围遍及各公司内部的多个部门。例如，采购方对供应商提出新的技术要求，而供应商目前还没有能力，在这种情况下，可以对供应商提供技术资金等方面的支持；同时，供应商的技术创新也会促进企业产品改进，所以对供应商进行技术支持与鼓励有利于企业长期利益。

③ 渗透型。渗透型供应商关系是在长期目标型基础上发展起来的，其指导思想是把对方公司看成自己的公司，是自己公司的一部分，因此对对方的关心程度又大大提高了。为了能够参与对方活动，有时会在产权关系上采取适当措施，如互相投资、参股等，以保证双方利益的共享与一致性。同时，在组织上也采取相应的措施，保证双方成员加入到对方的有关业务活动之中。这样做的优点是可以更好地了解对方的情况，供应商可以了解自己的产品是如何起作用的，容易发现改进方向；而采购方可以知道供应商是如何制造的，也可以提出改进的要求。

④ 联盟型。联盟型供应商关系是从供应链角度提出的，其特点是更长的纵向链条上管理成员之间的关系，双方维持关系的难度提高了，要求也更高。由于成员增加，往往需要一个处于供应链上核心地位的企业出面协调各成员之间的关系，因而它也被称之为供应链核心企业。

⑤ 纵向集成型。纵向集成型供应商是最复杂的关系类型，即把供应链上的成员整合起来，像一个企业一样，但各成员是完全独立的企业，决策权属于自己。在这种关系中，要求每个企业在充分了解供应链的目标、要求，以及在充分掌握信息的条件下，能自觉做出有利于供应链整体利益的决策。有关这方面的知识，更多的是停留在学术上的讨论，而实践中的案例很少。

（4）商业型、重点商业型、优先型、伙伴型

根据供应商分类模块法可以将供应商分为商业型、重点商业型、优先型、伙伴型供应商4种形式。供应商分类的模块法是依据供应商对本单位的重要性和本单位对供应的重要性进行矩阵分析，并据此对供应商进行分类的一种方法。可以用下面的矩阵图表示，如图3-2所示。

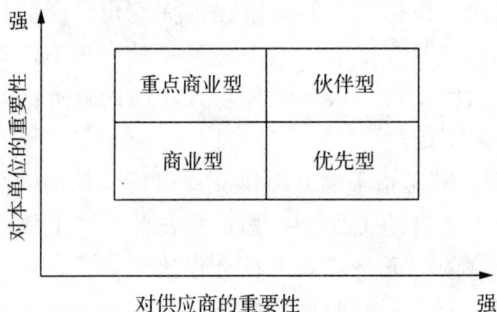

图3-2 供应商分类模块法

在供应商分类的模块中，如果供应商认为本单位的采购业务对于他们来说非常重要，供应商自身又有很强的产品开发能力等，同时该采购业务对本公司也很重要，那么这些采购业务对应的供应商就是"伙伴型"；如果供应商认为本单位的采购业务对于他们来说非常重要，但该项业务对于本单位却并不是十分重要，这样的供应商无疑有利于本单位，是本单位的"优先型"；如果供应商认为本单位的采购业务对他们来说无关紧要，但该采购业务对本单位却是十分重要的，这样的供应商就是需要注意改进提高的"重点商业型"；而那些对于供应商和本单位来说均不是很重要的采购业务，相应的供应商可以很方便地选择更换，那么这些采购业务对应的供应商也就是普通的"商业型"。

3.5.2 防止供应商控制

（1）独家供应

随着供应商伙伴关系的发展，供应商体系的优化，许多企业的某些零部件出现了独家供应的局面。独家供应的主要优点是采购成本低、效率高；缺点是全部依赖于某一家供应商。

独家供应策略常发生在以下几种情况：

① 按客户要求专门制造的高科技、小批量产品，由于产品的技术含量高，又是专门小批量配套，往往不可能要求两家以上的供应商同时供应；

② 某些企业的产品及其零部件对工艺技术要求高，且由于保密的原因，不愿意让更多的供应商知道；

③ 工艺性外协（如电镀、表面处理等），因企业周围工业基础等条件所限，有可能只固定在一家供应；

④ 产品的开发周期很短，必须伙伴型供应商的全力、密切配合。

独家供应除了客观上的条件局限以外，主观方面也具有优势，主要体现在：

① 节省时间和精力，有助于企业与供应商之间加强交流，发展伙伴关系；

② 更容易实施双方在产品开发、质量控制、计划交货、降低成本等方面的改进，并取得积极成效。

独家供应会造成供需双方的相互依赖，进而可能导致以下风险：

① 供应商有了可靠顾客，会失去其竞争的原动力及应变、革新主动力；

② 供应商可能会疏远市场，以致不能完全掌握市场的真正需求；

③ 企业本身不容易更换供应商。

（2）防止被供应商控制的方法

许多企业对某些重要材料过于依赖于同一家供应商，这种供应商常常能左右采购价格，对采购方施加极大的影响。这时采购方已落入供应商垄断供货的控制之中，企业只有唯一的一家供应商，或者该供应商受到强有力的专利保护，任何其他商家都不能生产同类产品，或许采购方已被"套住"，处在进退维谷的两难境地，因为另寻门路不划算。比如计算机系统，如要更换，使用的相应软件就必须做出重大变动。

采购方要对付垄断供应商，有时还没等动手就已产生挫败感，因为力量的天平明显偏向供应商。尽管表面上看来，采购方可能无计可施，但仍可以找到一些行之有效的反垄断措施。

1）全球采购

当采购方得到许多商家的竞价时，采购方可以深信数字"3"的神奇魔力。不管能实际供货的有几家，比如有 50 家供应商，采购方只管要求 3 家报价，采购方准有把握找到最佳供应商。全球采购往往可以打破供应商的垄断行为。

2）再找一家供应商

独家供应有两种情况：一为 SingleSource，即供货商不止一家，但仅向其中一家采购；另一为 SoleSource，即仅此一家别无其他供应商。通常 SingleSource 多半是买方造成的，如企业将原来许多家供货商削减到只剩下最佳的一家；SoleSource 则是卖方造成的，譬如独占性产品的供应者或独家代理商等。

在 SingleSource 的情况下，只要"化整为零"，变成多家供应（Multiple-Sources），造成卖方的竞争，自然不会任意抬高价格，另找一家供应商是值得的。西门子公司的一项重要的采购政策就是：除非技术上不可能，每个产品会由两个或更多供应商供货，规避供应风险，保持供应商之间的良性竞争。

在 SoleSource 的情况下，破解之道在于开发新来源，包括新的供货商或替代品。当然这并非一蹴而就，必须假以时日。因此，在短期内必须"忍"，即保持低姿态，不主动找供货商洽谈价格，避免卖方借机涨价。

另外，在 SoleSource 情况下，由于市场信息缺乏，讨价还价的结果是买方依然吃亏；此时，若能与供货商建立良好的人际关系，签订长期合约，也可以避免买方在缺货时必须支付很高的现货价（SpotPrice）。

3）增强相互依赖性

多给供应商一点业务，这样就提高了供应商对采购方的依赖性。

要清楚了解供应商对采购方的依赖程度。例如，有家公司所需要的元件只有一家货源，但他发现自己在供应商仅有的 3 家客户中是采购量最大的一家，供应商离不开这家公司，结果在要求降价时供应商做出了相当大的让步。

4）利用供应商的垄断形象

一些供应商为自己所处的垄断地位而惴惴不安。在受到指责时，他们都会极力辩白，即使一点不利于他们垄断现象的宣传暗示也会让他们坐卧不宁。当供应商知道采购方没有其他货源，可能会咬定一个价，但采购方可以说服供应商在其他非价格条件上做出让步。采购方应注意交易中的每个环节，并全都加以利用。总成本中的每个因素都可能使采购方节约成本，而且结果往往令采购方大吃一惊。

5）让最终客户参与

如果采购方能与最终用户合作并给予他们信息，摆脱垄断供应商的机会也会伴之而来。例如，工程师往往只认准一个商标，因为他们不了解其他选择，向他们解释只有一家货源的难处，他们往往就可以让采购方采购截然不同的元件。

6）一次性采购与长期合同协同

如果采购方预计所采购产品的价格可能要上涨时，这种做法方可行。根据相关的支出和库存成本，权衡一下将来价格上涨的幅度，与营销部门紧密合作，获得准确的需求数量，进行一次性采购。长期需要某种产品时，可以考虑订立长期合同。一定要保证持续供应和价格的控制，采取措施预先确定产品的最大需求量及需求增加的时机。

7）与其他用户联手

与其他具有同样产品需求的公司联合采购，由一方代表所有用户采购会惠及各方。只有那些产出不高、效率低下的独家供应商，才是采购方应该痛下杀手的对象。

8）未雨绸缪，化解垄断

如果采购方的供应商在市场上享有垄断地位，仗势压人，而采购方又不具备有效的手段与其讨价还价，最终结果势必是采购方在无奈中俯首称臣。轻则接受对方苛刻的价格和信用条款，重则自己的竞争策略备受掣肘，错失商机。其实，聪明的采购主管完全可以未雨绸缪，化解供应商的垄断力量。

① 虚实相间的采购策略。可以考虑通过一些策略性的举措，向垄断的供货商传递信息，使他意识到似乎采购方可以从别的渠道获取商品。如采购方可以和海外厂商联系，扶植弱小的供货商使其能与垄断的供货商一争高低，或促成外商在垄断厂商的领域投资。注意，在这里重要的是使垄断的供货商注意到采购方的举措，从而在施加垄断力量时有所顾忌；而此类举措的力度则可随机应变。

② 多层接触，培养代言人。必须和供应商决策链的各个层次加强接触，包括它的高层主管及生产、质量管理和财务等职能部门，这样可以掌握供应商更为全面的信息；同时，由于采购方享有直达其最高层的沟通管道，供应商的直接决策人以势压人多多少少会有所收敛。在此重要的一点是：垄断供应商由于其独特的垄断地位，轻而易举地就能在市场上呼风唤雨，所以一般在内部沟通上不会尽力；而一旦采购方掌握供应商较为完备的信息，在谈判和催货时便能游刃有余；另外，通过人际关系的打通和企业形象的渗透，可以在供应商内部培养对采购方深怀好感的"代言人"，无意识中为采购方的利益游说，使采购方增加进退空间。

③ 营建一流的专业采购队伍。要想不为供应商的垄断力量所伤，必须委用富有才干的专业人士担当采购重任。若是像一般企业任用资质平庸的主管

采购，则采购方势必成为垄断供应商的刀下鱼肉。

3.5.3 友好结束供应商关系

当合作伙伴关系失败而决定终止时，企业常常会对对方怀有讽刺乃至敌意，而不是采用适当的专家应有的态度。但当今世界已越来越小，说不定哪天又会需要用到其中哪个供应商，或者供应商中的一个 CEO 跳到了其他公司，而这家公司正是企业目前所依靠的。所以企业要将转换供应商这一过程尽量做得天衣无缝，同时又不损害客户满意度、公司的利润及名誉。这里首先要了解什么情况会导致与供应商拆伙。

（1）拆伙种类

从采购方来讲，可分自愿与非自愿拆伙两种。自愿拆伙的原因中最常见的是对供应商表现不满。比如当企业连续向对方派出质量小组以帮对方解决重复性的问题，对方却没有做出相应的改变，而退货还在持续发生，最终只能放弃它转而去寻找一家能做出积极响应或更有能力的供应商。非自愿拆伙往往来自于供应商的破产或无法预测的风险，这种拆伙也可能是供应商被别的企业收购导致企业所依靠的工厂将关闭而不得不做出的反应。

除了上述原因外，另一导致供应商伙伴关系破裂的普遍原因是相互之间失去了信任。与供应商失败的沟通，尽管双方都是无意的，但能直接损害双方的信任。因此，为了公司的利益，为了使破坏程度最小化，需要尽可能地减小与供应商的敌意，这样在转换供应商的过程中才能得到他们的协作。

（2）策略

有的企业会在事先没有通知对方的前提下突然向供应商提出结束合作；或以一些含糊的指责，如"你做得不好"或"你欠了我们的"，甚至是不光彩的手法来结束与供应商的合作。所有这些都会使供应商充满敌意，同时也会使新的供应商觉得自己以后是否也会被同样对待，而企业的声誉也会遭到损害。

什么是友好地结束与供应商关系的最佳途径呢？简单地说，企业可以在供应商的表现、管理或者成本接近"危险区"时，坦率而直接地发出警告信号，而不是隐瞒不报，这样供应商就不会感到不合理。这里有 3 个"P"可以帮企业在与供应商拆伙时减小对方的敌对情绪。

① 积极的态度（Positive Attitude）：与其面对延续的挫折，不如现在先结束合作，等以后双方情况改变后再寻求合作机会。

② 平和的语调（Peaceful Tougue）：不要从专业的或个人的角度去侮辱对方。这好比离婚，双方都会有种失落感，都不要过多地相互指责。

③ 专业的理由（Professional Reason）：这不是个人的问题，采购员要告诉供应商，其职责是为公司创造价值，吸引和留住客户。

（3）转换过程

应先向供应商解释这次拆伙对双方可能都有好处，然后再寻求迅速公平的转换方法以使"痛苦"降到最小，接着采购方应清楚地列出供应商该做什么，如对方需按指示停止相关工作，同意终止合同，马上结束他方的分包合约，送回属于我方的资产，对方懂得按照有关的法律事项，以及如何以双方最低的成本处理现有库存。

同样也要认可供应商对企业的要求：围绕拆伙事实的合理解释，对已发生的费用如何结算，协助处理现有库存。请记住采购方和供应商要共同确立转换过程的合理时间表，最后拟订一份"清存货合同清单"，正规地对所有细节加以回顾，写明双方的职责和结束日期。

对这一转换过程所期望的结果应为：

① 有秩序的退出；

② 对客户没有损害；

③ 最少的浪费和开支；

④ 清楚的双方签字的结算记录；

⑤ 对这次拆伙原因有清醒认识；

⑥ 即使情况最坏，对所有相关人员也是一次教训，事后曾经合作的双方都会说："以后再也不会犯那种错误了！"

3.6 外包供应商

3.6.1 外包的提出

供应链管理注重的是企业核心竞争力，强调根据企业的自身特点，专门从事某一领域、某一专门业务，在某一点形成自己的核心竞争力，这必然要求企业将其他非核心竞争力业务外包给其他企业，即所谓的外包业务。

传统的"纵向一体化"模式已经不能适应目前技术更新快、投资成本高、竞争全球化的制造环境，现代企业应更加注重于高价值生产模式，更加强调速度、专门知识、灵活性和革新，与传统的"纵向一体化"控制和完成所有业务的做法相比，实行业务外包的企业更强调集中企业资源于经过仔细挑选的少数具有竞争力的核心业务，也就是集中在那些使他们真正区别于竞争手的技能和知识上；而把其他一些虽然重要但不是核心的业务外包给世界范围内的"专家"企业，并与这些企业保持紧密合作的关系。从而使自己企业的整个运作提高到世界级水平，而所需要的费用则与目前的开支相等甚至有所减少，并且往往还可以省去一些巨额投资。更重要的是，实行业务外包的公司出现财务麻烦的可能性仅仅是没有实行外包公司的三分之一，把多家公司的优秀人才集中起来为我所用的概念正是业务外包的核心，其结果使现代商业机构发生了根本的变化。企业内向配置的核心业务与外向配置的核心业务紧密相连，形成一个关系网络（即供应链）。企业运作与管理也由"控制导向"转为"关系导向"。

在供应链管理环境下，企业成功与否不再由"纵向一体化"的程度高低来衡量，而是由企业集聚和使用的知识为产品或服务增值的程度来衡量。企业在集中资源于自身核心业务的同时，通过利用其他企业的资源来弥补自身的不足，从而变得更具竞争优势。

3.6.2　外包的特征

（1）并行的作业分布模式

由于企业把非特长的经营活动交给其他企业完成，这使得传统企业运作方式中时间和流程上处于先后关系的有关职能和环节得以改变。企业的各项活动在空间上是分布的，但在时间上却可以并行。比如企业在研发时，合作伙伴可能正积极地生产或营销该企业产品。这种并行的作业模式提高了企业的反应速度，有利于企业形成先动优势。

（2）外包的应变性

对实行外包的企业来讲，由于大量的非特长业务都由合作伙伴来完成，企业可以精简机构而变得更加精干，中层经理传统的监督和协调功能被计算机网络所取代，金字塔状的总公司、子公司的组织结构让位于更加灵活的对信息流有高度应变性的扁平式结构，这种组织结构将随着知识经济的发展越来越具有生命力。

（3）以信息技术为依托实现与外部资源的整合

实行外包的企业以信息网络为依托，选用不同公司的资源，与这些具有不同优势的企业组成靠电子手段联系的经营实体，企业成员之间的信息传递、业务往来和并行分布作业模式都主要由信息网络提供技术支持。如在企业协调方面，计算机支持和群体协同工作环境为外包企业提供全新的协调管理方式，它综合应用计算机和通信技术、分布式技术、人工接口技术、管理科学和社会科学等理论成果，提供系统服务、基本协同服务和任务协同服务 3 种基本的协调功能；在企业决策方面实行外包的企业采用基于并行工程环境的群体决策模式，包括充分利用 Internet 信息服务和 CLIENT/SEVER 模式、利用 Internet 建立企业决策支持系统及利用多智能决策模式等。

（4）"外包"可以专注于核心竞争力的发展

"外包"的目的在于巩固和扩张自己的核心竞争力，建立自己的优势。

"外包"明显区别于兼并，后者聚焦于市场的外部扩张行动，如通过兼并企业扩展市场规模，而"外包"优势甚至是规模减缩的过程。这种内部化过程不需对核心竞争力要素的长期积累，而是直接把原有的资源应用于巩固、发展核心竞争力上，从而迅速地建立核心竞争优势。所以，可以说"外包"是建立竞争力的最有效的途径。

3.6.3 业务外包与采购的区别

大部分的企业认为外包与采购有所不同，外包侧重于与供应商建立特定的合作关系，由供应商提供个性化的产品和服务，而采购侧重于一般商品的买卖。外包与采购的区别如表 3-3 所示。

表 3-3 外包与采购的区别

项 目	外 包	采 购
合作关系	双赢伙伴关系 双方相互给予支持	一般的买卖关系 单纯的商品交易行为
制造方法	根据采购方的设计规格进行生产	物料通用性规格 采购方根据一定的目录订货
交易形态	采购方既可以提供也可以不提供物料（零件），其交易具有买卖与外包两种因素	单纯的商品交易
交货后发生事故的处理	由承包厂商负一切责任	采购方未付款时还有办法找厂商负责，付款后，采购方负全责
隐藏的瑕疵被发现	采购方可以根据契约内容，在一定期限内要求承包厂商修补，或者提出赔偿请求 采购方与供应商共同分析产生隐形质量问题的原因和研究提高质量水平的解决方案	采购方根据契约内容，过了验收期限，意味着采购方对质量的默认，失去索赔权利
付款期限	采购方收到货后或物料被消耗一段时间后付款	采购方先付款或货到后很短的时间内付款

3.6.4 自制或业务外包决策

3.6.4.1 自制与外包的影响因素

成功的外包策略可以帮助企业降低成本、提高业务水平、改善产品质量、提高利润率和生产率，但是不恰当的外包却会给企业带来成本增加、供应商控制失效、重要信息资源流失甚至核心竞争力受到威胁等风险。在企业的生产和经营活动中，零部件、子业务或者服务如果自制或者自有会有哪些优势？如果外包给专业化的企业以利用他们的专业化技术又会给外包职能带来多大的效率提高？这些都是企业高层管理者面对自制与外包决策时必须回答的问题。

一般说来，业务外包时，成本领先厂商可能更注重供应商的成本节约优势，而差异化战略厂商更看重供应商资源与企业资源的匹配程度和整合的难易。显而易见，企业的总体战略不同，外包策略也相应有所区别。与企业总体战略不匹配的外包策略不仅会使外包收益大打折扣，相反可能使企业陷于外包风险之中，从而损害其核心竞争力。

制造企业在开发生产新产品时，哪些产品或零部件自己制造、哪些需要外包，首先需要同公司的核心业务相适应，要同公司的经营生产战略相适应。自制部分必须是公司现有设施、能力所能承担完成的，而且具备质量和成本优势。一般来说，公司自制的产品或零部件都是具有本公司特色的、能体现本公司产品优势的核心部分。此外还要结合考虑投资方向、产品、技术与工艺发展战略等因素。

图 3-3 显示了企业生产业务发展进程中通常可选择的 A、B、C 三种战略类型。

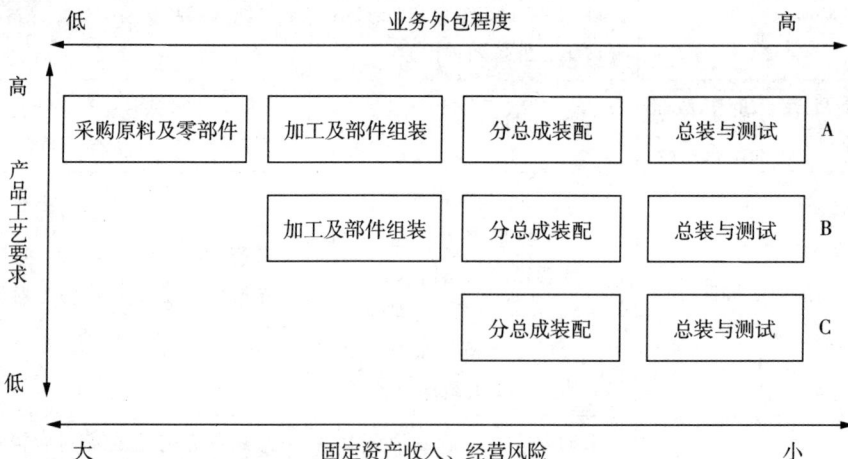

图 3-3 企业生产业务发展战略示意图

战略 A：企业在发展初期，生产规模较小，产品未定型，供应链尚未形成，从原料采购、加工到组装由企业自己完成，生产工艺复杂，工序繁多，设备投资大，生产周期长，遇市场需求波动，生产经营风险大。

战略 B：部分业务外包，关键零部件自己加工，以装配为主，产品生产附加值得到提升。

战略 C：大部分零部件加工与组装业务外包，以装配和测试为主，产品生产附加值得到进一步提升。以实行生产运作信息化和自动化作为手段，以提高生产效率和降低成本作为目标，以产品开发设计为核心竞争力，是现代企业发展的趋势。

在这样的战略指引下，具体的影响因素有如下几种。

（1）与企业业务性质的关系

企业要成功实施业务外包，必须选择正确的外包对象，即要确定哪些业务适合外包，哪些业务必须自制。由于不同业务活动所需投入的资源不同，对企业竞争优势的重要程度也不同，因此，可以据此将企业从事的业务分为核心业务与非核心业务。核心业务（如软件企业的研发、制造企业的生产制造等）是企业投入资源最多，对企业存亡具有关键性作用的业务，往往也是企业擅长的、能创造高收益、有发展潜力和市场前景的业务活动。而非核心业务围绕核心业务，对企业的战略重要性相对较低。例如，制造企业的财务活动、人力资源业务，以及后勤等业务，就属于非核心业务。理论上，业务的性质越复杂，对企业的竞争战略越重要，出现信息不对称的可能性也就越大，因此，企业越倾向于将其内部化，而不是外包。这一观点得到了实证研究的证明，在飞机制造行业，越复杂的零部件，其内部化生产的可能性越大。从核心能力的角度来说，核心业务是企业核心能力的载体，必须保留在企业内部，不当的核心业务外包有可能导致企业核心能力的丧失。而非核心业务对企业竞争优势的影响相对较弱，因而，可以根据需要将这类业务外包，甚至通过市场直接采购，以降低风险，提高企业资源的利用效率。

（2）与产品开发能力及工艺水平的关系

自制或外包决策在现有产品与工艺能力方面主要考虑以下几点。

① 产品中通用件、标准件的比例。对于不影响产品核心性能的零部件应尽量采用通用件或标准件，以降低成本、提高专业化水平，相应地采购比例会提高。

② 产品中零部件的技术性要求或安全性要求能否满足有关标准（如中国的长城、美国的 UL 标志认证等）。如本公司的设施及水平对某零部件的生产无法满足产品销售其他国家或地区相应的技术性或安全性要求，则该零部件

必须考虑选择符合要求的供应商外购供应。

③ 本公司对产品中零部件的技术与工艺知识掌握的程度及相应的工艺、设计水平、生产能力等。如本公司不具备相关零部件的技术开发与工艺生产条件，自然应该考虑外购。

④ 如果外包业务所包含的技术流程比较成熟，执行相对容易，那么企业可能就有大量的供应商可供选择，业务外包所必需的规范说明比较明确，外包过程相对较为简单。但若技术流程操作难度较大，并且拥有这种技术流程的供应商数量有限，也就是说，技术流程相对不成熟，比如，增大合金强度这一工艺流程就是不成熟的。对于不成熟的技术流程，企业就需要和供应商签订更为完备的合同，同时在实施阶段严格控制并持续地改进供应商的工作，促使供应商不断和同行切磋以提高技术水平。

(3) 与外包供应商选择的关系

业务外包中，厂商和外部供应商间实际上形成一种合作伙伴关系，外包供应商的表现在很大程度上影响制造商对市场的服务水平。因此，外包供应商的选择在制定业务外包策略中占有比较重要的位置，如何选择最为合适的供应商是企业管理者需要认真考虑的问题。而外包供应商的选择相当困难，一旦决策失误，企业就会面临更大的管理问题。一般来说，选择外包供应商时首先要有明确的目的——是获取资源，还是降低成本。目的不同，对外包供应商的选择依据也不同。当企业决定采用成本节约方案时，希望供应商低价也就不足为奇了。其次，还要有科学的评价体系来评价潜在的外包供应商，如可以从产品质量、成交价格、交货期限、技术能力、服务水平，以及满足程度等方面对潜在的外包供应商进行考核。显然，外包供应商能力是企业评价和选择供应商的关键，一味追求低价可能会损害外包业务的质量，并最终影响企业的市场表现。

(4) 与外包过程管理的关系

由于业务外包是一种界于市场交易和纵向一体化的中间形式，厂商和外包供应商之间实际上形成了一种委托代理关系，外包供应商比厂商拥有更多关于产品和服务的质量、成本等信息，从而导致信息不对称。另外，合作双方理念和文化的差异、无效的沟通机制等因素都可能导致外包的失败。因此，强化对外包过程的管理非常必要，为此可以通过建立相应的管理协调机构，构建畅通的沟通渠道，解决业务外包过程中的问题和矛盾，防止意外的发生。此外，还可以通过细化外包合同、建立质量保证体系等管理控制手段，强化对外包过程的监督，减少外包过程中因信息不对称造成的风险。

（5）与质量体系的关系

本公司的质量保证体系、质量水平、质量检测与控制手段、过程质量控制能力、质量改进能力等能否满足产品中自制零部件的质量要求，是自制或外包决策必须考虑的重要因素。这其中质量保证体系、质量管理水平、质量改进能力更大程度上反映了公司主导产品的质量管理水平，而相应的过程质量控制能力和质量检测与控制手段则是考虑零部件生产可否自制的主要因素。

（6）与产能的关系

产能是确定自制或外包的重要因素之一。当企业在接到客户订单后，因产能限制，无法在规定时间内交货时，一般就通过生产外包解决问题。自制或外包决策最终的考虑因素是成本的问题。在综合考虑到公司战略、技术水平、生产能力、质量与供应能力的同时，综合分析产品中零部件自制与外购的成本，计算比较自制与外购的零部件价格、投资及综合效益等是自制与外包决策中关键的一步。

（7）平衡需求波动的因素

对于需求随着季节等因素波动比较大的企业，他们拥有的设备和劳动力资源可能都不足以应对高峰时期的需求量。当需求处于低谷时，企业只需内部生产而不外购，当需求比较旺盛时，企业内部生产设备满负荷运转的同时还需从外部购买部分产品以弥补生产能力与需求之间的差额。这也使企业避免了频繁裁员与增员的问题。如果企业自制品的生产进度不能满足企业对该产品的需求，那么企业可能会和外部供应商合作，以满足企业不连续的采购需求。

（8）库存和存货因素

如果企业采取自制策略，那么供应部门就要采购相应的原材料、零部件及生产工具等以支持自制项目的运行。而如果企业直接采购该产品，那么供应部门接触的供应商数量就会减少，相应的收货、检验、储存、存货管理、会计部门的工作量都会减少。如果采用供应商管理库存，企业的存货管理成本和存货投资都将大大降低。

3.6.4.2 自制或业务外包的决策方法

企业进行业务外包不外乎两种原因，一种是战术性的，企业希望通过业务外包在短期内达到希望的效果，比如成本节约；另一种则是战略性的，企业外包业务是为了转换资源，集中力量于那些真正把他们和竞争对手区别开来的核心竞争力上，而不仅仅是为了诸如成本节约、偶尔的应急采购等原因。

（1）自制或外包决策中的盈亏平衡分析

在企业的自制或外包决策中，成本因素的受重视程度仅次于业务对企业核心竞争力的影响。在实际的产品是外包还是自制的决策中，成本的量化分析无疑是最重要的。盈亏平衡分析方法就是量化自制与外包决策中的成本与产量关系的一种方法。

盈亏平衡分析也叫量本利分析法或保本分析，它最初是通过分析生产成本、销售利润和产品数量这三者的关系来掌握盈亏变化的规律，指导企业选择能够以最小的成本生产最多的产品并可使企业获得最大利润的经营方案。

如果企业自行生产某种产品，那么总生产成本 C 由两部分构成，一是固定成本 F，二是变动成本 VQ，C 是产量 Q 的函数。如果企业生产该产品无需购买机器设备而只是利用原有生产设备的剩余生产能力，那么关于该部分生产设备的固定成本就不该计入自制产品的固定成本中，因为不论企业决定自制还是外购，该设备的相应成本都会发生。其他固定成本的分析也是如此。如果企业制造该产品的相应设备人员都要重新配置，那么相应的费用都要计入该产品生产的固定成本之中。

总成本函数就是 $C=F+VQ$，为线性函数，如图 3-4 所示。当需求量 Q 为 0 时，企业也会发生固定成本 F，当需求量逐渐增加，则每增加一个单位需求量要增加一个单位变动成本 V，此时变动成本为 VQ，总成本等于固定成本加上变动成本。

当企业外购该产品时，企业不会发生固定成本，只会发生与采购数量、采购价格及采购频率有关的成本。在买方市场下，企业采购该产品的成本 $C=PQ$，其中，P 是产品价格；Q 是企业的需求量。

比较自制与外购的成本是最简单的决策方法，如图 3-5 所示。当需求量小于 Q_0 时，无疑外包是比较经济的；而当需求量大于 Q_0 时，自制又是比较

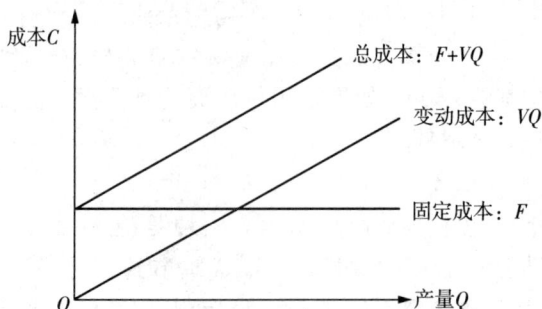

图 3-4 产品总成本构成示意图

有成本优势的。当需求量等于 Q_0 时，自制与外包的成本相等，此时需要结合其他因素综合考虑。当然，即使是在自制或者外包具有明显成本优势的范围内，仅仅依靠成本高低做出的决策都被认为是草率的，成本分析是一项很重要的指标，但必须同时与其他的影响因素同时考虑才能达到较好的效果，进而做出明智的选择。

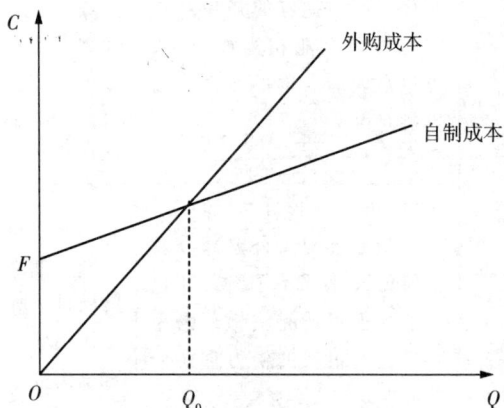

图 3-5 自制或外购成本对比

（2）自制与外包中的决策分析矩阵

1）方法概述

"自制/外包"决策分析矩阵是用来评价企业的产品生产是否外包的一个比较系统的体系，是用一个 2×2 矩阵将决策空间分解为 4 个象限的方法，它最早是由 Charles H. Fine 和 Daniel E. Whitney 在 1996 年发表的 "Is the make-buy decision process a core competence?" 文章中提出来的考虑产品外包。自制与外包决策分析矩阵方法主要分析以下几个方面的内容。

① 知识技能：主要分析外包企业对外包产品生产的控制，但并不包括外包具体的生产过程、流程等。根据对知识技能的掌握程度，企业外包可分为基于生产能力的外包和基于知识技能的外包。

② 产品：外包分析主要关注产品结构，关注其产品是集成化生产还是模块化生产。

③ 产业增长速度：研究产品所在整体产业的升级速度。

④ 供应商数量：企业外包时可供选择的供应商数量。

2）方法实施的两个阶段

整个决策分析分为以下两个阶段：第一阶段主要从知识技能和产品两个方面进行评判，如表 3-4 所示。

表 3-4 基于知识技术与产品的分析矩阵

类 别	基于知识技能的外包	基于生产能力的外包
外包部分是模块化生产	潜在的外包陷阱 外包企业可能被合作伙伴替代，他们拥有的知识和技能与外包企业相当或更多，外包企业能获得的元件他们也能获得	最佳的外包机会 外包企业了解外包部分，可以将其运用到该企业的生产或产品中去，且供应源比较多，外包部分并不包含竞争优势，从外部购买该部分可以节省精力以处理包含竞争优势的部分
外包部分是集成化生产	最糟的外包形势 外包企业对要外购部分及如何集成化并不了解，外包的结果很可能是失败，因为你将花费很多的精力重新分析或者返工	基本的外包环境 外包企业了解整个外包部分的项目，所以即使其他企业涉足该领域，外包企业仍能保持竞争优势

从表 3-4 中可以看出，如果企业准备外包的产品结构集成化程度高，而企业本身的相关知识和技术不足以整合外部供应商，如果执意外包，那么企业将要付出高昂的费用对合作伙伴和合作状态进行监控，甚至重新分析外包带来的收益和损失。在这种情况下，企业的外包就面临着非常大的风险，相对的外包形式是最糟糕的。与此对应的则是右上角区域，这是企业实施外包所能遇到的最优机会。从外部来看，模块化的产品结构使得企业能够拥有相当大的选择，而从内部来看，对核心技术的掌控使得企业可以有效整合外部供应商资源。介于上述两种情况之间的是处于左上角和右下角区域的外包环境。当处于左上角区域，企业外包其产品时，由于供应商掌握着核心技术，而整个产品的生产相当模块化，当供应商又可以容易地获得其他生产要素时，供应商很有可能向前整合供应链以排挤并取代企业的市场地位和份额。当企业外包的情况处于右下角区域时，企业将获得比较有利的外包环境，即使外包后的供应商有能力挑战企业，企业也能整合市场其他资源以保持竞争优势。

第二阶段是在第一阶段的矩阵分析基础上，增加对产业发展速度和供应商数量的考虑。经过第一阶段的粗略估计，企业可以大致判定自身的外包形势，接着应用"自制/外包"矩阵进一步帮助企业决策分析，如表 3-5 所示。

面临外包决策的企业，无论是处于"最佳的外包机会"还是"最糟的外包形势",都需要再考虑产业增长速度和供应商数量的影响,从而趋利避害、扬长避短。例如,在表 3 - 4 左上角情况下,明知企业面对的是个"外包陷阱",但是,当结合表 3 - 5 综合考虑后就会发现:如果产业升级速度较慢而供应商数量又较多时,可以认为企业进行外包生产的战略风险较小;如果产业升级速度较快而供应商数量又少,企业外包将会失去对产品的控制,真正落入陷阱。表 3 - 5 中的另外 3 种情况也可以如此分析。

表 3 - 5　"自制/外包"决策分析矩阵

基于生产技术的外包				基于生产能力的外包			
模块化生产		产业速度				产业速度	
		快	慢			快	慢
	供应商数量	多			供应商数量	多	
		少				少	
模块化生产		产业速度				产业速度	
		快	慢			快	慢
	供应商数量	多			供应商数量	多	
		少				少	

　　业务外包在给企业带来好处的同时也面临着许多风险。如果外包市场是完全可靠和有效的,那么企业可以将除核心业务以外的所有活动外包出去以节约成本,降低经营风险,使自己的经营更加灵活,而且还能与供应商产生一种协同效应,用有限的资源撬动更多的资源,实现资源的杠杆效应。但是,大多数情况下的外包市场是不完全的。由于这种外包市场的不完美,外包在创造许多新的战略机会的同时,也在技术、价格、质量、时间、谈判力量等方面带来了潜在的风险。如果潜在的风险成为现实,就会给企业带来致命的打击。因此,企业在自制与外包决策的过程中,必须对外包的可能效用和潜在风险有充分的认识。

3.6.5　选择外包供应商的基本原则

　　(1)准确界定公司核心竞争力

　　外包从理论上可以分为两类:核心业务外包和辅助业务外包。对于绝大多数企业而言,自己的核心业务一般就是具有竞争优势的核心竞争力。判断公司的活动是属于核心还是辅助性活动,根本在于公司是否寻找外包供应商而将这些活动实施外包。

（2）重视业务外包与公司战略的一致性

业务外包的目的就是增强业务效能，这其中的关键是要有一个合理的外包策略。而很多公司弃策略于不顾，关心的只是把业务外包给报价最低的供应商。这种抄近路的做法往往隐藏着问题。外包如果只把眼光放在削减成本上，则可能达不到预期的目的。可以说，外包策略中最重要的成分，就是了解什么能够帮助公司扩展它在市场上与众不同的能力，以及实施外包战略时如何保持与公司的总体战略相互一致。

（3）单一或多元外包供应商的选择

外包不仅要考察供应商的财务状况、技术实力，还要对其资信进行调查，目的是建立长期、可靠的外包协议，使双方都获利。但在组建新的外包供应链的时候，有些公司倾向于不愿意与处于强势地位的对手联合，而愿意去找一些比较弱（成本较低）的对手联手。但是这样做的结果恰恰是违背了给最优秀的合作伙伴外包以获取行业领先能力的初衷。它们所获得的短期成本优势，实际上往往导致长远的落伍。

公司应将外包供应商视为平等关系的合作伙伴，而后者则是前者组织构架中的一个关键部门。所以，供应商必须不断发展以满足公司的需求。与其说外包供应商的职责是让公司摆脱业务上的困境，不如肯定供应商在公司战略层所处的核心地位。这样外包供应商唯有增加服务价值才能和公司构筑平等关系并实现互动。

3.6.6 基于信息技术的业务外包

在企业竞争中，信息技术的作用日益重要，众多企业不仅要搞好他们现有的经营项目，还要开辟新的项目，这样一种重大使命使新型的信息技术部门应运而生，它们的工作重心是迅速开发、设计和集成新的产品和系统。以下是运用信息技术进行外包的主要原因：①集中精力于外包有助于更好地权衡时间和金钱，指导信息技术投资。②可以减少内部工作人员，集中人力投入企业开发、设计和集成那些创造最大附加值的领域。③可以提高成本收益，降低底层通用程序的开发和维护费用。

【案例分析】

GL 公司与棒约翰的战略合作伙伴关系

战略合作伙伴关系是供应链管理中不可或缺的一部分，企业拥有了自己的战略合作伙伴就可以集成并优化利用外部的优势资源，使企业在产品制造过程中，从产品的研究开发到投放市场，周期大幅缩短而且顾客导向化程度更高，显著增加了企业在多变的市场中柔性和敏捷性的应对能力，从而取得竞争优势。供应链上的各节点企业间的紧密合作，其目的是为了生存和长期发展的需要。GL 公司与棒约翰作为战略合作伙伴，在相互的依存、互动并充分利用各自优势和资源的同时，对彼此间战略合作伙伴关系的管理也非常重视，双方相信管理是为了企业更好、更良性的发展。GL 公司与棒约翰之间的战略合作伙伴的管理和维护主要通过战略计划共享、定期信息共享及审核与激励 3 种方式进行。

（1）战略计划共享

相近的价值观是战略合作伙伴成立的基础，作为战略合作伙伴，其更注重的是长期的战略利益和整体利益，而战略计划的共享使供应链上的战略合作伙伴更清晰地了解对方的需求。这也涉及双方共同目标的设定，双方企业为了达成这样的目标而不断地努力，各自不断整合并利用内部供应链和外部供应链的资源和优势。

棒约翰与 GL 公司最高管理层之间每年都有专门会议，会议内容中非常重要的一部分就是战略计划共享，主要共享棒约翰未来五年在中国地区的战略计划及未来一年的具体战略计划（包括未来一年棒约翰具体发展和开拓的地区和城市，在产品方面的具体战略等），同时回顾棒约翰在过去一年战略计划的实施情况。共享其战略计划，一方面可以使 GL 公司适应当地调整企业资源的分配，为棒约翰计划的实施提供必要的资源，避免供应链资源的浪费，提高资源的利用率，在提高供应链的利润创造空间的同时更好地配合棒约翰计划的顺利进行；另一方面，提高双方的信任度，使合作更加紧密。

（2）定期信息共享

在信息时代里，信息对企业意味着生存，企业获得更多的信息意味着企业拥有更多的机会、更多的资源。由此，合作企业间的信息共享对关系的巩固、企业价值的提升都显得至关重要。GL 公司与棒约翰的定期信息共享主要包括市场信息共享和内部信息共享两个方面。在市场信息的共享方面，GL 公司每月都有专门的餐饮市场信息报告，这份报告每月都会与棒约翰共享，这些信息由 GL 公司的市场部通过不同的途径收集、整理而成，信息的内容包括餐饮市场主要品牌产业的市场动向、新品信息、促销信息及整个餐饮市场发生的重大事件等，市场信息的共享使棒约翰公司通过更多的途径了解餐饮市场的整体动向，了解竞争对手的情况，了解消费者的需求，为棒约翰在市场上的运营提供参考和依据。在企业内信息的共享方面，对于棒约翰而言，可以了解 GL 公司关于产品、管理等方面的创新和进展；对于 GL 公司而言，企业内信息的共享可以快捷地了解到棒约翰的需求信息，从而采取措施提供优质服务，提高其满意度。

（3）审核与激励

为了确保双方战略合作关系的长期健康发展，棒约翰公司也非常注重对 GL 公司产品设计开发和制造全过程进行监控检查，包括 GL 公司上游供应商的资质、材料验收检验、制造工艺、性能测试、关键工序的设置、出厂质量检验等，使设计和制造中存在的问题能够在 GL 公司内部立即得到解决。由于把问题有效地控制在前端，使棒约翰应对市场的能力不断提高，物流运作加快，成本降低，同时产品质量也得到更好地保障。

具体的审核主要集中在以下两方面：①GL 公司商务管理方面的审核，主要包括业务关系能力评估、相对成本评估、成本表现评估、财务实力评估和可靠性评估。②GL 公司工厂管理方面的审核，主要包括质量控制体系评估、供应商管理评估、生产和制造标准评估、仓储与运输体系评估、安全保障及预防性体系评估。

供应链是由上下游许多财务独立、目标不同的企业或者成员组成，因此，相互之间的关系也是错综复杂的，随时都可能发生相互间的利益冲突，激励机制是保持和稳定合作伙伴关系的重要方法之一，棒约翰同样设立了激励机制激励并管理供应链上的各类合作伙伴。GL 公司作为棒约翰的战略合作伙伴，在与棒约翰的合作过程中，激励的精神意义往往大于物质意义。

问题：

（1）GL 公司与棒约翰是如何建立战略合作伙伴关系的？

（2）战略合作伙伴关系给 GL 公司带来了什么好处？

复习思考题

1. 企业的供应商应如何分类管理？

2. 同一种材料的供应商到底应该有几个？一个，两个，多个？为什么？

3. 对一个供应商的评价应该用哪些指标？请建立指标体系并进行分解。

4. 试举例说明应如何保持与供应商的良好关系。

5. 你认为企业与供应商间建立"战略联盟"时应注意哪些问题？

6. 概括地讲，企业与供应商间的关系有两种：一是竞争型交易关系；二是伙伴型交易关系。你如何看待这一观点？

7. 你认为在我国的现实条件下，企业应该重点发展竞争型的供应关系，还是伙伴型的供应关系？为什么？

第 4 章 采购成本与控制

确定最优的采购价格是采购管理的一项重要工作，采购价格的高低直接关系到企业最终产品或服务价格的高低。因此，在确保满足其他条件的情况下力争最低的采购价格是采购人员最重要的工作。

4.1 供应价格分析

4.1.1 供应价格影响因素

供应价格是指供应商对自己的产品提出的销售价格。影响供应价格的因素主要有成本结构和市场结构两个方面。成本结构是影响供应价格的内在因素，受生产要素的成本如原材料、劳动力价格、产品技术要求、产品质量要求、生产技术水平等影响；而市场结构则是影响供应价格的外在因素，包括经济、社会政治及技术发展水平，具体有宏观经济条件、供应市场的竞争情况、技术发展水平及法规制约等。市场结构会强烈影响成本结构，反过来供应商自己的成本结构往往不会对市场结构产生影响。市场结构对供应价格的影响直接表现为供求关系。

现把这些影响因素简要分述如下：

（1）供应商成本的高低。这是影响采购价格最根本、最直接的因素。供应商进行生产，其目的是获得一定利润，否则生产无法继续。因此，采购价格一般在供应商成本之上，二者之差即为供应商的利润，供应商的成本是采购价格的底线。一些采购人员认为，采购价格的高低全凭双方谈判的结果，可以随心所欲地确定，其实这种想法是完全错误的。尽管经过谈判后供应商大幅降价的情况时常出现，但这只是因为供应商报价中水分太多的缘故，而不是谈判决定价格。

（2）规格与品质。采购企业对采购品的规格要求越复杂，采购价格就越高。价格的高低与采购品的品质也有很大的关系。如果采购品的品质一般或质量低下，供应商会主动降低价格，以求赶快脱手。

（3）采购数量的多少。如果采购数量大，采购企业就会享受供应商的数量折扣，从而降低采购的价格。因此，大批量、集中采购是降低采购价格的有效途径。

（4）交货条件。交货条件也是影响采购价格非常重要的因素。交货条件主要包括运输方式、交货期的缓急等。如果货物由采购方来承运，则供应商就会降低价格，反之就会提高价格。有时为了争取提前获得所需货物，采购方会适当提高价格。

（5）付款条件。在付款条件上，供应商一般都规定有现金折扣、期限折扣，以刺激采购方能提前用现金付款。

（6）采购物品的供需关系。当企业所采购的物品为紧俏商品时，供应商就处于主动地位，就可以趁机抬高价格；当企业所采购的商品供过于求时，采购企业则处于主动地位，可以获得最优的价格。

（7）生产季节与采购时机。当企业处于生产的旺季时，对原材料需求紧急，因此不得不承受更高的价格。避免这种情况的最好办法是提前做好生产计划，并根据生产计划制定出相应的采购计划，为生产旺季的到来提前做好准备。

（8）供应市场中竞争对手的数量。供应商毫无例外地会参考竞争对手的价位来确定自己的价格，除非它处于垄断地位。

（9）客户与供应商的关系。与供应商关系好的客户通常都能拿到好的价格。

有些产品的供应价格几乎全部取决于成本结构（如塑胶件），而另外一些产品则几乎全部依赖于市场（如短期内的铜等原材料）。对于后一类产品，单个供应商处于完全竞争的市场，对产品价格的影响无能为力。当然不少产品的供应价格既受市场结构影响，同时供应商又能通过成本结构来进行控制。表4-1给出了不同种类产品的供应价格影响因素构成。

表4-1　不同产品的供应价格影响因素构成

产品类别	成本结构为主	侧重于成本结构	50%成本结构 50%市场结构	侧重于市场结构	市场结构为主
原材料				√	√
工业半成品			√	√	
标准零部件		√	√	√	
非标准零部件	√	√	√		
成品	√	√	√		
服务	√	√	√	√	√

4.1.2 供应商的定价方法

1978 年，Corey 提出供应商定价不外乎有 3 类方法，即成本导向定价法（Cost-based Pricing）、需求导向定价法（又称为市场导向定价法，Market-based Pricing）和竞争导向定价法（Competitive Bidding）。成本导向定价法是以产品成本（当然包括销售成本）为基础确定供应价格；市场导向定价法则是随行就市的方法，即以市场价格作为自己的产品价格；而竞争导向定价法则是结合市场因素及成本因素一起考虑来确定自己的产品价格，是最常见的方法。供应商在确定其产品价格时，通常会考虑到供应市场的供应关系，再结合自己的成本结构。供应商的定价方法又可细分为成本加成定价法（Cost-plus Pricing）、目标利润定价法（Target-profit Pricing）、采购商理解价值定价法（Pricing-based on Values Perceived by the Buyer）、竞争定价法（Pricing-based on Competitiors' Prices）以及投标定价法（Tender-based Price）。

（1）成本加成定价法

这是供应商最常用的定价法，它以成本为依据，在产品的单位成本的基础上加上一定比例的利润。该方法的特点是成本与价格直接挂钩，但它忽视市场竞争的影响，也不考虑采购商（或客户）的需要。由于其简单、直接，又能保证供应商获取一定比例的利润，因而许多供应商都倾向于使用这种定价方法。实际上由于市场竞争日趋激烈，这种方法只有在卖方市场或供不应求的情况下才真正行得通。

（2）目标利润定价法

这是一种以利润为依据制定卖价的方法。其基本思路是：供应商依据固定成本、可变成本以及预计的卖价，通过盈亏平衡分析算出保本产量或销售量，根据目标利润算出保本销售量以外的销售量，然后分析在此预计的卖价下能否达到总销售量。若不能达到则调整价格重新计算，直到在制定的价格下可实现的销售量能满足利润目标为止。

（3）采购商理解价值定价法

这是一种以市场的承受力以及采购商对产品价值的理解程度作为定价的基本依据，常用于消费品尤其是名牌产品，有时也适用于工业产品如设备的备件等。

（4）竞争定价法

这种方法最常用于寡头垄断市场。寡头垄断市场一般存在于具有明显规模经济性的行业，如较成熟的市场经济国家的钢铁、铝、水泥、石油化工以及汽车、家用电器等，其中少数占有很大市场份额的企业是市场价格的主导，而其余的小企业只能随市场价格跟风。寡头垄断企业之间存在着很强的相互依存性及激烈的竞争，某企业产品价格的制定必须考虑到竞争对手的反应。

（5）投标定价法

这种公开招标竞争定价的方法最常用于拍卖行、政府采购，也用于工业企业，如建筑承包、大型设备制造，以及非生产用原材料（如办公用品、服务等）的大宗采购，一般由采购商公开招标，参与投标的企业事先根据招标公告的内容密封报价、参与竞争。密封报价是由各供应商根据竞争对手可能提出的价格以及自身所期望的利润而定，通常中标者是报价最低的供应商。

4.1.3 价格折扣

折扣是工业企业产品销售常用的一种促销方式。了解折扣有助于采购商在谈判过程中降低采购价格。概括起来大体有以下几类折扣：

（1）付款折扣。现金付款比月结付款的采购价格通常要低；以坚挺货币付款比其他货币付款具有价格优势。

（2）数量折扣。数量小的订单其单位产品成本较高，因为小数量订单所需的订单处理、生产准备等时间与大数量订单并无根本区别，此外有些行业生产本身具有最小批量要求，如印刷、电子元件的生产等，以印刷为例，每当印刷品的数量增加一倍，其单位产品的印刷成本可降低多达50％。

（3）地理折扣。跨国生产的供应商在销售时实行不同地区不同价格的地区差价，对于地理位置有利的客户予以折扣优惠。此外，如果供应商的生产场地或销售点接近顾客时，往往也可以因交货运输费用低等原因获得较优惠的价格。

（4）季节折扣。许多消费品包括工业消费品都具有季节性，相应的原材料和零部件的供应价格也随着季节的变化而上下波动。在消费淡季时将订单下给供应商往往能拿到较低的价格。

（5）推广折扣

许多供应商为了推销产品、刺激消费、扩大市场份额或推广新产品、降低市场进入障碍，往往采取各种推广手段在一定的时期内降价促销。有策略地利用推广折扣是降低采购成本的一种手法。

4.1.4 如何确定采购价格

尽管价格是采购中一个非常重要的因素，应予以重视，但也不能因此过分重视，而忽略其他采购因素。影响采购总成本的因素，不止价格一个，对于这一点，采购人员必须了解，因此在决定采购的各项原则中，价格应被看做是最后的一项考虑因素。如不能确保适当的品质、数量与可靠供应，价格高低也就无意义了。在采购作业阶段，企业应当注意要使所需采购物资在适当的品质、数量、交货时间及其他有关条件下，价格最低。

决定适当采购价格的目标，主要在于确保所购物资的成本，以期能树立有利的竞争地位，并在维持买卖双方利益的良好关系下，使原料供应稳定持续，这是采购人员的主要责任。

（1）采购价格调查

一个企业所需使用的原材料，少的有 8～10 种，多的达万种以上，按其价格划分，可分为"高价物品"、"中价物品"与"低价物品" 3 类。由于采购物资种类繁多，规范复杂，有关采购价格资料的搜集、调查、登记、分析十分困难。采购材料规格有差异，价格就可能相差悬殊，而且世界各地商业环境变化莫测，要做好国际商业环境调查是很困难的。

1）调查的主要范围

在大型企业里，原材料种类不下万种，由于客观条件的限制，要做好采购价格调查并不容易。因此，企业要了解帕累托定理所说的"重要少数"：就是通常数量上仅占 20％ 的原材料，其价值却占全体总值的 70％～80％。假如企业能掌握住这"重要少数"，那么，就可以达到控制采购成本的真正效益，这就是重点管理法。根据一些企业的实际操作经验，可以把下列 6 大项目列为主要的采购价格调查范围：

① 主要原材料，其价值占全部总值的 70％～80％。

② 常用材料、器材属于大量采购项目的。

③ 性能比较特殊的材料、器材（包括主要零配件），一旦供应脱节，可能导致生产中断的。

④ 突发事变紧急采购。

⑤ 波动性物资、器材采购。

⑥ 计划外资本支出、设备器材的采购，数量巨大，影响经济效益深远的。

上面所列 6 大项目，虽然种类不多，但却是所占数值的比例很大，或影响经济效益甚广的。其中①、②、⑤三项，应将其每日行情的变动，记入调查记录卡（表 4-2），并于每周或每月做一个"周期性"的行情变动趋势分析。由于项目不多，而其金额又占全部采购成本的一半以上，因此必须做详细细目调查的记录。至于③、④、⑥三项，则属于特殊性或例外性采购范围，价格差距极大，也应列为专业调查的重点。

在一个企业中，为了便于了解占总采购价值 80％ 的"重要少数"的原材料价格的变动行情，就应当随时记录，真正做到了如指掌。久而久之，对于相关的项目，它的主要原料一旦涨价，就可以预测到成品价格的上涨情况。

表 4 - 2　调查记录卡

原材料名称	近日价格	昨日价格	增减幅度（%）	上周价格	上月价格

制表人：　　　　　　　　　日期：

2）信息搜集方式

根据统计，采购人员约有 27% 的时间从事信息搜集。信息搜集的方法可分为以下 3 类：

① 上游法，即了解拟采购的产品是由哪些零部件或材料组成的。换言之，查询制造成本及产量资料。

② 下游法，即了解采购的产品用在哪些地方。换言之，查询需求量及售价资料。

③ 水平法，即了解采购的产品有哪些类似产品。换言之，查询替代品或新供应商的资料。

3）信息的搜集渠道

信息搜集常用的渠道有：杂志、报纸等媒体；信息网络或产业调查服务业；供应商、顾客及同业；参观展览会或参加研讨会；加入协会或公会。

由于商情范围广阔，来源复杂，加之市场环境变化的迅速，因此必须筛选正确有用的信息以供决策。最近几年，对国外采购信息的需要越来越迫切，除依赖公司派人亲赴国外搜集，也可利用外贸协会信息处资料搜集组的书刊（名录、电话簿、统计资料、市调、报告等）、期刊（报纸、杂志）、非图书资料（录音带、录像带、磁带、统计微缩片等）及其他（小册子、宣传品、新书通告等）搜集信息。

④ 调查所得资料的处理方式

企业可将采购市场调查所得资料，加以整理、分析与讨论。在此基础上提出报告及建议，即根据调查结果，编制材料调查报告及商业环境分析，对本企业提出有关改进建议（如提供采购方针的参考，以求降低成本、增加利润），并根据科学调查结果，研究更好的采购方法。

（2）采购价格确定方式

① 询价采购方式

所谓询价采购，即采购方根据所需采购物品向供应商发出询价或征购函，请其正式报价（Quotation）的一种采购方法。通常供应商寄发报价单，内容包括交易条件及报价有效期等，有时自动提出信用调查对象。必要时另寄"样品"及"说明书"。询价经采购方完全同意接受，买卖契约才算成立。

② 招标确定价格

招标的方式是采购企业确定价格的重要方式，其优点在于公平合理。因此，大批量的采购一般采用招标的方式。采用招标方式的基本条件是：所采购商品的规格要求必须能表述清楚、明确、易于理解；必须有两个以上的供货商参加投标。

③ 谈判确定价格

谈判是确定价格的常用方式，也是最复杂、成本最高的方式。谈判方式适合各种类型的采购。

4.2 采购成本

4.2.1 采购成本构成

4.2.1.1 采购价格与采购成本

在采购过程中，原材料或零部件的采购价格固然是很重要的财务指标，但作为采购人员，不要只看到采购价格本身，还要将采购价格与交货、运输、包装、服务、付款等相关因素结合起来考虑，衡量采购的实际成本。

表 4-3 为某单位采购的电视机玻壳采购成本分析，由表中数据可知，采购单价为 37.20 美元，而实际采购单位成本则为 68.50 美元，采购价格仅占采购成本的 54.31%。

表 4-3　某单位电视机玻壳采购成本分析

项　目	单价或单位费用/美元	该项目占总采购成本的比例
玻壳采购价（发票价格）	37.20	54.31%
运输费	5.97	8.72%
保险费	1.96	2.86%
运输代理	0.03	0.04%
进口关税	2.05	2.99%

（续表）

项　目	单价或单位费用/美元	该项目占总采购成本的比例
流通过程费用	0.41	0.60%
库存利息	0.97	1.42%
仓储费用	0.92	1.34%
退货包装等摊销	0.09	0.13%
不合格品内部处理费用	0.43	0.63%
不合格品退货费用	0.14	0.20%
付款利息损失	0.53	0.77%
玻壳开发成本摊销	6.20	9.05%
提供给供应商的专用模具摊销	5.60	8.18%
包装投资摊销	6.00	8.76%
其他费用	0.00	0
总计		100%

对于非生产用原材料（如设备、服务）等采购，除以上因素外，影响采购成本的还有维修与保修、备件与附件、安装、调试、图样、文件与说明书、安全证明、使用许可证书、培训、专用及备用工具等。

4.2.1.2　整体采购成本的内容

整体采购成本又称为战略采购成本，是除采购成本之外考虑到原材料或零部件在本企业产品的全部生命周期过程中所发生的成本，它包括采购在市场调研、自制或采购决策、产品预开发与开发中供应商的参与、供应商交货、库存、生产、出货测试、售后服务等整体供应链中各环节所产生的费用对成本的影响。概括起来是指在本公司产品的市场研究、开发、生产与售后服务各阶段，因供应商的参与或提供的产品（或服务）所导致的成本，它包括供应商的参与或提供的产品（或服务）没有达到良好水平而造成的二次成本或损失。作为采购人员，其最终目的是降低整体采购成本。

按功能来划分，整体采购成本发生在以下的过程中：开发过程、采购过程、企划过程、质量过程、服务过程。

（1）开发过程中，因供应商介入或选择导致可能发生的成本

① 原材料或零部件影响产品的规格与技术水平而增加的成本。

② 对供应商技术水平的审核产生的费用。

③ 原材料或零部件的认可过程产生的费用。

④ 原材料或零部件的开发周期影响本公司产品的开发周期而带来的损失或费用。

⑤ 原材料或零部件及其工装（如模具）等不合格影响本公司产品开发而带来的损失或费用。

（2）采购过程中可能发生的成本

① 原材料或零部件采购费用或单价。

② 市场调研与供应商考察、审核费用。

③ 下单、跟单等行政费用。

④ 文件处理费用。

⑤ 付款条件所导致的汇率、利息等费用。

⑥ 原材料运输、保险等费用。

（3）企划（包括生产）过程中可能因采购而发生的成本

① 收货、发货（至生产使用点）费用。

② 安全库存仓储费、库存利息。

③ 不合格来料滞仓、退货、包装、运输带来的费用。

④ 交货不及时对仓管等工作的影响而造成的损失。

⑤ 生产过程中的原材料或零部件库存费用。

⑥ 企划与生产过程中涉及原材料或零部件的行政费用等。

（4）质量过程中可能发生的采购成本

① 供应商质量体系审核及质量水平确认产生的费用。

② 检验成本。

③ 因原材料或零部件不合格而导致的对本公司的生产、交货方面造成的损失。

④ 不合格品本身的返工或退货成本。

⑤ 生产过程中不合格品导致的本公司产品不合格而造成的损失。

⑥ 处理不合格来料的行政费用等。

（5）售后服务过程中因原材料或零部件而发生的成本

① 零部件失效产生的维修成本。

② 零部件服务维修不及时造成的损失。

③ 因零部件问题严重而影响本公司的产品销售造成的损失。

④ 因零部件问题导致本公司的产品理赔等产生的费用。

在实际采购过程中，整体采购成本分析通常要依据采购物品的分类模块，按 80/20 规则选择主要的零部件进行，而不必运用到全部的物料采购。

对以上内容进行综合整理可得如表 4 - 4 所示的采购成本构成明细表。

表 4-4 采购成本构成明细表

采购成本明细科目		相关说明
订购成本	请购手续费用	指因请购活动发生的人工费、办公用品费以及存货检查、请购审查等活动所发生的费用
	采购询议价费用	指因供应商调查、询价、比价、议价、谈判等活动所发生的通信费、办公用品费、人工费等
	采购验收费用	指负责采购事项的采购专员参与物料（或货物）验收所花的人工费、差旅费、通信费，检验仪器、计量器具等所花的费用，以及采购结算发生的费用等
	采购入库费用	指入库前的整理挑选费，包括挑选整理过程中发生的工费支出和必要的损耗损失
	其他订购成本	指发生在订购阶段的其他费用，如结算采购款项所发生的费用
维持成本	存货资金成本	指因存货占用了资金而使这笔资金丧失使用机会所产生的成本
	仓储保管费用	指物料（或货物）存放在仓库而发生的仓库租金、仓库内配套设施费用，以及因仓库日常管理、盘点等活动发生的人工费等
	装卸搬运费	指因仓库存有大量物料（或货物）而增加的装卸、搬运活动所发生的人工费、搬运设备费等
	存货折旧与陈腐成本	指存货在保管过程中因发生质量变异、破损、报废等情形而发生的费用
	其他维持成本	指发生在维持阶段的其他费用，如存货的保险费用等
缺料（或缺货）成本	安全库存及其成本	指企业因预防需求或提前期方面的不确定性而保持一定数量的安全库存所发生的费用
	延期交货及其损失	指因缺料（或缺货）而延期交货所发生的特殊订单处理费、额外的装卸搬运费、运输费及相应的人工费等
	失销损失	指因缺货致使客户转向购买其他产品而导致企业所受的直接损失
	失去客户的损失	指因缺货而失去客户，也就是说，客户永久地转向另一家企业

4.2.2　基于价值分析的采购成本分析

4.2.2.1　价值分析的含义

价值分析（Value Analysis，VA）又称价值工程（Value Engineering，VE），是降低成本、提高经济效益的有效方法。所谓价值分析，是指通过集体智慧和有组织的活动对产品或服务进行功能分析，以最低的总成本（寿命周期成本）可靠地实现产品或服务的必要功能，从而提高产品或服务的价值。价值工程主要思想是通过对选定研究对象的功能及费用分析，提高对象的价值。这里的价值，是反映费用支出与获得之间的比例，用数字比例式表达如下：

$$价值 = \frac{功能}{成本}$$

4.2.2.2　价值分析在采购中的应用

早在 20 世纪 40 年代，美国通用电器公司的采购员麦尔斯就成功地解决了短缺物资的代用问题，随之创立了价值分析学说。对在物资采购中所遇到的问题，根据价值分析的原理进行研究，经过实践，发现价值分析应用于物资采购中不失为一种有效方法。

正确选购物资，是企业合理使用物资、降低产品成本的先决条件，要做到正确地选购物资，就必须对采购物资进行价情分析，以最低的费用获得所需的必要物资。采购物资不仅是购买一种实物，更重要的是购买这种实物所包含的必要功能，这是价值分析理论在采购中应用的核心。

以合理的价格采购物资，是价值分析的目的之一。任何功能都要为之付出费用，不切实际地追求多功能、高质量势必造成浪费。因此，应以性能价格比作为衡量物资采购成功与否的标志。

降低物资的使用费用是价值分析的另一个目的。购置费用容易引起人们的重视，而使用费用往往被忽视。例如，有的物资购置费用低而使用费用及寿命周期费用却较高，价值分析则要求整个寿命周期费用降低到最低限度。

过去，企业在面对经济萧条时，为了追求企业利润与降低成本，惯用的方法是通过采购人员的强势或谈判能力，对卖方的报价给予无情砍杀，以使采购价格压低，进而达到降低成本的目的。然而近年来，由于经济、社会环境的变化，不仅使企业经营成本大幅提高，更导致企业经营管理的巨变，因此，只凭借往昔的强势作风，已无法达到降低采购价格与生产成本的目标。或许尚有些采购人员仍然抱着以往强势采购的观念，例如卖方（或协作厂商）是靠企业养的、只有杀价才能买到便宜货等，但相信倘若企业中有此类型的采购人员，将是影响企业成长与发展的重要祸源之一。目前在国内外经营绩效卓著的企业，其采购策略普遍采取 VA 方式。

4.2.2.3 价值分析方法

（1）VA 的特征、程序及思想

第一，VA 的特征：①以顾客为中心，即以市场或买主需要为依据。②运用功能中心的研讨方式，以成本分析达到节省成本的目的，但它是从产品设计的构想出发，并以确保功能为前提。③以团队合作的方式，凝聚了设计、生产、品质管理、采购人员的智慧。

第二，VA 的程序：VA 的工作程序包括三个过程（分析、综合及评价）、两个步骤（基本步骤及详细步骤），以及一项质询（针对产品或采购品的功能、价值、成本等进行质询）。

第三，VA 的思想：①提高功能，降低成本，大幅度提高价值；②功能不变，降低成本，提高价值；③功能有所提高，成本不变，提高价值；④功能略有下降，成本大幅度降低，提高价值；⑤适当提高成本，大幅度提高功能，从而提高价值。

第四，VA 与一般降低成本的差异：VA 与一般降低成本的差异比较如表4-5 所示。

表 4-5　VA 与一般降低成本方法的差异比较

VA 法	一般降低成本方法
以功能为中心	以采购品或材料为中心
注重功能性研究/设计构想	以成本分析为中心，节约采购成本
团队组织共同努力、共同设计	以采购本位为主，情报及创意不定
通过团队任务编组与分工发挥整体配合优势	因本位观念太重，造成力不从心
可以获得明显的成本降低	降低成本目标不易明确

（2）VA 实施的 8 大步骤

① 选定对象、设定目标，即以采购物品中最主要的及影响最大的物品（按 80/20 原则确定）为对象。

② 成立 VA 改善工作小组，并以采购为核心，召集设计、生产、质管、采购及提供零组件或模具等人员共同组成。

③ 收集、分析对象的情报。

④ 拟订降低采购成本的战略方案，以正确掌握价值分析的目的与功能。

⑤ 拟订具体实施计划，即改善方案。

⑥ 改善方案的展开。

⑦ 效果的确认，即确认具体改善方案及其成效。

⑧ 新方案变更（即标准化）与跟催。

4.3　采购成本控制方法

4.3.1　采购成本管控流程

（1）采购成本核算流程

采购成本核算流程如图 4-1 所示，其流程说明如表 4-6 所示。

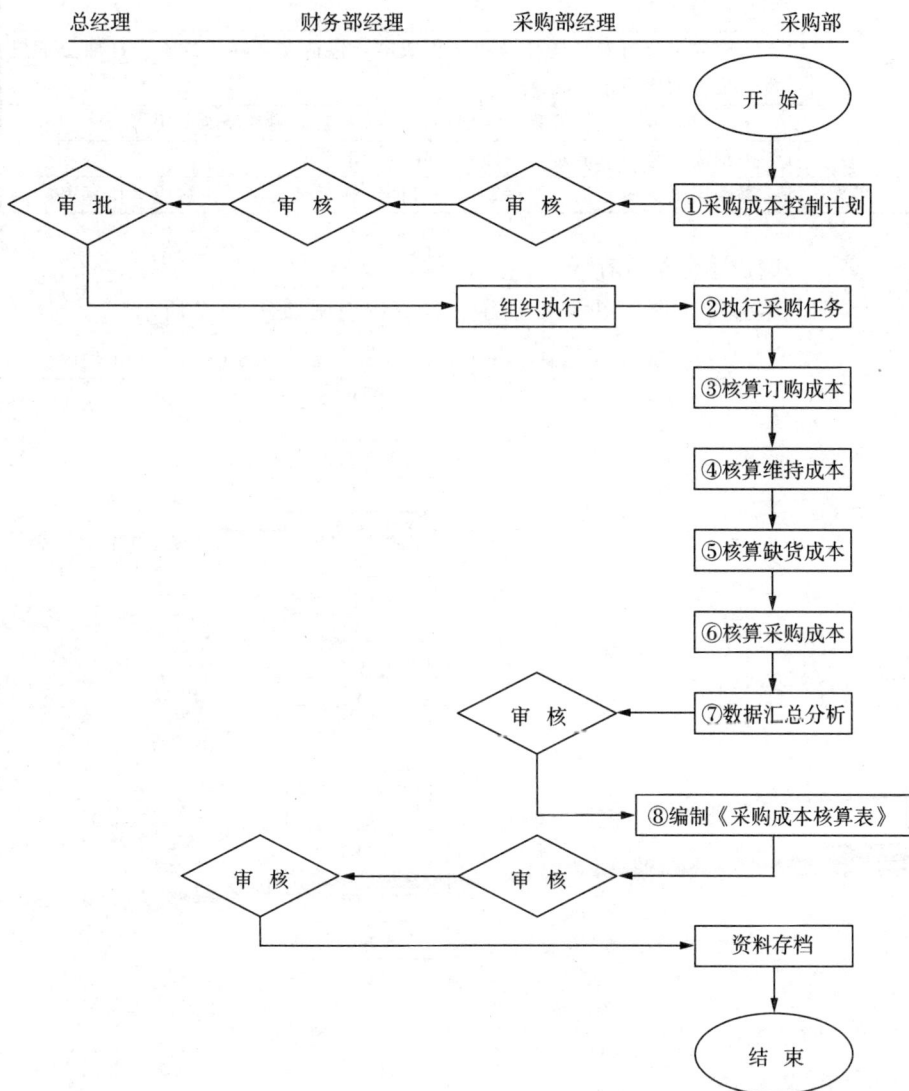

图 4-1　采购成本核算流程

表 4-6　采购成本核算流程说明

任务概要	采购成本核算
节点控制	相关说明
①	采购成本控制主管根据公司采购成本管理相关制度的规定编制《采购成本控制计划》，报采购部经理审核
②	采购部工作人员在采购部经理的领导下，开展物资采购工作
③	采购成本分析专员核算采购订货成本，包括请购手续成本、往来沟通成本等
④	采购成本分析专员核算采购维持成本，包括资金成本、搬运成本、仓储成本、折旧等
⑤	采购成本分析专员核算采购缺货成本，包括安全存货成本、延期交货成本、失去顾客成本等
⑥	采购成本分析专员核算采购费用，包括人工费用、保险费用等
⑦	采购成本分析专员对各项成本费用进行汇总
⑧	采购成本分析专员根据采购部经理的审核意见编制《采购成本核算表》

（2）采购成本分析流程

采购成本分析流程如图 4-2 所示，其流程说明如表 4-7 所示。

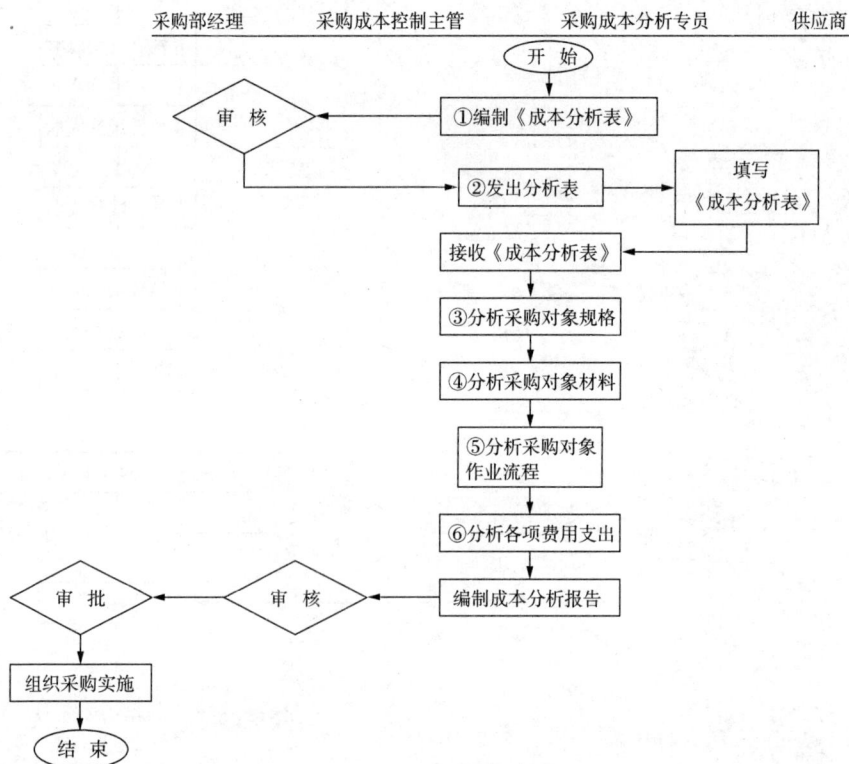

图 4-2　采购成本分析流程

表 4-7 采购成本分析流程说明

任务概要	采购成本分析
节点控制	相关说明
①	采购成本分析专员根据拟采购物资的实际情况编制《采购成本分析表》，报采购成本控制主管审核，适合采用采购成本分析的情况包括新材料无采购经验时、底价难以确认时、无法确认供应商报价的合理性时、供应商单一时、采购金额巨大时、为提高议价效率时等
②	《采构成本分析表》经采购成本控制主管审核后，由采购成本分析专员向供应商发出
③	采购成本分析专员收到供应商填写的《采购成本分析表》后，首先考虑其设计是否超过规格要求
④	采购成本分析专员要对拟采购物品的组成材料的特件进行分析，并计算材料成本
⑤	采购成本分析专员对拟采购物品的加工方法、加工程序进行分析
⑥	采购成本分析专员控制制造、营销等相关费用

（3）采购成本控制流程

采购成本控制流程如图 4-3 所示，其流程说明如表 4-8 所示。

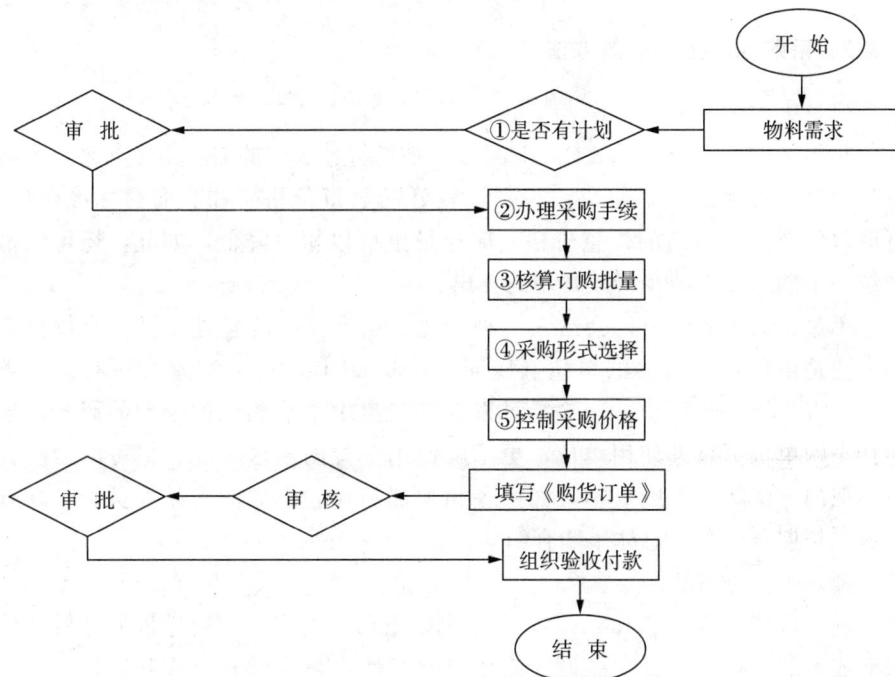

图 4-3 采购成本控制流程

表 4-8 采购成本控制流程说明

任务概要	采购成本控制
节点控制	相关说明
①	相关部门根据作业实际情况，向采购部提出物料请求，采购部判断需求是否在采购计划范围内，如果在采购计划范围内可以立即办理采购手续，执行采购；如果不在采购计划范围内，则填写《物资申购单》经总经理批准，办理相关采购手续
②	《物资申购单》经总经理签字确认后，采购部需要办理相关的采购手续，如填报出差申请、用车申请、采购借款等
③	采购部需要对每次的采购数量进行审核，并检查使用部门负责人是否在《物资申购单》上签字，采购批量的控制必须满足采购经济效益最大化的原则，达到库存与计划用量的平衡
④	采购部可以根据采购物资的特点，选择最有利的采购形式，如招标采购、网上采购等
⑤	采购部要通过各种途径控制采购价格，事先做好询价、比价、议价等工作，如有需要可以实施采购成本分析工作

4.3.2 采购成本控制一般方法

（1）集中采购法

集中采购（Centralized Purchasing）是指将各部门的需求集中起来，采购单位便可以较大的采购筹码，得到比较好的数量价格折扣。商品标准化后，可取得供应商标准品的优惠价格，库存量也可以相对降低。如此，还可以借助统一采购作业而减少行政费用的支出。

不过，集中采购或许会给人一种僵化、没有弹性的感觉。另一个较折中的方法是由使用量最多的单位（Lead-divisional Buying）来整合所有采购数量，负责主导采购议价。这除了可以拥有与集中采购相同的采购筹码外，还能让采购单位更靠近使用单位，更了解使用单位的需求状况。也可以运用其他类似的方法降低采购成本，如由各相关部门代表组成的产品委员会、联合采购、长期合约以及总体采购合约等。

（2）价值分析法

利用价值分析（Value Analysis）也是重要方法之一。通过价值分析降低采购成本的途径有：将产品设计简化以便于使用替代性材料或制造程序；采用提供较佳付款条件的供应商；采购二手机器设备而非全新设备；运用不同的议价技巧；选择费用较低的货运承揽者（Forwarder），或考虑改变运输模式（如将空运改为海运），亦可同样达到成本降低的目的。当然，前置时间（Lead-time）是否足够，是否会影响到其他工作，必须先行确认，并做周密的评估。

（3）作业成本法

作业成本法（Activity Based Costing）是另外一个控制成本的方法，这在美国惠普公司已经实施了多年。这种方式将间接成本（Indirect Cost）依照在某一产品上实际花费的时间正确地进行配置，有别于传统会计作业将间接成本平均分摊的做法。作业成本法运用到采购管理中，是指将采购间接成本按不同的材料、不同的使用部门等进行分配，从而科学地评价每种材料、每个部门等实际分摊的采购间接费用。它可以让管理阶层更清楚地了解间接采购成本分配的状况。不过，分析的过度细化，往往容易导致越想全面掌控却越抓不到重点的情形。所以，适时地利用如帕累托分析（Pareto Analysis）等工具来找出关键的成本是非常必要的。

（4）目标成本法

目标成本是指企业在新产品开发设计过程中，为了实现目标利润而必须达到的成本目标值，即产品生命周期成本下的最大成本允许值。目标成本规划法的核心工作就是制定目标成本，并且通过各种方法不断地改进产品与工序设计，使得最终产品的设计成本小于或等于其目标成本。这一工作需要由包括营销、开发与设计、采购、工程、财务与会计，甚至供应商与顾客在内的设计小组或工作团队来进行。

产品的目标成本确定后，可与公司目前的相关产品成本相比较，确定成本差距。而这一差距就是设计小组的成本降低目标，也是其所面临的成本压力。设计小组可把这一差距从不同的角度进行分解，如可分解为各成本要素（原材料和辅助设备的采购成本、人工成本等）或各部分功能的成本差距；也可按上述设计小组内的各部分（包括零部件供应商）来分解，以使成本压力得以分配和传递，并为实现成本降低目标指明具体途径。采购部门则要根据每种材料的目标成本去进行采购，以保证最终产品的成本能达到目标成本的要求。

（5）成本结构分析法

在实际操作中，了解供应商成本结构可以在谈判过程中取得合理的价格。控制、降低采购成本的一个基本手段是要求供应商提供尽量详细的报价单，即将供应商提供的产品按固定费用及可变费用细项展开计算，逐项核定其合理性。

（6）谈判法

在采购管理中一项至关重要的工作就是对供应商的成本结构及其业绩进行分析，并在此基础上进行谈判。谈判是降低采购成本的重要渠道之一，但最新研究表明，通过谈判降低采购成本的幅度是有限的，企业还要配合集中采购、目标成本法、供应商成本结构分析等方法的运用，综合考虑如何降低采购成本。

4.4 典型案例实施

4.4.1 其他企业管理借鉴

4.4.1.1 SCE——实施战略高度的采购管理

南加利福尼亚 SCE 公司是一家投资者所有的电力公用事业公司。它为南部及中部加利福尼亚方圆 50 000 平方英里的用户提供服务。SCE 公司始建于1886 年，已经成长为美国第二大投资者所有的公用事业公司，收入超过了 70亿美元，拥有 400 万用户和 18 000 名员工。SCE 公司作为一个传统的受管制的公用事业公司，成功地经营了 100 多年。它的优势在于建立并且运营着一个世界领先的电力系统，为客户提供高质量的服务，并且在一个规章制度日趋复杂的环境中对其进行管理。公用事业的业务是稳定且可预知的。

SCE 公司在这 100 年间孕育了强大且明晰的企业文化：运营的最佳水平、自上而下的授权、坚定的工作理念、公司忠诚度、自豪感、零缺陷公差以及公司内部晋升。清晰的组织界限、不受干扰的指挥系统、单一操作任务、结构支持这种文化。SCE 公司的文化影响着公司员工的性格：强烈的个人主义、指挥—控制领导风格、对业务熟悉和敬业、对权威的绝对信服、对终身职业的期望。

当 SCE 公司进入到 20 世纪 90 年代时，形势再好不过了。当然，解除行业管制的前景已经初露端倪，公司开始讨论在将来充满竞争的环境中怎样对公司定位的一些假想情况。我们知道电力公用事业即将产生变革，而我们有十年的时间为此做准备。我们对此也知之甚少，因而公司打算进行重组。

随后，SCE 公司的重大组织变革纷至沓来：独立的业务部门代替了纵向联合的职能机构来操控制造、传送、销售及客户服务等核心效用职能；建立共享的服务组织为各个业务部门提供核心业务服务，包括运输、采购和物流、信息技术、沟通、房地产、设备以及信贷服务；公司的中心组织得以建立，包括人力资源、法律、规章制度、会计、财务以及战略规划职能，这个合作中心承担了政策、战略以及信用监管的主要责任。

变革可以用事实和数据组成的语言来简单描述。表 4-9 描述了 SCE 公司在实施战略采购的头两年所发生的变化，这些事实代表了好的结果并且蕴含着显著的根本变革。

表 4-9　SCE 公司战略采购前后对比

	实施前	实施后
供应商数量	2 763	39
进程/行为		
发货单数量	136 011	26 352
订货单数量	9 733	196
库存（＄M）	39	24
WMBE＊（％）	16.87	30.56

在实施变革后，一个明显的好处是成本降低了，但是不能忽略运营利润的自然增长。内部供应链系统和工作流程的流线型设计，提高了员工和直线型组织的效率；重复作业已经不复存在；供应链中的每一个组织对其实际扮演的角色都非常清楚，并且可以很容易将精力和资源集中用在核心工作上面。

首先，减少同公司合作的供应商数量是一个关键性变化。先前公司确定采购订单，供应商们填好订单，忙于交易事务，没有时间从战略考虑。

通过变革，供应商由 2 763 个减少到 39 个，从而有时间与供应商建立战略关系来取代交易关系。通过与供应商之间更好的合作，公司可以从供应商专业技术及资源中受益，这有利于创新、解决问题，使公司能够更精于业务。公司与供应商合作的能力可以激发公司批判性地审视公司所做的事情，同时也可以挑战自我以适应变革。正因为对供应商的信赖，因而公司可以减少库存，削减关联成本。

其次，将整个公司的购买需求集中起来，并且将这些需求与更少的供应商对应，既可以平衡购买力，同时能够降低成本。

最后，比较变革前和变革后的数据，SCE 公司对公众有着长期承诺。公司预先制定了供应商多样性的计划，并且这个领域的进展非常令人鼓舞。当公司推行战略采购的时候，必须清楚，作为独创的采购实践，公司有没有失去对供应商多样性的承诺。起初，在供应商中存在一种顾虑：战略采购的实施，只能以牺牲供应商多样性为代价。公司战略采购项目的一个要素是促进和支持供应商多样性。结果表明，在采用战略采购方法的领域内，供应商多样性战略采购的一大标志就是变革的规模——系统性、综合性的变化；所有方面、所有水平上的变化。战略采购的成功依赖于组织进行变革的能力——不是增加适应性变化，而是进行彻底根本的变革。

战略采购是做生意的一种新方法，公司将不断获得超出最初想象的成本节约额。持续改进的节约在过去一年中将总成本降低了 6%，并且出现了更多的改进机会。

战略采购通过与供应商的合作建立起持续的竞争优势，从而优化供应链成本。当运用战略采购时，其节约的总成本远远超出了在传统采购方式下所节约的数量。一般成本节约的范围为 15%～20%。一种计算预计节约额的快速方法是：公司的外部支出乘以百分比（15%～20%）。这个数字表示通过外部和内部变革而节约的总成本，同时也有助于说明战略采购所带来的显著影响，并为团队提供了奋斗的目标。

节约来自何处？即使节约的数额会变化，但是大多数产生机会的领域却是基本相同的。在 SCE 公司，节约主要来自价值工程（40%）和杠杆作用（35%）。价值工程为严格检查结构和设备的设计要求以及变革说明提供了机会。供应商以更低的成本提供了良好的替代品，使公司能够在很多领域购买到标准的、现成的产品，并且削减了昂贵的用户定制成本。

最大化购买力带来了显著的成本节约。公司集中购买可以带来数量折扣。统一供应基地以及从选择出的供应商那里进行采购，同样可以达到增加购买的效果。供应商联盟同样能使企业集中精力，同时建立起一种寻求持续改进机会的关系。

在 SCE 公司，供应链所有环节的协调和流线型过程使总成本节约了 25%。

4.4.1.2　西门子公司

西门子公司具有 150 多年历史，是横跨数个产业的航空母舰式的公司，仅西门子信息与移动通信 2001 年采购额就达到 20 亿欧元。过去，西门子公司的通信、能源、交通、医疗、照明、自动化与控制等各个分公司均是根据各自的需求独立进行采购。随着西门子公司的扩大和发展，采购部门发现很多元部件需求重叠。但由于购买数额有多有少，公司选择的供应商、产品质量、产品价格与服务差异非常大。

为此，西门子公司设立了一个采购委员会，把通信、能源、交通、医疗、照明、自动化与控制等各个分公司的采购需求汇总起来，协调全球的采购需求，用一个声音同供应商进行沟通。

西门子移动的采购系统特色是，在采购部门和研发设计部门之间有一个

"高级采购工程部门"（Advance Procurement Engineering，APE）。高级采购工程部的作用是在研发设计阶段就用采购部门的眼光来看问题，充分考虑到未来采购的需求和生产成本的控制。

西门子公司建立了充分集权的中央型采购管理战略机构以及反应灵活的区域性采购业务部门，这种分层次的采购管理体系，对于电信企业制定采购与物流一体化战略具有重要的借鉴意义。

4.4.1.3　GE 家电集团

GE 家电集团作为全球最大的家电生产商之一，产品包括电冰箱、冰柜、电灶具、煤气灶具、微波炉等。2001 年 8 月中旬，GE 家电集团正式将中国作为重要的采购基地。同年 GE 在中国的成品采购量达到全球成品采购总额的 1/3，GE 立志把中国变成其重要的采购基地。

经过对中国市场的长期考察之后，GE 宣布在中国成立通用电气中国采购和出口有限公司，专为 GE 和 GE 在全球的附属公司从中国采购和出口产品，同时还为中国供应商提供质量、技术、程序改进以及技术咨询服务。

新公司的第一个杰作，是相继在深圳和青岛举办了两次零部件展览会，寻找零部件和原材料潜在供应商。为配合在青岛举办的家电零部件展览会，GE 家电集团专门设立了网站，利用网络工具使筛选供应商程序以及向供应商提供信息渠道变得快捷，这其中包括产品的详细信息、图片，一个全新的电子版"供应商状况调查"和重新修订的"供应商预筛选签定"。"供应商状况调查"用于收集供应商公司情况，然后按照 GE 家电集团的"关键质量"进行严格的筛选，该调查一旦生效，筛选合格的公司会收到电子版的通知和进入供应商网络的密码，并被邀请参加展览会。近 200 家颇具潜力的国内公司参加了展览会。

此外，GE 工业系统集团也于 2001 年在上海召开开采招商大会，旨在通过 GE 采购网站和实物，来展示 GE 工业系统采购产品和技术要求，向中国工业系统产品供应商介绍工业系统全球采购、供应商选择标准、采购流程以及合作方式等，从而为 GE 工业系统集团在美国、欧洲和亚洲的工厂及销售机构寻找有关的零部件、配件和成品供应商。其间，共有 80 多家铸件、电机、工程塑料、绝缘材料以及其他产品厂商参加了大会。招商会之后，工业系统集团采购部门已与其中的许多厂商建立起联系，并开始从中筛选合格供应商。一直以来，GE 在采购管理中大力推行电子商务采购。

GE 电子商务化发展过程中最明显的变化是，电子商务早已不再仅仅是销售手段。采购、企业日常业务及内部动作流程的 e 化也已成为 GE 的发展重点。GE 借助电子商务工具将使其在采购领域获得飞速发展。

4.4.1.4 邯郸钢铁集团——采购联盟、成本控制

邯郸钢铁集团始终坚持以效益为中心，突出品种质量，及时调整工作思路，优化生产经营组织和运行方式，大力降本增效。

邯郸钢铁集团加强原料采购和产品销售工作。原料部、进出口公司进一步巩固与国内外大型矿山企业、资源供应商的战略合作，稳定供货渠道，满足生产需求。

大力实施降耗增收和优质加价增收。降低成本战略要靠技术不断进步来实现。

（1）关于战略实施

邯钢人落实战略目标和规划的措施是举国闻名的"模拟市场核算，实行成本否决"。其要点是，将先前多年不变的内部计划价格调整为相对稳定的现时市场价格，使之成为各分厂之间物料与劳务往来的结算依据。各分厂依此计算分解出具体指标，纳入对责任者的考核范围。在这里，确定具体指标并将其落实到责任者头上是战略实施的关键。具体指标既不能脱离客观实际又不能不传递市场竞争压力，怎样做到领导心中有数，职工心服口服？办法就是比较和分析。比较的对象主要是企业外部的竞争者。只要比出了不如别人的差距，就要分析原因。找到了原因才能够挖掘自身潜力，创造条件去克服差距。只有在对比分析的基础上确定具体考核指标，才能做到先进合理。既不迁就落后，更不鼓励脱离实际的高标准以杜绝弄虚作假。最后，做到了"千斤重担众人挑，人人肩上有指标"，2.8 万名职工肩上分担了 10 万多个具体的成本指标，使企业战略规划做细做实。

（2）关于战略实施业绩考评

"实行成本否决"是考评低成本战略实施绩效的有力措施。有此之前邯钢人也将成本指标纳入经济责任制进行考核。但是却存在 3 个问题：①指标偏低。由于计划价格长期不变，在材料涨价的背景下，成本指标容易完成。②比重小。成本指标虽然与奖金挂钩，却只占奖金数额的 10%～20%，基层"宁要超产奖，不要成本奖"。③考核不严。总是人情大于法，完不成指标可以找客观，最后还是奖照拿。

"实行成本否决"要突出一个"严"字。成本指标在诸项考核指标中地位上升，与质量指标平级，共同成为否决指标。其他指标完成得再好，成本指标没完成，当月奖金要否决；连续 3 个月完不成，工资升级机会要否决，成本指标完成不好，干部晋升要否决（甚至降级和降职）。规矩定了，就认真执行。1991～1995 年，有 79 个分厂（次）被否决当月奖金；69 个处室被延缓了工资升级。正是这种严格认真的态度和承担市场风险的危机感，使邯钢人脚踏实地创造出了不同凡响的业绩。

4.4.2　基于资产全程可视的采购成本控制——以电信企业为例

4.4.2.1　资产全生命周期

结合"eTOM—价值链"模型和电信企业资产运作特点所构建的资产全生命周期模型如图 4-4 所示。

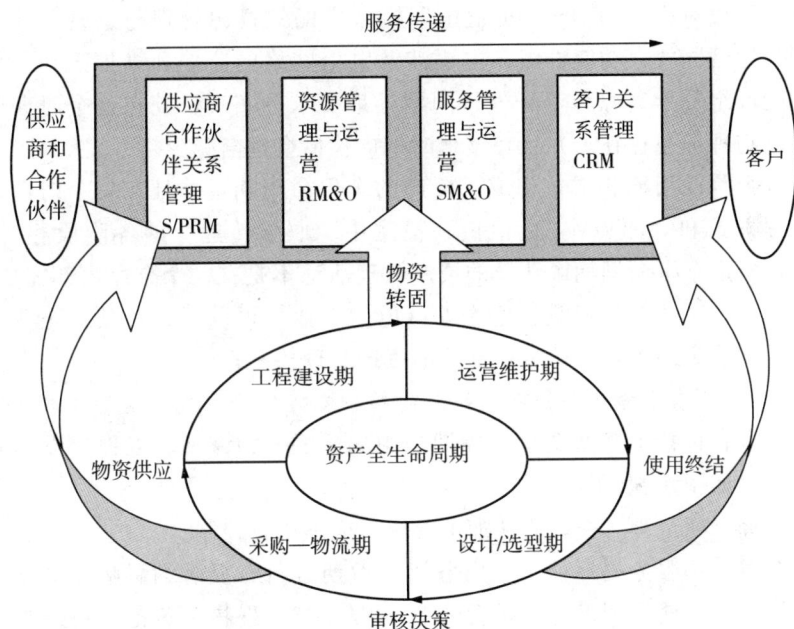

图 4-4　资产全生命周期模型与"eTOM—价值链"模型的对应

该模型将资产的生命周期划分成 4 个阶段：设计/选型期、采购—物流期、工程建设期和运营维护期。

（1）设计—选型期。该阶段以资产使用终结为开端，采购的审核决策为末端，整个阶段对应"eTOM—价值链"模型中的"客户关系管理"功能群组，主要涉及根据客户的个性化需求设计网络结构，以及确定需要采购物资的技术参数等活动，处在这个时期的资产尚无物理形态，只具有逻辑形态。

（2）采购—物流期。该阶段以采购的审核决策为开端，物资出库为末端，整个阶段对应"eTOM—价值链"模型中的"供应商/合作伙伴关系管理"功能群组，主要涉及供应商评价、采购、物资运输、储存、配送等活动，以确保物资的及时供应，处在这个时期的资产已由逻辑形态转变为了物理形态，转变后的资产价值在整个时期内保持不变。

（3）工程建设期。该阶段以物资出库为开端，物资转成固定资产为末端，整个阶段对应"eTOM—价值链"模型中的"资源管理与运营"和"服务管理与运营"两大功能群组，主要涉及电信网络新增活动，保证两大功能群组关于资源和业务新增（或开通）要求的实现，处在这个时期的资产主要以物理形态存在，并且在整个时期内价值在逐渐增加。

（4）运营维护期。该阶段以资产的"转固"为开端，资产使用终结为末端，整个阶段对应"eTOM—价值链"模型中的"资源管理与运营"和"服务管理与运营"两大功能群组，主要涉及电信网络的监控和维护工作，保证两大功能群组关于资源和业务进行问题处理要求的实现，处在这个时期的资产主要以物理形态存在，并且在整个时期内价值会逐渐减少。

这4个阶段相辅相成，构成了资产的全生命周期，并且在每个时期，资产的管理方式和"eTOM—价值链"模型中"服务传递"的各阶段相对应。很显然，资产全生命周期中涉及的资产管理活动不是在一个企业内部完成的，而是跨越了多个企业。但是核心企业（电信企业）可以通过对其他企业施加影响或提出一定要求，从而掌控部分的资产管理控制权。

4.4.2.2 基于资产全程可视的采购成本控制

资产全程包括了资产全生命周期当中的采购—物流期、工程建设期和运营维护期，如图4-5所示。

基于资产的全程可视，应从如下要素对成本进行控制。

采购对电信服务提高能力、财务以及后期运行有显著的影响。优化采购管理的好处之一就是帮助企业消除重复采购。对工程物资和备品备件类物资进行采购招标，关键物资进行集中采购。采购工作的总体思路是：以效益为中心，以提供高效的支撑服务为目标，逐步改变面向项目的采购模式，通过完善采购目录和建立定期的需求汇总及集中采购制度，逐渐形成统一的面向产品的集中采购模式；创新集中采购的组织方式，充分调动各级资源，推动全企业范围的集中采购进程。

这个环节涉及供应商管理的问题。供应商管理的最高目标是与高质量的供应商建立长期的供应链合作伙伴关系。

按照资产生命周期的划分，以上资产全程管理的14个功能要素被分为成3组，它们分别处在采购—物流期、工程建设期和运营维护期。

（1）处在采购—物流期的功能要素有：采购、运输、入库、储存和配送；

（2）处在工程建设期的功能要素就只有建设；

（3）处在运营维护期的功能要素有：运营、调拨、检测、维修、报废、入库、储存和回收。

此种思路控制的重点在于对采购—物流期环节的成本控制。

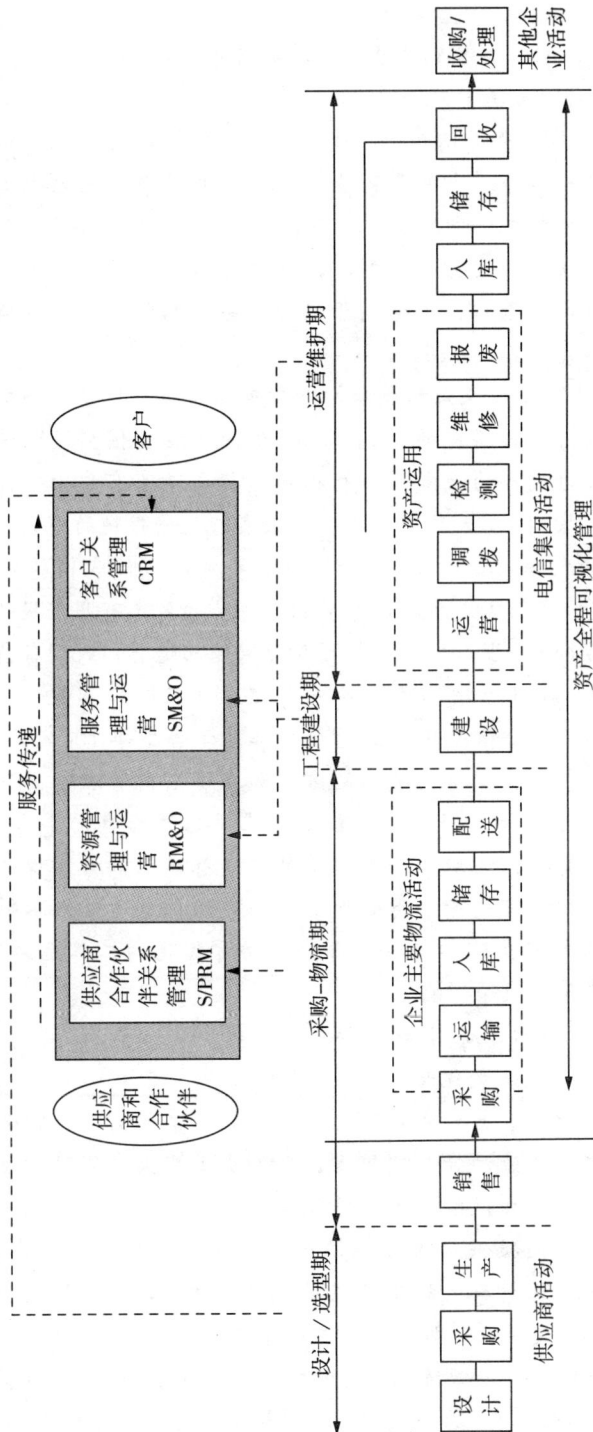

图4-5　资产全程可视化管理示意图

【案例分析】

SW 公司采购成本研究

（1）SW 公司简介及采购现状介绍

1）企业简介。SW 公司创始于 1976 年，1982 年更改注册成为一家有限公司，地处山东省一沿海城市繁华商业区，是专业从事弱电电子工程的独立营运公司。其中包括弱电系统的设计、安装、维护等。SW 公司凭借着多年来丰富的项目经验和卓越的实力，基本可以承接任何大型的弱电项目，是一家独立营运公司，自由度很广，不受制于任何公司的品牌，提供现今最新科技产品。

2）采购现状。为了降低采购成本，抵御市场风险。目前，公司对部分材料采用变间接供应为直接供应的方式，不仅保障了物资供应，还保证了物资的质量，为 SW 公司生产的长周期安全稳定运行创造了有利的条件。在材料等物资实行直供的基础上，SW 还在易耗品上实行代储代销的形式组织物资供应。逐步扩大代储代销物资的范围，到 2009 年底，代储代销的供应商已达 130 多家。实行代储代销方式后，使 SW 物资供应的效率有明显提高。实行物资供应代储代销后，SW 没有发生一起因质量问题而退货，或因备货不定、交货不及时而影响生产的现象。此外，公司积极落实采购目标责任，在工作中严格执行材料入库质量合格率 95%、材料出库质量合格率 100% 的质量标准。然而目前 SW 也存在一些有待完善的地方，如在供应商管理方面没有建立基于事实和数据的供应市场分析方法，获取潜在供应商信息的渠道较为狭窄，对供应商管理不够完善、流动资金周转不灵、没有建立价格评价体系和成本数据库，对采购品种没有进行分类管理，采购组织机构和流程不够规范等问题，从而带来采购部容易陷入日常业务，分供方优化的工作无法系统开展，管理资源得不到优化配置等影响。

（2）SW 公司采购成本优劣势分析

1）SW 公司采购成本的优势

① 材料实现零库存。SW 公司过去为了保证生产的需要，物资采购和库存的量比较大，占用的流动资金比较多，采购成本增大。同时，企业在采购过程中承担着很大的市场风险。为了降低采购成本，抵御市场风险，公司首先对部分材料采用变间接供应为直接供应的方式，就是生产需要多少材料，供应厂商直接将需要的材料送到生产现场，定期结算，不占用流动资金。为了确保包装材料的稳定供应，另外，还组织供应商参与到 SW 的生产经营中，供应厂商根据 SW 的生产经营情况安排物资供应，并根据 SW 的生产及时调整物资供应的品种和数量。SW 公司使用的材料等物资通过直供的方式，不仅保障

了物资供应，也保证了物资的质量，为 SW 公司生产的长周期安全稳定运行创造了有利的条件。由于实行物资的直供方式，材料等物资已实现了零库存。

② 落实采购目标责任。SW 公司通过数据、成本分析，制定了具有市场化、可操作性的降低成本措施。严格按照采购原则进行采购，对不同的供应商，采取不同的价格政策。其次，进行"比价选购"，在几家供应商询价、报价的基础上，进行比价选购。在坚持严格控制采购质量标准的同时，控制采购成本；实施陆续购进，随时补充，控制炒作，防止供应商的恶意抬价。

2）SW 公司采购成本的劣势

① 对供应商管理不够完善。在供应商管理方面，没有建立基于事实和数据的供应市场分析方法，获取潜在供应商信息的渠道较为狭窄。同时也没有一套成体系的方法对供应商加以评估，供应商资格认证的评审依据不充分，供应商的认定有时只凭领导意志决定，供应商管理更多的是基于个人关系而不是客观的评估程序。缺乏对主要供应商的管理能力，当供应商流失或变更时不能主动应变。没有与关键供应商达成深层次的合作关系，不注重长期供应商的关系管理。采购中只注重谈判、比价、压价，缺乏从关注谈判向建立战略合作伙伴关系转变，更没有从一味压价向建立双赢机制转变。与大部分供应商的沟通与合作尚停留在交易层面，缺乏对供应商的评估体系，也没有建立基于评估结果的供应商激励机制（如供货量的重新调整）和淘汰机制。极少为供应商提供增值机会来实现长期合作。

② 零部件采购成本偏高。零部件采购跨越产品的开发、研制、批量生产、成熟退出等阶段。但是，零件众多、供应商、货号变化、成本变化、供应数量的因素，增加了零部件采购成本管理的难度，致使零部件采购成本偏高。

③ 采购的商品非最低性价比。在采购过程中，采购部门能够对各个供应商的报价进行充分了解及掌握，力争采购到价格最低的商品，但是，在保证价格低的情况下，不能保证质量，采购部门往往处于价格和质量的两难之中，往往采购到的商品不能够达到最低性价比。

问题：

针对 SW 公司，你有哪些采购对策和方案呢？

复习思考题

1. 什么是采购成本？采购相关成本包含哪些因素？
2. 什么是整体采购成本？
3. 降低采购成本的方法有哪些？

第5章　采购谈判与合同

在采购业务中，采购商与供应商之间必须就采购的各项交易条件进行沟通，针对采购商品或服务的质量、价格、交付、付款以及售后服务等方面进行具体的磋商，使双方达成共识，最后签订合同，这个过程就是采购谈判。谈判是采购工作中不可缺少的重要一环。采购商与供应商就所有采购交易条件达成一致后，通常都要签订采购合同，作为双方成交的证据和存在合同关系的证明。双方都要按照采购合同的条款、内容严格履行各自应尽的义务，完成合同约定的采购业务活动。因此，采购合同在采购活动中居于中心地位，合同当事人即采购商与供应商都要以采购合同为依据进行采购业务。

5.1　采购谈判

5.1.1　谈判与采购谈判概述

5.1.1.1　采购谈判的含义

谈判是指人们为了改善彼此之间的关系而进行相互协调和沟通，旨在某些方面达成共识的行为和过程。谈判是一个过程，在此过程中，利益各方就共同关心或感兴趣的问题进行磋商，协调和调整各自的经济、政治或其他利益，谋求妥协，从而使双方都认为是在自己有利的条件下达成协议的。

采购谈判是指企业在进行采购业务时与供应商之间所进行的贸易谈判，双方就相关采购条款，如商品的规格、质量技术标准、包装、价格、交货时间和地点、运输方式、结算条件、索赔、售后服务以及争端和纠纷的解决等进行反复磋商，以期达成双方都满意的采购合同，从而建立互惠互利的合作关系。采购谈判的目的在于，一是希望获得供应商质量好、价格低的产品；二是希望获得供应商比较好的服务；三是希望在发生采购事故、差错和损失时获得合理的赔偿；四是当发生纠纷时能够妥善解决，不影响双方关系。

5.1.1.2　采购谈判的特点

（1）采购谈判以获取经济利益和价格为谈判核心

谈判的核心是各自的经济利益，而价格在谈判中作为调节和分配经济利益的主要杠杆，是双方谈判的焦点内容。在满足经济利益的前提下，采购谈判也会涉及其他非经济利益。虽然谈判者可以在谈判过程中调动和运用各种非经济利益因素从而影响最终谈判结果，但双方最终目标仍是经济利益。

（2）采购谈判是双方合作和冲突对立关系的统一

合作与冲突的统一表明双方既有共同利益，又有矛盾分歧，而谈判就是要尽可能地增加彼此的合作性，减少冲突性。

（3）采购谈判是原则性和可调整性的统一

原则性是指谈判双方都有各自在谈判中退让的最后界限，即谈判的底线。可调整性是指谈判双方在坚持各自基本原则的前提下可以向对方做出一定程度的让步和妥协。在采购谈判中，双方既要坚持各自的原则，又要做出适当的让步，以使谈判能成功。

（4）采购谈判受政策、法律等多种因素影响，复杂程度高、难度大

谈判双方可能不处于一个国家，这样一来所在国家或地区政治、经济形势，政策法律的变化，都会影响谈判的进程和结果。由于双方企业分处于不同国家和地区，涉及和适用的法律国内法、国际条约以及国际商业惯例也较国内采购谈判更为复杂。此外，由于谈判双方社会、文化背景的差异，谈判人员的思维方式、行为方式、语言及风俗习惯和价值观也各不相同，从而使得谈判更为复杂，成功的难度加大。

5.1.1.3　采购谈判的重要性

（1）降低采购成本

通过采购谈判，可以以较低的采购价格获得供应商的产品，从而降低采购成本和采购业务费用。

（2）保证采购质量

产品或服务质量是重要的合同条款之一，对采购商的利益至关重要。通过谈判，采购商可以要求供应商对其产品和服务质量做出保证并承担责任，使采购方能够获得质量可靠的产品和服务。

（3）保障采购物流效率

采购商通过谈判可以促使供应商保证交货期及交货数量和地点，提高采购物流的效率和准确度，以降低采购商的库存量和采购总成本，提高其经济效益。

（4）获得优惠的采购服务

在采购业务中，供应商经常提供多项采购服务，如提供技术咨询服务、安装调试、培训、运行维护及售后保障等。通过谈判，采购商可以要求供应商以尽可能优惠的条件提供上述服务。

（5）降低采购风险

采购过程中存在很多风险，通过谈判，采购商可以尽量减少自己承担的

风险,相应增加供应商的责任,并明确各自应该承担的风险和可能的损失。同时双方也可以采取必要措施避免和减少风险并降低可能发生的损失。

(6) 妥善处理争端,维护双方利益及合作关系,为今后继续合作创造条件

通过谈判,采购商与供应商可以有效解决采购成交条件上的分歧,以达成交易。同时,双方也可以协商解决采购合同执行过程中出现的问题和纠纷,以维持合作关系,促使采购业务圆满完成,实现双方预期利益。

5.1.2 采购谈判程序

5.1.2.1 采购谈判的原则

(1) 平等原则

在采购中,谈判主体或代表人的权利与地位应该是平等的,谈判中应该注意尊重对方的人格和能力,尊重对方的自主权、自我意识和价值观。任何问题都应该通过对话、协商方式解决,要允许对方有不同意见和看法,要给对方讲话的机会,不能把自己的意愿强加于对方。

(2) 互利原则

谈判应该使双方需要都得到满足,以达到"双赢"。一场成功的谈判,每一方都是胜者,但是很多人误以为在谈判时,应赶尽杀绝,毫不让步。事实证明,大部分成功的采购谈判都要在彼此和谐的气氛下进行才可能达成。在相同交涉条件下,若站在对方的立场上去说明,往往更有说服力,让对方感觉到达成交易的前提是双方都能获得预期的利益。

(3) 对等原则

不要单独与一群供应商的人员谈判,这样对采购方极为不利。谈判时应注意"对等原则",也就是说,我方的人数与级别应与对方大致相同。

(4) 求同原则

在采购谈判中双方有矛盾冲突,有经验的采购人员不会使谈判完全破裂,否则根本就不必谈判。所以必须坚持"求大同存小异"的原则,多找共同点,把分歧、不同点搁置起来。

(5) 充分准备的原则

知己知彼,百战百胜。采购人员必须了解商品的知识、品类、价格、供需情况、本企业情况、本企业所能接受的价格底线与上限,以及其他谈判的目标。一定要把各种条件排出优先顺序,将重点简短地写在纸上,在谈判时随时参考,提醒自己。

(6) 迂回原则

迂回原则是指在谈判过程中各方对某一问题僵持不下时,把此问题放置

或绕开，寻找新的突破点。

（7）阶梯原则

阶梯原则是指在采购谈判中从容易达成共识的问题入手，由易到难，分段洽谈，分段受益。

（8）墨菲原则

其含义是任何可能发生的事情都必定要发生。在采购谈判中要求参加人员把谈判中的可能性当作必然性，引起足够重视从而防患于未然。

5.1.2.2　采购谈判的程序

采购谈判的过程可以分为 3 个显著的阶段，谈判前、谈判中和谈判后。

（1）采购谈判前的准备

1）确立谈判的具体目标

确定有意义的采购谈判目标对谈判成功至关重要，所以采购谈判前的第一项准备内容就是确立希望通过谈判要达到的明确目标。每个谈判组成员都要清楚谈判要达到的目标，这些目标基于什么样的假设才能成立。一般可以把采购谈判的目标分成 3 个层次：必须达到的目标、中等目标和最高目标。

① 必须达到的目标。对于采购谈判来说，首先是为了获得货物，所以谈判就以能满足企业对货物的需求数量、质量和规格等作为谈判必须达到的目标。

② 中等目标。采购谈判还要以价格水平、经济效益水平作为谈判的目标。

③ 最高目标。采购谈判还要考虑供应商的售后服务情况，如供应商的进货、安装、质量保证、技术服务活动等，这是采购谈判追求的最高目标。

2）收集相关信息

通过对采购谈判信息的收集、整理、分析和研究，谈判人员就会有较充分的思想准备，明确谈判的主客观环境，寻找可行的途径，达到谈判的目标。通常在谈判前需要收集以下信息：

① 市场信息。市场信息包括市场可供资源量、产品质量、市场价格、产品流通渠道、供销网点分布情况等。

② 科技信息。科技信息包括新产品、替代品、新技术的应用、检验的方法等。

③ 环境信息。环境信息即影响企业采购活动的外部因素，如国家关于经济方面的方针政策和法律。

④ 企业内部需求信息。企业内部需求信息即企业需求什么、需求多少、需求时间等。

⑤ 谈判对手的信息。谈判对手的信息包括供应商的供货能力、技术水平、

信誉、谈判的作风和特点等。

3）分析各方的优势和劣势

分析谈判各方的优势和劣势可以帮助谈判者确立谈判的要点，避免产生不切实际的愿望，并且为策略制定出谋划策。

4）识别实际问题和情况

做谈判准备工作时要求区分实际情况。谈判双方应对什么是实际情况、要谈判的问题较早达成一致。实际情况是真实的情况，是不必讨论的条件。比如，采购方想要购买一套设备，就不必与供应商商谈是否真的需要一套设备。要谈判的问题是要在谈判中解决的条款或主题，如确定设备的价格和交货日期都属于谈判问题范围。谈判问题的确定非常重要，因为双方要在这些问题上达成协议。谈判计划的过程要确认双方想通过谈判来解决的问题。

5）为每一个问题设定一个成交位置

谈判各方必须为即将讨论的问题设定一个成交位置，这个成交位置应当具有某些弹性，因此，谈判者应当建立一系列的成交位置。通常有最小可能接受的成交位置、最大或理想的成交位置和最有可能的目标成交位置。如果这一问题是价格，供应商会有一个目标价格，想以此价格把货物卖给采购方。采购方必须在采购前仔细确定成本范围。

6）制定谈判策略

安排谈判进程，先讨论什么问题，后讨论什么问题，常见的问题有：在哪些方面我方愿意妥协，在哪些方面应该立场坚定，谈判团队由哪些人组成等等。为每一个目标确立谈判范围和指标，从而制定谈判者认为能够实现的合理目标。策略的制定应该建立在对形势和谈判策略正确理解的基础上。如果谈判的目的是达成交易，那么谈判的方法和技巧就十分重要，因为它能够影响所表达的意图。

7）简要介绍谈判内容

采购谈判通常会影响公司里的其他部门，进行谈判的个人和团队应当向这些部门作简单的介绍，确保他们了解并赞同谈判目标。在简要介绍中也可以阐明谈判的主要问题以及对这些问题设定的成交位置。在谈判前了解谈判的内容，可以让人们对谈判做好心理准备。

8）谈判预演

有经验的谈判者会在正式谈判开始之前进行排练或预演，即模拟谈判过程。

（2）采购谈判过程中的步骤

谈判过程一般分为两个阶段，开局阶段和实质性谈判阶段。

1）开局阶段

开始谈判时，一般双方先彼此熟悉一下，然后就商谈的目的、计划、进度和参加人员等问题进行讨论，尽量取得一致意见并在此基础上就本次谈判的内容分别发表陈述，这是在双方已做好充分准备的基础上进行的。这种商谈可为以后具体议题的商谈奠定基础。在这一阶段，要注意营造良好的谈判氛围，并为正式谈判做好预备工作。

2）实质性谈判阶段

实质性谈判阶段具体包括摸底、磋商和成交 3 个阶段。

① 摸底阶段。在合作性洽谈中，双方在摸底阶段分别阐述对商谈内容的理解，希望得到哪些利益，首要利益是什么，可以采取何种方式为双方共同获得利益做出贡献，以及双方的合作前景，这种陈述将谈判的内容横向展开。这个阶段不要受双方陈述的影响，应将注意力放在阐明自己的利益上。同时，不要试图猜测对方的意图，而是应准确理解对方的关键问题。陈述之后，双方提出各种可供选择的设想和解决问题的方案。然后双方需要判断哪些设想、方案更现实、更可行，任何一方都不能为自己的建议辩护。

② 磋商阶段。在这个阶段谈判双方通过对所采购货物的质量、价格、交货方式、付款方式等各项条件进行反复磋商，互相让步，寻找对双方都有利的谈判方案。在谈判中要注意，当谈判双方就某个问题发生争议使谈判陷入僵局时，谈判者可以暂时绕过这个难题就另一个问题进行磋商，以便通过下一个问题的解决打破谈判的僵局。

③ 成交阶段。在谈判中如果通过反复磋商，双方就所有问题都达成协议，谈判就到了成交的阶段。在这个阶段，要拟订经过磋商后所达成的协议初稿，经双方进一步修改认可，签订正式的协议。

（3）采购谈判后的工作

① 谈判结束后和对方举行一场宴会是必不可少的，在激烈交锋后，这种方式可以消除谈判过程中的紧张气氛，有利于维持双方的关系。

② 执行协议。

③ 设定专门程序监察协议履行情况，并处理任何可能出现的问题。

5.1.3 采购谈判技巧

5.1.3.1 谈判成功的关键因素

（1）要具备必胜的信念，敢于面对任何困难和挑战

只有具备必胜的信念，才能使谈判者的才能得到充分发挥，使人成为谈判活动的主宰。谈判者必须具备必胜的信念，不仅仅指求胜心理，而且包括

更广泛的内涵和更深的层次。信念决定谈判者在谈判活动中所坚持的谈判原则、方针以及运用的谈判策略与方法。例如，谈判的一方为达到目的不择手段，甚至采取欺诈、威胁的伎俩迫使对方就范，有时这些做法也是受求胜心理支配，但是企业不能提倡这种必胜信念，这是不道德的。实践也证明，这样做的后果是十分消极的。不择手段的做法使企业获得了合同，也获得了利益，但它使企业失去了信誉，失去了朋友，失去了比生意更加宝贵的东西。必胜的信念应该符合职业道德，具有高度理性的自信心，这是每一个谈判人员要想取胜的心理基础。只有满怀取胜信心，才能有勇有谋、百折不挠，达到既定目标，才能虚怀若谷，赢得对方信任，取得成功的合作。

（2）谈判者要有耐心，要很好地控制自己的情绪

耐心是在心理上战胜谈判对手的一种战术与谋略，也是成功谈判的心理基础。在谈判中，耐心表现为不急于取得谈判结果，能够很好地控制自己的情绪，掌握谈判的主动权。耐心可以使人们更多地倾听对方，了解掌握更多的信息。有关统计资料表明，人们说话的速度是每分钟120～180个字，而大脑思维的速度却是它的4～5倍，这就是为什么常常对方还没讲完，人们却早已理解的原因。但如果这种情况表现在谈判中却会直接影响谈判者倾听，会使思想溜号的一方错过极有价值的信息，甚至失去谈判的主动权，所以保持耐心是十分重要的。

（3）谈判者要有诚意

受诚意支配的谈判心理是保证实现谈判目标的必要条件。诚意是谈判的心理准备，只有双方致力于合作，才会全心全意考虑合作的可能性和必要性，才会合乎情理地提出自己的要求和认真考虑对方的要求。所以说，诚意是双方合作的基础，诚意也是谈判的动力。希望通过洽谈来实现双方合作的谈判人员会进行大量细致、周密的准备工作，拟定具体的谈判计划，收集大量的信息，全面分析谈判对手的个性特点，认真考虑谈判中可能出现的各种突发情况。诚意不仅能够保证谈判人员有良好的心理准备，而且也使谈判人员心理活动始终处于最佳状态中。在诚意的前提下，双方求大同、存小异，互相理解，互相让步，以求达到最佳的合作。

（4）善于树立第一印象

在知觉认识中，一个最常见的现象就是第一印象决定人们对某人某事的看法。许多情况下，人们对某人的看法、见解往往来自于第一印象。如果第一印象良好，很可能就会形成对对方的肯定态度，否则，很可能就此形成否定态度。

正是由于第一印象的决定作用，比较优秀的谈判者都十分注意双方的初

次接触，力求给对方留下深刻印象，赢得对方的信任与好感，增加谈判的筹码。第一印象的形成主要取决于人的外表、着装、举止和言谈。通常情况下，仪表端正、着装得体、举止大方稳重，较容易获得人们的好感。但心理学家研究发现，如果一个人很善于通过沟通感染别人，那么他给人的第一印象也比较好。

（5）营造和睦的谈判氛围

和睦的谈判氛围是谈判双方良好沟通的基础，能够加快谈判目标的达成。拥有和睦的谈判气氛，谈判的双方就有了"共同的语言"，并能够促成双方相互理解的关系。

营造和睦谈判气氛最有效的手段有两种，第一是尽量使自己的声调和语调与对方和谐。如果按照对方的说话速度和频率来改变自己的说话速度和频率，就会发现可以引导对方的说话速度和频率按照自己的说话速度和频率走，这样在交谈方面不知不觉地就会建立起和谐的气氛。第二种手段是采用与对方相协调的身体姿势。在谈判中，如果采取与对方相似的举动，自然而然就会形成和谐关系。但是在这个过程中，要避免给对方造成模仿的感觉。

（6）表述准确且有效

无论在什么谈判中，正式谈判的第一项内容都是陈述自己的条件，说明希望达到什么样的目的以及如何实现这个目标。作为建立良好谈判的基础之一，正确、完整、有效的表述是非常重要的。说话语调保持平稳，说话时吐字清晰，可以保持较慢的说话速度，但一定要自始至终保持一样的声调，这样会显得具有权威和自信。同时，在说话的时候切不可埋头，要用温和的眼光看着对方。

（7）采用稳健的谈判方式

稳健的谈判方式要求谈判者坚持自己的权利，同时尽可能地顾及他人的权利。因此在谈判中，要考虑他人的要求和意见，开诚布公地陈述自己的要求和意见，但是并不是说直接将自己的底牌亮给对方。进攻意味着将双方的关系对立起来，而稳健的方式却是为了找到共同的解决方法而一起努力工作，从而创造双赢的谈判气氛。

（8）拒绝方式要正确

谈判者在处理对方提出的棘手问题时，需要诚心诚意和开诚布公地说"不"。但是在说"不"的时候，需要讲究方式和方法。一般来说，成功的谈判者在说"不"的时候，一般将拒绝的原因放在前面，而后才提出拒绝。错误的拒绝方式如："我不同意，因为这个价格超过了我们的进货价格。"正确的拒绝方式是"你的这项价格要求超过了我们进货的价格，所以我们不能接受。"

(9) 正确使用臆测

臆测是指在某一客观条件下人的主观猜想、揣测。在谈判中，臆测的作用是重要的，它帮助企业预测未来可能发生的事情，但应注意不要被头脑中想当然的思想所左右，克服的最好办法就是谈判的双方都参与发现事实、分析论证、寻找真实情况。经过双方确定的事实是解决问题的基本要素，只要有充裕的时间分析和发现事实，就能找出双方的分歧，同时又能发现有价值的事实。谈判时所坚持的或不可改变的一切就不会那样不可动摇，一切都可以商议。

5.1.3.2　一些常用的谈判技巧

(1) 买方占优势时的谈判技巧

在买方占优势的情况下，供应商之间竞争激烈，买方可以"因势利导"，运用压迫式谈判技巧，具体如下：

① 借刀杀人

通常询价之后，可能有多个厂商报价，经过报价分析与审查，按报价高低的次序排列。然后，采购人员需要考虑，谈判究竟先从报价最高者着手还是从最低者开始；是否只找报价最低者来谈判；是否要与报价的每一厂商分别谈判。

若采购人员逐一与报价厂商谈判，在时间上就很不经济，通常谈判的厂商越多，将来决定的时候困扰就越多。若时间有限，先找比价结果排行第三低者来谈判，探知其可能降低的限度后，再找第二者来谈判，经过这两次谈判，"底价"就可浮现出来。若此"底价"比原来报价最低者还低，表示第三、第二低者合作意愿相当高，则可再找原来报价最低者来谈判。以前述第三、第二者降价后的"底价"，要求最低者降至"底价"以下来合作，达到"借刀杀人"的目的。如果原来报价最低者不愿降价，则可交予第二或第三低者按谈判后的最低价格成交。如果原来最低价者刚好降至第二或第三低者的最低价格，则以交给原来报价最低为原则。运用"借刀杀人"的方法达到合理的降价目的时，应见好就收。

② 化整为零

采购人员要获得最合理的价格，必须深入了解供应商的"底价"究竟是多少。若是仅获得供应商笼统的报价，据此与其谈判，吃亏上当的机会相当大。若能要求供应商提供详细的成本分析表，则"杀价"才不致发生错误。因为真正的成本或底价，只有供应商心里明白，任凭采购人员乱砍乱杀，最后恐怕还是占不了便宜。特别是拟购的物品是由几个不同的零件组合或装配而成时，即可要求供应商"化整为零"，列示各项零件并逐一报价；同时询问专业制造这些零件的厂商报价，借此寻求最低的单项报价或总价，作为谈判的依据。

③ 压迫降价

在买方占优势的情况下，能够以胁迫的方式要求供应商降低价格，并不征询供应商的意见。这通常是在买方处于产品销路欠佳，或竞争十分激烈，导致发生亏损或利润微薄的情况下，为改善其获利能力而使出的杀手锏。由于市场不景气，故会形成供应商存货积压，急于出手换取周转金。这时采购人员通常遵照公司的紧急措施，要求供应商自特定日期起降价若干。如果原来供应商缺乏配合意愿，即行更换来源。当然，采用此种激烈的降价手段，供需关系难以维持持久，适用于短期的购买行为。

（2）卖方占优势时的谈判技巧

在卖方占优势的情况下，特别是单一来源或独家代理，买方寻求突破谈判困境的技巧如下：

① 迂回战术

由于卖方占优势，正面杀价通常效果不好，采取迂回战术才能奏效。例如某厂家自本地的总代理购入某项化学品，发现价格竟比某公司的同类产品贵，因此要求总代理说明原委，并比照给予同样的价格。未料总代理未能解释个中道理，也不愿意降价。因此，采购人员委托总代理原厂国的某贸易商，先行在该国购入该项化学品，再运至内地。因为总代理的利润偏高，此种转运安排虽然费用增加，但总成本还是比通过总代理购入的价格便宜。

② 预算不足

在买方居于劣势下，应以"哀兵"姿态争取卖方的同情与支持。由于买方没有能力与卖方谈判，有时会以预算不足作为借口，请求卖方同意在其有限的费用下，勉为其难的将货品卖给他。一方面买方必须施展"动之以情"的谈判功夫，另一方面则口头承诺将来"感恩图报"，换取卖方"来日方长"的打算。此时，若卖方并非血本无归，只是削减原本过高的利润，则双方可能成交。

③ 釜底抽薪

为了避免卖方处于优势下攫取暴利，采购人员只能同意卖方有"合理"利润，否则即使胡乱杀价，仍然给予卖方可乘之机。因此，通常由买方要求卖方提供所有成本资料。以国外采购为例，可以请总代理提供一切进口单据，借以查核真实的成本，然后加计合理的利润作为采购的价格。

5.2 采购合同

5.2.1 采购合同概述

5.2.1.1 合同的概念及特征

（1）合同的概念

我国《合同法》规定："合同是平等主体自然人、法人、其他组织之间设立、变更终止民事权利义务关系的协议。"也就是说，合同本质上是一种协议，是当事人意思表示一致的产物。

（2）合同的特征

合同的本质是一种合意或协议。实际上，"协议"一词常常也就是指"合意"。由于合同是合意的结果，必须包括以下要素：

① 合同的成立必须有两个或两个以上的当事人。

② 各方当事人必须互相作出意思表示，双方的意思表示是交互的，才能成立合同。

③ 各方的意思表示是一致的，也就是当事人达成一致的协议。

由于合同是两个或两个以上意思表示一致的产物，因此当事人必须在平等自愿的基础上进行协商，才能使其意思表示达成一致。如果不存在平等自愿，也就没有真正的合意。

（3）合同的形式

关于合同的形式，《合同法》规定："当事人订立合同，有书面形式、口头形式和其他形式。法律、行政法规规定采用书面形式的应当采用书面形式。"

1）口头形式

以语言为意思表示订立合同，而不用文字表达协议内容的形式。口头形式简便易行，在日常生活中经常被采用。集市的现货交易、商店里的零售等一般都采用口头形式。

合同采取口头形式，不需当事人特别说明。凡当事人无约定、法律未规定采用特定形式的合同，均可采用口头形式。但发生争议时，当事人必须举证证明合同的存在及合同关系的内容。

口头形式的缺点是发生合同纠纷时难以取证，不易分清责任。所以对于不能及时清结的合同和标的数额较大的合同，不宜采用这种形式。

2）书面形式

书面形式是指以文字表现所订合同的形式。合同书以及任何记载当事人要约、承诺和权利义务内容的文件都是合同书面形式的具体体现。《合同法》第 11 条规定，书面形式是指合同书、信件以及数据电文（包括电报、电传、传真、电子数据交换和电子邮件）等可以有形地表现所载内容的形式。

书面合同的表现形式，常见的有以下几类：

① 表格合同

表格合同是当事人双方合意的内容及条件，主要体现为一定表格上的记载，是能全面反映当事人权利义务的简易合同。表格合同及其附件、有关文书、通用条款共同组成完整的合同。

② 车票、保险单等合同凭证

车票、保险单等合同凭证不是合同本身，它的功能在于表明当事人已存在的合同关系。合同凭证是借以确认双方权利、义务的一种载体。虽然双方的权利、义务并未完全反映在合同凭证上，但因法律及权力机关制定的规章已有明确的规定，因而可以确认合同凭证所标示的双方的权利、义务关系。

③ 合同确认书

当事人采用电信、数据电文形式订立合同的，须有确认文件，称确认书。此确认书与电信、数据电文一起构成合同文件。

④ 格式合同

格式合同如运输合同，其主要内容按国家有关部门的规定制作，但并未与托运人协商。托运人托运货物，要按照表格上规定的项目逐项填写，经承运人确定后，合同即告成立。铁路及航空货物运输中的货运单就是格式合同。

书面形式的最大优点是合同有据可查，发生纠纷时容易举证，便于分清责任。因此，对于关系复杂的合同、重要的合同最好采取书面形式。但双方当事人均承认的口头合同，已经履行了主要义务的口头合同、法律认可的其他口头合同均有效。

③ 推定形式

当事人未用语言、文字作出意思表示，仅用行为向对方发出要约，对方接受该要约，作出一定或指定行为或承诺，合同即告成立。

5.2.1.2 合同的分类

（1）有名合同与无名合同

有名合同是指法律上已经确定了的具有一定名称的合同。如《合同法》规定的买卖合同，供用电、水、气、热力合同等 15 类合同。无名合同又称非典型合同，是指法律上尚未确定名称与规定的合同。如信用卡、企业咨询、在广告中使用他人肖像等现代新型合同，都是法律没有规定的无名合同。

（2）双务合同与单务合同

双务合同是指当事人双方互负对等给付义务的合同，即一方当事人愿意负担履行义务，旨在使他方当事人因此负有对等给付的义务。或者说，一方当事人所享有的权利，即为他方当事人所享有的义务，如买卖、互易、租赁合同等均为双务合同。

单务合同是指合同当事人仅有一方负担给付义务的合同，换言之，单务合同是指当事人双方并不互相享有权利和义务，而主要由一方负担义务，另一方并不负有相对义务的合同。例如在借用合同中只有借用人负有按约定使用并按期归还借用物的义务。

（3）有偿合同与无偿合同

根据当事人是否可以从合同中取得某种利益，可以将合同分为有偿合同与无偿合同。有偿合同是指一方通过履行合同规定的义务而给对方某种利益，对方要得到该利益必须为此支付相应代价的合同。有偿合同是商品交换最典型的法律形式。在实践中，绝大多数反映交易关系的合同都是有偿合同。无偿合同是指一方给付对方某种利益，对方取得该利益时并不支付任何报酬的合同。在无偿合同中对方当事人虽不支付报酬，但也要承担义务，如借用人无偿借用他人物品，负有正常使用和按期返还的义务。还需要说明的是，合同既可以是无偿的，也可以是有偿的，如公民之间的保管合同大多为无偿，而法人之间的保管合同大多为有偿。

（4）诺成合同与实践合同

诺成合同是指当事人一方的意思表示，一旦经过对方同意，即能产生法律效果的合同，即"一诺即成"的合同。此种合同的特点是，当事人双方意思表示一致合同即告成立。实践合同，又称要物合同，是指除当事人双方意思表示一致以外，尚需交付标的物才能成立的合同。在这种合同中，仅凭双方当事人的意思表示一致，还不能产生一定的权利义务关系，且必须有一方实际交付标的物行为，才能产生法律效果。例如小件寄存合同，寄存人将寄存的物品交保管人后，合同才能成立并生效。由于绝大多数合同都从双方形成合意时成立，因此，诺成合同是一般合同形式，而实践合同则必须有法律特别规定，可见实践合同是一种特殊合同。

（5）要式合同与不要式合同

根据合同成立是否应以一定形式为要件，可将合同分为要式合同与不要式合同。所谓要式合同，是指应当或者必须根据法律规定的方式进行操作才能成立的合同。对于一些重要的交易，法律常常要求当事人必须采取特定方式成立合同。例如，中外合资经营企业的合同，属于应当由国家批准的合同，只有获得批准时，合同才能成立。所谓不要式合同，是指当事人订立的合同，依法不需要采取特定的形式，当事人可以采取口头方式，也可以采取书面形式。合同除法律有特别规定以外，均为不要式合同。要式与不要式合同的区别在于是否应以一定的形式作为合同成立或生效的条件。根据合同自由原则，当事人有权选择合同形式，故合同以不要式合同为常态。对一些重要的交易，如不动产买卖，法律常规定当事人应当采取特定的形式订立合同。

5.2.2　采购合同内容

合同的内容，从合同关系角度讲，是指合同权利义务。合同权利义务，除少数是由法律直接规定产生之外，绝大部分是由合同规定的，准确地说，是通过合同条款固定的。从这个意义上讲，合同的内容又指合同条款。合同条款因在合同中所处的地位、所起的作用、所表现的形式等不同而不同。

5.2.2.1　合同的一般条款

合同的一般条款又称为普通条款，是指合同主要条款以外的条款。一般条款又分为通常条款和偶尔条款。通常条款是根据法律和交易习惯所确定的合同条款。这些条款无需双方当事人协商而自动成为合同条款，也不必写入合同中去。如房屋租赁合同的出租人有保证房屋能够正常使用的义务，采购合同的卖方负有保证卖出物没有瑕疵的义务。这些条款都无须协商而自动成为合同条款。偶尔条款是指须经当事人协商方能成为合同内容的一般条款。这些条款也是合同的重要内容，但一般不影响合同的成立。

5.2.2.2　合同的主要条款

合同的主要条款是合同应该具备的条款，这些条款是合同的主要内容和核心，没有它合同则难以成立。因而，这些条款又称为合同的必要条款。合同的主要条款是确定双方权利与义务的依据。

合同的主要条款由合同的类型和性质决定，按照合同的类型和性质的要求，必须具备的条款，就是合同的主要条款。例如，在采购合同中，标的物条款和价款条款就是主要条款，而在赠与合同中就没有价款条款。

合同的主要条款可由当事人双方约定产生。凡当事人一方要求双方必须达成协议的条款，都是合同的主要条款。例如，采购合同中关于交货地点的条款，如一方提出必须就该条款达成协议，它就是主要条款；若双方都未提出必须在某地交货，否则不能成交的要求，则该条款不是主要条款。

根据《合同法》的规定，并结合实践，采购合同主要包括下列条款：

（1）当事人的名称或者姓名、住所或者地址。采购方、供应方是单位的，应当写明单位的全称、地址和法定代表人的姓名；是个人的，应当写明个人姓名、住所。此外，有联系电话的，还应写明电话号码。在涉外采购合同中，还应当写明当事人的国籍。

（2）采购标的物的基本情况，主要是标的物的名称、种类或者品种、规格、型号、等级、花色等。这些是标的物与其他物区别的标志。只有在某项采购合同中将采购标的物的具体名称、品种、规格、等级、花色等写清楚，才不会引起误解，产生分歧。不在合同中将采购标的物的基本情况规定清楚，要正确履行合同就难以得到保证，容易产生纠纷。

需要指出的是，对于机电等配套产品，不仅要写明主机的名称、品种、型号、规格、等级和花色，必要时还应当写明随主机的辅机、配件的名称、品种、型号、规格、等级、花色等内容。

如果采购方一次购买供应方不同种类或规格的商品，双方当事人应当分别写明每一种类或者规格商品的基本情况。

（3）标的物的数量和计量方法。采购标的物数量是衡量当事人权利、义务多少或者大小的一个尺度，如果没有规定数量，一旦发生纠纷就很难分清双方的责任。因此，双方当事人必须对采购标的物的具体数量及计量单位在合同中作出明确规定。

（4）标的物的质量要求。不同的物品，其质量要求也不一样。同一物品，其档次或者等级不同，质量标准也不相同。因此，双方当事人应在采购合同中规定标的物执行的技术标准和其他质量要求。同时还应当按照国家有关规定约定质量保证期。

（5）标的物的包装方式。在货物采购中，特别是从较远的地方采购物品时，往往需要对该物进行包装。对采购物品进行包装是为了保证该物运输安全和保管安全，使该物安全地送给采购方或者采购方指定的其他收货人。包装方式包含着对包装技术和包装物器的质量要求。具体的包装方式，由双方当事人根据标的物的性质等情况来商定。当然，不需要专门进行包装的物品，仅裸装即可。

（6）价款的数额及支付期限、地点和方式。对于采购物品的价格，除国家规定必须执行国家定价或者指导价的以外，由当事人协商议定。目前，随着我国社会主义市场经济的发展和物价放开，执行国家定价的产品很少，绝大多数产品的价格由市场供求法则自由决定。因此在实践中，除了极少数外，其他一切产品的价格都由双方当事人协商。在双方商定产品价格时，除了考虑生产成本外，还需要考虑市场行情、采购方所购产品的数量等因素，如采购方一次所购产品数量较多，价格就应相对低一些。一次采购的产品数量较多，既要写明产品的单价，也要写明所有产品的总价款。

对于已使用过的旧货，应根据使用期限进行合理的折价，并按照市场行情来确定出卖价格。

除了及时结清的以外，需要双方在采购合同中对采购方向供应方支付货款的具体期限、地点作出规定。采购方可以在供应方交货前支付一部分货款，待交完货后一次或者分期支付其余款额，也可以在接货后某时间一次性付清。至于支付货款的地点，一般是供应方所在地，也可以是采购方所在地，还可以是第三方所在地，这些由双方根据具体情况选择。

（7）交货的期限、地点和方式。这里所说的交货是指供应方在采购合同签订后按照合同约定将标的物交付给采购方。交货期限，是指供应方向采购方履行交付标的物的期间，一般以年、季度、月、旬、周、日、时计算。供应方可以在合同签订后立即交货，也可以在合同签订后某一期限内交货。标的物数量多的，供应方可以一次性交付，也可以分批交货。交货地点可以是供应方所在地，也可以是采购方所在地，或者是运输部门所在地等其他地点。交货方式主要包括采购方到供应方所在地自己提货、供应方送货到采购方所在地，通过运输经营者运输或者通过邮电单位邮寄交付等。双方当事人选择哪一种方式，由双方协商。至于供应方交货的具体时间、地点和方式，由双方当事人协商确定。

（8）运输方式的要求及运杂费用的支付。运输方式包括铁路、公路、水路和航空运输，双方可自由协商确定。运输的费用是由采购方还是由供应方承担，需要双方在合同中明确约定。

（9）验收或者检验的标准、方式、日期。这里所说的验收，是指采购方在接受供应方交付的货物时，对标的物数量和质量进行检验、接收的行为。采购方验收标的物的时间、地点一般与供应方交货的时间、地点一致。对产品质量的验收、检验方法，按照国家有关规定执行，没有规定的由双方当事人协商确定。

需要指出的是，双方当事人可根据需要商定检验机构。对货物质量的检验，尤其是在双方对质量有异议时，需要由专门的产品检验机构来检验。在国际采购中，货物进出口一般需要由进出口商品检验机构或者动植物免疫检验机构进行检验。

（10）结算方式。结算方式是对合同规定的价款以及实际支付的运杂费和其他费用的清结。这些货款和费用的结算，应按照《中国人民银行结算办法》关于异地结算、同城结算等的规定办理。当事人双方应在合同中规定开户银行、账号名称和账号。除国家允许使用现金履行义务的外，必须通过银行转账或者使用票据结算。

用托收承付方式的，合同中应当注明验单付款或验货付款。根据《工矿产品购销合同条例》规定，国内工矿产品购销验货付款的承付期限一般为 10 天，从运输部门向收货（付款）单位发出提货通知的次日起算。凡收、付双方在合同中商定缩短或延长验货期限的，应当在托收凭证上写明，银行从其规定。

另外，还应规定结算的货币种类。在国内采购中，当事人应以人民币结算，只有在少数情况下，符合国家规定条件的，方可用外币按国家规定的汇率折合成人民币结算。在进出口贸易中，一般以外币结算。

（11）合同使用的文字及其效力。在国际采购中，可以根据需要规定采购合同所使用的文字及其效力。不同文字的合同条文，在对同一事项的认定、理解上有时会产生不同的解释，从而产生合同纠纷。因此，当事人可以对使用的文字效力进行规定。除国际采购合同外，在国内同少数民族地区的单位、个人采购时也可使用该少数民族的文字。

（12）违约责任。这是指当事人双方在合同中规定任何一方违反合同规定或者不按照合同规定履行义务时，应承担的支付违约金、赔偿金及其计算办法等违约责任。当事人也可以在合同中订明对产品实行包修、包退、包换的条件。违约金的比例由当事人双方按照国家有关规定，在订立合同时协商确定。

（13）解决合同争议的方法。合同纠纷的解决办法包括协商、调解、仲裁和诉讼，当事人应在合同，特别是国际采购合同中加以明确。

（14）其他条款。对采购合同的担保、公证、货物运输保险、变更或者解除合同的条件、国际采购合同中法律的适用等内容，只要经过双方协商同意，都可以成为合同的条款。总之，双方在协商采购合同内容时，任何一方提出有关要求，对方同意接受的，都可成为合同的内容。

需要指出的是，上述各项条款在实践中并不是所有采购合同都必须具备的，有的采购合同可以缺少上述一个或者几个条款，但不得因此而影响采购合同的成立、性质。合同签订后，需要办理有关审批等手续的，当事人应持合同办理这些手续。

5.2.3　采购合同管理

5.2.3.1　采购合同的订立

采购合同的订立，是采购方和供应方双方当事人在平等自愿的基础上，就合同的主要条款经过协商取得一致意见，最终建立起物品采购合同关系的法律行为。

（1）采购合同订立前的准备工作

合同依法订立后，双方必须严格执行。因此，采购人员在签订采购合同前，必须审查卖方当事人的合同资格、资信及履约能力，按经济合同法的要求，逐条订立采购合同的各项必备条款。

1）审查卖方当事人的合同资格

为了避免和减少采购合同执行过程中的纠纷，在正式签订合同之前，采购人员首先应审查卖方当事人作为合同主体的资格。所谓合同资格，是指订立合同的当事人及其经办人必须具有法定的订立经济合同的权利。审查卖方当事人的合同资格，目的在于确定对方是否具有合法签约的能力，这一点直接关系到所签合同是否具有法律效力。

① 法人资格审查。认真审查卖方当事人是否属于经过国家规定审批程序成立的法人组织。法人是指拥有独立的必要财产、有一定的经营场所、依法成立并能独立承担民事责任的组织机构。判断一个组织是否具有法人资格，主要看其是否持有工商行政管理局颁发的营业执照。经工商登记的国有企业、集体企业、私营企业、各种经济联合体、实行独立核算的国家机关、事业单位和社会团体，都可以具有法人资格，成为合法的签约对象。

在审查卖方法人资格时应注意，没有取得法人资格的社会组织、已被取消法人资格的企业或组织，无权签订采购合同。要特别警惕一些根本没有依法办理工商登记手续或未经批准的所谓"公司"，它们或私刻公章，冒充法人，或假借他人名义订立合同，旨在骗取买方的货款或定金。同时，要注意识别那些没有设备、技术、资金和组织机构的"四无"企业，它们往往在申请营业执照时弄虚作假，以假验资、假机构骗取营业执照，虽签订供货合同并收取货款或定金，但根本不具备供货能力。

② 法人能力审查。审查卖方的经营活动是否超出营业执照批准的范围。超越业务范围的经济合同属无效合同。

法人能力审查还包括对签约的具体经办人的审查。采购合同必须由法人的代表人或法定代表人授权证明的承办人签订。法人的法定代表人就是法人的主要负责人，如厂长、经理等，他们代表法人签订合同。法人代表也可授权业务人员如推销员、采购员作为承办人，以法人的名义订立采购合同。承办人必须有正式授权证明书，方可对外签订采购合同。法人的代表人在签订采购合同时，应出示身份证明、营业执照或其副本；法人委托的经办人在签订采购合同时，应出示本人的身份证明、法人的委托书、营业执照或副本。

2）审查卖方当事人的资信和履约能力

资信，即资金和信用。审查卖方当事人的资信情况，了解当事人对采购合同的履行能力，对于在采购合同中确定权利义务条款具有非常重要的作用。

① 资信审查。具有固定的生产经营场所、生产设备和与生产经营规模相适应的资金，特别是拥有一定比例的自有资金，是一个法人对外签订采购合同起码的物质基础。

准备签订采购合同时，采购人员在向卖方当事人提供自己的资信情况说明的同时，要认真审查卖方的资信情况，从而建立起相互依赖的关系。

② 履约能力审查。履约能力是指当事人除资信以外的技术和生产能力、原材料与能源供应、工艺流程、加工能力、产品质量、信誉高低等方面的综合情况。总之，就是要了解对方有没有履行采购合同所必需的人力、物力、财力和信誉保证。

如果经审查发现卖方资金短缺、技术落后、加工能力不足，无履约供货能力，或信誉不佳，则不能与其签订采购合同。只有在对卖方履约能力充分了解的基础上签订采购合同，才能有可靠的供货保障。

审查卖方的资信和履约能力的主要方法有：通过卖方的开户银行，了解其债权债务情况和资金情况；通过卖方的主管部门，了解其生产经营情况、资产情况、技术装备情况、产品质量情况；通过卖方的其他用户，可以直接了解其产品质量、供货情况、维修情况；通过卖方所在地的工商行政管理部门，了解其是否具有法人资格和注册资本、经营范围、核算形式；通过有关的消费者协会和法院、仲裁机构，了解卖方的产品是否经常遭到消费者投诉，是否曾经牵涉诉讼。对于大批量的性能复杂、质量要求高的产品或巨额的机器设备的采购，在上述审查的基础上，还可以由采购人员、技术人员、财务人员组成考察小组，到卖方的经营加工场所实地考察，以确认卖方的资信和履约能力。

采购人员在日常工作中，应当注意搜集有关企业的履约情况和相关的商情，作为以后签订合同的参考依据。

（2）采购合同订立的原则

① 平等原则。《合同法》第3条规定，合同当事人的法律地位平等，一方不得将自己的意志强加给另一方。

② 自愿原则。《合同法》第4条规定，当事人依法享有自愿订立合同的权利，任何单位和个人不得非法干预。

③ 公平原则。《合同法》第5条规定，当事人应当遵循公平原则确定各方的权利和义务。

④ 诚实信用原则。《合同法》第6条规定，当事人行使权利、履行义务应当遵循诚实信用原则。

⑤ 遵守法律、行政法规，尊重社会公德的原则。《合同法》第7条规定，

当事人订立、履行合同，应当遵守法律、行政法规，尊重社会公德，不得扰乱社会经济秩序，损害社会公共利益。

5.2.3.2　采购合同的履行与担保

（1）采购合同的履行

采购合同的履行，是指合同依法订立生效后，当事人双方按照合同规定的各项条款完成各自承担的义务和实现各自享受的权利，使当事人双方订立合同的目的得以实现的行为。合同履行是合同法律效力的重要体现，是实现合同目的的重要手段。当事人应当按照合同约定全面履行自己的义务。

采购合同的履行中有两项重要的原则——实际履行原则和适当履行原则。

① 实际履行原则

实际履行是指当事人应当按照合同的标的履行合同义务，即合同标的是什么，当事人就应当履行什么，不能任意用其他标的代替。这是因为采购合同的标的物都是一些用于特定条件下的指定物，离开了实际履行，允许当事人任意提供其他标的物来代替合同约定的标的物，当事人的另一方就可能蒙受巨大的直接与间接损失。

② 适当履行原则

适当履行原则要求当事人在履行合同时，要履行合同的各种要素，即除按合同的标的外，还应按照合同标的物的数量和质量、履行期限、履行地点、履行方式等履行合同，因此可以说适当履行原则是实际履行原则的补充和扩张。实际履行原则是判断当事人是否履行合同的标准，而适当履行原则是判断当事人的履行是否正确的标准。

为了使合同的履行切实实现上述两项原则，在签订合同时必须对上述合同要素做具体规定，以使义务人按规定履行，权利人按规定验收，这对于保证合同的正确履行是十分重要的。

（2）采购合同的担保

采购合同的担保，就是指合同当事人根据法律的规定或合同的约定，为确保债务履行和债权实现而采用的法律保障措施。

常见的担保方式有保证、抵押、质押、留置和定金。

① 保证担保

保证是指保证人和债权人约定，债务人不履行债务时，保证人按照约定履行债务或者承担责任的行为。保证担保只能由合同以外的第三人作为保证人，同一债务有两个以上保证人的，保证人应当按照保证合同约定的保证份额承担保证责任。没有约定保证份额的共同保证人，应承担连带责任，债权人可以要求任何一个保证人承担全部保证责任。

按照国际惯例，国际间的采购合同一般双方都要求提供保证担保或其他担保形式，从大量采购活动实践看，这种担保形式对合同的履行是有必要的。

② 抵押担保

抵押是指债务人或者第三人不转移对作为抵押物的特定财产的占有，将该财产作为债权的担保。债务人不履行债务时，债权人有权依照法律规定以该财产折价或者以拍卖、变卖该财产的价款优先受偿。

对债权人来说，抵押是一种比较可靠的物权担保方式，且免除了保管抵押物之累。由于抵押兼顾了效益和安全，因此被称为"担保之王"。

③ 质押担保

质押是指债务人或第三人将其动产或其特定的权利凭证，如汇票、支票、本票、债券、存款单、仓储单、提货单、股票、有限责任公司的股份及知识产权中的财产权等，移交债权人占有，作为债权的担保。债务人不履行债务时，债权人有权依照法律规定以该动产或权力凭证折价、拍卖、变卖或转让以获取的价款优先受偿。

质押担保在采购合同的担保机制中也是一种可操作的形式，它为担保活动提供了灵活多样的形式。只是与抵押担保相比，债权人为保存质押物增加了一定的工作量。

④ 留置担保

留置是指债权人按照合同约定占有债务人的动产，债务人不按照合同约定的期限履行债务的，债权人有权按照法律规定留置该财产，以该财产折价或者以拍卖、变卖该财产的价款优先受偿。

留置担保一般发生在当事人依照合同规定，保管对方的财物或接受来料加工，对方不按期或不如数给付保管费或加工费时，有权留置对方的财物。

⑤ 定金担保

定金是指当事人一方为了证明合同的订立和保证合同的履行而在合同履行前支付给对方一定数额的货币。定金作为合同债权的一种担保方式，是一种违约定金，具有制裁性。《担保法》规定，给付定金的一方不履行约定债务的，无权要求返还定金；收受定金的一方不履行约定债务的，应当双倍返还定金。此规定称为"定金罚则"，而在债务人履行债务后，定金应当抵作价款或者收回。

定金担保这一形式，对于防止合同当事人悔约、保证和维护采购合同关系起到较大的作用，因此在采购活动中使用较广泛。

5.2.3.3 采购合同的变更、中止和解除

(1) 合同的变更

狭义的合同变更，是指在保持合同主体同一性的前提下，对合同内容所

做的改变，即合同依法订立后，在尚未履行或者尚未完全履行之前，当事人通过协商对合同内容所做的修改或者补充。

合同的变更可由合同双方的任一方提出，在货物采购中一般合同的变更多由采购方提出，采购方根据有关法律规定可以对合同某些条款提出修改。如世界银行货物采购合同中通用合同条款规定，在采购机构认为需要的情况下，任何时候可向供应方发出指令对合同内下列条款予以更改：

① 为政府制造的物资或工程的变更图纸、设计与规格；

② 运输与包装方法；

③ 交货的地点等；

④ 卖方提供的服务。

如果合同变更使供应方履行合同义务的费用或时间发生变化，合同价与交货时间应公平调整，同时相应修改合同。供应方进行调整的要求，必须在收到采购方变更指令后 30 天内提出。

而在工程采购中，合同双方都可能提出修改某些条款，如工作项目的增减、材料的变化、施工方案的改变等。

（2）合同的中止

合同中止是指在采购过程中采购方发现供应方存在欺骗、贿赂、提供假证明等行为时，为了保护采购方的利益，在完成调查或法律审查之前根据充分的证据实行的一种紧急措施。

对合同的中止应根据有关法律和合同条款规定实施。构成合同中止的原因一般主要有下述几种情况：

① 供应商或企业为获得某一合同而犯有诈骗或刑事犯罪；

② 犯有贪污、偷窃、伪造、贿赂等罪行；

③ 投标人提供假证明等；

④ 违反有关报价的不正当竞争；

⑤ 有商业道德不诚实记录，这种过错有可能严重影响现在合同人履约；

⑥ 其他性质严重或恶劣的影响合同履行的原因。

作出中止合同的决定应采取明示的方式，给予合同人解释说明和辩护的机会。中止合同决定作出后应立刻用信函方式通知另一方，并告之中止的原因，以及中止合同会产生的后果等有关事项。

由于中止合同是一种紧急措施，故其实施有一定期限，即中止期。在中止期内有关方面须尽快完成调查，否则中止将被取消。

合同的中止，一般在各国法律中都存在明确规定。同时在合同中，尤其是在一定金额的采购活动中，应加入有关中止的条款。

（3）合同的解除

合同的解除实际上是不履行合同所规定的义务。引起合同解除的情况一般有 3 种。

① 因违约行为而解除合同。例如，供应方不按照合同规定履行义务，如交货不符合规格，不能按合同规定日期交货至指定地点等。在这种情况下，一般在作出解除合同的决定前，采购方应尽可能根据合同的具体规定，给予供应方补救机会，如通过罚款、赔偿相关损失、修补等补救措施，争取继续执行合同。

② 由于采购方的原因导致合同解除。在这种条件下供应方可以要求采购方赔偿其损失。

③ 双方同意解除合同。由于各种特殊或紧急情况在合同履行中可能会要求解除合同。出现这种情况时，最好的办法是采购方和供应方共同协商，在有关合同解除条件上达成一致。

5.2.3.4　采购合同的违约责任与索赔

（1）违约责任

违约责任是指当事人违反合同约定应承担的民事责任。违约责任制度作为保障债务履行和债权实现的重要措施，是在债务人不履行债务时，国家强制债务人履行债务和承担法律责任的表现。违约责任制度的建立，既有利于促进合同的履行，又有利于弥补违约造成的损失，因而在采购合同管理中，违约责任居于核心地位。正是因为违约责任的存在，合同秩序才得以顺畅、高效、有序地运行和发展，整个社会的经济秩序才可能得以保障。

1）违约责任的基本法律特征

① 违约责任是一种财产责任。合同法律关系是以财产关系为内容的法律关系，合同债务直接具有财产的内容，因此违约责任就是一种财产责任。如当事人一方不履行合同义务或者履行合同义务不符合约定，应当承担采取补救措施、赔偿损失或支付违约金等违约责任。

② 违约责任主要采取等价补偿的方法。也就是说，违约责任的范围与补偿力度要与因违约给对方造成的损害大体相适应。

③ 违约责任可以依法由当事人协商决定。合同是由当事人协议而设立的，违约责任作为对已遭破坏的合同关系的补救措施，允许当事人自行约定。其好处在于能省去法院判断违约损失的时间，因此各国法律均允许双方约定违约金或其违约责任形式。这样既能避免当事人、仲裁庭或法院陷于长期不能确定赔偿范围的困境，又有利于合同纠纷的及时解决，同时也尊重了当事人

的意愿。

2) 违约责任的构成要件

违约责任的构成，必须具备一定的条件。违约责任的构成要件如下。

① 有不履行合同债务的违约行为。在实际违约中，违约行为主要包括不履行、不适当履行和迟延履行 3 种。不履行是指在合同的履行期限之前，完全不履行合同义务的违约行为。不适当履行是指在合同的履行期限内，当事人有履行合同的行为，但履行行为不符合合同的约定，如履行的标的物的数量或质量不适当，履行的地点或方式不适当等。迟延履行是指债务人员有履行合同的行为，但履行合同的期限晚于合同约定的期限。

② 有损害事实存在。违约损害事实是指因一方违约行为而给对方造成的财产损失，包括直接损害和间接损害。违约损害具有以下几个特点：第一，损害是实际发生的，不包括尚未发生的损害；第二，损害是可以确定的，其表现一是能够通过货币计算来确定，二是债权人能够通过举证加以确定；第三，损害是当事人在订立合同时可以预见的。

③ 违约行为与损害事实之间有因果关系。因果关系，是指违约行为与损害事实之间存在的内在的必然、本质的联系。根据《合同法》第 107 条规定，当事人一方不履行合同义务或者履行合同义务不符合约定的，应当承担违约责任。这条规定不考虑当事人违约主观上是否有过错，除有不可抗力可以免责外，都要承担违约责任。

3) 承担违约责任的方式

① 继续履行。继续履行是指当事人一方不履行合同义务或履行合同义务不符合约定，不论是否已经承担赔偿金或者违约金责任，都必须根据对方的请求，在自己能够履行的条件下，继续履行合同义务。

② 采取补救措施。采取补救措施主要适用于质量不符合约定的情况。受损害方根据标的物的性质及损失的大小，可以合理选择要求对方承担修理、更换、重做、退货、减少价款或报酬等违约责任。

③ 赔偿损失。赔偿损失的范围，可由当事人双方自行约定，也可由法律直接规定。在法律没有特别规定和当事人没有另行约定的情况下，应按完全赔偿原则，赔偿全部损失。

④ 违约金。违约金是指由当事人通过协商预先确定的，在违约发生后作出的独立于履行行为以外的给付。违约金具有惩罚的特质，即当事人违约，不论它是否给对方造成经济损失，都必须支付违约金。

⑤ 定金。如前所述，当事人设立了违约定金的情况下，任何一方不履行合同都将承担定金违约责任。

（2）索赔

索赔是采购合同履行过程中，合同当事人的一方，由于非自身负责的原因而造成合同义务外的额外费用支出，从而通过一定的合法途径和程序，向合同当事人另一方要求予以某种形式的补偿活动。

索赔在采购合同履行的任何一个阶段都可发生，索赔管理已逐渐成为采购合同双方维护其经济利益的最基本管理行为。

1）索赔的类型

① 按索赔的对象，索赔可分为施工索赔和商务索赔。所谓施工索赔，一般是在工程采购中，由于种种原因造成工程的延误、材料的损失、工作量的增加，使合同当事人一方增加了额外费用，因而向合同当事人的另一方提出索赔。所谓商务索赔，大多是在货物采购中，由于供应方或其他部门的原因，导致货物遭受损失或延期交货，采购方依据合同的有关条款向有关单位提出索赔。

② 按索赔发生的原因，索赔可分为7类，即违约索赔、变更索赔、采购方指令变化引起的索赔、工程暂停索赔、不利自然条件和客观障碍引起的索赔、合同缺陷索赔、其他原因引起的索赔。

2）索赔程序

索赔的提出一般都会在合同当事人之间产生不同看法，要想索赔成功，提出索赔的一方必须遵守索赔程序。一般进行索赔要按以下几个步骤进行。

① 提出索赔要求。提出索赔的一方在索赔事项发生的28天内，用书面信件正式向另一方发出索赔通知书。索赔通知书主要说明索赔事项的名称、引证索赔依据的合同条款及索赔要求。

按照国际惯例，如果在提出索赔的一方发出索赔通知30天内，另一方未做答复，上述索赔应视为已被另一方接受。如在货物采购中，如果供应方未能在采购方发出索赔通知后30天内或采购方同意的延长期限内，按照采购方同意的合同规定的任何一种方法解决索赔事宜，采购方将从预付货款或从供应方开具的履约保证金中扣回索赔金额。

② 保存好同期记录。索赔事项发生后，提出索赔的一方要保存好当时的有关记录，以便作为证实材料。

③ 提供索赔证明。在索赔通知发出后的28天内，提出索赔的一方要提交一份说明索赔依据和索赔款项的详细报告。如果该索赔事件有连续性的影响，事态还在发展时，按照对方合理要求，每隔一定时间，提交一次列有累计索赔款额和进一步说明索赔依据、理由的补充材料，说明事态发展情况，直至导致索赔事件终止后28天内送出一份最终详细报告，附上最终账目和全部证

据资料，提出具体的索赔额或工期延长天数。

④ 索赔支付。当提出索赔一方提供的详细报告使另一方确认应偿付索赔款额时，另一方应在合同的支付期限内向对方支付索赔款额。如果提出索赔的一方所提供的详细报告不足以证实全部索赔，另一方应按照已证实并令人信服的那部分索赔的详细资料，给予提出索赔一方部分索赔的款额。

3）索赔报告的编写

在索赔工作中，索赔报告书的质量和水平与索赔成败关系重大。一项符合法律规程与合同条件的索赔，如果报告写得不好，如对索赔权论证不力、索赔证据不足、索赔款计算有误等，轻则使索赔结果大打折扣，重则会导致整个索赔失败。因此在编写索赔报告时，应特别周密、审慎地论证阐述，充分地提供证据资料，对索赔款计算反复校核，不允许存在任何计算错误。对于技术复杂或款额巨大的索赔事项，有必要聘请合同专家、法律顾问、索赔专家或技术权威人士担任咨询顾问，以保证索赔取得较为满意的结果。

完整的索赔报告书一般包括 4 个部分：

① 总论部分。概括地叙述索赔事项的日期、过程，提出索赔要求的一方为减轻损失而做的努力，索赔事项造成的额外费用或工期延长天数，最后提出索赔要求。

② 合同引证部分。其主要目的是论述提出索赔要求的一方有索赔权。该部分主要内容是该采购项目的合同条件及采购项目所在国有关的索赔法律规定，以及类似的索赔案例，以论述自己索赔要求的合理性。

③ 索赔款额计算部分。此部分是以具体的计价方法和计算过程说明提出索赔的一方应得到的经济补偿款额。在编写这部分时要保证计价方法合适、各项开支合理，在论述各组成部分计算过程时要指明所依据的证据资料的名称和编号，这样才能使计算出的索赔总款额有说服力。

④ 证据部分。证据部分通常以索赔报告书附件的形式出现，它包括了该索赔事项所涉及的一切有关证据资料和对这些证据的说明。证据是索赔文件的必要组成部分，没有翔实可靠的证据，索赔是不可能成功的。

索赔证据资料的范围非常广泛，如工地记录、照片、日记、工程师指令、工程计划、地形图、图纸、发票、票据、工资表等。有关索赔资料应该在采购合同签订以后，就由合同部的人员专门搜集整理、分类储存，在引用每个证据时，要注意该证据的效力或可信程度。

总之，合同管理人员要想索赔成功，必须重视索赔报告的编写，使索赔报告具有说服力，逻辑性强，符合实际，论述准确，使对方感到合情合理、有理有据。

【案例分析】

东北某林区木材厂的采购谈判与合同

东北某林区木材厂是一个近几年生意红火的中型木器制造厂。几年来，依靠原材料有保证的优势，就地制造成本比较低的传统木器，获得了可观的经济效益。但是该厂的设备落后，产品工艺比较陈旧，限制了工厂的发展。因此，该厂决定投入巨资引进设备技术，进一步提高生产效率，开拓更广阔的市场。于是他们通过某国际经济技术合作公司代理，欲与外国某木工机械集团签订引进设备合同，总价值110万美元。

外方按照合同规定，将设备到岸进厂，外方人员来厂进行调试安装。中方在验收中发现，部分零件磨损痕迹严重，开机率不足70%，根本不能投入生产。中方向外方指出，产品存在严重质量问题，没有达到合同中机械性能保证的指标，并向外方征询解决办法。外方表示将派强有力的技术人员赴厂研究改进。两个月后，外方派来的工作组到厂，更换了不符合标准的部分零件，对机器进行了再次的调试，但经过验收仍然不符合合同规定的技术标准。调试后外方应允回去研究，但一去3个月无下文。后来经过代理公司协调，外方人员来厂进行一次调试，验收仍未能通过。中方由于安装、调试引进设备已基本停产，半年没有效益。为了尽快投入生产，中方认为不能再这样周旋下去，准备通过谈判，做出一些让步，只要保证整体符合生产要求即可。这正中外方下怀，中方提出这个建议后，他们马上答应，签署了设备验收备忘录，外方公司进行第三次调试。但调试后，只有一项达到标准，中方认为不能通过验收。但外方公司认为已经达到规定标准，双方遂起纠纷。

本来，外方产品质量存在严重问题，中方完全有理由表示强硬态度，据理力争。但双方纠纷发生后，外方却显得理直气壮，反而搞得中方苦不堪言，其症结到底何在呢？

原来，双方签署的备忘录中，经中方同意，去掉了部分保证指标，并对一些原规定指标进行了宽松的调整，实际上是中方做出了让步。但是让步必须是有目的的和有价值的，重新拟定的条款更需做有利于中方的、明确清晰的规定，不然可能造成新的被动。但该备忘录中竟然拟定了这样的条款标准：某些零部件的磨损程度"以手摸光滑为准"；某某部件"不得出现明显损伤"，等等。这种空泛的、无可量化的、无可依据的条款让外方钻了空子。根据这样的模糊规定，他们坚持认为达到了以上标准，双方争执不下。你中国人摸着不光滑，我外国人摸着就是光滑，拿什么来做共同依据呢？中方面对自己同意的条款义正词严，但对于白纸黑字却说不清道不明。

外国公司所采取的是精心炮制好了的策略，一段套着一段走。一开始，他们给你一套不合格的设备，能蒙就蒙，能骗就骗，如果骗不过去，就采取第二步，就是拖，逼着你主动让步，结果就拖出一个备忘录。外方的调试显得很有耐心，但中方的效益却随之流失。中方的一位负责人说，签订合同时，有关索赔条款的很多内容他都不是很清楚，也未请律师，当时只把索赔看成了一种不可不有的合同模式，也根本未想到会出现纠纷。可见这位负责人的意识是多么的淡薄，而没有正确的纠纷意识，又怎么会有强烈的竞争意识呢？

中方在外商一改"耐心诚恳"的态度，拒不承认产品质量不符合标准的情况下，终于被迫求助于法律，聘请了律师，要求外方按原合同赔偿损失。外方在千方百计地拖延一个月之后，才表示愿意按实际损失来赔偿。中方认为，赔偿后至少可以保本，但结果又是南柯一梦！在原合同中，精明的外方在索赔条款中写进了一个索赔公式，由于这个公式相当复杂，签约时中方人员根本没有认真研究就接受了。他们没有想到会有纠纷，也根本没有把这公式当回事。现在，外方拿来这个公式，面对面地给你算细账。结果一出来，外方看着屏幕微笑，中国人看着屏幕发呆。原来，按照这个公式计算，即使这套设备完全不符合要求，视同报废，外方也仅仅赔偿设备引进总价的0.8％！还不说中方已承认其中一项指标符合标准！110 万美元的损失只赔偿约 1 万美元，中方负责人被激怒了，外方却始终彬彬有礼地微笑。

此时，纠纷的解决已无可能，律师写上建议依法提出仲裁，但查看合同有关仲裁的条款时，令人大吃一惊。如按合同进行仲裁，吃亏的仍然是中方。因为合同中写道："如果在本合同中，发生一切纠纷，均需执行仲裁，仲裁在被诉一方所在国进行。"这就是说，如果中方提出仲裁，只能在对方所在国进行，中方将要付出巨大的代价。但如果不提出仲裁，将受到巨大的损失。外方不可能提出仲裁，如果中方想要外方提出仲裁，只能有一种手段，就是拒付货款。在国际贸易中，中国银行出具的不可撤销的保证函已与合同一起生效，银行方面保证信誉，遵守国际惯例，根本不可能拒付。也就是说，中方违约不存在客观可能性。在这种情况下，仲裁与否，中方真是进退两难。

对方对此胸有成竹，他们深深了解中方想仲裁而又不愿意到外国仲裁的矛盾。当中方每次提出干脆以仲裁的方式解决时，他们马上旁敲侧击提醒你他们国家仲裁历时要多么长，花销要多么大，等等。而中方一次次望而却步时，他们却又耍新的花招，开始新的进攻。他们趁中方这种欲进不能、欲罢不止的情况下，一再提出所谓新的解决妥协。最后，中方在万般无奈的情况下，接受了对方总额为 12％ 的赔偿，同时提供另外 3％ 零件的最终方案。那台机器两年来根本就不能运转，没有创造任何经济效益。现在，虽然能勉强运转，仍需要不断地调整修理。即便如此，也只有 60% 左右的生产效率。

问题：

（1）企业的采购为什么会失败？

（2）根据案例说明在采购谈判和订立合同的过程中应该注意哪些方面？

复习思考题

1. 采购谈判应该遵循哪些原则？

2. 如果买方在采购谈判过程中占优势，卖方可以采用哪些技巧？

3. 采购合同的主要条款包括哪些内容？

4. 如何判定违约，承担违约责任的方式有哪几种？

第 6 章　采购绩效评估

在一系列的作业程序完成之后，采购工作是否达到了预期目标，企业对采购的商品是否满意，是需要经过考核评价之后才能下结论的。采购绩效评价就是建立一套科学的评估指标体系，用来全面反映和检查采购部门工作绩效、工作效率和效益。采购绩效评价是指对采购工作进行全面系统的评价、对比，从而判定采购的整体水平的过程。对采购工作进行绩效评估是为了及时总结经验与教训，以便及时改进以后的采购工作，从而进一步提高工作效率。

6.1　绩 效 评 价

绩效评价是指考评主体对照工作目标或绩效标准，采用科学的考评方法，评定员工的工作任务完成情况、员工的工作职责履行程度和员工的发展情况，并且将评定结果反馈给员工的过程。

6.1.1　绩效评价的含义

绩效评价的含义体现在下面 3 个方面。

（1）从企业经营目标出发进行评价，并使评价和评价之后的人事待遇管理有助于企业经营目标的实现。

（2）作为人事管理系统的组成部分，运用一套系统的制度性规范、程序和方法进行评价。

（3）对组织成员在日常工作中体现出来的工作能力、工作态度和工作成绩，进行以事实为依据的评价。

通过评价可以将工作人员的绩效加以分类、排序，并以此作为奖惩、升降、安置、培训等人事管理的依据。这项工作做好了，将会有效地提高组织工作效率，调动工作人员的积极性。

绩效评价包括两方面内容：其一是对个体能力的评价，它便于将个体按能力分类和区分；另一是对工作绩效的评价，即依工作评价的标准来评价工作人员在现任岗位上的工作绩效。只有将这两方面结合起来，才能更好地选拔和安置工作人员，使他们能在可以充分发挥其能力的岗位上做出更大贡献。

绩效评价是管理工作的重要组成部分，在实施时应有客观的参照标准。这些标准可由工作评价建立。工作评价应充分考虑到各岗位和职位标准间的关系及其与组织总产出指标间的联系，并尽可能以量化的形式表现出来。

绩效评价工作必须由专门部门负责，从事评价工作的人员应采取公平态度，按评价的标准与程序工作，以避免因个人的主观好恶得出不客观的结论。在一个组织内部，绩效评价工作应制度化。另外，若不依评价结果对工作人员进行奖惩、培训、重新安排，即使评价记录再客观也起不到激励的作用。正确开展绩效评价可以紧密联系上下级关系，使个体和群体的目标与组织目标协调，激励工作人员的工作积极性，促进落后人员上进。

绩效评价可采用量表评价法、访谈法和观察法进行。

量表评价法指采用各种量表对工作人员进行绩效分析，即由评价人员依量表条目逐一给出评价结果。具体方法有等级评价、配对比较或迫选法等。所用量表的条目应与工作评价的标准互相参照。量表评价法的优点在于标准客观、简单易行；不足之处是容易出现由晕轮效应、评价标准异同等因素造成的误差。

访谈法可用来收集大量信息，为制备量表提供材料。访谈法还可在评价时对量表评价法的结果加以补充。评价结果又可通过访谈反馈给工作人员以调动工作人员的工作积极性。

观察法主要用于对工作绩效中可计量行为的评价。

6.1.2 绩效评价作用

绩效评价作用包括下面几个方面：

（1）为员工薪酬管理提供依据

薪酬管理是企业对它的员工为企业所做贡献给予相应回报和答谢的活动过程；而绩效评价对员工某时期的工作结果、行为与表现进行评定，以说明员工在该时期对企业所做的贡献，因而绩效评价为薪酬管理提供依据。

（2）为员工调迁、升降提供依据

通过绩效评价可以评价员工对现任工作的胜任程度及其发展潜力。

（3）为员工培训提供依据

通过绩效评价能发现员工的长处与不足，对其长处应发扬和保护；对其不足，应实行辅导和培训。因而，绩效评价结果能为培训计划与培训措施的制定提供依据。

（4）促进组织的团队建设

绩效评价结果通过多种渠道反馈给员工，并同时听取员工的反映、申诉，从而促进上、下级间的沟通，了解彼此间的期望，从而增强组织向心力和凝聚力。

6.1.3　绩效评价的主要影响因素

绩效评价的主要影响因素由以下 5 种因素构成。

（1）评价者的判断

评价者的判断又受评价者个人特点，例如主要有个性、态度、智力、价值观和情绪与心境等的影响。如态度方面，是否视评价为不必要的累赘，若是，则绩效评价时就会很马虎；智力方面，是否对绩效评价的标准、内容与方法能正确地理解和掌握；情绪与心境方面，若高昂愉快，则绩效考评偏宽，反之，若低沉抑郁，则偏严。

（2）评价者与被评价者的关系

评价者与被评价者间的亲疏关系、过去的恩怨，以及评价者对被评价者的工作情况及职务特点、要求的了解程度，都将影响考绩结果。

（3）所使用的评价标准与方法

具体包括绩效评价维度选择的恰当性，各维度间的相关性和全面性，以及绩效评价维度能否明确、具体地传达给被评价者。

（4）组织对评价的重视程度及提供的相关条件

具体体现为组织领导对绩效评价工作的重视与支持；评价制度的正规性与严肃性；对各级主管干部是否进行过绩效评价教育与培训；绩效评价结果是否认真分析并用于人事决策；绩效评价中是否发扬了民主，让被评价者高度参与；所使用的绩效评价标准与方法是否与时俱进地相应调整。

（5）评价者常见的心理弊病

包括评价者过分注重第一印象、以偏概全、求中庸等心理弊病，这些心理弊病致使出现如晕轮效应、近因效应、平均主义等带来的考绩误差。

以上影响因素涉及主观和客观两个方面，很难完全消除，因而使得绩效评价出现了因主、客观因素而产生的绩效评价误差，其中因主观因素尤其是评价者心理弊病而产生的考绩误差应引起绩效评价者的高度重视，尽力做到事先控制。

6.1.4　绩效评价原则

绩效评价的原则有如下几种。

（1）公开原则

公开原则具体要求做到公开绩效评价目标、标准和方法；公开绩效评价过程和评价结果。坚持这一原则能消除评价对象对绩效考评工作的疑虑，提高绩效评价结果的可信度；有利于考评对象看清自己的问题和差距，进而找到努力的目标和方向，并激发出进一步改进工作的积极性；同时，还可增强人力资源部门的责任感，促使他们不断改进工作和提高工作质量。

（2）客观、公正原则

客观、公正原则具体要做到，制定绩效考评标准时多采用可量化的客观尺度，要用事实说话。坚持这一原则能使考绩工作公平、减少矛盾，从而维护企业内部的团结。

（3）多层次、多渠道、全方位的原则

这是由绩效的多维性决定的。绩效评价必须包括对影响绩效评价各主要方面的综合考察，而不是某几个方面的片面考察。

（4）经常化、制度化的原则

绩效具有动态性，因而要求经常对员工绩效进行评价，以及时公正地反映员工某时期的工作成果；另外，由于绩效评价涉及绩效标准的制定及其执行，因此要求这些标准必须科学、合理、不掺入个人好恶等感情成分，因而有必要对绩效评价有关事项以制度形式固定下来。

6.2 采购人员绩效评价

6.2.1 采购绩效评价组织

采购绩效评价组织由以下人员构成。

（1）采购部门主管。由于采购主管对管辖的采购人员最熟悉，且所有工作任务的指派，或工作绩效的好坏，均在其直接督导之下，因此由采购主管负责评价，可以注意人员的个别表现，并兼有监督与训练的效果。

（2）会计部门或财务部门。会计部门或财务部门不但掌握公司产销成本数据，对资金的取得与付出亦做全盘管制，因此对采购部门的工作绩效，可以参与评价。

（3）工程部门或生产管理部门。如果采购项目的品质及数量对企业的最终产出影响重大时，有时可由工程或生产管理人员评价采购部门的绩效。

（4）供应商。有些公司通过正式或非正式渠道，向供应商探询其对于采购部门或人员的意见，以间接了解采购作业的绩效和采购人员的素质。

（5）外界的专家或管理顾问。为避免公司各部门之间的本位主义或门户之见，可以特别聘请外界的采购专家或管理顾问，针对全盘的采购制度、组织、人员及工作绩效，做出客观的分析与建议。

6.2.2 采购人员绩效评价方式

采购人员工作绩效的评价方式，可以分为定期评价和不定期评价。

定期评价是配合公司年度人事考核制度进行的。一般而言，如果能以目标管理的方式，也就是从各种工作绩效指标中选择年度重要性比较高的项目中的几个定位绩效目标，年终按实际达到的程度加以考核，那么一定能够提升个人或部门的采购绩效。并且，这种方法因为摒除了"人"的抽象因素，以"事"的具体成就为考核重点，也就比较客观、公正。

不定期评价，是以专案的方式进行的。比如公司要求某项特定产品的采购成本降低10%。当设定期限一到，评价实际的成果是否高于或低于10%，并就此成果给予采购人员适当的奖励或处分。此种评价方法对采购人员的士气有巨大的提升作用，此种不定期的绩效评价方式，特别适用于新产品开发计划、资本支出预算、成本降低的专案。

采购人员的绩效评价方式，也可以采用目标管理与工作表现考核相结合的方式进行。拿某一公司举例说明：

（1）绩效评价说明

① 目标管理考核占采购人员总绩效评价的70%。

② 公司的人事考核（工作表现）占绩效评价的30%。

③ 两次考核的总和为采购人员的绩效，即

$$绩效分数＝目标管理考核×70%＋工作表现×30%$$

（2）目标管理考核规定

① 每年分两次，公司制定年度目标与预算。

② 采购部根据公司营业目标与预算，提出本部门次年度的工作目标。

③ 采购部各级人员根据部门工作目标，制订个人次年度的工作目标。

④ 采购部个人次年度的工作目标经采购部主管审核后报人事部门归档。

⑤ 采购部依《采购目标管理表》，对采购人员进行绩效评价。

（3）工作表现考核规定

① 依公司有关绩效考核的方式进行，参照《员工绩效考核管理办法》。

② 工作表现由直属主管每月对下属进行考核，并报上一级主管核准。

（4）绩效评价奖惩规定

① 依公司有关绩效奖惩管理规定给付绩效奖金。

② 年度考核分数80分以上的人员，次年度可晋升一至三级工资，视公司整体工资制度规划而定。

③ 拟晋升职务等级的采购人员，其年度考核分数应高于 85 分。

④ 年度考核分数低于 60 分者，应调离采购岗位。

⑤ 年度考核分数在 60～80 分者，应加强职位训练，以提升工作绩效。

6.3 采购绩效评价

6.3.1 采购绩效评价的基本概念

绩效（performance）指完成某件事的效益和业绩。采购绩效指采购效益和采购业绩。采购绩效是通过采购流程各个环节的工作所实现预定目标的程度。采购工作整体目标一般是从最合适的地方、以最合理的价格采购质量最好的相当数量的货物，并以最优质的服务，在最合适的时间运送到最佳地点；同时采购工作必须保证公司整体供应，并有助于产品的创新和生产流程的改进。根据采购目标的细述，衡量采购效果和业绩要从货物价格与成本、货物质量、采购物流等方面进行考察。

（1）采购绩效评价的作用

① 采购绩效评价可以有效地保证采购目标的实现。各个单位可根据其性质和状况的不同，设定不同的采购目标。如政府和国有企业的采购偏重于"防弊"，采购的目标是按期、按质、按量；而民营企业的采购目标则注重"兴利"，采购工作除了维持正常的产销活动外，非常注重产销成本的降低。因此，需要针对采购单位所追求的主要目标加以评价，并督促目标的实现。

② 采购绩效评价能提供改进绩效的依据。实行绩效评价制度，可以提供客观的标准来衡量采购目标是否达成，也可以确定采购部门目前的工作绩效如何。正确的绩效评价有助于找出采购工作的缺陷，从而据此拟订改善措施。采购绩效的评价可以产生更好的决策，因为这可以从计划实施后产生的结果中鉴别不同的差异。通过对这些差异的分析，可以判断产生差异的原因，并可以及时采取措施，防止未来的突发事件。

③ 采购绩效评价可以作为奖惩的参考。良好的绩效评价方法，能将采购部门的绩效独立于其他部门体现出来，并反映采购人员的个人表现，成为各种人事考核的参考资料。依据客观的绩效评价，达成公正的奖惩，可以有效地调动采购人员的积极性和开拓性，发挥团队合作精神，进一步地提高整个部门的效能。

④ 采购绩效评价为甄选和培养优秀采购人员提供依据根据。根据绩效评价结果，可以针对现有采购人员的工作能力，拟订培养计划，有针对性地进

行专业性的教育训练，有的放矢地招募人才，建立一支优秀的采购队伍。

⑤ 采购绩效评价促进各部门间的沟通与合作。采购部门的绩效受其他部门配合程度的影响很大，因此，采购部门的职责是否明确，表单、流程是否简单、合理，付款条件及交货方式是否符合企业管理规章制度，各部门的目标是否一致等，都可以通过绩效评价予以判定。同时也可以改善部门之间的合作关系，提高企业整体运作效率。如通过分析那些需要特别检查的发货单，可使付款程序得到更加合理的安排，从而增强采购部门同管理部门之间的协调。

⑥ 采购绩效评价能提高采购人员的士气。公平的绩效评价制度，可以使采购人员的努力成果获得反馈和认可。采购人员通过绩效评价，可以与业务人员或财务人员一样，显示出对公司利润的贡献，成为受到肯定的工作伙伴。由此看出，采购绩效评价不仅对采购工作，而且对企业整体运作和效益都有着不可忽视的影响。

⑦ 采购绩效评价能增强业务的透明度。定期报告计划的内容和实际执行的结果，可以使客户能够核实他们的意见是否被采纳，也可以向客户提供建设性的反馈意见；并且，通过向管理部门提供个人和部门的业绩，有利于增强采购部门的认可程度。

（2）采购绩效评价的影响因素

影响采购绩效评价的一个重要因素，是管理人员如何看待采购业务的重要性及它在企业中所处的地位。管理人员对采购业务的不同期望会对所采用的评价方法和技术产生重要影响。对工业企业的一项调查结果表明，不同企业在采购绩效的评价方面是不同的。导致这种状况的直接原因是各公司在管理风格、组织程度、委托采购上分配的职责不同，而不是由企业的具体特征，如工业类型、生产经营类型等造成的。关于采购业务，目前主要有下面 4 种管理观点：

① 业务管理活动。根据这种观点，评价采购业务的绩效主要取决于与现行采购业务有关的一些参数，比如订货量、订货间隔期、积压数量、现行市价等。

② 商业活动。这种观点把采购业务看成是一种商业活动，管理人员主要关注采购所能实现的潜在节约额。采购部门的主要目的是降低价格，以减少成本的支出。所以，采购时更关注供应商的竞争性报价，以便保持一个满意的价位。采用的主要参数是采购中的总体节约量（通常用每一产品组和每一客户表示）、市价的高低、差异报告、通货膨胀报告等。

③ 综合物流的一部分。管理人员也清楚追求低价格有一定的缺点，它可能导致次优化决策，过于关注价格会导致客户因小失大。降低产品的价格通

常会使供应商觉得产品的质量可能会降低，并会降低供应的可信度。因此，管理人员要向供应商介绍产品质量改进目标情况，尽量减少到货时间并提高供应商的供货可靠度。

④ 战略性活动。这种观点认为，采购业务对于决定企业的核心业务及提高企业的竞争力将产生积极的作用，因为采购业务积极地参与到了产品是自制还是购买决策的研究中。地区性供应商已卷入到了国际竞争之中，在这种情况下，管理人员评价采购绩效主要考虑以下几个方面：基本供应量的变化（通常是减少量）、新的有联系的订有合同的供应商数量及依据已实现的节约额对采购价格底线的贡献大小等。

由于外在因素的影响，那些把采购看成是一项商业活动的企业必须思考的问题是哪些因素决定着当前比较流行的采购评价模式。这些外在因素主要有价格和毛利上的压力、丧失市场份额的压力、材料成本显著降低的要求、供应市场上价格剧烈波动等。这些问题迫使各个管理人员必须关注高水平的采购绩效。另外，一些内在因素也会影响管理人员对采购业务所持有的观点。主要的内在因素有企业实行的综合物流水平、引进和应用现代质量概念的程度、材料管理领域的计算机化程度等。

总之，可以这样说，由于每个企业的采购绩效的评价方法不同，要形成一种统一的方法和评价系统来测量采购绩效是不可能的。

6.3.2　采购绩效衡量指标体系

6.3.2.1　确定衡量指标的基本原则

采购绩效评价指标的设定要考虑采购绩效指标的选择同企业总体采购水平相适应。对于采购体系不太健全的单位，开始可以选择批次、质量合格率、准时交货等来控制和衡量供应商的供应表现，而平均降价幅度则可用于衡量采购部门的采购成本业绩。随着供应商管理程序的逐步健全、采购管理制度的日益完善、采购人员的专业化水平以及供应商管理水平的不断提高，采购绩效指标可以相应地系统化、整体化，并且不断细化。总之，绩效指标的选择要明确、尽量量化，要能得到自己、顾客及相关人员的认同，要现实可行。

确定采购绩效指标目标值时，要考虑以下前提：一是内外顾客的需求，尤其是要满足"下游"顾客如生产部门、质量管理等的需要。二是在原则上，供应商的平均质量、交货等综合表现应该高于本企业内部的质量与生产计划要求。只有这样，供应商才不至于影响本企业的内部生产与质量，这也是"上游控制"。

6.3.2.2　采购绩效衡量指标类别

最初，衡量采购绩效评价标准的研究就提出将成本/价格和供应商质量/

交付绩效作为其最重要的绩效评价判断标准。其实，衡量采购绩效的标准有很多，比如全面质量管理、战略采购方和供应商的关系、货物总成本等，新的衡量工具需要衡量采购部门对公司竞争地位的作用，比如减少从设计到产品的转化周期、供应商引进新的技术、采购周期等，企业可以根据自己的具体目标和当前的采购趋势，将这些衡量标准进行排序，制订出符合企业实际情况的评价标准。一般而言，可以作为衡量采购绩效的标准有：①采购方—供应商双方共同努力降低的材料成本，按材料和供应商分类；②主要供应商按时送货的百分比，按材料分类；③接到有具体预定期限的订单的百分比，按材料分类；④内部的顾客满意度；⑤集中采购带来的材料成本节约；⑥按材料和供应商分类的材料次品率；⑦有文件证明的战略供应伙伴关系的改善；⑧按材料分类的供应商平均提前期；⑨主要供应商认同采购方标准的百分比；⑩恰当的长期合同的数量，按资金数额分类。

根据指标所属类别，可以将采购绩效评价指标分为：

（1）质量绩效指标

质量绩效指标主要是指供应商所提供的产品或服务的质量水平。该指标主要由验收记录和生产记录来判断。验收记录是供应商交货时，为公司所接受或拒收的采购项目数量或百分比；生产记录是在供应商交货后，在生产过程中发现质量不合格的项目数量或百分比。

① 进料验收指标

进料验收指标公式如下：

$$进料合格率＝合格（或拒收）数量/检验数量$$

② 在制产品验收指标

在制产品验收指标公式如下：

$$在制产品合格率－可用（或拒收）数量/使用数量$$

如果以进料质量管制抽样检验的方式，那么产品质量管制发现品质不良的比率，将比进料质量管制采用全数检验的方式高。拒收或拒用比率越高，表明采购人员的质量绩效越差，因为这可能是没有找到理想的供应商。

（2）数量绩效指标

如果企业或政府的采购人员为争取到较大数量的折扣，会因为降低材料采购价格的目的大批进货。这样导致的后果常常是使库存过高，增加库存成本，甚至会发生呆料、废料的情况。针对以上情况，设计如下的绩效指标：

① 储存费用指标

$$储存费用指标＝现有存货利息及保管费用－正常存货水准利息及保管费用$$

② 呆料、废料处理损失指标

呆料、废料处理损失指标＝处理呆料、废料收入－处理呆料、废料损失

存货积压利息及保管费用越大，呆料、废料处理损失越高，表明采购人员的数量绩效越差。但是，这一指标有时候受公司的营业状况、物料管理绩效、生产技术变更或投机采购等因素的影响，并不一定都是采购人员的责任。

（3）时间绩效指标

时间绩效指标是用来评价采购人员处理订单的效率，以及对于供应商交货时间的控制。延迟交货，将影响企业生产经营活动的正常进行；但是，提前交货，也可能导致企业承担不必要的存货成本和提前付款的利息费用。

① 紧急采购费用指标

紧急采购费用指标＝紧急运输方式的费用－正常运输方式的费用

② 停工断料损失指标

停工断料损失指标包括停工期间作业人员的薪金损失等。事实上，除了以上两个指标所包括的直接费用和损失外，停工断料还造成许多间接的损失。比如经常的停工待料，造成顾客订单流失，严重影响企业的信誉，减少企业的交易机会；由于停工延误、市场需求变化而导致的销售额减少、作业人员离职，以及恢复正常作业时必要的机器调整等；紧急采购会使得购入的材料价格偏高，品质欠佳，也会因赶工时间必须支付额外的加班费用等。这些间接的费用和损失都没有包括在这项绩效评价指标内。

（4）价格绩效指标

价格绩效指标是企业最重视及最常见的衡量标准。通过价格绩效指标，可以衡量采购人员议价能力以及供需双方势力的消长情形，通常用年采购总额、各采购人员年采购额、年人均采购额、各供应商年采购额、供应商年平均采购额、各采购物品年度采购基价及年平均采购基价等指标反映。这些数据一般是作为计算采购相关指标的基础，同时也是展示采购规模、了解采购人员及供应商负荷的参考数据，是进行采购过程控制的依据和出发点。而控制性指标如平均付款周期、采购降价等，则是展示采购改进过程及其成果的指标。

① 年采购额包括生产性原材料与零部件采购总额、非生产性采购总额（如设备、备件、生产辅料、软件、服务等）、原材料采购总额占产品总成本的比例等。原材料采购总额还可按不同的材料进一步细分为包装材料、电子类零部件、塑胶件、五金件等，也可按采购付款的币种分为人民币采购额及其比例、不同外币采购额及其比例。原材料采购总额按采购成本结构又可划

分为基本价值额、运输费用及保险额、税额等。此外，年采购额还可分解到各个采购员及供应商，算出每个采购人员的年采购额、年人均采购额、各供应商年采购额、供应商年平均采购额等。

② 采购价格包括各种各类原材料的年度基价、所有原材料的年平均采购基价、各原材料的目标价格、所有原材料的年平均目标价格、各原材料的降价幅度及平均降价幅度、降价总金额、各供应商的降价目标、本地化目标、与伙伴企业联合采购额及比例、联合采购的降价幅度等。

③ 付款方式包括平均付款周期、目标付款期等。

（5）采购效率指标

质量、数量、时间和价格绩效都是以采购人员的工作效果来衡量的。采购工作效率的衡量可以采用采购效率指标，下面所列示的各项指标可以衡量在达成采购目标的过程中各项活动的水准或效率：

① 采购金额。

② 采购金额占销货收入的百分比。

③ 订购单的件数。

④ 采购人员的数量。

⑤ 采购部门的费用。

⑥ 开发新供应商的数目。即为使供应来源充足，对唯一来源的材料，通常要求采购人员必须在一定期限内增加供应商数量。这个评价指标，也可以通过唯一来源的材料占所有同类材料的比率来衡量。

⑦ 采购完成率。采购完成率可以通过本月累计完成件数和本月累计请购件数比较得出。其中完成件数有两种计算标准，一种是由采购人员签发请购单计算，另一种是在供应商交货验收完成后才计算。采购完成率是衡量采购人员努力工作的重要标准。但是，如果采购人员为提高采购的完成率，使议价流于形式或草率就得不偿失。因此，若无停工断料问题，完成率稍低也没多大关系。

⑧ 错误采购次数。错误采购次数是指采购人员没有按照有关的请购采购作业程序处理的采购，比如错误的请购单位、没有预算的资本支出、没有经过请购单位主管核准的采购、没有经过采购单位主管核准的请购单等。这样的错误采购次数应该努力使之降为 0。

⑨ 订单处理的时间。由采购活动水准上升或下降，可以清楚地了解采购人员工作的压力、动力和能力，而这一点对于改善或调整采购部门的组织与人员有很大的参考价值。

6.3.2.3　采购绩效衡量指标体系

广泛应用的构建指标方法主要是关键业绩指标法（KPI）、平衡计分法

（BSC）、作业成本法（ABC）、经济价值增值法（EVA）和杠杆法等。综合以上各种方法利弊，可构建出采购绩效衡量指标体系，具体如图 6-1 所示。

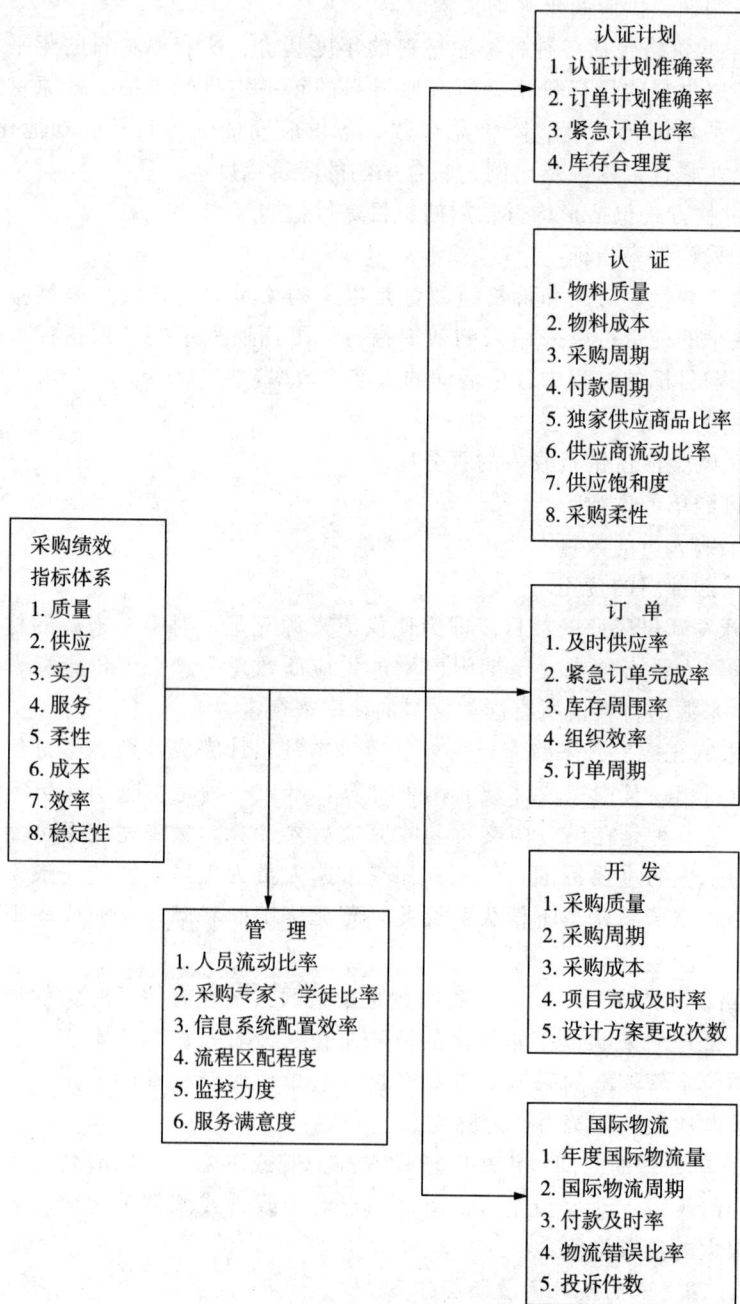

认证计划
1. 认证计划准确率
2. 订单计划准确率
3. 紧急订单比率
4. 库存合理度

认证
1. 物料质量
2. 物料成本
3. 采购周期
4. 付款周期
5. 独家供应商品比率
6. 供应商流动比率
7. 供应饱和度
8. 采购柔性

采购绩效指标体系
1. 质量
2. 供应
3. 实力
4. 服务
5. 柔性
6. 成本
7. 效率
8. 稳定性

订单
1. 及时供应率
2. 紧急订单完成率
3. 库存周围率
4. 组织效率
5. 订单周期

开发
1. 采购质量
2. 采购周期
3. 采购成本
4. 项目完成及时率
5. 设计方案更改次数

管理
1. 人员流动比率
2. 采购专家、学徒比率
3. 信息系统配置效率
4. 流程区配程度
5. 监控力度
6. 服务满意度

国际物流
1. 年度国际物流量
2. 国际物流周期
3. 付款及时率
4. 物流错误比率
5. 投诉件数

图 6-1 采购绩效衡量指标体系

6.3.2.4 采购绩效衡量的标准

制定了绩效评价的指标之后，就必须考虑依据什么样的绩效标准作为与目前实际绩效的比较基础。一般，企业运用的标准如下：

（1）历史绩效标准

选择公司以往的采购绩效作为评价目前绩效的基础，是企业常用的十分有效的做法。通过与以往采购绩效的比较，可以看出企业现在的采购水平是提高了还是降低了；如果分开项目比较，如比较现在的采购材料成本和以前的材料成本，现在的经营成本与以前的经营成本，现在的采购周期和以前的采购周期，还可以看出企业应该在哪些方面再接再厉，在哪些方面需要继续努力，在哪些方面需要作改进。但是，这种方法只适用于公司的采购部门，包括组织、目标和人员等均没有重大变动的情况下，否则就没有价值了。

（2）标准绩效标准

如果企业过去没有做过类似的绩效评价，或者过去的绩效资料难以取得，或者企业的组织机构、组织职责、采购人员发生了较大的变动，那么，以历史绩效作为评价标准是行不通的。这时，可以采取预算或标准绩效作为评价的标准。标准绩效的确定，一般可以采取以下几种方法：①固定的标准。所谓固定标准，就是一旦确定了标准，在一般情况下就不再变动了。这种方法简便易行，容易与过去指标进行对比，找出差距、进步或失误。但是，企业的情况是千变万化的，市场信息也是瞬息万变的，因此这种固定的标准恐怕难以适应变化的环境。②理想的标准。所谓理想标准，是指在完美的、具备一切条件的工作环境下，企业应有的绩效。这种方法易于激励员工的工作积极性，促使其最大限度地发挥工作潜力。但是，"完美的"工作环境，一般的企业是很难具备的，因此对于员工来说这样的标准未免过于遥远，易导致工作的挫折感。③可实现的标准。所谓可实现的标准，就是指在现有的条件环境下，企业可以达到的标准。通常可以依据当前的绩效加以适当的修改。这种方法是比较可行的，应该说是综合了以上两种方法的优点。这一标准使员工感到是可行的，它既不像固定标准那样一成不变，难以适应迅速变化的环境，也不像理想标准那样可望而不可即。

（3）行业平均绩效标准

历史绩效是绩效的纵向比较，而"行业平均绩效"就是横向的比较。如果其他同行业的公司在采购组织、采购职责以及人员配备等方面都与公司有相似之处，那么公司就可以与同业的平均绩效水平进行比较，从中看出自己的采购工作成效上的优劣。当然，不同的公司都有各自的特性，即使是同业中非常相似的公司也是这样，这就要求公司不能一概而论，要对比较的结果作深入的分析和对比,不能盲目做结论。

（4）目标绩效标准

这里所提出的目标绩效和预计或理想的绩效不同。前者是指在现有的情况和条件下,必须经过一番特别艰辛的努力才能达到的,否则就无法完成;而后者是指在现有的情况下,"应该"可以达到的工作绩效。所以说,前者是更注重实际的标准。目标绩效通常代表公司的管理层对采购部门追求最佳绩效的期望值。这个标准的制订通常是以同行业最佳的绩效水平为标准。

6.3.3 采购绩效评价体系

制订了采购绩效衡量的指标体系,确立了采购绩效评价的标准,接下来就是要做好评价工作。对采购绩效评价必须按照一定的要求和流程,组织相关人员,选择一定的方式,按照评价指标和标准,公正、公平、公开地开展工作。

6.3.3.1 采购绩效评价的基本要求

根据美国采购专家威尔兹的研究,采购绩效评价的基本要求主要包括:第一,采购主管必须具备对采购人员工作绩效进行评价的能力。第二,采购绩效评价必须遵循以下基本原则:①绩效评价必须持续进行,要定期审视目标达成程度。当采购人员知道会定期地评价绩效,自然能够致力于绩效的提升。②必须从企业整体目标的观点出发进行绩效评价。③评价必须持续不断而且长期地进行。④评价尺度。评价时,可以使用过去的绩效为尺度,也可以过去的绩效作为评价的基础,更可以采用与其他企业的采购绩效比较的方式进行评价。

6.3.3.2 采购绩效评价的工作流程

采购绩效评价是对采购工作进行全面系统地评价、对比,从而判定采购所处整体水平的一种做法。可通过自我评价、内审、管理评审等方式进行。评价审核一般依据事先制订的审核评价标准或表格,对照本企业的实际采购情况逐项检查、打分,依据实际得分并对照同行或世界最高水平找出自己的薄弱环节进行相应改进。采购绩效衡量与评价的流程如图 6-2 所示。

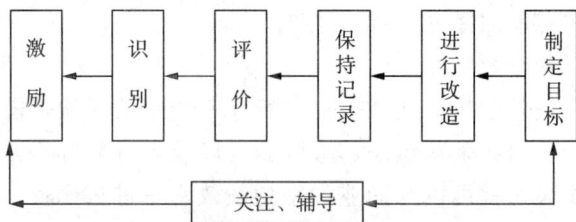

图 6-2 采购绩效衡量与评价的流程

采购绩效评价工作流程通常包括以下几个过程：

（1）制定目标。参照企业战略、经营计划、工作目标、上次采购绩效评价或采购绩效评价工作流程目标、关键工作、最新工作描述、职位说明等制定目标。

（2）进行沟通。参与各方面进行有效持续的正式和非正式评价沟通。

（3）保持记录。观察绩效表现，搜集绩效数据，将任何采购绩效的痕迹、印象、影响、证据、事实完整地记录下来，并做成文档。

（4）评价。通过检查、测评、绩效考核、绩效会议等进行对比、分析、诊断、评价。

（5）识别。识别在各个领域中的缺点和优点，并得以确认。

（6）激励。包括激励、负激励、报酬、教导、训诫、惩罚等手段。

（7）关注辅导。观察、关心评价对象，引导、教导、帮助评价对象，利用组织和员工的特长来开发他们的潜能。

6.3.3.3　采购绩效评价体系的类型

（1）效率导向绩效评价体系

效率导向绩效评价体系强调成本和采购部门的经营效率，是评价采购绩效的传统方法。采购绩效的评价就是看采购材料的成本是否降低了，经营成本是否减少了，采购时间是否缩短了。采购材料的成本包括材料的价格、材料的库存成本、材料的运输报关等费用。材料的成本降低，可以直接降低产品和服务的成本，为企业的利润做出贡献。经营成本包括办公费、邮寄费、差旅费、代理费，以及由于采购计划变更而导致的谈判、重新协商等管理成本。采购时间是指从接到采购要求到安排采购的这段时间。

运用效率评价采购绩效的企业，可以制定确切的量化的与效率相关的具体目标，比如，企业可以规定采购部门要在一个月或一年内将某种特定材料的价格降低 1%，或者减少经营费用 1 万元，或者缩短采购周期。这种评价方法简单明了，可以直观地看到采购部门的绩效。但是，正是因为量化的指标太绝对，从而忽视了其他一些影响到具体目标的定性指标。

（2）实效导向绩效评价体系

实效导向评价体系评价采购部门对利润的贡献、与供应商的关系及质量和顾客满意水平。在这一评价体系中，重点是降低采购材料的价格。同时，在这一评价体系中，可以直接或间接地评价采购部门对利润的贡献水平。采购企业的效益可以来自降低经营成本或材料成本，提高其他绩效，如提高材料质量，减少次品数量以使顾客满意；缩短供货提前期，使消费者认为物超所值，从而提高销售额。实效体系认为净利润是公司的整体目标，而不是采购部门的目标。对比目标价格和实际支付价格或目标节约成本和实际节约成本，为评价绩效和提出改进建议或意见提供有用信息。

评价供应商关系需要看关系双方。衡量供应商绩效不仅包括传统的质量、价格、交货提前期和准时性、运输成本等方面，还包括通讯和合作等更为本质的东西。在此过程中，由采购部门提供给供应商的服务质量也要通过相应的标准进行评价和测量。

此外，绩效评价的一项重要的标准是顾客满意度，这也是市场营销观念演变的结果。尽管实效导向绩效评价体系中纳入了这样一条评价标准，但在实际中这项标准却很难操作。如果采购人员作出的决定提高了最终产品质量，就有可能对消费者满意度产生积极影响，促使消费者更多地购买或向其他人推荐本企业的产品或服务，提高企业的销售额。当然也不能忽视另外一个方面，如果采购人员注重的是降低采购价格，那么最终采购的产品可能质量或可靠性有所降低，而这无疑会伤害消费者的感情，降低消费者的满意度。所以说，采购部门和供应商的这种关系很难量化。

（3）复合目标绩效评价体系

复合目标绩效评价体系是以上两种评价体系的结合。也就是说，这种评价体系同时考虑了效率和实效的评价。这种多重的评价体系将定量的标准和定性的标准结合起来，有助于给决策层提供客观的依据。但是，这种评价体系也有缺陷，那就是它所结合的两个目标——效率和实效常常彼此冲突。比如，采购人员比较关注于以最低的成本获得货物或所需的材料，那么，在效率这个目标上，采购成本得到的评价就会很高；但是这种价格采购也许会引起对利润贡献的消极评价，因为价格低就存在产品质量低劣、次品率提高的风险，这样做的结果就是导致消费者满意度降低，而这一标准显然是实效方面的。存在这样的问题，并不代表这种方法不可行。对于企业或者采购部门来说，或者对于具体从事采购绩效评价的部门来说，关键就是认真、全面地构造一个多重目标绩效评价体系，避免效率和实效的冲突。

（4）自然绩效评价体系

自然绩效评价体系中不提供目标或标准，采购者仅被告知将会对其采购绩效进行评价。现在许多企业由于没有建立一套完整可行的评价标准，就暂时采用这种方式进行评价。众所周知，如果没有具体的目标，也没有绩效评价和反馈，就不能对工作进行及时的总结，而采购人员也就不可能发挥其最大的潜力。

6.3.3.4 采购绩效评价系统的建立

（1）采购绩效评价系统的建立方法

常见的采购绩效评价系统的建立方法有：①管理人员主观评定。由管理人员确定采购业务的目标和策略，并把这些目标和策略应用于采购活动。②专家评定。采购活动的目标由具有丰富采购经验的专家来确定。③时间序列分析。采购绩效目标的评价以历史数据为基础，根据过去的行为来推断将来的行为，并假设过去活动中某种趋势将会在未来几年内持续下去。④同行业不同企业之间的比较。以一个特定背景的采购组织为参考，作为比较的依据。同行业不同企业之间的比较使用得越来越广泛，并且已被普遍认可。企业通常是在一段时间内对特定的方法进行追踪分析，从趋势分析中可以形成标准和规范，如通过对历史数据的推测分析，形成一个系统化的绩效评定系统。

（2）采购绩效评价系统的建立步骤

①通过细致的分析，管理人员必须决定哪些活动最重要，并且要保证评价活动的公正。②必须决定数据报告的频率和格式，以及哪些人员将承担这些职责。③一旦前面的决定已经作出，就要形成一个系统化的程序来收集在评价过程中可能使用的大量历史数据和统计数据。④管理人员必须找出这些数据之间的相互关系以及分析手段和目的之间的联系，同时区别采购效果和采购效率。⑤进入分析阶段，对每一种方法进行分析并作出相应的改进。这一阶段要避免使用非常复杂和庞大的测量方法，简单是关键。⑥在执行的过程中，通过适当的随访，定期向使用者报告结果。整个过程可以自我完善。在形成和实施制订的标准和计划后，要对产生的结果重新进行审视，对已经形成的标准和方法不断地进行提炼和改进，这样数据的收集、分析与方案的提炼改进就形成了一个精确而复杂的循环。

6.3.4　采购绩效的改进措施

6.3.4.1　改进采购绩效的途径

采购绩效的改进可以从 3 个方面入手：第一，营造良好的组织氛围，充分发掘潜力；第二，以同行最佳指标为奋进点，不断寻找差距，优化工作方法；第三，对采购物料供应绩效进行测评，通过排行榜方式，奖励先进，鞭策落后。

任何采购组织，包括供应商，融洽、和谐、流畅的工作气氛是搞好各项工作的基础。如果采购组织内部存在剧烈的矛盾，采购人员与供应商之间互相不信任、缺乏合作诚意，工作人员的首先感觉是"如履薄冰，处处小心行事"，本来全部精力应放在工作上，但事实上却严重地分散了注意力。

采购工作人员要经常把自己的业绩与同行高水平相比，不要对已取得的成绩沾沾自喜，采购行业高手很多，特别是有过多年跨国采购经验的高级职员，他们的经验值得借鉴学习。

采购组织的管理职能部门，应定期对采购人员业绩、供应商业绩进行衡量，并进行排名，再辅以相应的奖罚制度，如此一来，采购业务会不断改善，有时会有想象不到的意外效果。

6.3.4.2 改进采购绩效的措施

(1) 质量改善措施

质量的好坏，多用"不合格数与总来料数的比率"来衡量。因此，可以采取以下办法：

① 依据质量"比率"大小对供应商进行排名，并定位出前几名最差供应商，令其在规定的时间内进行改善，否则降级处分。

② 对有希望的供应商帮助其进行质量改进，派出相关技术人员、质量管理人员、采购人员等组成的小组，现场分析研究，与其一起制订改善方案。

③ 帮助供应商推行 ISO9000 标准的实施。

(2) 成本降低措施

① 按照"比率"对供应商进行排名，对前几名最差供应商的合同价格的合理性进行分析研究，定位原因所在，并令其限期改进。

② 对表现较好、没有欺诈行为的供应商，通过帮助其改善加工工艺、包装运输方式等途径来降低物料成本。对于有欺诈行为的供应商，要进行罚款、警告、降级直至除名等处分。

对于确实无法进行成本改进的物料，重新调查其社会供应群体，认证新的供应商群体。

(3) 挑选供应商措施

挑选供应商，多采用"及时供应率"来衡量供应的好坏。其计算公式为：

及时供应率＝（生产物料及时供应数/生产物料需求总数）×100%

可采取的改进方法如下：

① 依据"及时供应率"数值大小对供应商进行排名，定位前几名最差供应商，分析原因所在，对属于供应商原因造成物料供应不及时，责令供应商限期改善。

② 对于属于计划原因造成物料供应不及时，应和计划部门一起商讨对策，如在需求时间上作优化调整以及通过预测需求等手段加以改善。

③ 对于市场行情较好的物料，其稳定性要求较高，应提前一段时间向供应商作预测提醒，以便供应商安排适量的库存。

④ 如有可能，对于地址较近的供应商应优先选取，以方便进行供应协调。

（4）增加采购柔性

采购柔性的计算公式如下：

$$采购柔性 = \left(1 - \frac{生产高峰供应及时率 - 生产低峰供应及时率}{平均供应及时率}\right) \times 100\%$$

通过以下措施可增强采购柔性：

① 向供应商群体的投单量不大于供应商群体订单容量的 60%（推荐数值）。

② 拓展生产物料供应商，重点物料保证由 3 家以上供应商供应，避免采取独家供应商或生产饱和的供应商供货。

③ 加强对社会供应群体的调查研究，认证适量的供应商作为备用。

（5）衡量实力措施

针对具体物料供应商设计"实力问卷调查表"，根据以下 8 个方面：技术水平、管理水平、设备厂房环境配置、样件质量、二次开发能力、指标稳定性、合作意识、沟通能力，通过打分方法获得供应商的实力量化数值。

（6）评价服务措施

针对具体物料供应商设计"服务问卷调查表"，根据以下 8 个方面：物料维修配合、物料更换配合、设计方案更改配合主动性、合理化建议数量、上门服务程度、公正性竞争表现、使用培训表现、服务意识，通过打分方法获得供应商的服务指标量化数值。

（7）评定采购工作效率措施

采购工作效率的计算公式为：

$$采购工作效率 = （期间物料成本总额/期间工作总人数）\times 100\%$$

通过以下改进方法可以提高采购工作效率：

① 调查同行业平均水平和最高水平，分析研究，寻找差距。

② 大多采购工作效率数值正常度与采购流程设置的合理性有关。流程简单实用，采购工作效率就会提高。

（8）测定人员流动比率

人员流动比率的计算公式为：

$$人员流动比率 = （年流入供应商/流出人数）/总人数 \times 100\%$$

采购人员进出比率取值范围为 7%～15%，总体保持平衡，并与业务需求相匹配。

① 若采购人员进出比率低于 7%，则可能因为违反"流水不腐"的自然原则，而发生思想、技术老化等问题，进而影响采购质量、成本、供应及时等。

② 若采购人员进出比率高于 15％，则可能因为采购技术的交替传播环境不成熟，从而导致工作人员采购操作熟练程度不够等问题。

（9）测定供应商流动比率

供应商流动比率的计算公式为：

$$供应商流动比率＝（年流入供应商/流出供应商）×100％$$

供应商流动比率取值范围有待研究，总体上应保证采购业务的正常开展，机械、电子、软件的供应商流动比率各不相同。

① 供应商流动比率常值低于 20％，理想数值为"0"。

② 和设计工艺人员一起研究，通过改变元器件参数或加工工艺方法，提高物料的标准化程度，使物料能找到更多的供应商。

③ 对垄断技术供应商尽量不采用，仅非常必要时才发展独家供应商。

④ 独家供应商比率在某种程度上也反映企业产品技术的层次。新专利、新技术组件独家供应的程度较高；反之，一般技术的物料不会产生独家供应商。

（10）确定订单周期

"物料订单周期"是在认证人员与供应商签订认证合同时所确定采购物料从下单到完成入库的时间差额。

① 机械、电子、软件类物料采购周期不尽相同，应针对不断变化的实际情况，实地考察物料的生产流程和工艺方法，兼顾包装运输环境等情况，制订较为切实可行的订单周期。

② 订单周期作为谈判条件之一，应在认证合同中反映出来。

（11）提高紧急订单完成率的措施

紧急订单完成率的计算公式为：

$$紧急订单完成率＝（紧急订单及时完成数/紧急订单数）×100％$$

提高紧急订单完成率的措施如下：

① 选择具有先进设备的供应商，将能实现高的紧急订单完成率。

② 备货是一种快捷反应方式，对市场上的急单可以及时满足。

（12）提高库存周转率措施

库存周转率的计算公式为：

$$库存周转率＝（年销售额/年平均库存值）×100％$$

提高库存周转率的措施如下：

① 根据市场预测计划和采购市场的供应行情，及时进行采购资源抢占，

以支持市场的销售计划，减少呆料。

② 掌握产品的生命周期，对需求不大的老产品，采购计划的制订要小心谨慎。

【案例分析】

提高采购绩效四大纲领

埃森哲在为客户提供供应链咨询服务的过程中和对《财富》杂志评出的500强企业的调查中发现，采购绩效优异的公司在以下4个方面有独到之处：

（1）建立统一的测评机制

在大多数企业中，CEO和负责采购的副总或其他高层主管，对采购业绩各有自己的评价标准。在某种程度上，这属于正常现象，因为企业的高层管理人员总有一些与所担任的职位相联系的具体目标，而对不同的事情有不同的优先考虑顺序。很多公司都要应对这种采购评价标准的不连贯状况。在这方面走在前面的公司，CEO和采购主管使用同一个平衡记分卡（balanced scorecard）来评价绩效，以便使每一个人都能够以大致相同的方式理解采购信息。纵贯全公司的平衡记分卡帮助各个不同的业务部门调整它们处理业务轻重缓急的顺序，制定目标和期望，鼓励有利于业务开展的行为，明确个人和团队的责任，决定报酬和奖励，以及推动不间断的改进。

（2）积极的领导作用

有眼光的采购领导的第一件任务，也是最重要的一件任务，是确立全局的采购策略。一般而言，这个策略应该围绕企业如何采购物资和服务，如何提高绩效水平来规范业务实践、政策，优先考虑的事情和做事情的方法。其中最重要的一点，是要把采购和整个供应链管理结合起来。企业采购供应链管理（procurement supplier chain management）是以采购产品为基础，通过规范的定点、定价和订货流程，建立企业产品需求方和供应商之间的业务关系，并逐步优化，最终形成一个优秀的供应商群体的方法。

（3）创造性地思考组织架构

采购业务做得好的公司，最常用的组织架构形式是根据同类物品划分组织。这种架构使公司可以在全局范围内聚合采购量，并且有利于集中供应基地；也有利于采购人员发展深入的行业、产品和供应商知识，并且学会怎样用同一种声音与供应商对话。但是，这种方式也有不足之处。例如，因为要与公司内不同事业部的内部客户打交道，协调和合作可能比较困难。地处一隅的用户可能会觉得自己离供应商的选择和管理流程太遥远，因而可能会禁不住想独自与外界的供应商发展和保持关系。为了应付这种挑战，有些公司尝试进行采购知识，如招标、合同、谈判、服务等培训，这些知识能帮助增加地方用户的接受程度，降低发展关键技能所花的时间和资源，有助于在分散的采购环境中培养符合法律和道德规范的行为。

（4）全企业范围内的整合

为了让有效率的、从企业出发的采购理念取得优势地位，领先的公司常常依靠覆盖全企业范围的采购团队。这些团队的成员包括采购、工程和产品开发的代表。不定期的会有财务、销售、分销和 IT 的人员参与。这些团队一起决定采购策略优先考虑的事项，设计物料占有成本模式，发展品种策略，并设计供应商选择标准。

问题：

埃森哲认为提高采购绩效的途径主要有哪些？

复习思考题

1. 简述采购绩效评价的目的。
2. 简述采购绩效评价的标准。
3. 简述采购绩效评价的指标。
4. 采购绩效评价组织由哪些人员组成？
5. 提高采购绩效可采取哪些措施？

第 7 章　专题采购

在采购的实践操作中，有几类采购活动由于技术、组织或者环境的特殊性使得采购管理与其他采购活动管理存在差别。特别是随着这些因素的发展和进步，这些采购管理形成了本章的专题采购。

7.1　电子采购

7.1.1　电子采购概述

电子采购是指在网络平台基础上直接进行的采购，利用数字化技术将企业、海关、运输、金融、商检和税务等有关部门有机连接起来，实现从浏览、洽谈、签约、交货到付款等全部或部分业务自动化处理。

网络技术，尤其是互联网技术的诞生为采购电子化的实现提供了充分的技术保障。自互联网技术应用于商业以来，一直都以其积极的姿态向前发展并保持着良好的发展势头和潜力。毋庸置疑的是，无论在国外还是在中国，越来越多的商业交易将透过互联网进行，即交易电子化。而在这交易电子化的价值链中，电子采购作为最前端的发生点，必将对整个的交易链起到举足轻重的作用。

7.1.2　电子采购的发展

（1）EDI

电子采购最先兴起于美国，它的最初形式是一对一的电子数据交换系统，即 EDI，该电子商务系统大幅度地提高了采购效率，但早期的解决方式价格昂贵、耗费庞大，且由于其封闭性仅能为一家买家服务，令中小供应商和买家止步。为此，联合国制订了商业 EDI 标准，但在具体实施过程中，关于标准问题在行业内及行业间的协调工作举步维艰，因此，真正商业伙伴间的EDI 并未广泛开展。20 世纪 90 年代中期，电子采购开始兴起，供应商通过联网，来提高其产品的信息透明度、市场涵盖面。近年来，全方位综合电子采购平台出现，买卖双方借此可以方便地进行电子采购服务。

（2）全方位综合电子采购平台

其以独立于买卖双方的第三方地位，帮助企业以实惠的价格在网上获得快速信息交换，有效简化供应链，从而降低整个产品成本。其好处包括：提高市场透明度，让购买方更全面地了解供应市场；通过大量买方和卖方聚集在线上交易市场，保证市场内部供求的有效衔接；冲破地理和语言障碍，使供应商和采购商在全球范围内寻找商业伙伴并与之交易，有利于我国供应商打进国际市场；通过信息共享改善资源分配；大大缩短供货周期；大大提高合同或订单的标准化率，同时极大提高竞标效率和整个竞标过程的透明度和公平性。

电子采购是一种在 Internet 上创建专业供应商网络的基于 Web 的方式。它能够使企业通过网络，寻找合格的供货商和物品，随时了解市场行情和库存情况，编制销售计划，在线采购所需的物品，并对采购订单和采购的物品进行在途管理、台账管理和库存管理，实现采购的自动统计分析。实施电子采购，不仅方便、快捷，而且交易成本低，信息公开程度透明，的确是一种很有发展前途的采购方式。

7.1.3 电子采购的模式

在实践中，常见的电子采购的模式有：（1）卖方一对多模式；（2）买方一对多模式；（3）第三方系统门户；（4）企业私用交易平台；（5）反向拍卖。而电子采购的实现形式主要有：（1）卖方系统（Sell-side system）。供应商为增加市场份额，对计算机网络作为销售渠道而实施的电子商务系统，它包括一个或多个供应商的产品或服务。登录卖方的系统通常是免费的。使用这一系统的好处是访问容易，能接触更多的供应商，买方无需任何投资。（2）买方系统（Buy-side system）。企业自己控制的电子商务系统，它通常连接到企业的内部网络（Intranet），或企业与其贸易伙伴形成的外部网络（Extranet）。这一系统通常由一个或多个企业联合建立，目的是把市场的权力和价值转向买方。如 GE 塑料全球供应商网络、美国三大汽车公司的全球汽车零配件供应商网络。这一系统的好处是快速的客户响应、节省采购时间和利于对采购过程进行控制和跟踪；缺点是大量的资金投入和维护成本。（3）第三方系统（Third-party system/Portals）。

第三方采购系统有以下不同类型：①采购代理，其为企业提供了安全的网络采购场所，另外也提供诸如在线投标和实时拍卖等服务。②联盟采购，一组不同的企业把他们要采购的相似的商品在数量上累加，以增强集体购买力，这种系统通常由几家企业共同开发和维护。③中介市场，由专业的网络公司建立，用来匹配企业和多个供应商的在线交易。

7.1.4　电子采购的优缺点

电子采购既是电子商务的重要形式，也是采购发展的必然趋势。相对传统采购来看，电子采购作为一种先进的采购方式，其优势主要体现在价格透明、效率高、竞争性强、节约成本等方面。

（1）价格透明

通过电子采购交易平台进行竞价采购，可以使竞争更完全、更充分，获得更为合理的低廉价格。据统计，电子采购价格平均降幅为 20% 左右，可大大节省采购开支。

电子采购可以通过设定不同的报价披露规则发现价格。或是所有的报价公开，供应商实时看到别人的报价，并据此调整自己的报价；或是所有的报价不公开，但是供应商可以实时了解自己报价的排序，并据此调整自己的报价。披露报价或是披露报价排序，可以有效增加价格竞争的激烈程度和透明度，有助于采购商获得最为合理的优惠价格。同时还可以采取网上竞价的方式，网上竞价平台是网上交易方式中最快捷、应用最普遍的一种交易方式，就是运用反向拍卖原理，邀请数家供应商在规定的时间内轮番报价，最终以最低报价者获得订单，使采购商获得理想的价格。

（2）效率高

电子采购不是对人工采购的简单替代，而是重构采购流程，通过信息化再造，摒弃传统采购模式中影响采购效率和效益的不利因素，建立科学的采购流程和商务模式。

电子采购已经成为各国进行政府采购的主要方式。网上询价、网上谈判和网上招标等利用电子数据交换系统进行市场交易的电子采购，与人工采购相比，缩短了空间距离，节省了竞标谈判时间，减少了对电话传真等传统通讯工具的依赖，提高了采购效率。在由用户注册、信息发布、电子订单、反向拍卖、电子合同、电子招投标、履约诚信系统以及商品行情库等 8 大子系统构成的政府采购交易平台上，采购人只需几分钟就可以完成采购。而供应商只需轻点鼠标，就可了解采购信息，并进行投标。这样的效率在传统采购中是不可想象的。这不仅为采购人员，也为供应商节省大量的时间成本和人力成本。采购、竞标变得前所未有的快速、高效和公平，供求双方之间的信息更加透明，能够更加规范采购程序的操作和监督，大大减少采购过程中的人为干扰因素，可避免采购与竞标中的不公正性，促使供应商把更多的精力放在产品的技术含量及品质上。同时还可以帮助供应商清楚地了解市场需求及企业本身在交易活动中的成败得失，不断积累采购经验，对各种电子信息进行分析、整理和汇总，促进企业采购的信息化建设。因而，借助信息技术开展电子采购，可以提高采购效率，降低采购成本。

（3）竞争性强

电子采购有利于规范采购行为，增强采购的竞争性。传统的采购方式很难控制，隐蔽性较强，各个环节在实际操作中也不是很规范。通过电子采购，可以充分利用其公开透明和竞标的特点，促使供应商不再为贿赂而挖空心思，而把精力放在如何进行公平交易上，从而大大降低采购的交易成本，增强了采购的竞争性。电子采购不仅可以丰富采购的形式，更重要的是可以借此建立一整套网络采购规章制度，规范采购行为。同时，利用网络开放性的特点，使采购项目形成了最有效的竞争，有效地保证了采购质量。

（4）节约成本

电子采购大大降低了采购成本，降低采购成本应考虑参与采购的各种因素，其中包括降低直接成本（如货品的总价等），降低间接成本（完成采购工作所需要支出的费用，如减少了采购需要的书面文档材料），缩短采购周期，降低后续成本等。电子采购作为采购方式的创新对于降低采购成本具有决定性意义。

此外，电子采购还能对采购资源进行优化整合。电子采购为选择最佳信誉和质量的供应商提供了可靠的数据支持。配合实行供应商准入制度，建立健全供应商档案。供应商档案除有编号、详细联系方式和地址外，还有付款条款、交货条款、交货期限、产品质量标志、绿色环保标志、银行账号等。每一个供应商档案应经过严格的审核才能归档，并经常更新，保持动态平衡。通过监控供应商履约情况，不但可以了解当时采购、竞标的详细信息，还可以查询以往交易活动的记录，这些记录包括中标、交货、履约等情况，可以全面了解供应商，在此基础上可以根据供应商的资信整合市场采购资源。

一般来说，相对完备的电子采购解决方案通常包括产品目录管理、供应商管理、组织结构管理、采购过程管理（包括招标、竞价等采购方式）、采购数据分析、ERP 数据交互、信息发布、移动短信、邮件服务等多个功能模块。同时，系统灵活的再建功能、开放的平台设计、方便通用的网关配置，可以保证该系统的外延性和可扩展性。

从兼顾效率和成本的角度来说，通过网络进行采购是必然趋势。电子采购的基础是以计算机和国际互联网为中心的高效信息管理系统。采购信息系统一般由采购项目管理信息子系统、采购信息发布子系统、采购订单管理子系统和采购审计监督子系统组成。没有一套高效的信息管理系统，降低采购成本如同纸上谈兵。

　　总之，电子采购与现有人工方式相比，更有利于规范采购行为，降低采购成本。要充分利用现代信息技术，改变以人工操作为主的采购形式，实现采购的电子化，提高工作效率，实现无纸化交易，建设节约型社会。

　　任何技术方法都存在着两面的性质，当然电子采购也存在着其不足。电子采购的劣势可概括为以下两点：第一是存在敏感的或私有的信息被盗或被泄露的风险。第二是电子采购缺乏情感，因为人际的相互交流被机器的交易替代了。

7.1.5　电子采购的实施步骤

　　（1）进行采购分析与策划，对现有采购流程进行优化，制定出适宜网上交易的标准采购流程。

　　（2）建立网站。这是进行电子采购的基础平台，要按照采购标准流程来组织页面。可以通过虚拟主机、主机托管、自建主机等方式来建立网站，特别是加入一些有实力的采购网站，通过他们的专业服务，可以享受到非常丰富的供求信息，起到事半功倍的作用。

　　（3）采购单位通过互联网发布招标采购信息（发布招标书或招标公告），详细说明对物料的要求，包括质量、数量、时间、地点，对供应商的资质要求等。也可以通过搜索引擎寻找供应商，主动向他们发送电子邮件，对所购物料进行询价，广泛收集报价信息。

　　（4）供应商登录采购单位网站，进行网上资料填写和报价。

　　（5）对供应商进行初步筛选，收集投标书或进行贸易洽谈。

　　（6）网上评标，由程序按设定的标准进行自动选择或由评标小组进行分析评比选择。

　　（7）在网上公布中标单位和价格，如有必要对供应商进行实地考察后签订采购合同。

　　（8）采购实施。中标单位按采购订单通过运输交付货物，采购单位支付货款，处理有关善后事宜。按照供应链管理思想，供需双方需要进行战略合作，实现信息的共享。采购单位可以通过网络了解供应单位的物料质量及供应情况，供应单位可以随时掌握所供物料在采购单位中的库存情况及采购单位的生产变化需求，以便及时补货，实现准时化生产和采购。

7.1.6　电子采购的平台

　　（1）协同招投标管理系统

　　协同招投标管理系统是一个协同的、集成的招标采购管理平台，使各种类型的用户（包括组织者、采购业主、投标商、审批机构等）都能在同一且个性化的信息门户中一起协同工作，摆脱时间和地域的限制。协同招投标管理系统，以招投标法为基础，融合了招投标在我国的实践经验，实现了整个招标过程的电子化管理和运作，可以在线实现招标、投标、开标、评标和决标等整个复杂的招标投标流程，使招标的理念和互联网技术完美结合，从时间、价格、质量上都全面突破了传统的招投标方式，最大限度实现招标方的利益。协同招投标管理系统以自主开发的国内领先的工作流系统作为系统的核心，可以帮助客户快速高效地实现各种复杂的招标投标流程，包括各种内部审批流程。

（2）企业竞价采购平台

企业竞价采购平台是一个供应商之间以及供应商和采购商之间互不见面的网上竞价采购管理平台，使供应商可以远程地参与采购竞价。竞价采购，又称反拍卖采购技术（RAT），是由采购招标和网上竞价两部分有机结合在一起的采购方式。它用电子商务取代以往的谈判公关，帮助采购商最大限度地发现卖主，并引发供应商之间的竞争，大幅度降低采购成本，同时有力地变革了采购流程，是对企业具有跨时代意义的零风险采购辅助手段。在传统招标采购中，供应商总是在确保低价中标的同时尽量争取价格最高，并且由于比值、比价、招投标过程较长、供应商之间相互见面等因素，容易产生供应商之间价格同盟，因此不能在最大范围内挑起各投标方的反复竞价，从而使降价空间缩小，导致采购品降价不足；而 RAT 技术则是根据工业采购品的不同特点，由采购商制定产品质量标准、竞价规则，通过 B2B 的方式，使采购商得以更好地发现卖主，并挑起供应商竞争。成交价格可以是一个，也可以是一组，对供货方来说只有竞争价格是透明的，博弈阵容对其并不透明，从而很好地强化了降价竞争，使采购品价格大大降低。经过各个卖主之间一番激烈的降价竞争，一条降价曲线会自动输出，竞价结果客观、公开，不再需要人为的议标过程。

（3）电子目录采购系统

电子目录采购系统是一套基于国内领先工作流技术的集办公自动化、产品目录管理、供应商管理以及电子采购于一体的综合解决方案。可以帮助客户快速高效地实现内部采购供应系统的任意商业运作流程及业务规则，搭建符合其自身需求的包括招标采购、竞价采购、商务谈判在内多种采购方式的在线采购平台，并能有效地管理供应商和产品目录。主要功能模块包括工作流引擎、可视化流程定义工具（WFVISIO）、流程监控工具（WFMONITOR）、流程节点定义、信息发布系统、视图定义、综合查询统计定义、文档自动生成、电子文档管理、组织结构管理、权限管理、供应商管理、专家管理、产品目录管理、在线投标、开标大厅、在线评标、竞价大厅、谈判大厅、合同管理、采购效果分析、项目任务管理、日志管理、在线编辑器等。

7.2　招标采购

7.2.1　招标采购的概述

招标，投标的对称。为某项工程建设或大宗商品买卖，邀请愿意承包或交易的厂商出价以从中选择承包者或交易者的行为。程序一般为：招标者刊登广告或有选择地邀请有关厂商，并发给招标文件，或附上图纸和样品；投标者按要求递交投标文件；然后在公证人的主持下当众开标、评标，以全面符合条件者为中标人；最后双方签订承包或交易合同。

招标在一定范围内公开货物、工程或服务采购的条件和要求，邀请众多投标人参加投标，并按照规定程序从中选择交易对象的一种市场交易行为。

招标分为公开招标和邀请招标。

公开招标，是指招标人以招标公告的方式邀请不特定的法人或者其他组织投标。

邀请招标，是指招标人以投标邀请书的方式邀请特定的法人或者其他组织投标。

招标人有权自行选择招标代理机构，委托其办理招标事宜。招标代理机构是依法设立从事招标代理业务并提供服务的社会中介组织。

招标采购是指采购方作为招标方，事先提出采购的条件和要求，邀请众多企业参加投标，然后由采购方按照规定的程序和标准一次性地从中择优选择交易对象，并提出最有利条件的投标方签订协议等过程。整个过程要求公开、公正和择优。招标采购是政府采购最通用的方法之一。

一个完整的竞争性招标采购过程由供应商调查和选择、招标、投标、开标、评标、定标、合同授予等阶段组成。

7.2.2　招标采购分类

（1）按招标范围分类

根据招标范围可将采购方式统一规范为公开招标采购、选择性招标采购和限制性招标采购。世界贸易组织的《政府采购协议》就是按这种方法来对政府采购方式进行分类的。

公开招标采购，是指通过公开程序，邀请所有有兴趣的供应商参加投标。

选择性招标采购，是指通过公开程序，邀请供应商提供资格文件，只有通过资格审查的供应商才能参加后续招标；或者通过公开程序，确定特定采购项目在一定期限内的候选供应商，作为后续采购活动的邀请对象。选择性招标方式确定有资格的供应商时，应平等对待所有的供应商，并尽可能邀请更多的供应商参加投标。

限制性招标采购，是指不通过预先刊登公告程序，直接邀请一家或两家以上的供应商参加投标。实行限制性招标采购方式，必须具备相应的条件，这些条件包括：公开招标或选择性招标后没有供应商参加投标、无合格标；供应商只有一家，无其他替代选择；出现了无法预见的紧急情况；向原供应商采购替换零配件；因扩充原有采购项目需要考虑到配套要求；属于研究用的试验品、试验性服务；追加工程，必须由原供应商办理，且金额未超过原合同金额的50%；与原工程类似的后续工程，并在第一次招标文件已做规定的采购等。

（2）按投标人范围分类

招标性采购按投标人的范围，分为国际竞争性招标采购、国内竞争性招标采购、国际限制性招标采购和国内限制性招标采购。国际竞争性招标采购是指没有国籍限制，采购实体通过国际性媒体公开发布招标公告，邀请所有符合要求的供应商参加投标的一种采购方式。国内竞争性招标采购是指采购实体使用本国文字在国内主要媒体上发布招标公告，邀请国内所有符合要求的供应商参加投标的一种招标采购方式。国际限制性招标采购是指采购单位不发布招标公告而直接邀请国外供应商参加投标的一种采购方式。国内限制性招标采购是指采购实体不发布招标公告而直接邀请国内供应商参加投标的一种采购方式。

7.2.3 招标采购作业流程及其优缺点分析

招标采购一般按照招标、投标、开标、评标、定标和签订合同等步骤组织实施。

（1）招标

①发布招标公告（或投标邀请函）。公开招标应当发布招标公告（邀请招标发布投标邀请函）。招标公告必须在财政部门制定的报刊或者媒体上发布。

②资格审查。招标人可以对有兴趣投标的供应商进行资格审查。资格审查的办法和程序可以在招标公告（或投标邀请函）中载明，或者通过指定报

刊、媒体发布资格预审公告，由潜在的投标人向招标人提交资格证明文件，招标人根据资格预审文件的规定对潜在的投标人进行资格审查。

③发售招标文件。在招标公告（或投标邀请函）规定的时间、地点向有兴趣投标且经过审查符合资格要求的供应商发售招标文件。

④招标文件的澄清、修改。对已售出的招标文件需要进行澄清或非实质性修改的，招标人一般应当在提交投标文件截止日期15天前以书面形式通知所有招标文件的购买者，以澄清或修改内容为招标文件的组成部分。这里应该特别注意的是，必须是在提交投标文件截止日期前15天发出招标文件的澄清或修改部分。

（2）投标

投标人应该按照招标文件的规定编制投标文件，投标文件应载明的事项有：投标函；投标人资格、资信证明文件；投标项目方案及说明；投标价格；投标保证金或者其他形式的担保；招标文件要求具备的其他内容。投标文件应在规定的截止时间前密封送达投标地点。这里特别要注意的是，招标公告发布或投标邀请函发出日到提交投标文件截止日，一般不得少于20天，即等标期最少为20天。

（3）开标

检查投标文件的密封情况后，按招标通知书中规定的时间、地点，邀请投标方代表参加开标会，当众宣读供应商名单、有无撤标情况、提交投标保证金的方式是否符合要求、投标项目的内容、价格等内容，并合理地解释投标文件中还不甚明确的地方。以电传、电报等方式来投标的，不予开标。开标时应做好开标记录，内容包括：项目名称、招标号、刊登招标通告的日期、购买招标书的单位及其报价、收到招标书的日期及其处理情况。开标仪式由招标人主持，邀请采购人、投标人代表和监督机关（或公证机关）及有关单位代表参加。评标委员会成员不参加开标仪式。开标仪式的主要程序如下：

①主持人简要介绍招标项目的基本情况，宣布开标仪式开始；

②介绍参加开标仪式的领导和来宾；

③介绍参加投标的投标人单位名称及投标人代表；

④宣布监督方代表；

⑤宣布开标人、唱标人、监标人、记标人及有关注意事项；

⑥宣布评标标准及评标办法；

⑦检查投标文件的密封和标记情况；

⑧按递交投标文件的逆顺序开标；

⑨工作人员按照开标顺序唱标；

⑩监督方代表、领导和来宾讲话。

（4）评标

开标仪式结束后，由招标人召集评标委员会，向评标委员会移交投标人递交的投标文件。评标应当按照招标文件的规定进行，由评标委员会独立进行评标。评标的基本内容和程序如下：

①审查投标文件的有效性。

②对投标文件的技术方案和商务方案进行审查。

③询标。评标委员会可以要求投标人对投标文件中含义不明确的地方进行必要的澄清，但澄清不得超过投标文件记载的范围或改变投标文件的实质性内容。

④综合评审。评标委员会依据招标文件的规定及询标时所了解的情况，对投标文件进行综合评审和比较。

⑤评标委员会根据综合评审和比较情况，得出评标结论。评标结论中应具体说明收到的投标文件数、符合要求的投标文件数、无效的投标文件数及其无效的原因、评标过程的有关情况、最终的评审结论等，并向招标人推荐1～3个中标候选人（应注明排列顺序，并说明按这种顺序排列的原因以及最终方案的优劣比较等）。

（5）定标。招标人对评标委员会提交的评标结论进行审查，按照招标文件规定的定标原则，在规定时间内从评标委员会推荐的中标候选人中确定中标人，在确定中标后应将中标结果书面通知所有投标人。

（6）签订合同。中标人应当按照中标通知书的规定，并依据招标文件的规定与采购人签订合同。中标通知书、招标文件及其修改和澄清部分、中标人的投标文件及其补充部分是签订合同的重要依据。

7.3　国际采购与全球化采购

7.3.1　国际采购概述

7.3.1.1　国际采购的背景及含义

国际市场的形成是社会分工逐渐细化以及社会化大生产发展的必然结果，它打破了国与国之间的界限，使世界各国之间的经济联系日益密切。世界各国都积极主动地参与国际交流和国际合作，努力开拓国内、国外两个市场，充分利用国内、国外两种资源，以加速本国经济与世界经济的接轨，加入国际大流通。经济全球化的发展趋势，促使各国企业以及各国政府的采购工作向国际采购的方向发展。

国际采购是指利用全球的资源，在全世界范围内寻找供应商，寻找质量最好、价格合理的产品和服务。

7.3.1.2　国际采购的缘由、优势及发展障碍

（1）国际采购的缘由

沃尔玛的全球采购中心去年底从香港地区搬到深圳；家乐福不仅在上海设立全球采购中心，而且计划今年内再建立 10 个区域性全球采购中心；麦德龙把上海和天津作为中国南北区域采购供应的枢纽。跨国公司在中国采购的"胃口"也越来越大，2001 年，沃尔玛的采购额达到 103 亿美元（还有说是近 200 亿美元），家乐福为 35 亿美元，麦德龙为 50 亿元人民币。

制造业企业同样热衷于中国采购。摩托罗拉早就声称，2006 年前在华采购将达到 100 亿美元；杜邦公司在中国采购的物品早已不限于为其产品配套的原材料和零部件，还涉及在本土建厂房的建筑材料。中国采购前景应该是乐观的：一方面，中国产品价廉物美是人所共知的，中国被称为"世界工厂"也已不是新鲜事；另一方面，跨国公司在中国采购量远远没有达到理想的水平，比如在零售集团们的全球采购中，中国供应量仅为 3%——潜力还足够大。

国际采购流行有如下几个原因：

① 品质。国外产品的性能是国内生产的同类型产品所达不到的。

② 成本。国际采购的商品可能因订购量大、工资低、生产力高、工厂好或货币兑换率的原因而便宜。

③ 时间。国外供应商有及时交货的可靠性。

④ 扩大供应基地。这是战略上的原因，为了拥有具有竞争力的供应基础及保证供给，开发国际供应商是必须的。

⑤ 补充供应缺口。国内生产可能满足不了需求，其差额必须要用国外资源来补充。

⑥ 互惠贸易。以货易货、冲销或互惠贸易。

（2）国际采购的优势

① 价格优势。对发达国家来说，国外供应商提供产品的总成本要比国内低一些，主要因为：发展中国家劳动力成本低很多；由于汇率的影响，许多企业购买国外产品更为有利；国外供应商所提供的设备和工艺比国内厂家的效率更高；国际上有些原材料供应商将生产集中在某些商品上，从而实现经济学意义上的自然垄断，可以将出口商品定位在一个相对较低的价位上以便大量出口。

② 质量优势。在某些产品上，国外供应商的产品质量更稳定，比如以色列的滴水灌溉设备相对更好一些。

③ 特色优势。某些原材料，特别是自然资源，国内没有储存，只能从国外大量进口。

④ 供应优势。受设备及生产能力所限，在一般情况下，国外的大型供应商交货速度要比国内快。

⑤ 技术服务优势。由于国际化分工的不断发展，特定专业的专有技术在不断变化，领先的国家也不断交替。

⑥ 营销优势。为了能在其他国家出售本国产品，企业可能会答应向那些国家的供应商采购一定金额的货物。

⑦ 竞争优势。引进国外供应商带来的竞争，通常会给国内的供应商施加压力。

（3）国际采购发展的障碍

① 语言沟通问题。各国文化差异的存在，共同遵循的行为规则不同，特定人群的利益、习惯、价值观、交流方式和谈判风格不同，不同的文化、语言或专有名词都会造成沟通问题。

② 货币问题。至少一方要使用外币进行计价、结算和支付。而整个交易会有一个期限，外币与本国货币的汇率会在这个期限内发生变化，因此存在汇兑风险。

③ 价格水平不同。商品价格以商品的国际价值为依据，随着国际市场上商品供求关系的变化而变化，具有更大的价格风险。

④ 贸易手续复杂。除了国内采购几乎所有的手续和程序外，国际采购还涉及进出口许可证的申请、货币兑换、保险、租船订舱、商品检验、通关、争议处理等复杂手续和相关事宜。

⑤ 运输成本问题。国际采购意味着长距离的商品运输，必须考虑由此带来的时间成本和费用成本。

⑥ 前置时间较长。运输时程不确定，无法预估各种不同活动所需的时间，所以国际采购需要更多的沟通协调。

7.3.1.3 国际市场采购的特点

不论是建立企业自身的区域性或全球性采购系统，或进入跨国企业集团的供应链，成为稳定的供应商或销售商，还是成为跨国公司在中国设立的采购中心的供应商或者成为联合国采购供应商，又或成为国际采购组织和国际采购经纪人的供应商。这些是各个货主企业的终极追求——进入国际采购系统。要想进入国际采购市场，必须了解国际采购的特点、趋势。

国际采购特点有以下几个方面。

（1）从为库存而采购到为订单而采购

在商品短缺的状态下，为了保证生产，必然形成为库存而采购，但在如今供大于求的状态下，为订单而采购则成了一条铁的规律。在市场经济条件下，大库存是企业的万恶之源，零库存或少库存成了企业的必然选择。制造订单的产生是在用户需求订单的驱动下产生的。这种准时化的订单驱动模式可以准时响应用户的需求，从而降低了库存成本，提高了物流的速度和库存周转率。

（2）从对采购商品的管理到对供应商外部资源的管理

由于供需双方建立起了一种长期的、互利的战略伙伴关系，因此供需双方可以及时把生产、质量、服务、交易期的信息实现共享，使供方严格按要求提供产品与服务，并根据生产需求协调供应商的计划，以实现准时化采购。最终使供应商进入生产过程与销售过程，实现双赢。

零缺陷供应商战略是目前跨国公司采购与供应链管理中的共同战略，是指追求尽量完美的供应商，这个供应商可以是生产商，也可以是分销商。在这种战略下需要管理好供应资源：价值流，服务流，信息流和资金流。

"价值流"代表产品和服务从资源基地到最终消费者整个过程中的价值增值性流动，包括多级供应商对产品和服务的修改和包装、个别定制、服务支援等增值性活动。

"服务流"主要指基于客户需求的物流服务和售后服务系统，即产品和服务在多级供应商、核心企业以及客户之间高速有效的流动以及产品的逆向流动，如退货、维修、回收、产品召回等。

"信息流"指建立交易信息平台，保证供应链成员间关于交易资料、库存动态等信息的双向流动。

"资金流"主要是现金流动的速度以及物流资产的利用率。

（3）从传统采购到电子商务采购

传统的采购模式的重点放在如何和供应商进行商业交易的活动上，特点是比较重视交易过程中供应商的价格比较，通过供应商的多头竞争，从中选择价格最低的作为合作者。传统的采购模式采购过程是典型的非信息对称博弈过程。其特点是，验收检查是采购部门的一个重要的事后把关工作，质量控制的难度大；供需关系是临时的或短时期的合作关系，而且竞争多于合作；响应用户需求能力迟钝。

电子商务采购系统目前主要包括网上市场信息发布与采购系统、电子银行结算与支付系统、进出口贸易大通关系统以及现代物流系统。

（4）采购方式从单元化到多元化

传统的采购方式与渠道比较单一，但现在迅速向多元化方向发展，首先表现在全球化采购与本土化采购相结合。

（5）普遍注重采购商品的社会责任环境

据统计，全球超过 200 家跨国公司已经制定并推行公司社会责任守则，要求供应商和合约工厂遵守劳工标准，安排公司职员或委托独立审核机构对其合约工厂定期进行现场评估，即我们常说的工厂认证或验厂。其中，家乐福、耐克、锐步、阿迪达斯、迪斯尼、美泰、雅芳、通用电气等超过 50 家公司已经在中国开展社会责任审核，有些公司还在中国设立了劳工和社会责任事务部门。根据专家估计，目前中国沿海地区已经有超过 8 000 家企业接受这类审核，超过 50 000 家企业将随时接受检查。

7.3.1.4 国际市场采购需要注意的几个问题

（1）供应商的选择是否合适

进行有效采购的关键问题应该是选择高效、负责的供应商。获得国际供应商的方法基本上和选择国内供应商的方法相同。为了获得更多的背景资料，最好的办法就是到供应商所在地进行实地调查。

（2）交货时间是否准时

虽然运输和通讯的发展使全球采购中的交货时间得以缩短，但是还会有一些因素会引起国际采购的交货时间延长。

（3）政治问题

供应商所在国的政治问题可能使供应产生中断的风险。例如供应商所在国发生战乱或者暴动等。采购者必须对风险做出估计，如果风险过高，购买者必须采取一些措施监视事态的发展，以便及时对不利事态做出反应并寻找替代办法。

（4）隐含成本过高

在将国内采购和国际市场采购作比较时，往往会忽略国际市场采购中的某些成本计算，或者有时也会出现一些突发事件使国际采购的成本增加，这些都是国际市场采购的隐含成本。

（5）汇率波动

采购方必须就采用买方国家的货币还是供应方国家的货币作出选择。如果交款时间比较短，就不会出现汇率波动问题。但是如果交款时间比较长，汇率就会产生比较大的变动，交货结算时的价格相对合同签订时就会有很大的出入。此外还有付款方式、文本工作的费用、法律问题、语言等。

7.3.2　全球化采购的概念

全球采购，一般是指不包括企业行为的"官方采购"，如联合国、各种国际组织、各国政府等机构和组织，为履行公共职能，使用公共性资金所进行的货物、工程和服务的采购。采购的对象包罗万象，既有产品、设备等各种各样的物品，也有房屋、构筑物、市政及环境改造等工程，还有种种服务。全球采购不再是什么新鲜事物，跨国公司在全球采购元器件和产成品已有数年经验。最近，经济的不景气更是为这一趋势推波助澜。降低成本成为大多数公司 21 世纪以来的首要任务，这使低成本国家的供应商变得非常具有吸引力，中国是这一趋势中的最大受益者。

7.3.5.1　全球化采购的特征

（1）多重货源

目前在全球经济体系范围内，尤其是在美国和欧洲，越来越多的企业在实行外包采购时考虑的已不仅仅是以成本控制为目的，而是在提升企业运作效率和满足企业快速增长的需求上起到更直接的作用，这使得企业在货源开发上更倾向于一体化而不是个体化。这一变化可以从过去 3 年中平均每个外包项目的总金额逐年下降中可见一斑，这是由于越来越多的企业不再像以前那样将一个大项目统统外包给一个供应商，而是将这个大的外包单子分拆成几个小单子分别外包给不同的供应商。例如，Computer Wire 公司专门对业内订单进行日常追踪，该公司在 2005 年中追踪报道的超过 10 亿英镑的订单有 15 起，而这个数字在 2004 年和 2003 年分别是 25 起和 29 起。又如 ABN Amro 公司在 2005 年，除了与 EDS 公司维持现有的台式电脑业务之外，还同另外 5 家供应商签订了 5 年的合作协议。2006 年，GM 外包项目总金额将达 150 亿英镑，也是分包给几家不同的供应商。业界预估，到 2008 年，70% 的企业将使用至少 4 家 IT 服务供应商，其中大约只有 30% 的企业具备足够的管理技术来运作这些多重货源（multi-sourcing）项目。要真正使多重货源策略发挥功效，企业需要投入更多资源，加强执行力度，培养相关管理技术。

（2）业务流程外包

在多重货源采购不断增长的同时，业务流程外包（BPO）也在快速增长。而且 BPO 在以传统的前台业务外包为主的市场形势下，后台业务的外包也逐渐发展起来了。对 BPO 持续增长起主要支撑作用的是 HR 外包（HRO），HRO 近年来发展迅速，采购业务外包（PO）的发展仍然比较缓慢。大多数企业都认识到，采购业务外包有两大潜在的利益，其一是节省采购操作的成本，其二是通过重新谈判在所购买的物料或服务上节省更多成本。一般来讲，一个大型企业每年采购的间接支出大约占采购总金额的 20％，如果通过外包的手段可以将该支出比例降低为 10％，那么，采购外包可以成为企业发展的较好选择。财务业务的外包对企业也是有可能的，目前，很多中小型企业也采用了这种模式。

（3）离岸外包

专业调查和报道显示，离岸仍然是目前全球外包市场的主流。该市场上印度继续保持领先，中国紧随其后。印度的外包市场经历了 3 个阶段的演变。第一阶段，发展一流的程序开发技术，以便在国外公司寻求低成本服务时与其合作。第二阶段，印度本地公司提供低档次的后台服务，包括客户呼叫中心、资料记录、投诉受理等。第三阶段，即当前阶段，是提供各种复杂多样的服务。

有一个现象值得关注，现在的外包市场中，客户对离岸采购已经不再需要反复斟酌，而是把它看做服务解决方案的一个理所当然的组成部分。客户更多的是让供应商来为自己作出选择，并决定采用何种形式的离岸采购才能够达到既定目的。

（4）供应商主导

目前，世界级大公司仍然占据采购市场的主导地位，比如 IBM、EDS、CSC 等，它们是全球采购市场的主角。就整个供应商群体而言，被国际大公司和快速成长的离岸地供应商夹在当中的那些中等层次的供应商形势甚为窘迫。这些中等层次的供应商在多重货源采购中可以占一席之地，但要做到多重货源采购，他们必须着力于降低成本，提高利润率和市场占有率。而世界级供应商和印度本土供应商则野心勃勃地通过兼并来扩大他们的实力及在某些领域的规模，尤其是在硝烟弥漫的 HR 外包市场。兼并和市场合并是未来采购大趋势之一。

（5）数据的保密性和安全性

数据的保密性和安全性（data privacy and security）在全球采购中将受到越来越广泛的重视。世界各国采取各种手段对违反国际间交易数据的保密性行为予以制止。无论哪个国家，在这点上是公认的，如果跨国交易的数据保密性出现问题，那必然导致严重的损失，包括各种各样的罚款，客户丢失，甚至诉讼。事实上，此类事件更严重的在于信誉受损，因此，不难解释为什么现在客户对数据保密性措施的关注比任何时候都强烈。

综合来看，离岸采购已经在全球采购市场中扎根，随着 BPO 外包的快速发展，近岸采购和离岸采购的有机结合将成为未来采购的重要趋势。离岸采购的交付和运输模式迫使供应商的价格必须具有竞争优势，客户在这些交易中也变得越来越精明。无疑，未来的市场将仍然维持买方市场，企业在进行采购和资源开发时必须要考虑清楚自己的定位，这样才能在采购市场中获得最大利益。

此外，全球采购具有以下性质。

（1）全球范围内采购。采购范围扩展到全球，不再局限于一个国家一个地区，可以在世界范围内配置自己的资源。因此，我们要充分利用国际市场、国际资源，尤其是物流随着经济全球化进入到全球物流时代，国内物流是国际物流上的一个环节，要从国际物流角度来处理物流具体活动。

（2）风险性增大增强。国际采购通常集中批量采购，采购项目和品种集中、采购数量和规模较大，牵涉的资金比较多，而且跨越国境、手续复杂、环节较多，存在许多潜在的风险。

（3）采购价格相对较低。全球采购是在全球配置资源，所以可以通过比较成本方式，找寻价廉物美的产品。

（4）选择客户的条件严格。全球采购的供应商来源广，所处环境复杂。因此，制定严格标准和条件去竞选和鉴别供应商尤其重要。

（5）渠道比较稳定。虽然供应商来源广，全球采购线长、面广、环节多，但由于供应链管理的理念兴起，采购商与供应商形成战略合作伙伴关系，因而采购供应渠道相对比较稳定。

7.3.5.2　全球化采购的趋势

全球化采购使国际制造商的采购战略发生了显著变化，具体内容表现在 4 个方面：

（1）集中采购趋势非常明显。许多全球制造商想方设法提高采购批量，以充分发挥其价格谈判的能力。实现这一目标通常有 3 个途径：1）集中一个公司不同事业部或不同地区的某些特定类型元器件的采购数量；2）通过一家供应商采购；3）尽可能使各产品的元器件标准化，以实现标准化器件更高的采购批量。但这一做法受到新产品设计阶段元器件选择的限制。

（2）整合供应商以获得成本优势。现在，许多全球制造商将供应资源集中起来，只与少数几家供应商打交道。3 年前，Palm 公司 80％的采购支出分散到 150 家供应商，去年已经聚集到 50 家。从这项战略中受益的还有旭电、伟创力等大型 EMS 公司，它们从 OEM 那里获得大笔制造业务，对成本非常敏感。通常，为维持采购成本的优势，大型 EMS 公司对采购条件要求非常苛刻，他们提出的"总成本"模式反映了这一变化。如今，EMS 公司不再根据元器件报价选择供应商，而包括物流和废品率的总供应成本管理成为选择供应商的要素。此外，要求供应商不断改进和发展也是 EMS 提出的新要求。例如，旭电公司对供应商的要求除了低成本之外还包括可靠性、平均故障间隔时间、交货期执行情况、准时送货表现、计划灵活性和降低库存风险等。

（3）为与供应商互动，全球制造商迅速采用基于 IT 系统的采购流程，如在线询价和在线拍卖变得越来越普遍。在线采购给 OEM 和 EMS 公司带来的主要利益是：由于供应商彼此竞争，OEM/EMS 公司能够快速识别和评估供应商，从而加速采购流程并获得巨大节约。

（4）在中国设立国际采购中心。随着在中国采购量的大幅增长，国际大型 OEM 公司跨越中间商直接进行采购。对它们中的大多数来说，起初，在中国采购只是为了利用设在中国的工厂支持全球组织的元器件采购。然而，其结果并不令人满意，因为全球组织的要求和本地制造公司的考虑总存在不一致。

7.4　政府采购

7.4.1　政府采购概述

政府采购，也称公共采购，它是以政府机构或履行政府职能的部门为主体，作为市场经济国家管理政府公共支出的一种基本手段，最早的政府采购法律规范可追溯到 1761 年美国的《联邦采购法》。据有关资料介绍，各国政府采购的资金一般占 GDP 的 10% 以上，实行政府采购制度可节约资金 10% 左右。随着各国政府在市场经济发展过程中角色的不断变化，采购制度的目标和作用也发生相应的变化。同时，政府不断改进其采购方式，采购制度的规则也在不断的更新。

7.4.1.1　政府采购的概念

政府采购（Government Procurement）是指国家各级政府为从事日常的政务活动或为了满足公共服务的目的，利用国家财政性资金和政府借款购买货物、工程和服务的行为。政府采购不仅是指具体的采购过程，而且是采购政策、采购程序、采购过程及采购管理的总称，是一种对公共采购管理的制度。完善、合理的政府采购对社会资源的有效利用，提高财政资金的利用效果起到很大的作用，因而是财政支出管理的一个重要环节。

上述定义包括以下几层含义：

（1）实行政府采购制度的，不仅仅是政府部门，还应包括其他各级各类国家机关和实行预算管理的所有单位。

（2）政府采购资金不仅包括预算内资金，同时把使用预算外资金进行政府采购的活动列入政府采购统一管理的范围。

（3）强调购买方式的转变。将过去由财政部门供应经费，再由各个单位分散购买所需货物、工程和服务的方式，转变为在政府的管理和监督下，按照规定的方法和程序，集中购买和分散购买相结合统一的管理模式。

7.4.1.2　政府采购的特点

政府采购是相对于个人采购、家庭采购、企业采购和团体采购而言的一种采购管理制度，与个人采购、家庭采购、企业采购或团体采购相比，政府采购具有公共性、特定性、非营利性、社会性、广泛性、行政性、规范性、影响力大等特点。

（1）资金来源的公共性

政府采购的资金来源为财政拨款和需要有财政偿还的公共借款，这些资金的最终来源为纳税人的税收和政府公共服务收费，在财政支出中具体表现为采购支出，即财政支出减去转移支出的余额。而私人采购的资金来源于采购主体的私有资金（Private Fund）。实际上，从本质上来讲，正是采购资金来源的不同，才将政府采购和私人采购区别开来。

（2）采购主体的特定性

政府采购的主体，也称采购实体，是依靠国家财政资金运作的政府机关、事业单位和社会团体、公共机构等部门。

（3）采购活动的非营利性

任何资金的使用都存在着管理者责任问题。营利性市场组织通过优胜劣汰的市场机制，体现资金管理者责任及资金的使用效率。而对于非营利性的政府采购管理也就成为一种弥补市场不足的必要，政府采购的目的不是盈利，而是为了实现政府职能和公共利益。

（4）政府采购的社会性

政府采购的社会性实际上是蕴含在其非营利性特征中，其为非商业性采购，不以营利为目标，不是为卖而买，而是通过采购活动为政府部门提供消费品或向社会提供公共利益。

（5）采购对象的广泛性

政府采购的对象包罗万象，既有标准产品也有非标准产品，既有有形产品也有无形产品，既有价值低的产品也有价值高的产品，既有军事用品也有民用产品。为了便于管理和统计，国际上通行的做法是按其性质将采购对象分为 3 大类：货物、工程和服务。

（6）行政性

私人采购可以按照个人的爱好、企业的需求做出决定。但是，政府采购作为组织性选择就不能按照个人意志行事。因此，政府采购决策运用是政府部门办公决策的一种行政运行过程。

（7）规范性

政府采购不是简单地一手交钱一手交货，而是按照有关政府采购的法规，根据不同的采购规模、采购对象及采购时间要求等，采用不同的采购方式和采购程序，使每项采购活动都规范运作，体现公开、竞争的原则，接受社会的监督。

（8）影响力大

政府采购不同于个人采购、家庭采购、企业采购或团体采购，它是一个整体。政府采购的主体是政府，是一个国家内最大的单一消费者，购买力非常大。据统计，欧共体各国政府采购的金额占其国内生产总值的 14% 左右（不包括公用事业部门的采购）；美国政府在 20 世纪 90 年代初每年用于货物和服务的采购就占其国内生产总值的 26%～27%，每年有 2 000 多亿美元的政府预算用于政府采购。正因为如此，政府采购对社会经济有着非常大的影响，采购规模的扩大或缩小，采购结构的变化对社会经济发展状况、产业结构以及公众生活环境都有着十分明显的影响。正是由于政府采购对社会经济有着其他采购主体不可替代的影响，它已成为各国政府经常使用的一种宏观经济调控手段。

7.4.1.3 政府采购的模式

国外政府采购一般有 3 种模式：集中采购模式，即由一个专门的政府采购机构负责本级政府的全部采购任务；分散采购模式，即由各支出采购单位自行采购；半集中半分散采购模式，即由专门的政府采购机构负责部分项目的采购，而其他的则由各单位自行采购。中国的政府采购中集中采购占了很大的比重，列入集中采购目录和达到一定采购金额以上的项目必须进行集中采购。

为了了解政府采购的行为特征，需要明确区分下列几个基本概念：

（1）采购人，是指使用财政性资金采购物资或者服务的国家机关、事业单位或其他社会组织。

（2）政府采购机构，是指政府设立的负责本级财政性资金的集中采购和招标组织工作的专门机构。

（3）招标代理机构，是指依法取得招标代理资格，从事招标代理业务的社会中介组织。

（4）供应人，是指与采购人可能或者已经签订采购合同的供应商或者承包商。

7.4.1.4　政府采购的目标

政府采购目标是关于政府采购所要达到的境地，它具有将政府采购理论与实践联系起来的特性。政府采购目标是政府采购研究的出发点，是对政府采购政策、法律、实务的逻辑统驭。

政府采购目标从理论上可以分为基本目标和具体目标。基本目标是在政府采购理论和实践中处于支配地位和导向作用的目标。它是政府采购所要达到的终极境界，直接制约政府采购的具体目标。具体目标是对政府采购基本目标的表达和实现，是在基本目标的统驭下，从事政府采购活动所要达到的直接目标。政府采购基本目标和具体目标共同构成政府采购目标体系。在这个体系中，基本目标是对具体目标共性的抽象与概括，具体目标是对基本目标的具体体现。

政府采购基本目标必须根据政府采购本质特征来确立。政府采购的本质是支持本国产品，保护本国产业，有助于实现国家的经济和社会发展政策目标，包括保护环境，扶持不发达地区和少数民族地区，促进中小企业发展等。美国 1933 年颁布了《购买本国产品法》，要求美国联邦政府采购要购买美国产品。德国尽可能地将采购合同授予本国企业，2003 年德国内部 97.4% 的合同授予了本国企业。日本充分利用政府采购例外条款保护本国企业。法国将 60% 份额的政府采购合同授予本国的中小企业。印度政府规定政府各级官员必须使用国产汽车，严禁使用进口汽车。阿根廷规定只要本国产品的价格不高于进口产品的 5%，必须优先购买本国产品。我国《政府采购法》第 10 条规定："政府采购应当采购本国货物、工程和服务"。许多国家还在采购中使用首购和定购方法支持自主创新企业和产品。这些都证明了政府采购决不是一种简单的变换采购方法的制度，它是通过政府采购制度调控国民经济，实现支持本国产品，保护本国产业的目的。从政府采购本质出发，调控国民经济，支持本国产品，保护本国产品的结果必然会促进民族工业的发展，进而促进整个经济的发展和社会的进步。因此，从政府采购本质特征出发，政府采购的基本目标是促进发展。

发展是指事物由小到大，由简到繁，由低级到高级，由旧物质到新物质的运动变化过程。在不同时期和不同国家，对发展有不同的认识。胡锦涛同志提出了科学发展观的重大战略思想，对发展的科学内涵和精神实质进行了全新而系统的诠释。科学发展观，第一要义是发展，核心是以人为本，基本要求是全面协调可持续，根本方法是统筹兼顾。从科学发展观出发，政府采购的基本目标是促进全面协调可持续发展。全面发展是指各方面都要发展，而不是片面的、局部的发展。协调发展是指各方面的发展要相互适应，各个环节的发展要有机衔接，各个阶段各个步骤的发展要良性运行。可持续发展是指发展进程要有持久性、连续性。全面协调可持续发展，是经济、政治、文化、社会等方面的发展与人的全面发展的辩证统一，是发展的速度和结构质量效益相统一，是经济发展与人口资源环境相协调。

政府采购具体目标是基本目标的表现形式，是对基本目标的具体化。具体目标随着时代的变化而变化，随着国家政治、经济、社会的变革而相应调整。当前，我国政府采购的具体目标主要有 3 个，即源头治腐、公共管理和政策功能。

(1) 源头治腐。政府采购制度从 1999 年开始就是作为从源头上防治腐败的制度改革和创新。党的十五届六中全会通过的《中共中央关于加强和改进党的作风建设的决定》中明确指出，推行政府采购制度是党风建设的一项重要内容。政府采购制度坚持公平、公开和公正的原则，通过建立采购人、采购代理机构和供应商之间相互制约、相互监督的机制，必将有效地避免和消除政府采购过程中因信息不对称、暗箱操作造成的腐败现象，从而净化采购环境，促进廉政建设。

(2) 公共管理。政府采购制度是一项重要的财政支出管理制度，是公共财政的重要组成部分。在公共财政管理中，部门预算主要解决"该不该买和买多少"的问题，政府采购主要解决"由谁买和如何买"的问题，国库集中支付和绩效评价主要解决"向谁买和买得怎么样"的问题。部门预算、政府采购和国库集中支付改革，是财政管理体制改革中的几个阶段和过程，改革的目的和发展方向既各有侧重又互为一体，从政府采购制度改革的角度看，就是从预算源头上把握采购项目安排的合理性，从采购程序上监督采购程序的规范性，从支付渠道上控制财政资金的合理性和有效性。

(3) 政策功能。政府采购政策功能是政府采购的宏观调控功能，是政府采购在满足政府自身基本要求的前提下，所发挥的调控国家宏观经济的功能作用。西方经济学中，政府采购是国家用来调控宏观经济总量和结构的重要政策杠杆。实际上，世界上政府采购制度成熟的国家都把政府采购作为调控经济社会的主要手段之一。政府采购政策功能主要包括调节社会总需求，保持宏观经济稳定，促进经济结构调整，诸如促进民族产业发展，促进中小企业发展，促进节能环保等。

7.4.1.5 政府采购的原则

在美国，尽管已经建立起较为完善的政府采购制度，但经过调查，采购主体方面仍有 24.5% 的被调查者对供应商的供应质量不满意；而供应商方面则有 16.3% 的被调查者对采购主体的行为不满意。而在我国，这种现象更为严重。为了保证充分发挥政府采购在实现公共资金使用效益最大化，促进平等竞争，调节宏观经济以及遏止贪污腐败，从国际国内有关政府采购的理论与实践看，一般来说，我们在政府采购工作中应当遵循公开、公平、竞争、经济效率和严正性 5 大原则。

（1）公开性原则

公开性原则是国际间政府采购规则中的一项重要原则。所谓政府采购公开性原则是指"有关政府采购的法律政策、程序和采购活动都要公开。"公开性或透明度是政府采购的一个重要原则，其目的在于保证政府采购的采购主体能够以最优惠的价格采购到最优质的商品和服务。还由于政府采购的公开化使供应商得以了解政府采购的基本情况，可以帮助他们分析参加政府采购活动的成本和风险，从而提高自己的供应质量，提出最有竞争力的价格。公开性原则要求政府采购的采购主体公开其采购的内容、数量、质量，以及对供应商的资格、能力、信用状况等方面的要求。将政府采购活动置于阳光之下，还有助于防止采购主体及其工作人员在采购活动中反复无常和武断专横，乃至暗箱操作等违法问题，从而获得供应商的信任，增强供应商普遍参与政府采购的积极性和信心。采购情报或信息公开的方式可以通过各种媒体，包括政府机关的刊物、广播、电视以及布告等。这样，有利于各供应商有充分的时间做好各方面的准备，以便决定是否参与竞争，以及竞争的策略等。

（2）公平性原则

政府采购公平性原则是指"采购主体要为供应商竞争性地获得政府采购的合同提供公平的途径。"它包括平等和公正双重含义。公平性原则首先要求为所有可能参加竞争的供应商或潜在的供应商提供平等的机会，采购主体向所有的供应商提供的信息一致，资格预审和投标评价对所有的供应商使用同一标准，并受到同等待遇。允许所有有兴趣或有意的供应商在平等的基础上参加竞争。在供应商投标之前，采购主体就必须确定中标的条件或标准，而且不能在供应商竞标的过程中随意变更，否则将丧失采购的公平性。"公平性原则不仅要求采购主体必须平等地对待所有的供应商，还必须保守供应商向采购主体提供的各种信息上的秘密，不得向某供应商泄露其他供应商向其提供的各种材料或信息。"总之，人人都应拥有平等的机会。"如果某人被赋予机会，而另一人却没有，那么，他们就不是被作为相等的人对待。"这是一切法治程序的基本精神。我国的一系列有关政府采购的规章都规定了公平性原则。政府采购能否推向市场化，关键在于能否建立起普遍的竞争机制，而竞争机制只有建立在公平的基础上，才能发挥其巨大的作用。因为只有在公平的基础之上，才能促进最大程度的竞争，有实力和能力提供质优价廉的产品或服务的供应商才能赢得政府的合同，从而促进政府采购经济目标的实现。公平性原则的另外一个要求是：合同的授予要兼顾政府采购社会目标的实现。在政府采购竞争中，有实力的供应商特别是那些垄断性企业将毫无疑问地占据优势地位，而中小企业、少数民族企业、困难企业等将处于不利的地位，如果按其实力，他们很难赢得政府采购合同。因此，在政府采购制度中，应当制定一些规则，采取一些措施，使这些弱者也能获得一部分他们力所能及的政府采购合同，特别是有利于扶持民族经济的发展。即使在美国这样高度市场化的国家，他们的政府采购制度中也有关于照顾弱小企业，特别是照顾民族企业的专门规定。这里要说明的是，对弱小企业、困难企业、民族企业的照顾并不是对公平性原则的破坏，而正是公平性原则的一种体现方式。

（3）竞争性原则

竞争性原则是政府采购制度的灵魂或精髓，也是市场经济体制的灵魂或精髓，没有竞争就没有政府采购制度，没有竞争就没有市场经济，这是被历史经验教训反复证明的真理。充分的公开的竞争可以使政府采购制度的各项目标得以实现。竞争降低了采购的价格，所以它也就促进了经济的发展。如果采购主体同供应商所签定的采购合同是在充分的公开的竞争基础上完成的，那么就能防止政府采购中的浪费和腐败问题。反过来，建立完善的政府采购制度的一个直接目的也就是为了促进竞争。一般来说，政府采购的目标是通过促进供应商之间最大程度的竞争来实现的。通过竞争，可以形成一种买方市场，采购主体从参与竞争的供应商当中选择能够提供最佳物品和劳务而且价格又最为低廉的供应商，并授予其政府合同，从而形成一种对买方有利的竞争局面。竞争机制把所有的供应商放在同一个起跑线上，可以对供应商形成一种客观的竞争上的压力，他要获得政府合同，他就必须使用最先进的技术、工艺和管理水平来提高自己的物品和劳务的质量，这样也可以把压力变成供应商自己主观上的动力，促使供应商提供更好的物品和劳务，并努力降低其物品和劳务的成本和投标报价，从而使采购主体能够以较低的价格获得所需的优质物品和劳务，最大限度地实现政府采购的目标。竞争原则主要是通过招标公告、广告或竞争邀请来实现的。通过广告或公告等形式吸引有意获得政府采购合同的供应商参与竞争。广告或公告的有效性对竞争程度有直接的影响；同时，为了确保供应商有足够的时间决定是否参与投标竞争以及为投标竞争做好准备，对从发出招标广告到投标的时间限制做出规定，以免因供应商来不及准备而失去竞争机会，从而保证最大限度的竞争。我国财政部的《政府采购管理暂行办法》第27条规定："招标人应当确定投标人编制投标文件所需要的合理时间；但是，自招标文件发出之日至投标人提交投标文件截止之日，不得少于 20 日。"这些规定都有利于促进平等竞争。

（4）经济效率原则

作为政府采购制度的经济效率原则"是指采购主体力争以尽可能低的价格采购到质量理想的物品、劳务或服务。"过去，由于我们没有建立规范的政府采购制度，政府采购当中很少进行成本效益核算，重复投资、盲目采购，结果给国家造成了极大的损失和浪费。所以我们的政府采购制度必须充分体现经济效率原则，"确保政府采购过程自身的微观效益"与"政府采购的社会效益"二者的统一，最大限度地节约公共资金，用好公共资金，把劳动者用血汗换来的每一分钱都用在刀刃上，用极为有限的资金为社会谋取最大的利益。我们的政府采购制度除了要体现实质上的经济效率原则以外，还要体现采购程序上的经济效率原则，政府采购的方式可以多种多样，除了招标投标这种主要的方式之外，还有谈判采购、询价采购等，采购主体可以根据具体的采购需求按照经济效率原则来确定采用什么样的采购方式。

（5）严正性原则

这里所说的严正性原则是指在政府采购过程中要最大限度地禁止违法和腐败行为，严格维护法律的尊严，维护政府的廉正。同时，由于政府所承担的管理任务的广泛性、复杂性、多变性，且许多政府采购合同的履行周期较长（如工程、连续性采购的物品等），即使我们确立了前面的几大原则，但我们也不能完全剥夺政府采购主体在授予政府采购合同的过程中以及在合同的履行过程中所应当享有的自由裁量权。我们既不能指望每一个政府采购人员都会严格自觉遵守政府采购的各项法律制度和基本原则，不会有任何不合法的行为，但也不能把他们都变成没有任何灵活性的机器，法律应当赋予他们根据情势需要自主裁量的权力。这里就有两个要求：一是严格依法办事，反对以权谋私。在政府采购合同的竞争过程中，或者在政府采购合同授予某个供应商之前，禁止政府采购人员与供应商进行单方面接触；与采购合同或参与竞争的供应商有利害关系或其他关系的政府采购人员应当回避，不得参与合同的任何过程；以前有过财经违法问题或相关纪律劣迹的人员不得参与政府采购的任何过程等等。二是合理行使自由裁量权。尽管要求政府采购主体在政府采购的各个程序中严格遵守政府采购的各项原则，严格依法办事，但是政府采购的有些项目比如工程的履行往往需要几个月甚至几年的时间才能完成，在履行的过程中，可能会出现新的工程技术、新型建筑材料或新的更为科学的设计方案，因而需要对原有的采购合同进行变更和修改，变更和修改后的工程造价如何确定等一系列问题，原供应商可能会希望按原有的合同执行，这时，法律可以赋予采购主体变更合同的权力，但是采购主体如何行使变更权呢？这就要求采购主体必须合理地行使自由裁量权，不得滥用自由裁量权。

除了上述 5 项基本原则之外，政府采购还应遵循诚实信用、法律地位平等、自愿协商、意思一致、等价交换、遵守法律法规、尊重社会公德、不得扰乱社会经济秩序、不得损坏社会公共利益等普通商业活动原则的要求。

在我们的政府采购制度尚未健全和完善的时候，公开性原则、公平性原则、竞争性原则、经济效率原则和严正性原则共同构成政府采购制度的基本原则体系，这些基本原则可以起到正当程序的底限的作用。

7.4.1.6 政府采购管理

完善政府采购管理制度不仅取决于良好的政府采购政策和科学设计的政府采购法律框架，还依赖于这些法律规则得以运行的制度环境。健全完善的政府采购管理制度体系是保障政府采购法律法规有效贯彻的必要条件，是开展政府采购工作的基础，也是实施政府采购管理的基本保障。

（1）政府采购管理机构及其主要职责

政府采购管理机构的体制主要可以分为两种——委员会制和部门管理制，前者指各相关职能部门组成委员会管理政府采购，后者指由某个政府部门作为政府采购的主管部门。《政府采购法》颁布之前，我国大部分地区在实践中采取了部门管理制，少数地区采取了委员会制。而《政府采购法》第 13 条明文规定："各级人民政府财政部门是负责政府采购监督管理工作的部门，依法履行对政府采购活动的监督管理职责。各级人民政府其他有关部门依法履行与政府采购活动相关的监督管理职责。"据此，我国政府采购管理是部门管理制，即财政部是政府采购的主管机构，主管全国政府采购的管理和监督工作。省、自治区、直辖市和计划单列市的财政部门负责本地区采购的管理和监督工作。

首先，财政部门作为政府采购监督管理部门，主要职责是：依法制定并贯彻政府采购政策，执行以《政府采购法》为基础的政府采购管理制度；审核采购人员上报的政府采购预算和政府采购实施计划；拟定采购目录、采购限额标准和确定招标项目；审批政府采购方式，管理政府采购信息；建立和管理政府招标采购的评审专家库；审核确定社会中介机构的采购代理资格；接受政府采购合同备案；考核集中采购机构；受理供应商投诉；监督检查政府采购活动。其次，作为政府采购具体操作部门的集中采购机构，其主要职责包括：接受采购人员的委托，组织实施政府集中采购目录中的项目采购；制定内部操作规程和业务规范；负责本机构内部业务人员培训；接受委托代理其他政府采购项目的采购。再次，作为采购主体的国家机关、事业单位和团体组织，自上而下分为主管部门、二级预算单位和基层预算单位。主管部门主要职责包括负责本部门、本系统政府采购制度的执行、宣传和贯彻；编制本部门政府采购预算和政府采购实施计划；协助实施政府集中采购；统一组织实施部门集中采购；按规定权限对所属部门的政府采购活动实施管理；统一向财政部门报送本部门本系统有关政府采购的审批、备案文件、执行情况和信息统计报表。二级预算单位和基层预算单位主要职责是严格执行各项政府采购规定；完整编制政府采购预算并逐级报送主管部门审核汇总；向主管部门报送政府采购实施计划及有关资料；组织实施分散采购工作；编报本部门政府采购信息统计报表。

（2）政府采购的基本管理方式分为审批和备案两类

政府采购的基本管理方式具体是财政部门对采购人员、集中采购机构及其他采购代理机构按规定以文件形式报送的政府采购事项依法予以审批或备案。按照有关法律法规制度的规定，审批事项可归纳为：①因特殊情况需要对达到公开招标数额标准的采购项目采用公开招标以外采购方式的；②因特殊情况需要采购非本国货物、工程和服务的；③政府采购代理机构资格申请；④有关集中采购机构制定的操作规程的审批。在政府采购实践过程中，一切需审批事项都要经审计部门备案。

7.4.2 我国政府采购的现状

7.4.2.1 我国政府采购的现状

我国政府采购规模由 2002 年的 1 009.6 亿元增加到 2011 年的 11 332.5 亿元，10 年间增长 10 倍，"十一五"时期累计节约财政资金 4 000 多亿元。政府采购的范围从传统的货物类采购逐步扩展到工程类、服务类采购。其中货物类采购从通用类货物不断向专用类延伸，服务类采购从传统的专业服务快速扩展到公共服务、服务外包等新型服务领域，工程类采购逐步纳入政府采购管理范围。政府采购资金构成从财政性资金逐步向单位自筹资金、银行贷款、BOT 项目市场融资等方面扩展。

从组织和制度建设来看，我国初步具备了进行大规模政府采购的条件。首先各地普遍设立了政府采购机构。1998 年，国务院明确规定财政部为政府采购主管部门，履行拟订和执行政府采购政策的职能，地方各级人民政府也相继在财政部门设立或明确了政府采购管理机构。其次政府采购制度框架初步确立。财政部继 1999 年颁布《政府采购管理暂行办法》后，又陆续颁布了有关招标投标管理、合同监督、中央单位政府采购管理等一系列规章制度，全国大部分地区也制定了相应的实施办法，为依法开展政府采购工作提供了制度保障。

7.4.2.2　我国政府采购存在的问题

（1）总体规模需进一步扩大

政府采购规模仍有待扩大。根据国际经验，一国政府采购规模在达到当年财政支出的 30%、GDP 的 10% 时，才能为政府采购政策功能的实施营造出必要的活动空间，目前我国政府采购规模较小明显制约了政府采购政策功能的有效发挥。

（2）法律制度体系有待完善

我国政府采购法制是以《政府采购法》、《招标投标法》两法为主体，辅之以众多地方性法规与规章构成的法律体系，对政府采购行为做出规范的部门多达七八家，相互间自成体系缺乏统一。在适用范围上，《政府采购法》以资金使用性质来确认适用主体范围，而《招标投标法》则是以项目适用客体进行界定；在采购模式上，《招标投标法》仅规定了分散采购，而《政府采购法》则规定了以集中采购为一般、分散采购为例外的原则；在监督主体上，《招标投标法》及其相关规则规定国家发展与改革行政部门负责对招投标活动进行监督，而《政府采购法》则规定财政部门负责对工程政府采购进行监督管理，两法规定似乎抵触。政府采购法制中的适用范围、采购模式和监督主体规定的不一致，使得政府采购在实施环节中缺少明确的法律依据。

（3）集中采购机构设置有待规范

集中采购机构行政隶属关系不清，集中采购机构是政府依法设立的"非营利事业法人"，不但有行政主管部门且存在隶属关系，和《政府采购法》规定的"采购代理机构与行政机关不得存在隶属关系"矛盾。集中采购机构的定位不明，《政府采购法》规定集中采购机构和社会中介机构同为"采购代理机构"，这样的定位严重弱化了政府采购的严肃性，降低了政府集中采购的约束性和强制性。集中采购机构没有统一的主管部门，实行"采管分离"后，集中采购机构隶属于十多个不同的行政主管部门，没有统一指导和领导，政府集中采购的发展缺乏协调性，处于"多头管、无人管"的混乱局面。

（4）监督体制有待加强

政府采购处罚力度不够，对"应采"者"不采"的现象没有形成有效的控制手段，对当前违法违规者也没有给予应有的惩戒。单位采购计划随意性大，政府采购计划的编制和审批程序缺乏有效的约束，执行过程中随意的变更采购计划较为普遍。政府采购制度存在缺陷和漏洞，部分采购形式合法但实际存在围标、串标现象。采购文件编制上存在倾向性，在编制采购文件前，有些供应商会主动加强与采购人员的沟通，采购人员有时也需要供应商提供设计及咨询服务，这些会影响采购文件的公平性和公正性。人为干预过多干扰了采购规则，受地方保护主义和部门利益机制的驱动，某些地方政府常常强制性规定购买本地区产品，大型工程也指定单位自行承担，政府采购应采未采现象严重。

7.4.2.3　解决政府采购问题的对策

（1）进一步扩大政府采购范围，优化采购结构

首先灵活运用政府采购多种形式，将行政机关、事业单位和社会团体组织的全部办公用品都纳入政府采购范围；其次继续拓展政府采购领域，逐步提高工程项目和服务性项目在政府采购中的比重；然后是在资金范围上，将中央补助专款和年度追加预算资金纳入政府采购范围；最后在采购模式上，继续做好政府集中采购工作，把政府集中采购目录做深做细，逐步降低分散采购限额。

（2）规范政府采购法律制度的制定

完善政府采购法律制度，应遵循国际惯例、借鉴国外有益的做法，建立和完善多层次、系统性的政府采购法律体系。该体系应当包括 3 个层次：第一层次以《政府采购法》为中心的法律体系，主要包括《政府采购法》、《招标投标法》和《合同法》等。第二层次是地方性的政府法律制度体系，包括地方政府采购管理条例（或办法）和采购目录、审计监督、合同监督、招标投标管理办法等。第三层次是以"政府采购实施细则"为招标中心的制度体系，包括实施细则、政府采购招标投标和合同监督管理办法，以及其他有关的"规定、办法和通知"等。这些制度应对《政府采购法》的具体制度细化，做到规范，操作性强。

（3）加强政府集中采购机构建设

制定政府集中采购机构管理办法，为政府集中采购机构的设立划定标准，在采购规模、合同数量、人员数量和资格等方面做出规定，规范机构的设立。理顺集中采购机构的行政隶属关系，可由同级人民政府管理，也可设立全国政府采购委员会，统一归口管理全国政府采购的相关工作，确保处理争端争议机构的独立性和公正性。统一集中采购机构的预算体制，对目前集中采购机构采取的全额拨款、自收自支、差额拨款 3 种预算体制进行统一，并进一步完善对集中采购机构的绩效评估体系。规范部门集中采购和社会中介政府采购行为，部门集中采购和社会中介采购是对集中采购制度的削弱，应对其范围进行规范，对其规模进行控制。强化政府采购从业人员的教育和培训，充分利用社会培训力量和资格职称考评制度，加强相关人员的教育和培训，并逐步推行执业资格制度。

（4）完善政府采购监督体制

建立健全由纪委、审计、政府采购监管、集中采购机构及供应商组成的

政府采购内、外监督体制，形成采购、付款、验收 3 个关键环节相互衔接、相互制约、多方参与、共同监督的局面。政府采购计划应列入预算，并保证计划编制的全面性和计划执行的刚性，计划一经确定不得随意更改。建立供应商资格审查制度，符合条件的派发市场准入资格证书，对在政府采购活动中有违纪违规行为的，取消资格或做其他相应处罚。完善评标委员会制度，评标委员会的人员组成要最大比例地安排专家评委人员，同时要建立更大规模的、可操作性强的专家评委数据库。理顺采购机构和监督机构监与管的关系，相关监管机构应支持采购机构工作，多履行裁判员的职责，少参与运动员的比赛，做到到位不越位。

（5）对国税系统政府采购的启发

针对以上情况，国税系统在政府采购工作中，应当不断扩大政府采购规模，加强政府采购集中采购目录和国税系统部门集中采购目录的落实力度，逐步降低分散采购限额，灵活选取适当采购方式，稳步推进批量采购试点，处理好效率与质量的关系。完善国税系统政府采购制度体系，在系统内逐步统一采购档案的格式和内容，规范各类政府采购事项和方式的操作规程，避免出现各地国税机关各自为政的局面。构建国税系统"三位一体"的政府采购领导体制，加快省以上国税机关的政府采购机构设立，明确市以下国税机关采购职能归口财务管理，充分发挥政府采购领导小组的组织协调职能，切实发挥政府采购职能单位的合力。建立国税系统政府采购监察室全程监督制度，严格领导小组集体议事制度，加大对委托采购机构的监管力度，对政府采购全程监控，将采购结果纳入财务公开范围，真正打造国税系统阳光采购。

7.5　战略采购与供应链采购

7.5.1　战略采购

7.5.1.1　战略采购的含义

战略采购是一种有别于常规采购的思考方法，它与普遍意义上的采购区别是前者的注重要素是"最低总成本"，而后者的注重要素是"单一最低采购价格"。所谓战略采购是一种系统性的、以数据分析为基础的采购方法。简单地说，战略采购是以最低总成本建立服务供给渠道的过程，一般采购是以最低采购价格获得当前所需资源的简单交易。

战略采购要求公司确切了解外部供应市场状况及内部需求，通过对供应商生产能力及市场条件的了解，公司可以战略性地将竞争引入供应机制和体系以降低采购费用。另外，战略采购还通过协助公司更加明晰了解内部需求模式，从而有效地控制其需求。通过深入有力的价值分析，公司甚至能比供应商自己更清楚供应商生产过程和成本结构。有了这种以数据分析为基础的方法，公司在供应商选择、谈判及关系维持管理方面获得重大支持。最后，战略采购使公司重新定义如何与供应商交易，永久降低成本基础和提高供应商的价值贡献，从而确认成本降低。对很多公司而言，外部采购占公司平均费用的 60%～80%。所以，这部分的支出哪怕是微量减少都将对公司盈利带来重大的影响。

战略采购的好处就在于充分平衡企业内外部优势，以降低整体成本为宗旨，涵盖整个采购流程，实现从需求描述直至付款的全程管理。

7.5.1.2 战略采购的构成

战略采购作为整合公司和供应商战略目标和经营活动的纽带，包括 4 个方面的内容：供应商评价和选择、供应商发展、买方—卖方长期交易关系的建立和采购整合。前 3 个方面发生在采购部门和外部供应商群之间，统称采购实践；第 4 个方面发生在企业内部。

（1）供应商评价和选择

供应商评价和选择是战略采购最重要的环节。供应商评价系统（Supplier Evaluation Systems，SES）包括：①正式的供应商认证计划；②供应商业绩追踪系统；③供应商评价和识别系统。

供应商业绩评价的指标体系通常由定价结构、产品质量、技术创新、配送、服务等几方面构成。但根据公司战略不同，在选择供应商时所重视的业绩指标有所不同。若公司战略是保持技术在行业中领先，则供应商现有技术在行业中的领先程度和技术创新能力是首要的评价和选择供应商的标准，其次考虑产品质量、则定价结构、配送和服务。而对于战略定位于成本领先的公司，定价结构则是最为敏感的指标，同时兼顾质量、技术、配送和服务。企业根据评价结果，选出对公司战略有直接或潜在贡献能力的目标供应商群。直接贡献能力是指供应商已具有的，在其行业中居领先地位的，与买方企业战略目标相一致的能力。潜在贡献能力是指那些由于供应商缺乏一种或几种资源而暂时不具备的，通过买方企业投入这些资源就能得到发挥的，对买方企业战略实现有重要帮助的能力。

（2）供应商发展

由于在选择供应商时对供应商业绩有所侧重，有时目标供应商的业绩符合了买方企业主要标准，而在其他方面不能完全符合要求；或有些潜在贡献能力未得到发挥，买方企业就要做一系列的努力，提高供应商的业绩。Krause 和 Ellram 称供应商发展（Supplier Development）是"买方企业为提高供应商业绩或能力以满足买方企业长期或短期供给需求对供应商所做的任何努力"。这些努力包括：①与目标供应商进行面对面的沟通；②公司高层和供应商就关键问题进行交流；③实地帮助供应商解决技术、经营困难；④当供应商业绩理论有显著提高时，给予某种形式的回报或鼓励；⑤培训供应商员工等。

（3）买方—卖方交易关系的建立

战略采购要和目标供应商完成战略物资的交易。战略采购使买方—卖方的交易关系长期化、合作化。这是因为战略采购对供应商的态度和交易关系的预期与一般采购不同。战略采购认为：①供应商是买方企业的延伸部分；②与主要供应商的关系必须持久；③双方不仅应着眼于当前的交易，也应重视以后的合作。

在这种观点的指导下，买方企业和供应商致力于发展一种长期合作、双赢的交易关系。采购部门改变一般采购多家比较和短期合同的采购手段，减少供应商的数量，向同一供应商增加定货数量和种类，使供应商取得规模效应，节约成本；并和供应商签订长期合同，使其不必卷入消极的市场竞争中，获得资源更高效的利用。在这种长期合作的交易关系中，供应商对买方企业有相应的回报：①供应商对买方企业的定单要求作出快速的反应；②供应商有强烈的忠诚于买方企业的意识；③愿意尽其所能满足买方企业的要求；④运用其知识和技术，参与买方企业产品的设计过程。

建立长期合作交易关系还要求双方信息高度共享，包括公开成本结构等敏感的信息。忠诚是长期合作交易关系的基础。但单纯靠双方自觉的忠诚显然不够。为提高交易效率和交易双方经营绩效，并保证双方致力于长期合作关系，交易双方共同对与交易有关的资产进行投资。这种资产离开了交易双方的特定关系会失去价值，称为交易特殊性资产。

（4）采购整合

随着采购部门在公司中战略地位的提高，采购逐渐由程序化的、单纯的购买向前瞻性、跨职能部门、整合的功能转变。采购整合是将战略采购实践和公司目标整合起来的过程。与采购实践不同，采购整合着眼于企业内部，目的是促进采购实践与公司竞争优势的统一，转变公司高层对采购在组织中战略作用的理解。

采购整合包括：采购部门参与战略计划过程，战略选择时贯穿采购和供应链管理的思想，采购部门有获取战略信息的渠道，重要的采购决策与公司的其他战略决策相协调。

7.5.1.3　战略采购的重要原则

战略采购包括以下几个重要原则：

（1）考虑总体成本

成本最优往往被许多企业的管理者误解为价格最低，只要购买价格低就好，很少考虑使用成本、管理成本和其他无形资本。采购决策依据就是单次购置价格，如购买一台复印机，采购的决策者如果忽略了采购过程发生的电话费交通费、日后维护保养费用、硒鼓纸张等消耗品情况、产品更新淘汰因素等而只考虑价格，采购的总体成本实际上是没有得到控制的。采购决策影响着后续的运输、调配、维护、调换乃至产品的更新换代，因此必须有总体成本考虑的远见，必须对整个采购流程中所涉及的关键成本环节和其他相关的长期潜在成本进行评估。

（2）在事实和数据信息基础上进行协商

战略采购过程不是对手间的谈判，而应该是一个商业协商的过程，协商的目的不是一味比价压价，而是基于对市场的充分了解和企业自身长远规划的双赢沟通。在这个过程中需要通过总体成本分析、第三方服务供应商评估、市场调研等为协商提供有力的事实和数据信息，帮助企业认识自身的议价优势，从而掌握整个协商的进程和主动权。

（3）采购的终极目标是建立双赢的战略合作伙伴关系

双赢理念一般很少用在采购中，更多的企业管理者更喜欢单赢，喜欢在采购的过程中总是我方为刀俎，他人为鱼肉。事实上双赢是"放之四海而皆准"的真理，它在战略采购中也是不可或缺的因素，许多发展势头良好、起步较早的企业一般都建立了供应商评估与激励机制，通过与供应商长期稳定的合作，确立双赢的合作基准，取得非常好的效果。要知道，现代经济条件下市场单靠一两家企业是不能通吃的，必须讲求"服务、合作、双赢"的模式，互为支持、共同成长。

（4）制衡——双方合作的基础

企业和供应商本身存在一个相互比较、相互选择的过程，双方都有其议价优势，如果对供应商所处行业、供应商业务战略、运作模式、竞争优势、稳定长期经营状况等有充分的了解和认识，就可以帮助企业本身发现机会，在互赢的合作中找到平衡。现在，已有越来越多的企业在关注自身所在行业发展的同时开始关注第三方服务供应商相关行业的发展，考虑如何利用供应商的技能来降低成本、增强自己的市场竞争力和满足客户的需求。

7.5.1.4 战略采购实施的几种方式

（1）集中采购

通过采购量的集中来提高议价能力，降低单位采购成本，这是一种基本的战略采购方式。目前虽有企业建立集中采购部门进行集中采购规划和采购管理，以期减少采购物品的差异性，提高采购服务的标准化，减少了后期管理的工作量。但很多企业在发展初期因采购量和种类较少而进行集中采购，随着企业的集团化发展，在采购上就出现分公司各自为政的现象，这在很大程度上影响了采购优势。因此，坚持集中采购方式是企业经营的根本原则之一。

（2）扩大供应商基础

通过扩大供应商选择范围引入更多的竞争、寻找上游供应商等来降低采购成本是非常有效的战略采购方法，它不仅可以帮助企业寻找到最优的资源，还能保证资源的最大化利用，提升企业的水准。

（3）优化采购流程

制定明确的采购流程有助于企业实现对采购的控制，通过控制环节（要素）避免漏洞，实现战略采购的目的，流程可采用的要素有：货比三家引入竞争，发挥公开招标中供应商间的博弈机制，选择最符合自身成本和利益需求的供应商；通过电子商务方式降低采购处理成本（交通、通讯、运输等费用）；通过批量计算合理安排采购频率和批量，降低采购费用和仓储成本；对供应商提供的服务和产品进行"菜单式"购买。

需要注意的是：供应商提供的任何服务都是有成本的，只不过是通过直接或间接的形式包含在价格中。企业可以通过"菜单"选择所需的产品及服务，往往这种办法更能有效降低整体采购成本。

（4）产品和服务的统一

在采购时就充分考虑未来储运、维护、消耗品补充、产品更新换代等环节的运作成本，致力于提高产品和服务的统一程度，减少差异性带来的后续成本。这是技术含量更高的一种战略采购，是整体采购优化的充分体现。

采购产品差异性所造成的无形成本往往为企业所忽略，这需要企业决策者的战略规划以及采购部门的执行连贯性。

战略采购是企业采购的发展方向和必然趋势。在企业创业之初由于采购量和种类的限制，战略采购的优势并不明显，但在企业向更高层次和更大规模发展的过程中优势会日益明显，有远见的企业应该在发轫之初就有组织地构建战略采购框架，实施战略采购。

7.5.1.5 战略采购影响因素分析

(1) 正面影响

1) 采购部门地位对战略采购的正影响

采购部门地位指企业高层、其他职能部门及采购部门自身对采购部门重要性、能力和战略贡献的认可程度。如果在一个企业中,采购部门被认为和其他职能部门同等重要,采购部门的能力被看好,采购部门的战略贡献被认可,则该企业采购部门地位是高的。采购部门地位反映了企业对采购部门的信心。采购部门作为采购职能的主要执行者和战略采购的重要参与者,其在企业中的地位将直接影响采购与战略管理过程的整合。研究表明,采购部门地位对战略采购有显著的正向影响。

2) 合作历史和商誉对战略采购的正影响

战略采购是一个由设计供应商基础、外包、发展长期合作交易关系和买方—供应商整合一系列战略性采购决策构成的过程,其最终目标是贡献企业持续竞争优势。信息和信任是战略采购的两大基石。Keough (1994) 指出,信息不全是企业实施战略采购的障碍之一。战略采购中的信息共享,不仅需要互通市场信息和技术信息,甚至要求相互公开成本信息,以共同寻求成本下降空间。这种充分的信息共享需要足够的信任做保障。

交易伙伴间信任的来源,一是合作历史。企业在判断一个合作伙伴是否值得信任时,首先会对与其发生的交易活动的历史进行回顾。合作历史不应局限在交易双方之间,还应该考察供应商与其他企业的合作历史。二是企业商誉。企业商誉是该企业在经营活动过程中所获得的其他企业关于该企业能力、效率、经营理念和企业文化等多个方面的综合评价。对一个企业的商誉的判断也是基于历史合作经验的考察,但与合作历史不同的是,企业商誉是多个企业共同考察和评价的结果,它更具有客观性。由于战略采购需要买方企业和供应商的共同参与,买方企业的合作历史和商誉也同时被供应商所考察,所以交易双方的合作历史和商誉都会影响战略采购的成功实施。

3) 民族文化对战略采购、采购部门地位及合作历史和商誉的影响

民族文化与企业的经营活动密切相关。企业的一切经营活动都是在一定的文化氛围中进行并受其影响和制约。我国经历了 2 000 多年的封建统治,又不像资方国家那样经历资本主义生产革命和文化变革,以儒家学说为核心的传统文化已深深融入到人们的思想意识和行为规范中。

(2) 负面影响

1) 社会信任结构对企业合作历史和商誉及战略采购的负影响

Fukuyrama 将社会信任结构分为高信任文化和低信任文化两种模式。在

高信任文化中，信任可以超越血缘等特殊关系，自发性社会交往很多，社会中间组织很发达，其直接的结果就是很容易形成组织间的合作或联盟。而低信任文化中，信任往往局限于血缘关系，自发性社会交往很少，社会中间组织不发达，其直接的结果就是组织间合作或联盟较难形成，一旦形成这种合作或联盟关系也较不稳定。

我国属于低信任文化。追究历史原因，我国位于儒教文化的中心，社会资本天赋最低。信任一般局限于血缘等关系，人际关系更带有特殊主义和集团主义色彩。社会中存在各种由特殊人际关系编织而成的"圈子"。分析现实原因，我国的经济体制改革采取了渐进式的改革模式，在从传统的计划经济体制向现代市场经济体制转变的过程中，社会利益关系发生了巨大的调整。由于产权制度改革的相对滞后，企业预算软约束，法律法规不健全和不良社会风气等方面的原因，我国的社会信任结构遭到了很大程度的破坏，在经济领域尤其严重，这一点已经在我国四大国有商业银行的巨额不良资产以及企业间大量的三角债等问题上反映出来。低信任文化不利于微观层面的目标企业间信任关系的建立。同时，由于信任是战略采购的基础，低信任文化对企业实施战略采购有负面的影响。

2）不确定性回避程度对战略采购的负影响

不确定性回避程度是指人们回避或接受风险的程度。不确定回避程度高，说明社会趋向于规避风险，喜欢确定和安全；反之，说明社会喜欢冒险，追求新奇的解决问题的方法。

我国企业的不确定性回避程度较高。我国长期实行高度集中的计划经济，企业吃国家的"大锅饭"，企业生产计划由国家制定，产品国家包销；个人吃企业的"大锅饭"，不仅工作上，而且在生活上全由企业做好安排。这种模式把企业不确定性降到最低，造成企业和个人对风险的接受和应对能力极其薄弱。实行市场经济以后，企业作为独立的经济利益主体参与市场竞争，职工的"铁饭碗"也被打破，企业和个人承受和抗击风险的能力在逐步加强，但与发达国家相比，我国的企业仍显得保守。不确定性回避程度会降低企业采购部门挑战供应商市场、发掘供应商市场机会的主动性。

3）权利距离对采购部门地位的负影响

权利距离是指社会期待甚至喜好权利的差异程度。权利距离大的社会认为每个人都应该有恰当的地位，这样会有很好的社会等级秩序；反之，表明社会认为每个人都应该有相等的权利机会，从而能改变自己在社会中的地位。我国的权利距离大，上下级之间等级分明，集权程度高。下级往往比较被动，自主权小，参与上层决策的机会少；上级总是处于主动、支配地位。在我国企业中，一方面有的企业总经理在战略决策过程中一个人说了算，不重视下级的意见；另一方面下级在参与战略制定过程中常常会揣摩上级的意思，顺着上级的意思说话，有意无意地歪曲信息。这就造成部门主管，如采购部门主管的意见常常不能被真实表达，或表达出来不被重视。权利距离造成了采购部门实际地位的降低。

4）社会信息特征对合作历史和商誉的负影响

信息层次高低的主要指标是其规范度和分散度。中国社会的信息不规范且比较集中。信息不规范降低了企业间信息交流的效率，而信息集中造成企业间信息资源拥有处于不平等状态，降低了企业间信息交流的意愿。

7.5.2 供应链采购

7.5.2.1 供应链采购的概念

供应链采购是一种供应链机制下的采购模式。采购不再由采购者操作而是由供应商操作，只要用户把自己的需求信息向供应商及时传递，由供应商根据用户的需求信息，预测用户未来的需求量，并根据这个预测需求量制定自己的生产计划和送货计划。

7.5.2.2 供应链采购的特点

在供应链管理模式下，采购工作必须做到准时制，即供应商要按照买方所需物料的时间与数量进行供货。从而在适当的时间、地点，以适当的数量和质量提供买方所需的物料。其中，对供应商的选择和质量控制是关键。采购方式是定单驱动，用户需求定单驱动制造定单，制造定单驱动采购定单，采购定单再驱动供应商。这就使供产销过程一体化，采购管理由被动（库存驱动）变为主动（定单驱动），真正做到了对用户需求的准时响应。从而使采购、库存成本得到大幅度的降低，提高了流动资金周转的速度。

（1）从采购性质看

1）供应链采购是一种基于需求的采购。

2）供应链采购是一种供应商主动型采购。

3）供应链采购是一种合作型采购。

（2）从采购环境看

供应链采购是一种友好合作的环境，而传统采购是一种利益互斥、对抗的环境。

（3）从信息情况看

供应链采购一个重要的特点就是供应链企业之间实现了信息连通、信息共享。

（4）从库存情况看

供应链采购是由供应商管理库存，用户的库存由供应商管理。

（5）从送货情况看

供应链采购是由供应商负责送货，而且是连续小批量多频次地送货。

（6）从双方关系看

供应链采购活动中，买方企业和卖方企业是一种友好合作的战略伙伴关系。

（7）从货检情况看

传统采购由于是一种对抗关系，所以常常以次充好、低进高卖，甚至伪劣假冒、短斤少两，买方进行货检的力度大，工作量大，成本高。

7.5.2.3 供应链采购与传统采购的比较分析

在传统的采购模式下，需方同供方经过洽谈后，要下达采购定单，供方要把需方的采购定单转变为用户定单，然后安排和协调计划并进行加工制造。在这个过程中，需方要不断地跟踪，甚至要派出专人常驻供方监督生产。供方在产品生产完工后要进行质量检验，先储存在自己的成品库，然后发货到需方。需方在接到货物后，还要进行一次检验，然后入原材料库或配套件库，等生产有需要时，再发料到生产部门，如图 7-1 所示。

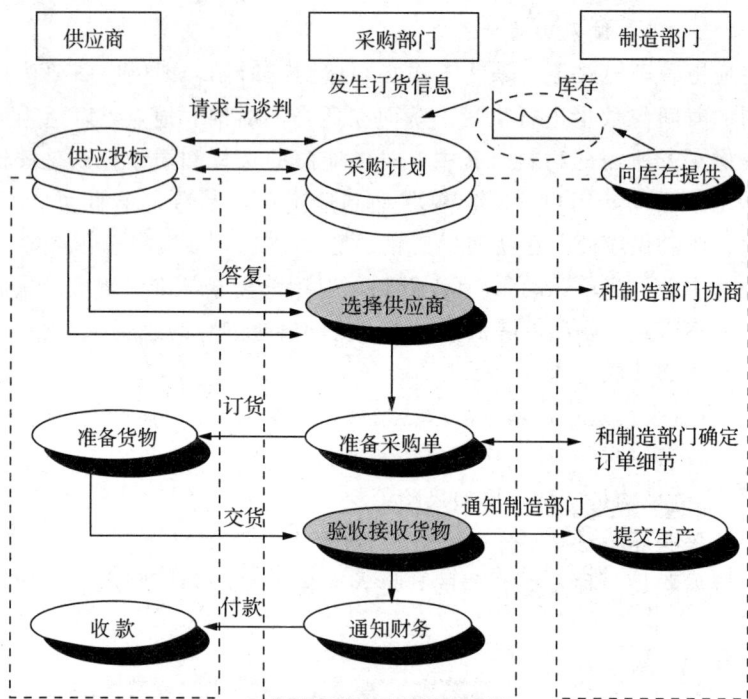

图 7-1 传统的采购模式

在供应链采购模式下，需方和供方是合作伙伴，供应商是经过资格认证的，质量和信用是可信的。采购作业通过电子商务，一次把需方的采购定单自动转换为供方的销售定单；质量标准经过双方协议，由供方完全负责保证，不需要两次检验。由于信息畅通和集成，采用设在需方的供方管理仓库的VMI方式，把供方的产品库和需方的材料库合二为一，仅在需方生产需要时，才把供方的产品直接发货到需方的生产线，减少了供需双方各自分别入库的流程。新的流程与传统流程相比，减少了许多不增值的作业，如定单的下达和接受转换、生产跟踪、质量检验、入库出库和库存积压。依靠信息技术和互联网的支持，使采购管理发生了本质的变化。在这种采购模式下，信息沟通、采购成本、库存都有明显的改善，提高了供应链的竞争力。

两种采购方式的比较如表 7 - 1 所示：

表 7 - 1　两种采购模式的比较

	供应关系	货源	采购驱动	信息利用	采购组织形式
传统采购	短期、竞争	多货源	补给库存	不共享	独立采购
供应链采购	战略伙伴	单货源	订单需求	共享	统购

综上所述，供应链采购与传统采购在采购业务流程等方面完全不同。供应链采购简化了采购业务流程，大幅度地提高了采购的效率，降低了采购的成本。

复习思考题

1. 分析电子采购的主要应用场合和条件。

2. 政府采购对是招标采购吗？

3. 全球化采购的优势是什么？

4. 供应链采购与传统采购的区别在哪里？

第8章 采购管理信息系统

采购信息是采购决策和控制的基础。整个采购过程产生海量数据，这些信息的整理、分析和利用不能靠手工来完成。因此，建立采购管理信息系统对处理采购信息和利用采购信息具有重要意义。本章采购管理信息系统的主要内容包括采购信息的基本管理、信息化建设、采购信息决策和采购信息方案评估等。

8.1 采购信息管理

8.1.1 物流信息概念

物流信息是指获取表达物流活动的一般属性，包括有关知识、资料、信息、情报、数据、图形、文件、语言、声音等。

物流信息可以理解为物资的物理性流通与信息性流通的结合，信息在实现物流系统化和物流作业一体化方面发挥着重要作用。物流的信息化也成为现代物流的重要特征之一。从物流信息来源看，一部分直接来自于物流活动本身；另一部分则来自于商品交易活动和市场。因而，物流信息可以从狭义和广义两个方面来定义。

（1）狭义的物流信息

狭义上的物流信息是指直接产生于物流活动的信息，如在运输、仓储、装卸搬运、包装、流通加工和配送等活动中产生的信息。物流信息对运输管理、库存管理、订单管理、仓库作业管理等物流活动具有支持、保证的功能。

（2）广义的物流信息

广义上的物流信息不仅指与物流活动有关的信息，而且还包括与其他流通活动有关的信息，如商品交易信息和市场信息等。商品交易信息是指与买卖双方的交易过程相关的信息，如销售和购买信息、订货和接受订货信息、消费者的需求信息、竞争者或竞争性商品的信息、与促销活动有关的信息、交通通信等基础设施信息。在现代经营管理活动中，物流信息与商品交易信息及市场信息相互交叉、融合，有着密切的联系。

广义的物流信息不仅能连接、整合从生产厂家经批发商和零售商最后到消费者的整个供应链，而且在应用现代物流信息技术（如 EDI、EOS 等）的基础上能实现整个供应链活动的效率化。具体地说，就是利用物流信息对供应链中各个企业的计划、协调、顾客服务和控制活动进行更有效的管理。总之，物流信息不仅对物流活动具有支持、保证的功能，而且具有连接、整合整个供应链和使整个供应链活动效率化的功能。

物流信息是一个涉及面相当广泛、内容相当丰富的概念。从 2001 年 8 月 1 日起实施的我国国家标准《物流术语》中，将物流信息的定义如下："物流信息是反映物流各种活动内容的知识、资料、图像、数据、文件的总称。"

8.1.2　物流信息对采购的支持

采购包括采购计划、订单管理及发票校验 3 个部分。

（1）采购计划

对企业的采购计划进行制定和管理，为企业提供及时准确的采购计划和执行路线。采购计划包括定期采购计划、非定期采购任务计划。通过对多对象多元素采购计划的编制、分解，将企业的采购需求变为直接的采购任务，系统支持企业以销定购、以销定产、以产定购的多种采购应用模式，支持多种设置灵活的请购单生成流程。

（2）订单管理

采购订单管理以请购单为源头，对从供应商确认订单、发货、到货、检验、入库等采购订单流转的各个环节进行准确的追踪，实现全过程管理。通过流程配置，可进行多种采购流程选择，如订单直接入库，或经过到货质检环节后检验入库等。在整个过程中，可以实现对采购存货的计划状态、订单在途状态、到货待检状态等的监控和管理。采购订单可以直接通过电子商务系统发向对应的供应商，进行在线采购。

（3）发票校验

发票管理是采购结算管理中重要的内容。采购货物是否需要暂估，劳务采购的处理，非库存的消耗性采购处理，直运采购业务，受托代销业务等均是在此进行处理。供应链管理通过对流程进行配置，允许用户更改各种业务的处理规则，也可定义新的业务处理规则，以适应企业业务不断重组，流程不断优化的需要。

通过物流信息可以分析市场需求、制定采购计划；利用物流信息的流动，协调采购工作程序；分析物流信息，了解物料供应状况，选择供应商。

8.1.3 采购信息内容及采集方法

（1）采购信息内容

① 所购物料和其他相关物料的库存量。

② 所购物料的市场供应情况。

③ 供应商的物料供应能力、供应量、实力和资信情况。

④ 所购物料的名称、价格、规格以及替代品资料。

⑤ 所购物料的品质和其他资料。

（2）采购信息采集方法

① 观察法：通过观察所购买物料的市场供应状况、竞争状况以及供应商对市场变化的反应，来收集所需要的信息。

② 询问法：以调查员的身份向供应商询问有关采购物料的价格、品种规格以及市场等信息。

③ 调查法：通过对所购物料所属产业、供应商、营销渠道以及购买者进行调查，来收集有关信息。

④ 交谈法：与供应商、营销渠道成员以及同类物料购买者进行针对性的交谈，了解所需信息。

⑤ 第二手资料法：通过收集所购物料、供应商、市场情况、销售业绩等的相关资料，了解所需信息。

8.2 采购管理信息化方案评估

8.2.1 采购信息分析报告编制

采购业务信息流的分析依赖于采购业务的流程分析。采购流程因采购的来源、方式以及对象的不同而在作业细节上有若干的差异，但基本流程大同小异，如图 8-1 所示。

建立采购流程，主要是为了处理来自于采购和供应部门以外的信息流入，以便产生为采购和供应部门以外的其他职能部门所需的信息流出。伴随采购流程产生的信息流入和流出就形成了采购业务中的信息流。信息流主要还是信息的传递过程，信息的传递形成信息流，如一个企业运用 ERP 系统，这样订单的录入作为一条信息会传递到下一个操作岗位，当需要制作提货单时，系统会提示库存产品的数量，这也是一种信息的流动。对信息流的正确理解是有效管理采购的关键。

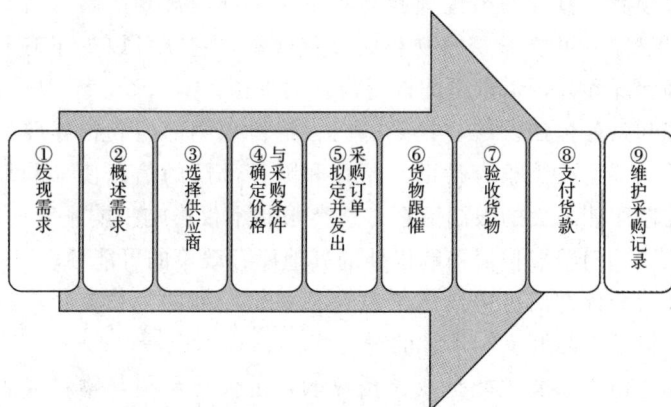

图 8-1 采购业务信息流分析框架

根据采购流程，采购业务中信息流主要可以归纳为两大类，即企业内部和外部流向采购部门的内部信息流；企业内部从采购部门流向其他部门的信息流。

（1）企业内部和外部流向采购部门的内部信息流

1）企业内部流向采购部门的信息流

企业内部每一个职能部门的活动，或产生流入采购部门的信息，或需要来自采购部门的信息，也有可能既有信息流出也有信息流入。

流入采购部门的信息主要有两类，如图 8-2 所示。一是可从公司内部得到物料的需求申请；二是要求提供在采购部门内可以得到或是可以从公司外部得到的信息。

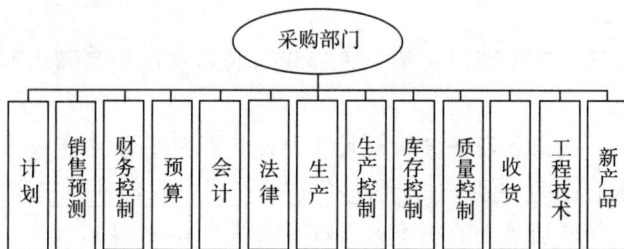

图 8-2 流向采购部门的内部信息流情况

①计划。计划对于采购部门有着特殊意义，有序的计划可以带来有序的采购和需求规划。计划可以让采购部门了解公司未来对物流、设备和服务的长期需求，这样采购部门对于未来的建设需要或是日益减少的原材料、部件的供应等就可以进行有计划的准备，这对于采购部门来说至关重要。

②销售预测。良好的销售预测有利于采购部门规划战略部署，如果采购部门能够提早知道可能需要的物料项目和数量，它就可以处于有利地位，更容易在市场状况和公司需求之间取得最佳的平衡。

③预算和财务控制。综合计划部门、销售预测部门和预算部门提供的信息，对于采购部门决策很有帮助。预算和财务部门的信息使采购部门注意到公司财务控制职能方面的限制因素，这类限制不仅影响采购系统的运营费用，而且影响采购部门采取按需采购以外的其他库存政策的可能性。

④会计。会计部门可提供的信息包括对供应商的货款支付、自制或外购决策的成本以及实际开支和预算的对比。

⑤法律。由于采购职能是获得授权的，是公司承担与物料或服务方面的采购合同相关的法律责任的主要活动，提供与合同和采购程序相关的信息就是法律部门的职责。

⑥生产和生产控制。生产部门和生产控制部门提供的信息各不相同，前者提供的一般是关于物料质量要求方面的，后者提供的信息则是关于一个生产周期覆盖时段内物料需求的项目和数量。这些信息经过整理后可以为采购部门提供一个有用的规划采购和供应业务的工具。

⑦库存控制。这个职能主要提供的是在给定的时段内需要采购或订购的物品名称的信息。在给定的时期内控制库存投资的库存政策决定了经济批量的使用，而库存政策又受到公司的财务资源、未来规划、当前的市场状况和物流采购间隔期等因素影响。

⑧质量控制和收货。这两个职能提供的信息主要是关于供应商供货方面的，如供应商能否按质、按量供应物料。这类信息对于采购职能顺利开展很关键。

⑨工程技术。这个部门主要负责提供有关物料的信息需求和具体需求数量方面的信息。

⑩新产品。在市场经济的大环境下，新产品的开发对于一个公司在市场竞争中获胜很有帮助。但要使采购部门在新产品开发的环节中充分发挥作用，那么有关新产品的信息必须在项目开始时就到达采购部门。

2）企业外部流向采购部门的信息流

高效的采购部门是公司与外界联系的一个主要连接点，它时常从外部获得大量的信息，而许多信息对于公司的经营至关重要。如图8-3所示为公司采购相关的信息。

①市场的总体情况。有能力的采购人员和采购主管都能熟知市场和商业总体情况。供应商的销售人员、采购业出版物、国家采购管理协会出版的各

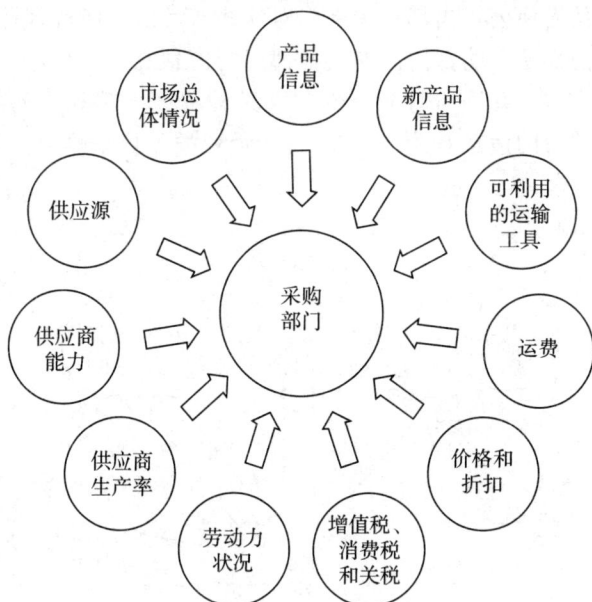

图 8-3　公司外与采购相关的信息

种出版物和提供的服务，以及当地的采购协会召开的会议和主办的出版物，都能提供有关价格、供求因素和竞争者相关方面的稳定信息流。

②供应源。这类信息从供应商的销售员、各种广告媒体、特别的营业推广、贸易展会和会议中的展示，以及供应商的财务、信息报告中有关客户的信息中获得。

③供应商的生产能力、生产率、供应商工厂内以及业内的劳动力状况。这类信息对于采购部门确定库存政策和确保供应和生产的连续性具有重要意义。

④价格和折扣、关税、销售税和消费税。任何和价格相关的信息对于采购部门来说都意义重大。从供应商或是潜在的供应商的销售代表那里可以获得很多价格信息。在预测价格趋势时，咨询顾问提供的有关经济发展趋势的建议非常有用。关税和其他税收时常变化，这就要求对其进行持续的跟踪了解。

⑤可利用的运输工具和费用。近年来运输服务的类型、可利用性和费率对于物料价格的影响越来越大。采购部门要关注有关对物料成本起显著作用的相关因素的信息，考虑如何为本部门所用。

⑥新产品和新产品信息。无论是新的还是旧的产品信息对于提高效率、降低成本都可能有价值，这就使得采购部门要对从外界收集的产品和服务信

息进行处理，从而使公司内部相关部门对这些产品信息保持警觉。

（2）企业内部从采购部门流向其他部门的信息流

在企业的内部，几乎所有职能部门在某种程度上都和采购部门发出的或可从采购部门获得的信息有关。图8-4所示列举了从采购部门发出信息的主要类型。

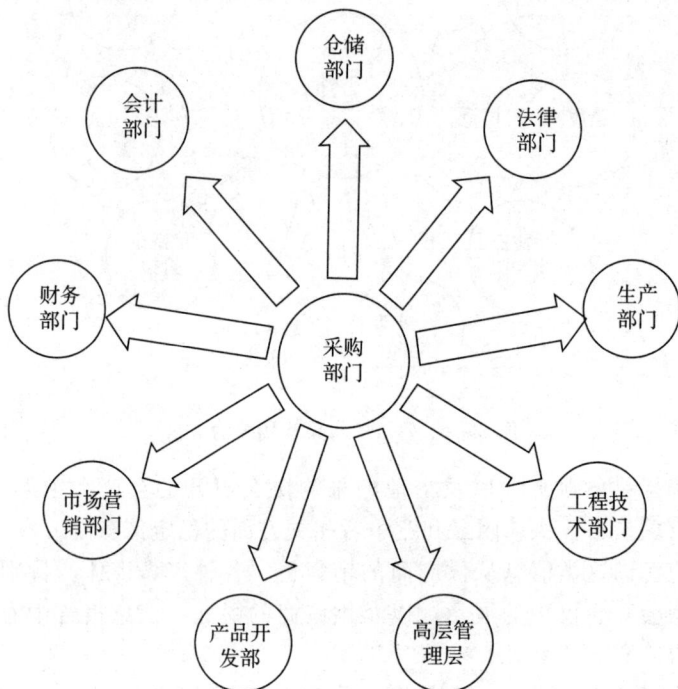

图 8-4 采购部门信息流向图

① 高层管理层。采购部门人员与市场紧密接触，可获得大量有关市场和行业状况的最新信息，这些信息经过妥善的处理后可以为高层管理人员经营公司提供有价值的信息。

② 工程技术部门。工程技术部门需要很多市场信息。尽管工程师可与供应商直接接触，了解产品和价格信息，或是发订单，但应视为例外。和工程师相比，有能力的采购专家或是跨职能团队可以通过寻找更好的供应商进行更有效的谈判。

③ 产品开发部门。此部门可从与市场紧密接触的采购部门获得新的物料信息和价格信息。

④ 市场营销部门。采购部门在与市场接触时，常常是供应商销售和商业推广计划的对象，所以采购人员可以接触到有新意的销售活动信息，这些信

息对于销售部门可能有潜在的价值。

⑤ 生产部门。采购部门可以向生产部门提供有关物料的相关信息，如物料可否购得、采购提前期、替代品，还有新的维修、修理和辅助物料方面的信息，也能提供生产设备供应商的信息。

⑥ 法律、财务、会计部门。采购部门提供给法律部门的信息是使用总括合同、无库存采购计划、长期协议和 EDI 系统进行各种物料的采购时，签订采购合同必需的信息。

采购部门提供的有助于会计和财务部门计划的信息有物料和运输成本及其发展趋势。如为应付需求突然变大造成的供应短缺或由于大罢工等原因可以预测的供应中断，而需要进行远期采购。

⑦ 仓储部门。采购部门向仓储部门提供的信息对于仓储部门的库存政策的制定非常重要。例如，物料是否能买到、价格趋势、替代材料等方面的信息。

8.2.2　采购信息分析报告的撰写

（1）采购信息分析报告的组成部分

管理信息系统带来的挑战不是信息的收集和统计，而是信息的分析与处理，采购成本差异分析与控制，业务流程分析与重组等，这些活动正是信息系统见效的实质所在，应体现在采购信息分析报告上。

（2）采购信息分析报告的分析内容

采购信息分析报告中要分析的采购信息包括：

① 与采购决策和采购绩效有关的指标。

② 与供应商有关的指标。

③ 与财务有关的指标。

④ 与销售有关的指标。

⑤ 与库存有关的指标。

⑥ 与运输有关的指标。

⑦ 与质量管理有关的指标。

⑧ 与产品开发有关的指标。

⑨ 与市场分析有关的指标。

8.3　采购管理系统案例分析

20 世纪 90 年代以来，经济全球化的趋势日益增加，信息技术的发展非常迅速，市场环境发生了根本性的变化。中国中小企业数量众多，改善管理、提高中小企业的经济效益对于中国国民经济的发展具有重要意义。采购管理系统体现了当今先进的企业管理思想，对提高企业的管理水平有着重要的意义。采购管理系统能够保证计划的准确性和采购的合理性，提升企业的竞争力。传统采购的重点放在与供应商进行商业交易的活动，特点是比较重视交易过程中供应商的价格比较，通过供应商多家竞争，从中选择价格最低者作为合作者。ERP 模式下的采购及其特点是需求拉动模式，从采购管理向外部资源管理转变，从一般买卖关系向战略伙伴关系转变。

采购管理系统是对整个采购过程进行监管的系统，因此需要保证各个环节监管到位，采购管理系统可以通过具有针对性的管理软件进行实施。

8.3.1　珍奥集团采购管理系统的实现之旅

作为一家国内外知名的大型企业，珍奥集团的采购管理系统并没有外人想象的那么复杂和昂贵。基于亚思捷软件的 TNT 平台，他们以较低的成本打造了一个精干的采购管理系统。

珍奥集团始创于 1996 年，是一家以保健品、药品和生物制品为核心业务，集研发、生产、销售于一体的健康产业集团，是国家级高新技术企业。同时它也是中国最大的核酸产业化基地，是世界上唯一整合了核苷酸上下游全产品链的核酸企业，核酸原料国内市场占有率在 85％以上。

珍奥集团在国内建有完善的营销网络，拥有一级营销管理机构近 40 家、二级营销管理机构 200 多家、终端店铺 2 000 多家、一线营销人员数万人。正是在这种复杂的情况下，珍奥集团的采购管理工作面临着很多困难。

珍奥集团原有采购过程全部人工控制，在整个采购过程中无法及时准确地了解采购状况，内耗增加，不利于企业的成本控制，甚至影响到生产过程。如何在物资采购中全方位地掌控第一手并且准确的物资采购信息，并在此基础上不断完善并逐步建立物资采购管理体系和模型，提高并保证数据及信息的可靠性和稳定性，同时有效保证企业原有信息化投资，延伸信息化系统的商业应用价值，是珍奥集团物资采购管理系统建设的核心需求。

基于这种需求，珍奥集团"就地取材"，选择了大连本地的亚思捷软件帮助自己构建采购管理系统。亚思捷软件的规模并不是很大，却有一个让珍奥集团的信息部负责人看中的资本，那就是他们自主研发的成熟 TNT 平台。

TNT 平台是一个基于微软 Jupiter 平台的快速开发工具，开发者可以通过界面属性设定的方法来完成对业务系统的快速开发，自动化生成 C♯和 JAVA 的两种语言的系统。亚思捷的 TNT 平台却并非只为客户提供一个快速开发工具，而是同时提供了基于该平台生成的各种应用系统，包括 OA、CRM、文档管理、采购管理等系统。

所以，对珍奥集团来说，既可以单独采购这些标准化的应用系统，实现自己的通用化需求，又可以通过快速开发平台，实现自己的个性化需求，这就比较完美地实现了标准化产品和个性化定制的需求。

根据珍奥集团对采购工作管理的需求，亚思捷软件的实施人员和珍奥相关人员一起整理了系统建设的 5 大目标：

(1) 建立统一的供应商数据库；

(2) 建立统一的物资编码；

(3) 规范采购行为管理；

(4) 优化采购流程；

(5) 充分考虑未来变更，易于二次开发和调整。

确定了建设目标后，亚思捷软件基于"以 Jupiter 业务中间件基础＋产品化业务原型为参考＋二次定制开发"的技术解决方案，很快就为珍奥集团开发出了非常实用的采购管理系统，这个系统包含了物资计划、物资询价、物资出入库管理、请款管理、物资编码、供应商管理、查询统计、系统管理等一系列功能模块。

目前，这个采购系统已经在珍奥集团顺利运行了 5 年多时间，经受住了时间的考验，足以证明是一个非常成功的系统案例。其成功主要表现在以下 6 个方面：

(1) 实现了物资编码体系在管理系统中的有效应用。

(2) 加强了珍奥集团物资需求计划、审核的管理，合理制订物资采购计划。

(3) 加强了珍奥集团物资采购管理，降低物资采购成本，对采购进行全过程跟踪。

(4) 加强了物资库存管理，降低物资库存资金占用，提高库存物资完备率。

(5) 提高了供应商管理、采购策略控制的准确性、高效性。

(6) 采用统计报表等为厂领导进行正确决策提供了全面完整的信息。

珍奥集团通过 TNT 平台这样的快速开发工具，以标准化产品和个性化定制的方式实现了低成本的个性化，为其他企业提供了有益的启示。

8.3.2 沃尔玛全球采购案例分析

沃尔玛（Wal-Mart）公司是全世界零售业销售收入位居第一的巨头企业，素以精确掌握市场、快速传递商品和最好地满足客户需求著称，是著名的"全球 500 强排行"的冠军。

早在 20 世纪 80 年代末，曾有人质疑巨无霸的沃尔玛是否能够继续增长。

但是，接下来的 10 年，沃尔玛每年都实现两位数的营业额增长，年均增长的绝对数在 250 亿美元以上。2004 年，沃尔玛全球销售达到 2 852 亿美元。其中在中国的销售额达 76.4 亿元，中国已成为沃尔玛全球的重要采购基地之一。到 2005 年，沃尔玛已经连续 4 次登上《财富》世界 500 强的冠军宝座，而全球采购正是沃尔玛成功的必要条件之一。在 2002 年 2 月 1 日之前，沃尔玛并没有从海外直接采购商品，所有海外商品都由代理商代为采购。沃尔玛要求刚刚加盟的沃尔玛全球副总裁兼全球采购办公室总裁崔仁辅利用半年时间准备好并支撑起 2 000 亿美元营业额的全球采购业务，同时在全世界成立 20 多个负责采购的分公司，使全世界采购小组同步作业；而且使全球采购业务在一年之后增长了 20%，超过了整个沃尔玛营业额 12% 的增长率。崔仁辅深知国际贸易规划的变化对全球采购业务的重大影响，也观察到世界制造业和全球采购的总体变化趋势，于是结合沃尔玛零售业务的特点，在自办全球采购的组织上采用以地理布局为主的形式。

崔仁辅的全球采购网络首先由大中华及北亚区、东南亚及印度次大陆区、美洲区、欧洲中东及非洲区等 4 个区域所组成。其次在每个区域内按照不同国家设立国别分公司，其下再设立卫星分公司。国别分公司是具体采购操作的中坚单位，拥有工厂认证、质量检验、商品采集、运输以及人事、行政管理等关系到采购业务的全面功能。卫星分公司则根据商品采集量的多少来决定拥有其中哪一项或几项功能。

2001 年，沃尔玛把全球采购总部从香港搬至广东，并以深圳为基地，再向世界延伸 20 个采购据点。采购网络负责为沃尔玛的连锁店采购在质量、包装、价格等方面均具有竞争力的优质产品并全面负责沃尔玛超过 2 000 亿美元的全球采购任务。需要注意的是，在这个全球采购中心里不发生实际的购买行为，它所做的主要工作是在全球范围内为沃尔玛公司搜寻新的产品与合适的供应商，然后把搜寻到的商品和供应商们集合起来，召集分布在全球各个区域的买家过来挑选采买，达成交易。

沃尔玛的采购策略是严格采用全面压价方式并与供应商结成战略伙伴关系，排斥了大量的中间商，同时也尽可能最大程度地从供应商身上获取利润，这从一定程度上损害了供应商的利益，从而造成零售业供应商的两大不幸：一是作为沃尔玛的供应商；二是不被沃尔玛选为其供应商。

分析：

（1）沃尔玛发展全球采购网络的组织

1）沃尔玛的全球采购

在沃尔玛，全球采购是指某个国家的沃尔玛店铺通过全球采购网络从其他国家的供应商进口商品，而从该国供应商进货则由该国沃尔玛公司的采购部门负责采购。

①全球采购网络的地理布局

沃尔玛结合零售业务的特点以及世界制造业和全球采购的总体变化趋势，在全球采购网络的组织上采取以地理布局为主的形式。

四大区域中，大中华及北亚区的采购量最大，占全部采购量的 70％多，其中中国分公司又是采购量第一的国别分公司，因此，沃尔玛全球采购网络的总部就设在中国的深圳。

②全球采购总部

全球采购总部是沃尔玛全球采购网络的核心，也是沃尔玛的全球采购最高机构。在这个全球采购总部里，除了 4 个直接领导采购业务的区域副总裁向总裁汇报以外，总裁还领导着支持性和参谋性的总部职能部门。

沃尔玛在深圳设立全球采购总部意味着沃尔玛不仅能在这里采购到质量、包装、价格等方面均具有竞争力的优质产品。更重要的是，深圳顺畅、便捷的物流系统及发达的海陆空立体运输网络，特别是华南地区连接世界市场的枢纽港地位，将为沃尔玛的全球采购赢得更多的时间，带来更多的便捷。

2）沃尔玛全球采购网络的职责

沃尔玛的全球采购网络相当于一个"内部服务公司"，为沃尔玛在各个零售市场上的店铺买家服务。

①商品采集和物流

全球采购网络要尽可能地在全球搜索到最好的供应商和最适当的商品——沃尔玛的全球采购网络实际上担当了商品采集和物流的工作，对店铺买家来说，他们只有一个供应商。

②向买家推荐新商品

对于新产品，沃尔玛没有现成的供应商，它通过全球采购网络的业务人员参加展会、介绍等途径找到新的供应商和产品。店铺买家会到全球采购网络推荐的供应商那里和他们直接谈判以及购买。

③帮助其他国家的沃尔玛采集货品

沃尔玛的全球采购为全世界各个国家的沃尔玛店铺采集货物。而不同国家之间的贸易政策往往不一样，这些差别随时都需要加以跟踪，并在采购政策上做出相应的调整。

④调查、比较厂商和产品

沃尔玛的全球采购中心同时还对供应商的注册资金、生产能力等进行查证，对产品的价格和质量进行比较。对满意的厂商和产品，他们就会安排买家直接和供应商进行谈判。

（2）沃尔玛的全球采购流程

采购是一个比较复杂的过程，为了提高采购活动的科学性、合理性和有效性，就必须建立和完善系统的采购流程，从而保证采购活动的顺畅进行。下面从宏观和微观方面说明沃尔玛的采购流程：

1）宏观方面

全球采购办公室是沃尔玛进行全球采购的负责组织。但是这个全球采购办公室并没有采购任何东西。在沃尔玛的全球采购流程中，其作用就是在沃尔玛的全球店铺买家和全球供应商之间架起买卖之间的桥梁。因此，沃尔玛的全球采购活动都必须以其采购的政策、网络为基础，并严格遵循其采购程序。

在全世界商品质量相对稳定的情况下，只有紧密有序的采购程序才能保证沃尔玛采购到足够量的货物。

2）微观方面

沃尔玛的商品采购是为保证销售需要，通过等价交换取得商品资源的一系列活动过程，包括：搜索信息、确定计划、选择供应商、谈判等。

①筛选供应商

沃尔玛在采购中对供应商有严格的要求，不仅在提供商品的规格、质量等方面，还对供应商工厂内部的管理有严格要求。

②收集产品信息及报价单

通过电子确认系统（EDI），向全世界4 000多家供应商发送采购订单及收集产品信息和报价单，并向全球2 000多家商场供货。

③决定采购的货品

沃尔玛有一个专门的采办会负责采购。经过简单的分类后，该小组会用e-mail的方式和沃尔玛全球主要店面的买手们沟通，这个过程比较长。在世界各大区买手来到中国前（一般每年两三次），采办会的员工会准备好样品，样品上标明价格和规格，但决不会出现厂家的名字，由买手决定货品的购买。

④与供应商谈判

买手决定了购买的产品后，买手和采办人员对被看上的产品进行价格方面的内部讨论，定下大致的采购数量和价格，再由采办人员同厂家进行细节和价格的谈判。谈判采取地点统一化和内容标准化的措施。

⑤审核并给予答复

沃尔玛要求供应商集齐所有的产品文献，包括产品目录、价格清单等，选择好样品提交。并会在审核后的90天内给予答复。

⑥跟踪检查

在谈判结束后，沃尔玛会随时检查供应商的状况，如果供应商达不到沃尔玛的要求，则根据合同，沃尔玛有理由解除双方的合作。

（3）沃尔玛全球采购政策

沃尔玛的全球采购中心总部中有一个部门专门负责检测国际贸易领域和全球供应商的新变化对其全球采购的影响，并据以指定和调整公司的全球采购政策。沃尔玛的采购政策大致可以分为以下 3 个方面：

1）永远不要买得太多

沃尔玛提出，减少单品的采购数量，能够方便管理，更主要的是可以节省营运成本。沃尔玛的通讯卫星、GPS 以及高效的物流系统使得它可以以最快的速度更新其库存，真正做到零库存管理，也使"永远不要买得太多"的策略得到有力的保证。

2）价廉物美

"沃尔玛采购的第一个要求是价廉物美"。在沃尔玛看来，供应商都应该弄清楚自己的产品跟其他同类产品有什么区别，以及自己的产品中究竟哪个是最好的。供应商最好尽可能生产出一种商品专门提供给沃尔玛。沃尔玛最希望以会员价给顾客提供尽可能多的在其他地方买不到的产品。

3）突出商品采购的重点

沃尔玛一直积极地在全球寻找最畅销的、新颖有创意的、令人动心并能创造"价值"的商品。营造一种令人高兴、动心的购物氛围，从而吸引更多的顾客。

沃尔玛商品采购的价格决策和品项政策密不可分，它以全面压价的方式从供应商那里争取利润以实现天天低价；沃尔玛还跟供应商建立起直接的伙伴关系以排斥中间商，直接向制造商定货，消除中间商的佣金在保证商品质量的同时实现利润最大化。

（4）沃尔玛全球供应商的选择

优秀的供应商是零售企业的重要资源，它对零售企业的成长具有重大影响。对沃尔玛来说，选择了合适的供应商，才有可能采购到合格的商品，因此，在全球采购战略中，沃尔玛挑选供应商的条件和标准都是一样的。

1）供应商选择条件

沃尔玛对全球供应商的选择条件是非常严格的，要成为它的供应商，必须满足以下 9 大条件：

① 所提供的商品必须质量优良，符合国家以及各地方政府的各项标准和要求。

② 所提供的商品价格必须是市场最低价。

③ 文化认同：尊重个人、服务客户、追求完美、城市增值 。

④ 首次洽谈或新品必须带样品。

⑤ 有销售纪录的增值税发票复印件。

⑥ 能够满足大批订单的需求。在接到沃尔玛订单后，如有供应短缺的问题，应立即通知。连续 3 次不能满足沃尔玛订单将取消与该供应商的合作关系。

⑦ 供应商应提供以下的折扣：年度佣金：商品销售总额的 1.5%；仓库佣金：商品销售总额的 1.5%～3%；新店赞助费：新店开张时首单商品免费赞助；新品进场费：新品进场首单免费。

⑧ 供应商不得向采购人员提供任何形式的馈赠，如有发现，将做严肃处理。

⑨ 沃尔玛鼓励供应商采取电子化手段与其联系。

沃尔玛在确定资源需求方面看重的是供应商提供商品的质量以及价格，必须符合高品质的要求，又要求最低价格，以此来实现其天天低价的。

8.3.3 OPEN 中国实施采购管理系统的成功案例

随着生活品质的提升，消费者们的注意力已从单纯的外观选择转移到产品的质量上来。因此从源头上也就是原材料购买上的质量把关成了大多数企业首要解决的问题。如何建立内部采购流程体系以提高工作效率，构建企业的供应商体系，规范化产品质检流程，最终提高消费者的满意度是多数企业亟待解决的问题。

某世界 500 强企业——A 集团的采购管理系统的成功实施，为正在面临以上问题的企业提供了良好的借鉴意义。

（1）项目名称

A 集团采购管理系统的实施

（2）客户背景

世界 500 强企业——A 集团的主营业务是生产、加工、销售高技术材料并提供相应服务。该集团自 1985 年开始进入中国市场。集团至今已在华设立了 54 家企业及公司，2010 年在华企业的销售总额达 10.2 亿欧元，在华投资企业员工总数超过一万多人。

（3）项目背景

由于业务的急剧膨胀，A 集团的采购量也大幅增加，对采购管理系统提出了更高的要求，之前系统已不能满足业务的需求。A 集团之前的系统不能对供应商进行考核，不能对产品质量进行有效地把控，对一单多批次发货无法灵活处理等诸多问题的出现已严重影响了工作的效率，A 集团急需一套能够满足自身业务发展需求的采购管理系统。

（4）OPEN 中国解决方案

在了解 A 集团的现状后，OPEN 中国的资深顾问给出了解决方案，OPEN 中国的实施团队与 A 集团的 IT 部门通力合作，一一攻破了 A 集团的目前的困境。

OPEN 采购管理系统是通过采购申请、采购订货、进料检验、仓库收料、采购退货、购货发票处理、供应商管理、价格及供货信息管理、订单管理，以及质量检验管理等功能综合运用的管理系统，对采购物流和资金流的全部过程进行有效的双向控制和跟踪，实现完善的企业物资供应信息管理。

图 8-5 所示为 A 集团采购管理系统主要业务模块

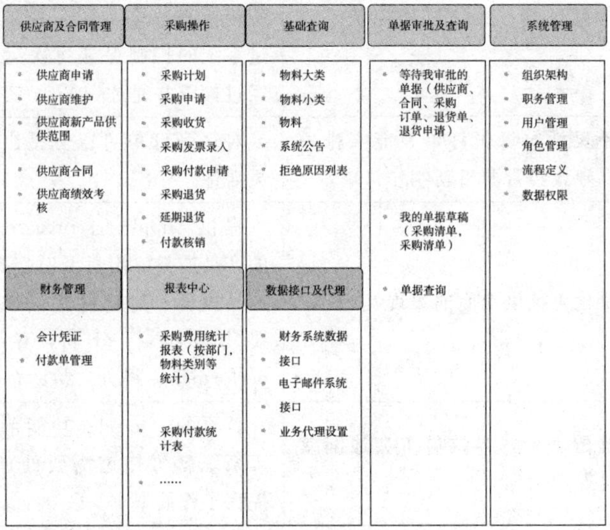

图 8-5　A 集团采购管理系统主要业务模块

A 集团面临的挑战与 OPEN 中国相应方案见表 8-1 所示。

表 8-1　A 集团面临的挑战与 OPEN 中国相应方案一览表

	A 集团的现状及面临的业务挑战	OPEN 中国相应的解决方案
1	供应商和产品信息不全，没有审批管理过程，无法控制供应商与产品的质量	建立了完整的供应商和产品信息库，完善了审批流程
2	产品价格管理不严格，无法跟踪价格的变化	系统提供完整的价格管理和跟踪功能，包括产品固定价格，针对不同客户的价格变化，针对每张订单的单价变化历史，并且对每次价格变化增加审批控制过程

（续表）

	A 集团的现状及面临的业务挑战	OPEN 中国相应的解决方案
3	订单录入模式固定单一，增加了很多重复性劳动	提供 Excel 导入、订单克隆等多种模式，大量节省人工
4	审批流程设计、修改较复杂，不灵活，没有流程监控平台	提供图形化的设计界面，流程的设计和修改十分方便快速，提供可视化的流程监控平台，管理员能够了解所有流程的执行情况
5	没有检测过程，无法严格控制采购质量	提供初检、样品检查、全面检查、装箱检查等多种质量控制过程，并通过系统的控制保证每次运输的物品都经过检查并通过
6	发货不灵活，每张订单只能安排一次发货，导致经常要重新制作订单	对每张订单可以分批出货，增加了灵活性
7	无法量化考核供应商的表现	提供 Supplier scorecard，对供应商的产品质量、出货及时率、价格变化、产品投诉、付款方式、检查结果等重要 KPI 进行分析，给出具体的 performance 得分，帮助企业评估
8	缺少提醒功能，导致员工会遗漏或不能及时处理工作	首页的 reminder 功能帮助用户一进入系统就可知道需要处理哪些事情，提高工作效率
9	供应商、客户、用户使用不同的系统，对于订单的确认、变更、审批等需要线下沟通，效率低又不可控	提供供应商和客户门户功能，使所有参与者在一个统一的采购平台上进行工作（审批、查询、变更）

（5）A 集团的改观与收益

OPEN 中国为 A 集团成功实施采购管理系统后，A 集团的办公效率得到了明显的提升，主要体现在流程审批速度的加快、审批流程更加透明、供应商的质量和产品的质量都得到了有效的控制，淘汰了滞销商品以及不良供应商，引进新商品、开发新供应商，创建了集中采购制度，实行批量采购获得优惠的价格和条件，降低企业的商品进价，从而降低经营成本。除此之外，系统还帮助 A 集团控制采购付款，使 A 集团获得更多资金收益。

OPEN 中国的资深顾问能力以及专业实施团队受到了 A 集团领导与用户

的一致好评!

8.3.4　惠普采购经典案例

　　惠普公司成立许多完全独立的子公司,并让它们做它们想做的事情,这使得惠普公司发展极为迅速。但这种"分而治之"的经营战略也有其不利的方面。其中,较明显的就是,由于各部门分头采购,使得办公设备、文具用品以及各项采购费都高得惊人,到 1999 年底,惠普花在这些项目上的金额就高达 20 亿美元。

　　面对这个问题,惠普于 1998 年进行调查,结果发现自己公司的集团购买行为过于分散、随意,缺乏统一的规划与控制。"许多雇员自己跑到附近的电脑与办公用品店,随意采购东西拿回来报销,而不是到与我们有供应协议的供货商那里去采购,这样导致要多花许多冤枉钱。"公司前采购主任说。

　　为了解决这个问题,惠普公司立即着手建立网络采购系统,促使惠普84 000 多名员工都从指定的供应商那里取得各种办公用品,全面实现采购决策与实施过程网络化、快捷化。

　　惠普最终选定了 Ariba 采购系统,并于 1999 年 9 月正式启动。运行的结果使惠普官员们确信,Ariba 网上采购能够让公司每年在采购方面的支出减少0.6~1 亿美元。

　　现在,总资产近 480 亿美元的惠普公司能够与 100 个供应商进行更加快捷的交易与联系;过去需要两个星期的采购过程,现在不到两天就能够完成。对于供应商来说,过去所有的发票、调货和信用卡问题,需要占用 70% 的工作时间,而现在这些时间仅仅占 30% 左右。

复习思考题

1. 采购与物流信息的关系是什么?
2. 采购信息有哪些? 如何获取?
3. 如何撰写采购管理信息化方案?
4. 采购部门发出信息的主要类型有哪些?
5. 采购信息分析报告的具体内容包括哪些?

第9章　采购库存控制与管理

　　采购和库存是上下承接、互相关联的两个环节，绝对不能各自为政。采购的基本职能是满足需求、保障供应。在企业中，需求有两种表现形态：一是直接需求；二是间接需求。直接需求就是需求点的需求，此时采购的物资直接在需求点进行消耗，不设仓库库存；间接需求就是基于仓库的需求，此时设有仓库库存，采购的物资先存入库存，再由仓库去满足各需求点的直接需求。对于直接需求而言，采购的任务主要是维持"零库存"运行，即采购的物资正好满足生产或销售的需要，没有多余的库存；对于间接需求而言，采购的物资应大于或等于需求点上的实时总消耗。由此可见，采购是造成库存变化的源头。采购过多，则增加企业库存；采购过少，又不能保证生产和销售的正常进行。因此，采购管理要以库存控制为指导思想，即除了满足各种需求之外，还有降低库存的要求，应将库存控制作为自己的工作准则，而工作准则是制定和实施某项工作的依据和评价标准，也就是说库存控制的有关要求是要纳入采购的考核指标体系的。

9.1　采购库存模型

9.1.1　确定性需求采购库存

9.1.1.1　单品种采购
　　单品种采购，指某一品种大批量的订购。可以分为定量采购和定期采购。
　　（1）定量采购模型
　　1）定量采购定义
　　所谓定量采购，是指当库存量下降到预定的最低库存数量（采购点）时，按规定数量（一般以经济订货批量 EOQ 为标准）进行采购补充的一种方式。当库存量下降到订货点（R，也称为再订货点）时马上按预先确定的订货量（Q）发出货物订单，经过订货提前期（LT），收到订货，库存水平上升。采用定量订货必须预先确定订货点和订货量。通常订货点的确定主要取决于需求率和订货、到货间隔时间这两个要素。在需求固定均匀和订货、到货间隔不变的情况下，不需要设定安全库存，订货点由以下公式确定：

$$R = LT \times D/365 + S$$

式中，D 是每年的需要量，S 表示安全库存。图 9-1 所示为定量订货的原理。

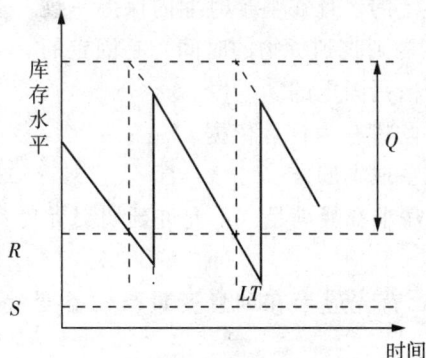

图 9-1 定量订货原理

当要求发生波动或订货、到货间隔是变化的时候，订货点的确定方法较为复杂，且往往需要安全库存。订货量通常依据经济批量方法来确定，即以总库存成本最低时的经济批量（EOQ）为每次订货时的订货量。定量采购的优点是：由于每次订货之前都要详细检查和盘点库存（看库存是否降到订货点），能及时了解和掌握商品库存的动态；因每次订货数量固定，且是需求确定好了的经济批量，所以方法简便。这种订货方法的缺点是：经常对商品进行详细检查和盘点，工作量大且花费大量时间，从而增加了库存保管维持成本；该方式要求对每个品种单独进行订货作业，这样会增加订货成本和运输成本。定量采购适用于品种数目少但占用资金大的商品。

2）定量采购的作业流程

① 确定应采购商品的现有库存量。

② 根据用户的需求和现有库存量确定商品的需求数量。

③ 如果现有库存量能满足用户需求，为用户提取货物。

④ 按以下公式计算库存数量：

库存量＝现有库存量－提取数量＋在途库存量－延期购买量

⑤ 当库存小于或等于用户的订购量时，向供应商发出订货单，请求订货。

3）定量采购模型

① 定量采购模型假设

定量采购要求规定一个特定的点，当库存水平到达这一点时就应当进行订购并且订购一定的量。订购点往往是一个既定的数，当可供货量（包括目前库存量和已订购量）到达订货点时，就应当进行一定批量的订购。库存水平可定义为当前库存量加上已订购量减去延期交货量。以下这些假设与现实可能有些不符，但它们为我们提供了一个研究的起点，并使问题简单化。

　　a）产品需求是固定的，且在整个时期内保持一致。

　　b）提前期（从订购到收到货物的时间）是固定的。

　　c）单位产品的价格是固定的。

　　d）存储成本以平均库存为计算依据。

　　e）订购或生产准备成本固定。

　　f）所有对产品的需求都能满足（不允许延期交货）。

　　② 建模

　　建立库存模型时，首先应当在利息变量与效益变量之间建立函数关系。成本公式如下：

$$年总成本＝年采购成本＋年订购成本＋年存储成本$$

即

$$TC=DC+(D/Q)S+(Q/2)H$$

式中，TC 为年总成本；D 为需求量（每年）；C 为单位产品成本；Q 为订货批量（最佳批量称为经济订货批量 Q）；S 为生产准备成本或订购成本；H 为单位产品的年均存储成本（通常存储成本以单价的百分率表示，如 $H=iC$ 式中，i 是存储成本的百分率）。

　　等式右边，DC 指产品年采购成本，$(D/Q)S$ 指年订购成本（订购次数 D/Q 乘以每次订购成本 S），$(Q/2)H$ 是年存储成本（平均库存 $Q/2$ 乘以单位存储成本 H）。

　　在模型建立过程中，第二步是确定订货批量 Q 以使总成本最小。我们将总成本对 Q 求导数，并设其等于零。具体计算过程如下：

$$TC=DC+(D/Q)S+(Q/2)H$$

$$\frac{d_{TC}}{d_Q}=0+\left[\frac{-DS}{-QQ}\right]+\frac{H}{2}=0$$

得到最优订货批量为

$$Q=\sqrt{2DS/H}$$

　　因为该模型假定需求和提前期固定且没有安全库存，则再订购点 R 为

$$R=dL$$

式中，d 为日平均需要量（常数）；L 为用天表示的提前期（常数）。

　　定量采购系统是对库存水平进行连续监控，且当库存量降至某一水平 R 时就进行订购。该模型中，缺货的风险只发生在订购提前期，即在订购时点

与收到货物时点之间，则再订购的公式如下：

$$R = \bar{d}L + z\sigma_L$$

式中，R 为再订购点；d 为日需要量；L 为提前期；z 为既定服务水平；σ_L 为提前期中使用量的标准差。

计算如下：

$$\bar{d} = \frac{\sum\limits_{i=1}^{n} d_i}{n}$$

式中，n 为天数。

日需要量的标准差为

$$\sigma_d = \sqrt{\frac{\sum\limits_{i=1}^{n}(d_i - \bar{d})^2}{n}}$$

i 天的标准差为

$$\sigma_L = \sqrt{\sigma_1{}^2 + \sigma_2{}^2 + \cdots + \sigma_i{}^2}$$

即

短缺概率×年需要量＝每次订购短缺量×年订购次数

$$(1-P) \times D = E_{(z)}\sigma_L \times D/Q$$

简化为

$$E_{(z)} = \frac{(1-P)\ Q}{\sigma_L}$$

式中，P 为期望服务水平。

（2）定期采购模型

1）定期采购的定义

定期采购是指按预先确定的订货间隔期间进行采购补充库存的一种方式。企业根据过去的经验或经营目标预先确定一个订货间隔期。每经过一个订货间隔期就进行订货，每次订货数量都不同。在定期采购时，库存只在特定的时间点进行盘点，如每周一次或每月一次。当供应商走访客户并与其签订合同或某些顾客为了节约运输费用而将他们的订单合在一起的情况下，必须定期进行库存盘点和订购。另外一些公司采用定期采购是为了促进库存盘点。例如，销售商每两周打来一次电话，则员工就明白所有销售商的产品都应进行盘点了。

在定期采购时,不同时期的订购量不尽相同,订购量的大小主要取决于各个时期的使用率。它一般比定量采购要求更高的安全库存。定量采购时对库存连续盘点,一旦库存水平到达再订购点,立即进行订购。相反地,标准的定期采购模型是仅在盘点期进行库存盘点。这就有可能在刚定完货时由于大批量的需求使得库存降至零,这种情况只有在下一个盘点期才被发现,而新的订货需要一段时间才能到达。这样,有可能在整个盘点期和提前期会发生缺货。所以安全库存应当保证在盘点期和提前期内不发生缺货。定期订货原理如图 9-2 所示。

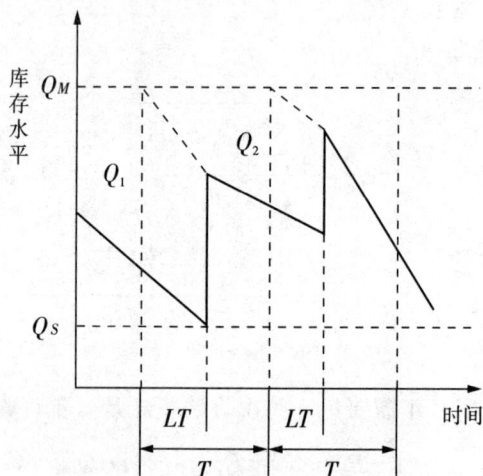

图 9-2 定期订货原理

定期订货法是一种基于时间控制的订货方法。它主要是确定一个订货周期 T 和一个最高库存量 Q_M。这个订货周期,就是控制库存的订货时机;这个最高库存,就是控制库存的一个给定库存水准。然后每隔一个周期 T,就检查库存发出订货。订货量的大小就是最高库存量与当前实际库存量的差。

2)订货周期的确定

订货周期一般根据经验确定,主要考虑制订生产计划的周期时间,常取月或季度作为库存检查周期,但也可以借用经济订货批量的计算公式确定使库存成本最有利的订货周期。

$$订货周期 = 1/订货次数 = Q/D$$

3)最高库存量的确定

最高库存量是满足订货期加上提前期的时间内的需求量。它包括两部分:

一部分是订货周期加提前期内的平均需求量，另一部分是保证服务水平储备量。

$$Q_M = (T+L)r + ZS$$

式中：T 为订货周期；L 为订货提前期；r 为平均日需求量；Z 为服务水平置信度对应的 t 值；S 是订货期加提前期内的需求变动的标准差。

依据目标库存水平可得到每次检查库存后提出的订购批量：

$$Q = Q_M - Q_t$$

式中，Q_t 为在第 t 期检查时的实有库存量。

【例 9-1】 某货品的需求率服从正态分布，其日均需求量为 200 件，标准差为 25 件，订购的提前期为 5 天，要求的服务水平为 95%，每次订购成本为 450 元，年保管费率为 20%，货品单价为 1 元，企业全年工作 250 天，本次盘存量为 500 件，经济订货周期为 24 天。计算目标库存水平与本次订购批量。

解：$(T+L)$ 期内的平均需求量 $= (24+5) \times 200 = 5\,800$（件）；

$(T+L)$ 期内的需求变动标准差 $= 135$（件）；

目标库存水平：$Q_M = 5\,800 + 1.96 \times 135 = 6\,065$（件）；

订购批量：$Q = 6\,065 - 500 = 5\,565$（件）

从上例的计算结果可以看出，在同样的服务水平下，固定订货期限系统的保险储备量和订购批量都要比固定订货量系统的保险储备量和订购批量大得多。这是由于在固定订货期系统中需满足订货周期加提前期内需求量和防止在上述期间发生缺货所需的保险储备量。这就是为什么一些关键物品、价格高的物品不用固定订货期法，而用固定订货量法的原因。

（3）定量订货法与定期订货法的区别

① 提出订购请求时点的标准不同

定量订购库存控制法提出订购请求的时点标准是，当库存量下降到预定的订货点时，即提出订购请求；而定期订购库存控制法提出订购请求的时点标准则是，按预先规定的订货间隔周期，到了该订货的时点即提出请求订购。

② 请求订购的商品批量不同

定量订购库存控制法每次请购商品的批量相同，都是事先确定的经济批量；而定期订购库存控制法每到规定的请求订购期，订购的商品批量都不相同，可根据库存的实际情况计算后确定。

③ 库存商品管理控制的程度不同

定量订购库存控制法要求仓库作业人员对库存商品进行严格的控制精心的管理，经常检查、详细记录、认真盘点；而用定期订购库存控制法时，对库存商品只要要进行一般的管理，简单记录，不需要经常检查和盘点。

④ 适用的商品范围不同

定量订购库存控制法适用于品种数量少，平均占用资金量大的、需重点管理的 A 类商品；而定期订购库存控制法适用于品种数量大、平均占用资金少的、只需一般管理的 B 类、C 类商品。

9.1.1.2　多品种联合订购

在多种物品环境下进行库存控制决策问题的研究称为多品种联合订购问题，即 JRP 问题（Joint Replenishment Problem ，JRP）。多品种联合订购问题是指对从同一供应点订购的多种物品进行联合订购决策，补充库存，以减少总订购次数，获得数量折扣，以便于运输调度，降低库存费用，提高库存服务水平的一种库存控制问题。

联合订购问题按订购时间分为两类：不同品种相同周期的联合订购；不同品种不同周期的联合订购。以下分别加以讨论。

（1）不同品种相同周期的联合订购

不同品种相同周期的联合订购的基本方法原理是把联合订购的各个品种归为一个组，作为一个整体综合考虑它们的库存费用和订货费用，求得使总费用最低的共同订货周期。

假设第 i 个品种的需求速率为 R_i，单位物资单位时间的保管费用为 c_{1i}，在联合订购中各自的订货批量为 Q_i，联合订购的一次订购费用为 c_0，联合订购的订货周期为 T。则第 i 种物资在 T 周期内的平均保管费用为

$$\bar{C}_{1i} = \frac{Q_i}{2}c_{1i} = \frac{R_i T}{2}c_{1i}$$

各种物资单位时间的总保管费用等于各种物资保管费用之和：

$$\bar{C}_1 = \sum \frac{R_i T}{2}c_{1i}$$

T 期间的平均订货费用为：

$$\bar{C}_0 = \frac{c_0}{T}$$

所以 T 期间的平均总费用为

$$\bar{C} = \bar{C}_0 + \bar{C}_1 = \frac{c_0}{T} + \sum \frac{R_i T}{2}c_{1i}$$

令

$$\frac{\mathrm{d}\bar{C}}{\mathrm{d}T} = -\frac{c_0}{T^2} + \sum \frac{R_i}{2}c_{1i} = 0$$

得到共同的经济订货周期 T^* 和各种物资的订货批量 $Q_i{}^*$：

$$T^* = \sqrt{\frac{2c_0}{\sum R_i c_{1i}}}$$

$$Q_i^* = R_i \sqrt{\frac{2c_0}{\sum R_i c_{1i}}} \, (i = 1, 2, \cdots, n)$$

故总平均费用为

$$\bar{C}^* = \sqrt{2c_0 \sum c_{1i} \cdot R_i}$$

（2）不同品种不同周期的联合订购

不同品种不同周期的联合订购的方法原理是设定一个基准周期 T，把各品种单独订购的经济订货周期都化成这个基准周期的简单倍数。以基准周期连续运行，在不同的基准周期实行不同品种的联合订购。每个品种都在自己简单倍数所在的基准周期中联合订货。

设各品种的共同订货费为 C_{00}，各自订货费为 C_{0j}。计算步骤如下：

第一步，先求各自订货周期

$$T_j: \; T_j^* = \sqrt{\frac{2c_{0j}}{c_{1j} R_j}}$$

第二步，取 T_j 中最小的作为基准周期，其余都转化为其整数倍：

$$T_0 = \min\{T_j\}$$

$$T_j = [\alpha_j] T_0$$

式中，$\alpha_j = T_j / T_0$，$[\alpha_j]$ 为不大于 α_j 的整数。

第三步，求基准周期 T_0：

$$\bar{C}(T_0) = \frac{c_{00}}{T_0} + \sum \frac{c_{0j}}{T_j} + \frac{1}{2} \sum_{j=1}^{n} c_{1j} \cdot R_j \cdot T_j$$

令

$$\frac{\partial \bar{C}(T_0)}{\partial T_0} = 0$$

得

$$T^* = \sqrt{\frac{2\left(c_{00} + \sum \frac{c_{0j}}{[\alpha_j]}\right)}{\sum c_{1j} R_j [\alpha_j]}}$$

特别地，当 c_{0j} 都等于 c_0 时，则 $T^* = \sqrt{\frac{2(c_0 + nc_0)}{\sum c_{1j} R_j}}$

9.1.1.3 ABC 分析法

（1）ABC 分析法概述

对于单一品种的采购，不存在重点选择的问题，因此不需要进行 ABC 分析。但是对于多品种采购，由于存在一个先采购什么后采购什么、重点保证采购什么的问题，所以就存在一个品种的重要程度和采购优先权的问题。为确定品种的重要程度，就要进行品种的 ABC 分析。

ABC 分析法最初来源于人口管理论。意大利经济学家巴累托在研究人口理论时发现，占人口总数极小比例的人口却拥有占财富总数极大比例的财富；而占人口极大比例的人口却只拥有占财富总数极小比例的财富，即所谓"关键的少数与次要的多数"理论。后来发现这个理论在其他事物当中也存在。于是人们就把这个理论逐渐推广使用开来。

例如，在库存管理中，一个仓库里存放的物资品种成千上万。但是，这些品种中，只有少数品种价值高、销售速度快、销售量大、利润高，构成仓库利润的大部分。而大多数品种则价值低、销售速度慢、利润低，只能构成仓库利润极小部分。于是，仓库管理人员就将利润高的那一部分少数品种划作 A 类，实行重点管理；而将利润低的大部分品种划分为 C 类，实行一般管理；剩余的一部分为 B 类，根据情况可以实行重点管理，也可以实行一般管理，如表 9 - 1 所示。

表 9 - 1 ABC 分析法示例

类　别	物资特点	品种占额	销售额	管理类别
A	价值高，销售额高，品种少	10%	70%	重点管理
B	价值中，销售额中，品种中	20%	20%	可重点，也可一般
C	价值低，销售额低，品种多	70%	10%	一般管理

其中，各类品种所占的比例都是主观确定的。一般分别取 10%、20% 和 70%，但是这个数字也没有一个绝对的标准，多一点、少一点都是可以的，只要符合"多数"、"少数"的概念就可以了，在实际生活中可以根据具体情况灵活确定。

对物资按重点分类之后，就可以进行重点管理了。我们对 A 类物资实行重点管理；对 C 类物资实行一般管理；对 B 类物资可以实行重点管理，也可以实行一般管理。

这里所谓重点管理，包括对其库存量严密监视，保证供应，不使其缺货。一般采用定期订货法订货。并且加强维护保管，不损坏产品，保证产品质量。对这些物资的保管和管理，下大力气，不惜花费人力、物力和财力。由于这类物资品种比较少，所以即使人力物力财力有限，要精心管理这些少数品种也是完全有可能的。而少数品种的效益占总效益的绝大部分，所以精心管理好它们，就保证了绝大部分效益，从效益上看是合算的。

这里所谓一般管理，是指对品种库存数量实行一般监控，在数量上不要求那么严格。在订货上一般采取定量订货法、联合订购，以节省费用。在保管上也是基本的一般保管措施。由于这一类品种多、价值低、销量小，效益不是那么高，所以采取一般管理既是必要的，也是可能的。

对于除 A 类、C 类以外剩下的一类——B 类，根据情况可以实行重点管理，也可以实行一般管理。这一类品种数量不是太多，效益也不是太少，都处于中间，所以可以根据自己的能力情况确定对该类品种管理的程度。如果人力、物力、财力够，就重点管理，不够就一般管理。

ABC 分析法在采购管理中的应用，主要是在面临众多采购物资而人力、物力、财力有限且需保证重点物资时，可以用 ABC 分析法确定重点管理的采购物资对象。

这个时候，采用 ABC 分类，分析方法基本一样。但要注意的是，ABC 分类的依据可能不同。采购管理中，ABC 分类的依据，要根据它对于客户需求的重要性来确定。这时确定重要性的主要依据如下：

1）对于用户企业生产的重要性，是用户企业生产所需的主要物资，或者是关键物资。

2）是用户企业需求量最大的物资。

3）是贵重物资。虽然需求量不大，但是很贵重。

确定了重要性判别指标后，我们就需要按照一定的步骤进行 ABC 分类。

（2）ABC 分类步骤

第一步，为确定 ABC 分类，先要进行统计分析，要选定一个何时的统计期。通常情况取过去一个或几个月。选定统计期的基本原则是：比较靠近计划期，运行比较正常（处于正常情况）。

第二步，分别统计出所有物资在统计期中的销售量（或者采购量，下同）、单价和销售额，并对每种物资制作一张 ABC 分析卡，包含单价、销售数额、销售金额，如表 9-2 所示。

表 9-2　ABC 分析卡

物资名称		物料编号
单　价	销售数量	销售金额

第三步，将 ABC 分析卡按销售额由大到小的顺序排列，并按此顺序序号将各物资添上物料编号。

第四步，把所有 ABC 分析卡一次填写到 ABC 分析表中，并进行累计统计。从第一号品种（即单件销售额最高端）开始，首先把前面品种累计为 10% 左右、销售额累计为 70% 左右的划分为 A 类；接着依次累计，把品种累计为 20% 左右、销售额累计 20% 左右的划分为 B 类；最后把剩下的品种累计为 70% 左右、销售额累计 10% 左右的划分为 C 类，这样就得到 ABC 分析表。表 9-3 所示为某企业以销售额大小为依据的 ABC 分析表

表 9-3   ABC 分析表

物料编号	品种 （%）	品种累计 （%）	单价 （元）	销售量 （个）	销售额 （元）	销售累计 （元）	销售累计 （%）	分类
1		2.22	480	3 280	1 833 600	1 833 600		
2	2.22	4.44	470	1 680	789 600	2 623 200		A
3	…	6.70	200	1 060	212 000	2 835 200	66.8	
4		8.90	8	23 750	190 000	3 025 200		
5		11.1	29	6 000	174 000	3 199 200		
6	2.22	13.3	45	3 820	171 900	3 371 100		B
…	…	…	…	…	…	…	88.6	
13		28.9	1.5	40 000	60 000	4 012 365		
14		31.1	10.2	4 880	49 776	4 062 141		
15	2.22	33.3	11.25	37	41 675	4 103 816		C
…	…	…	…	…	…	…	100	
44		97.8	1.2	1 838	1 606	4 527 607		
45		100	1.0	1 060	1 606	4 529 213		

（3）ABC 分类法的应用

ABC 分析法的应用很广。在采购管理中，可以根据具体情况，运用各种办法来确定采购品种的重要性类别，并根据品种的重要性类别来确定品种采购的优先程度。下面通过一些具体情况来讨论。

1）情况 1——一个单位买多个品种

这是一种最普遍的情况，一个单位一般都是要采购多个品种的，但是常常可能由于以下的原因，某一次采购不能够一次采购齐全，这时就要进行分类分批次采购。

① 采购资金不够。

② 运力不够。

③ 采购地区不同。

④ 采购资源不够。

这时为了确定产品采购的优先顺序，就要进行产品的重要度分析。

例如，某商场经营 10 种商品，某月销售盈利情况如表 9－4 所示，如以其利润大小分类为依据对它们进行 ABC 分类，如表 9－4 所示。

表 9－4 某商场以其利润大小进行的 ABC 分类（单位：百元）

品　名	单件利润	销售数量	利润	利润率（％）	累计利润率（％）	品种百分比	品种累计百分比	ABC分类
A	100	10	1 000	53. 3	53. 3	10	10	A
B	50	5	250	13. 3	66. 6	10	20	
C	10	20	200	10. 7	77. 3	10	30	B
D	8	20	160	8. 6	85. 9	10	40	
E	100	1	100	5. 3	91. 2	10	50	C
F	20	4	80	4. 2	95. 4	10	60	
G	5	10	50	2. 7	98. 1	10	70	
H	10	2	20	1. 1	99. 2	10	80	
I	2	5	10	99. 7		10	90	
J	5	1	5	0. 3	100	10	100	
∑			1 875	100		100		

上表是按品种的总销售利润分类的情况，也可以按销售量分类，或按商品的价值分类等，这里不再讨论。

生产企业中有一些情况不能简单地采用以上方法，如配套产品。企业为了生产某种产品，需要成套的零部件，少了某一个零部件，就不能生产出该种产品。在这种情况下，一般要成套采购。在品种上不能够分类，但可以在采购数量上进行比例控制，并且持续进行库存数量跟踪监控，多次轮番采购、轮番供应，确实保障成套供应。

在有些情况下，企业生产某个产品所需的各个零部件并不是同等重要的，即有关键零部件和普通通用零部件的区别。哪个是关键零部件，哪个是普通通用零部件，只有在生产过程中的人员最清楚。关键零部件，一般或是产品的主体、或是用量大、或是核心功能或重要功能、或是价值高、或是精度高、或是稀缺品、或是代用品少、或是获取不易等。普通通用零部件，一般或是用量少、或是代用品多、或是不稀缺、或是不重要、或是获取很容易等。要想确定多个产品的相对重要性，有多种分析方法，可以采用定量分析，也可以采用定性分析。在定性分析法中，最常用的是评分法和一一对比法等。

评分法的原理，就是聘请一些专家，针对所有需采购的物资品种关于某个或某些指标的相对重要性进行评分，然后将评分结果进行统计分析从而得出各品种的相对重要性。

假设为评价 m 个品种的优先权顺序，制定有 n 个评价指标的评价体系。因为一般情况下，这 n 个评价指标的重要性不一定是一样的，因此分别赋予权数 $w_j(j=1, 2, \cdots, n)$。又聘请了 q 个专家，对 m 个品种关于 n 个指标分别进行评分。一般情况下，每个专家的重要性也不一样，因此给每个专家一个权值 u_k $(k=1, 2, \cdots, q)$。设第 k 个专家对第 i 个品种 $(i=1, 2, \cdots, m)$ 关于第 $j(j=1, 2, \cdots, n)$ 个指标的评分为 P_{ijk}。则第 k 个专家对第 i 个品种的评分值为：

$$P_{ik} = \sum P_{ijk} w_j$$

而各个专家对第 i 个品种的评分值 P_i 为

$$P_i = \sum P_{ik} u_k$$

根据 P_i 的大小就可以确定各个品种的优先权顺序。

2）情况 2——多个单位购买同一种产品

多个单位购买同一种产品，一般先是一次订货，然后一次进货。如果使用持续时间长，也可以多次进货。在不能一次采购齐的情况下，一般是采用多次轮番采购、轮番供应的方式，依次保障各个单位的供应。这时每个单位的供应优先顺序，一般是根据各个单位需求时间的先后次序确定，先需要的先供应，后需要的后供应。

3）情况 3——多个单位多个品种采购

这是一般情况，它是以上两种情况的综合运用。既要用到 ABC 分析法确定各个品种的采购有限程度，又要根据需求单位的情况，确定各个单位之间的供应先后顺序。合理采用实施轮番采购、依次轮番采购等办法进行多单位多品种的采购供应工作。

9.1.2 随机性需求采购库存

9.1.2.1 报童问题

报童每天早晨购入当日报纸，需在当日销售。如果报童每天早晨多准备了一些报纸而没有卖出去的话，由于报纸的时效性，剩余的自然就成了废旧报纸，或折价出售或卖废品，则报童将会有未售出的报纸损失；但早晨如果准备少了，又会因为失去销售机会而少赚钱，则报童又有缺货损失。那么这个报童每天应该购入多少份报纸才能使他当天的利润最大化？这就是"报童问题"。

进一步用变量描述这一问题为：购入量 x 是决策变量。一天的需求量不能事先确定，但可根据以往销售情况估计需求分布。每天早晨报童买入 x 份报纸，假设他一天当中可以卖出 y 份。当 $x>y$ 时，当天他就要剩余（$x-y$）份报纸，报童就相应产生一定的报废损失 C_0（过期成本）；当 $x<y$ 时，就会造成（$y-x$）份的缺货，该报童也会因此产生一定的缺货损失 C_u（该多卖而未多卖的损失）。如何根据需求分布以及各种费用参数确定决策变量 x，以使费用的期望值达到最小（或者使利润最大）。

报童问题是一个典型的单周期随机库存问题。单周期随机库存需求也称一次性订货，这种需求的特征是偶发性或物品生命周期短，因而很少重复订货。在现实中单周期库存控制有着广泛的应用，主要是日常生活有关的消费产品的经销与存货决策问题。例如报纸、圣诞树、日历、时装、易腐烂物品（新鲜水果、蔬菜、海鲜、切花）以及有效期短的物品（杂志、专用仪器的备件等）等的订货。这些产品购进后必须立即售出。这些物品如果未售出或未使用，不能跨期持有，至少不能不受损失地持有。例如，剩余的新鲜水果会降价出售，过期的杂志廉价出售给旧书店等。单周期库存问题广泛存在于服务领域。

此外，由于科学进步速度加快，产品生产周期不断缩短，在一些生产资料产品的经销中"报童问题"也日益突出。当生产厂商完成某一型号产品的最终生产，接下去将停止这类产品的生产转而生产新型号的产品，如 CPU 生产商对某一型号 CPU 的最终生产。这类产品的经营往往竞争非常激烈，产品缺货会使用户转移购买行为，减少该企业的市场份额；而一旦积压未售出，还可能发生处置剩余物品费用。这对企业的经营会产生重要影响，所以单周期库存问题近年来逐渐被国内外学者广泛关注。

随着库存理论的发展和完善，人们对单周期库存问题的研究也不断深入，将模糊理论及逆向物流应用到单周期库存决策中，能够更好地解决实际问题。

9.1.2.2 订货点问题

（1）订货点采购的原理

所谓订货点，就是仓库必须发出订货的警戒点。到了订货点，就必须发出订货，否则就会出现缺货。因此，订货点也就是订货的启动控制点，是仓库发出订货的时机。

由于订货是与库存控制密切相关的,所以订货点也是库存控制的一个决策变量。它在采购和库存控制中也有重要的作用,它基本上控制了库存量的水平。

订货点采购的基本原理,就是在库存运行中,设定一些订货控制点,进行有控制的订货进货,使得仓库的库存量能在最好地满足用户需求的条件下实现库存量最小化。制定订货控制策略的依据和目的就是最好地满足用户需求,控制的方向是使库存量最小化。

最好地满足用户的需求,是采购的宗旨。但是要做到"最好地"满足却是最难的事情。因为,这里的用户需求,都是未来的用户需求量,还没有实际发生,只能依据用户需求的历史和现状去预测或估计。但是,未来的情况是变化的、不确定的,特别是在市场经济环境下,市场需求瞬息万变,未来实际发生的用户需求量可能与预测估计值差别甚大。为了尽量缩小这种差别,需要提高预测水平。这就需要深刻地分析、掌握需求变化的规律和市场变化的规律。规律掌握得越好,预测就越准,就越能做到"最好地"满足用户需求。严格地说,在这种随机变化的情况下,要做到100%满足用户需求几乎是很困难的。

控制订货,就是控制订货参数。最主要的订货参数有两个,一是订货时机,二是订货数量。订货时机,就是订货点;订货数量,就是订货的批量。订货点采购就是通过控制订货点和订货批量来进行订货进货,达到既满足用户需求又使库存量最小的目的。

(2) 订货点的确定

在库存的运行中,发出订货的时机称为订货点。既可以把库存下降到某一个特定的水平作为订货点,也可以把某个确定的事件作为订货点。前者用在定量订货法中,后者用在定期订货法中。

定量订货法中,把一个特定的库存水准作为订货点,通常叫做订货警戒点。

日常的库存运行中,随着出库的进行,库存量会慢慢下降。仓管员们都知道,库存量下降到一定程度,就应该进货,否则就会产生缺货。但是对于库存量究竟下降到什么时候应该订货进货,就有些弄不清楚了。但是他们都有一个直观的观念,就是发出订货时还剩下的库存量应该能维持在订货进货过程中的出库消耗,也就是说,在下一次所订货物到库、入库之前,应该能维持出库消耗的正常运行。这种思想也就是确定订货点的依据。

实际上,订货点 Q_k 定义为

$$Q_k = D_L$$

式中，D_L 为订货提前期的需求量。所谓订货提前期的需求量，就是从采购员发出订货到订货成交并且把所订货物从对方仓库运进自己仓库位置的整个时间段。订货提前期需求量就是在整个订货提前期内出库消耗的物资总量。D_L是一个随机变量，它的取值范围是随机变化的，时大时小，没有一个固定的值。但是它的取值都落在一定的数值范围内，并且其中的取值都有一个发生概率，在这个值域中取值的概率叫做这个随机变量的分布。

在库存控制中最常用的随机分布是正态分布。正态分布的特点，是在变量取值的平均值处发生的概率最高，随着平均值向两边变化，取值的概率迅速变小。整个密度曲线呈一个钟形的形状。

正态分布有两个特征参数：一是平均值 $\overline{D_L}$，一个是标准偏差 σ_D。如果D_L 服从正态分布，则可以表示如下：

$$D_L \sim N(\overline{D_L},\ \sigma_D)$$

并且有

$$D_L = \overline{D_L} + \alpha\sigma_D = \overline{D_L} + Q_s$$

式中，α 是安全系数，它表示标准偏差的个数；Q_s 是安全库存量，它等于安全系数与标准偏差的乘积。

另一方面，订货提前期需求量又是由需求速率和订货提前期的长度决定的，如图 9 - 3 所示。需求速率，是单位时间的需求量，也就是每天（或周、月、年等，下同）仓库物资的出库消耗量，也是每天库存物资减少的数量，或库存下降速率。需求速率越大，订货提前期越长，订货提前期需求量越大。一般情况下它们都是

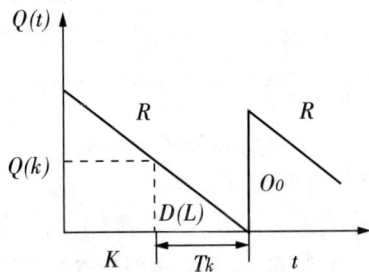

图 9 - 3　提前期需求量

随机变量。由于需求速率是依据需求人数、单人需求量的大小求出的，可知日销售总量可能是时大时小的；提前期的长度也受人员、事情、车辆、运力、路况、天气等具体情况变化的影响，也可能是时长时短的。

如果订货提前期用 T_k 表示，需求速率用 R 表示，则 D_L 等于 R 和 T_k 的乘积。因此，在正态分布下，可以得到订货点公式：

$$Q_k = \overline{D_L} + \alpha\sigma_D = \overline{D_L} + Q_s = \overline{R} \cdot \overline{T_k} + \alpha\sqrt{\overline{T_k}\sigma_D^2 + \overline{R}^2\sigma_T^2}$$

9.1.2.3 多阶段问题

(1) 问题描述

假设整个销售系统如图 9-4 所示, 一个供应商, 下设 M (M 是一个较大的整数) 个分销商, 分销商之间不会相互影响, 分销商 i 面对 N_J 个零售商。各零售商之间在订货量和订货时间上相互独立, 零售商的销售信息和分销商的补货期在系统中是共享的。因此分销商可以根据前期零售商需求信息预测出他的订货量, 供应商根据分销商的需求特征采取最经济订货策略进行存储、订货 (整个系统经营单一产品)。

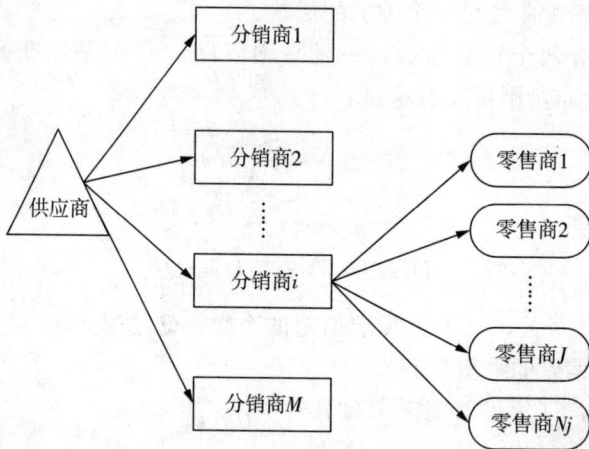

图 9-4 整个销售系统示意图

(2) 零售商—分销商系统

1) 模型假设和描述

在大多数库存控制问题中, 为了对问题进行量化, 都对不确定需求做某种概率的假设, 不同的假设决定了结论的正确性、可行性和精确性。同时, 大量的统计研究证明了以下的事实: 高斯分布能准确描述工厂需求的分布, 泊松分布适合描述数量较低的、零散的需求等。因此做出如下假设:

① 所有分销商对零售商采用先到先服务机制。

② 零售商的需求量服从泊松分布。

③ 在这一系统中, 分销商集中管理库存, 分销商的补货期确定。

先考虑任一个分销商, 设他面对 N 个零售商。

Q: 补货期刚开始时的库存水平;

R_j: 每个产品从零售商处卖出的净收益;

C: 每个产品的购买成本;

V: 每个多余产品的折价;

S_j：零售商的单位缺货损失；

λ_j：零售商 j 在 T 时间内的期望需求，不同零售商的需求期望值相互独立；

P_j：零售商 j 出现 x 需求的概率：

$$P_j(x) = exp(-\lambda_j)\lambda_j^x / X!$$

F_λ：需求从 $0 \to y$ 的累积概率：

$$F_\lambda(y) = \sum_{x=0}^{y} e^{-\lambda}\lambda^x / X!$$

$\pi(Q)$：库存水平为 Q 时的期望收益。

2）模型求解

从以上假设可以列出如下数学规划：

$$\text{Max}\pi(Q) = R\sum_{K=0}^{Q} k\frac{e^{-\lambda}\lambda^K}{K!} + RQ\sum_{K=Q+1}^{\infty} \frac{e^{-\lambda}\lambda^K}{K!} + V\sum_{K=0}^{Q}(Q-K)\frac{e^{-\lambda}\lambda^K}{K!}$$

$$-S\sum_{K=Q+1}^{\infty}(K-Q)\frac{e^{-\lambda}\lambda^K}{K!} - CQ$$

$$\lambda = \sum_{i=1}^{n}\lambda_i, \quad R = \frac{\sum_{i=1}^{n}R_i\lambda_i}{\lambda}, \quad S = \frac{\sum_{i=1}^{n}S_i\lambda_i}{\lambda}$$

从报童问题解法可知，最优的 Q 应满足下式：

$$F_\lambda(Q-1) < (R-C-S)/(P-v+s) \leqslant F_\lambda(Q-1)$$

以上结果表明，在 R、P、C、S、V 确定时，通过查泊松分布统计表求得最优的 Q 值。根据以上结果还可以发现 Q 最优值与补货期本身的长度有关。因此如果知道所有分销商的补货期，就可以求出所有分销商的最优库存水平 $(Q_1^*, Q_2^*, \cdots, Q_M^*)$，从而得到分销商在供应商处的最优订货量。

（3）分销商—供应商系统

1）模型假设和描述

由于各分销商订货互不影响，订货时间相互独立，前一分销商的订货对后一分销商的订货无影响，即订货无记忆性，结合概率论和排队论的有关知识，对分销商的订货做出如下假设：

① 各分销商之间的订货时间间隔 T 服从负指数分布。

概率密度为

$$f_T(t) = \begin{cases} \mu e^{-\mu t} & t \geq 0 \\ 0 & t < 0 \end{cases}$$

分布函数为

$$F_T(t) = \begin{cases} 1 - e^{-\mu t} & t \geq 0 \\ 0 & t < 0 \end{cases}$$

$E(T) = \dfrac{1}{\mu} \triangle \overline{T}$，$\overline{T}$ 为供应商收到任意两次订单间隔时间的统计平均值。$\overline{T}$ 可由统计数据处理得到。

② 供应商有确定的需求预测周期

A：定制成本；

H：单位产品的持有成本；

Q：库存水平；

L：需求的预测周期；

$E(D)$：预测周期内的平均期望需求。

2）模型求解

此阶段采用 EOQ 策略，$A \dfrac{E(D)}{Q}$ 为供应商的订货成本，$H \dfrac{Q}{2}$ 为供应商的近似持有成本，则供应商库存成本的期望值近似为

$$E[C(Q)] \triangle A\frac{E(D)}{Q} + H\frac{Q}{2}$$

$$E(D) = \left[\int_0^l (Q_1^* + Q_2^* + \cdots + Q_M^*) \mu e^{-\mu t}\, \mathrm{d}t \right] / L$$

则供应商的最优订货（依据库存成本最低原则）模型为

$$\mathrm{Max}E[C(Q)] \triangle A\frac{E(D)}{Q} + H\frac{Q}{2}$$

通过计算可知最优值 Q^* 应满足

$$Q^* = \sqrt{\frac{2AE(D)}{H}}$$

Q^* 为供应商的最优库存水平，$\left[\dfrac{E(D)}{Q} \right]$ 是供应商的最优订货次数。

9.2 供应链采购与库存控制策略

9.2.1 供应链采购

9.2.1.1 供应链对采购管理的要求

采购管理涉及的内容很多,包括制定采购计划、对采购人员的管理、采购资金的管理、对供应商的管理、谈判及合同管理、采购成本管理、采购评价等。如果企业的战略以供应链管理为中心,以提高企业和整体供应链的竞争力为目标,则对采购管理提出了新的要求,通常体现在以下方面。

(1) 提高反应速度和准确性

供应链管理的方法有很多,但其核心还是资源的整合以及如何提高供应链的反应速度和准确性。比如快速响应(Quick Response,QR)的重点就在于对消费者的需求做出快速的响应,要求供应链上各环节的信息共享,缩短需求的预测周期,从而提高预测的准确性,提高库存周转率,从而降低库存。这对采购管理提出了新的要求,互联网的普及以及 ERP 的使用有助于反应速度和准确性的提高,并有助于采用准时采购,另外,各种预测方法和技术的应用可以提高需求预测的准确性,从而在制定采购计划时更加有效。

(2) 加强成本管理

有效客户响应(Efficient Customer Response,ECR)是供应链管理的另一个重要方法,该方法强调消除系统中不必要的成本和费用,给客户带来更大的利益,通过改善业务流程,采用连续补货等技术来提高效率。成本管理是供应链管理的另一重要思想,如何降低采购成本则更是采购管理研究的热点问题,也是管理实践的焦点,但在实际应用中一定要坚持系统的观点,即系统的总成本最小而不是某一环节上的成本最小。

(3) 加强对供应商的管理

传统的供应链管理中,供应链成员间处于一种对立竞争的关系。对于企业来说,选择供应商主要侧重于采购价格,在竞标条件下,最终中标的应是报价最低的一家。价格是要关注,但这容易造成只注重价格的短视行为,不利于企业的长期发展。因此现代供应链管理强调从战略的角度选择合适的供应商,并把他看成是一种资源,加强管理和培养,形成长期的合作伙伴关系,让供应商参与到需求预测、新产品开发、质量管理、物流管理等管理活动中。

(4) 加强采购的执行力和风险管理

许多企业已经认识到了供应链管理的重要性,并正在进行业务流程再造

（Business Process Reengineering，BRP），而采购管理是其中业务主流程的源头。因此在管理实践中需要更强的执行力作为支撑，需要加强流程管理，提高谈判的技巧，加强合同管理和风险管理等。此外，从合同签订到执行的全过程中都可能会出现许多问题，比如支付方式、交货期管理、质量问题及处理、风险的防范等。

9.2.1.2 供应链下的采购流程

在传统的采购管理中，企业一般只注重短期的经济利益，使得供应和需求之间建立的是一种临时性、短期性的合作关系，而且企业间的竞争多于合作。同时，传统的采购流程使得企业对市场变化和客户需求的响应较为迟钝。由于采购和供应双方在信息的沟通方面缺乏有效的手段和及时的信息反馈，当市场的需求发生变化时，采购一方不能够根据实际的市场变化更改原有的订货合同。因此，企业在生产的实际需求减少的情况下会造成库存的增加，而当需求增加时又会出现供不应求的现象。

传统的采购流程是典型的非信息对称博弈过程，缺乏主动性，很大程度上是为补充库存而采购。采购部门对生产部门的生产进度和需求情况并不是很了解，采购部门制定的采购计划不能很好适应生产部门的需要。

随着时代的发展，采购方式和采购流程正在发生变化，形成了供应链环境下的采购，其与传统采购最根本的区别是，企业内部的信息流更加通畅，并且和供应商结成了战略合作伙伴关系，能对供应商进行有效的管理，能够选择最优的供应商，并动态确定合理的订货数量，从而能保证采购的低成本、高质量、高效性和柔性，其主要特点如下。

（1）交易过程简化，降低成本

由于供应商与制造商建立了合作伙伴关系，签订供应合同的手续大大简化，不再需要双方多次反复的协商，交易成本也因此降低。同时，质量和交货期也能够得到保证，采购物料直接进入制造部门，简化了许多采购工作流程，如减少了订单的下达、接受转换、生产跟踪、质量检验、入库出库和库存积压等环节，采购的目的是直接满足生产线上的需求。

（2）确保质量

采购原料的质量对最终产品的质量有很大的影响，需方和供方是供应链上的合作伙伴关系——意味着供应商的资格认证、产品质量、信用程度都是可靠并值得信赖的，这有助于产品质量的保证。

（3）改善系统的流程

不同于传统的"推式"采购，供应链环境下的采购方式发生了改变。"推式"采购是先制定采购计划，再执行采购，然后组织生产，最后将产品推向市场。而供应链环境下的采购方式是订单驱动的，是一种"拉式"的采购，即由需求直接决定采购，采购方式简化了采购工作流程，因此采购的准确度和效率大大提高。

另外，除了采购流程以外，先进的供应链采购流程还包括与合作伙伴共同设计产品和生产的流程，甚至是技术上的合作，以生产出最有竞争力的产品。这样可以缩短新产品上市的时间，降低生产成本。

（4）信息共享，降低风险

战略合作伙伴关系的信息传递方式发生了变化，双方共享信息，减少信息失真，提高了应变能力。供需双方在供货过程中不断进行信息反馈，修正供货计划，使供货与需求保持同步。另外这还可以使采购的决策过程透明化，避免信息不对称决策可能造成的成本增加，减少了环境不确定性带来的风险，如运输过程中的风险、信用的风险、产品质量的风险等。

9.2.1.3 供应链下的供应商关系

从企业关系的历史进程来看，企业与供应商之间的关系大致经历了 3 个历史发展阶段：以技术与管理为特点的传统企业关系阶段、以制造与技术开发为核心的物流关系阶段和以战略协作为宗旨的战略伙伴关系阶段。供应商关系的演变如表 9-5 所示。

表 9-5 供应商关系演变

	20 世纪六七十年代	20 世纪 80 年代	20 世纪 90 年代
核 心	技术与管理	产品制造与技术开发	战略协作
特征	竞争对手	合作伙伴	探索/全球平衡
市场特点	许多货源，大量存货，买卖双方是竞争对手	合理的货源，少量存货，买卖双方互为伙伴，实现"双赢"	市场国际化，不断调整双方的合作伙伴关系，在全球经济中寻求平衡与发展
采购运作	以最低价买到所需产品	采购总成本最低 供应商关系管理 采购专业化 整体供应链管理 供应商参与产品开发	供应商策略管理 "上游"控制与管理 共同开发与发展 供应商优化 信息、网络化管理 全球"共同采购"

传统的供应商关系是单纯的买卖交易、对手关系，而供应链下的供应商

关系则是着眼于建立长期的、稳定的合作伙伴关系，强调通过共同的努力来实现总成本的减少。供应链管理环境下的供应商管理具有如下的特点。

（1）供应链管理环境下的企业与供应商之间的关系是一种战略型的供应链合作伙伴关系，是在一定时期内共享信息、共担风险的协议关系，是一种相互依存的共生关系。

（2）供应链管理环境下供应商管理的着眼点是建立长期稳定的伙伴关系，强调的是通过共同的努力实现共同的计划和解决共同的问题，强调互相之间的信任和合作。

（3）供应链管理环境下与供应商的伙伴关系意味着新产品和新技术的共同开发、数据和信息的交流和共享、市场机会与风险的共担。

（4）供应链管理环境下的供应商的选择不再只单纯考虑价格，而是更加注重选择能在优质服务、技术革新、产品设计等方面进行良好合作的供应商。

9.2.2 供应链库存控制策略

9.2.2.1 VMI

（1）VMI 的概念

在 20 世纪 80 年代中期，国外一些知名的大公司如宝洁和沃尔玛，就开始合作开展一种名为"供应商管理库存"的计划，经过一段时期的合作，效果显著，供应商按时发货，库存降低，库存周转率提高，现在这种方法已经被广泛地应用于医院、零售业、电信业和钢铁行业。

《中华人民共和国国家标准物流术语》中对供应商管理库存（VMI）的定义为：供应商管理库存是供应商等上游企业基于其下游客户的生产经营、库存信息，对下游客户的库存进行管理与控制。实行 VMI 的双方无论是供应商和制造商之间、供应商和零售商之间还是制造商和零售商之间，其实都是供应链上游企业和下游企业之间的关系。

VMI 是供应链"横向一体化"战略思想的落实，其主要思想是供应商在客户的允许下设立库存，确定库存水平以及维持这些库存所采取的策略。VMI 以实际或预测的消费需求和库存量作为市场需求预测和库存不活的解决方法，即由销售资料得到消费需求信息，供应商可以更有效地计划、更快速地反应。它是一种在供应链环境下的库存运作模式，本质上，它是将多级供应链问题变成单级库存管理问题。

图 9-5 是 VMI 的运行结构图，企业与供应商交换的不仅仅是库存信息，还包括企业的生产计划、需求计划和采购计划，以及供应商的补货计划和运输计划。

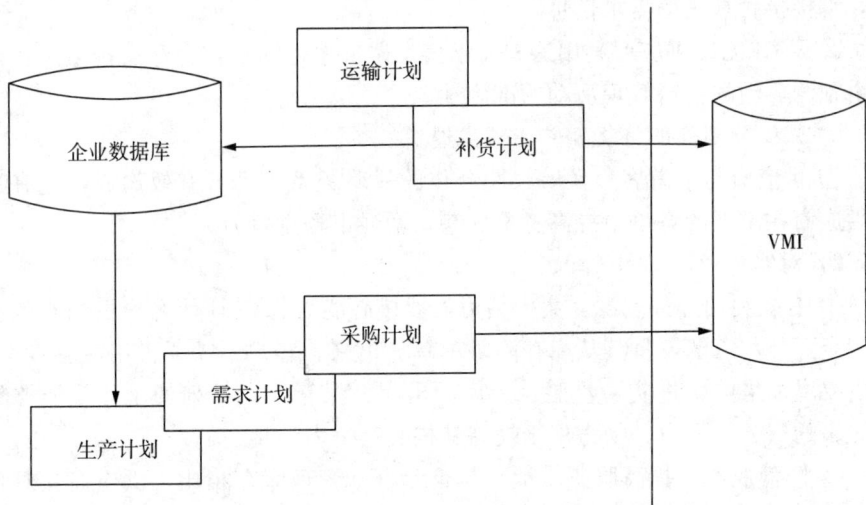

图 9 - 5　VMI 运行结构

（2）VMI 的形式

VMI 有多种运作形式。

① 供应商提供包括所有产品的库存决策软件，客户使用软件执行库存决策，客户拥有库存所有权，管理库存。在这种方式下，供应商对库存的管理和控制力有限，所以供应商受到客户的制约比较多，实质上不是完全意义上的供应商管理库存。

② 供应商在客户的所在地，代表客户执行库存决策，管理库存，但是库存的所有权归客户。由供应商在客户所在地直接管理库存，供应商也可以了解到充分的库存信息，但是库存的所有权不属于供应商，所以供应商在进行库存决策时的投入程度有限。

③ 供应商在客户的所在地，代表客户执行库存决策管理库存，拥有库存所有权。在这样的方式下，供应商几乎承担了所有的责任，他们的活动也很少受到客户的监督或干涉，是一种完整意义上的供应商管理库存方式。供应商可以十分清楚地了解到自己产品的销售情况，供应商也可以直接参与销售。

④ 供应商不在客户的所在地，但是定期派人代表客户执行库存决策、管理库存。供应商拥有库存的所有权，在客户所在地或是在分销中心保存库存，以便根据需要及时快速地补充。库存水平由供应商决定。

（3）VMI 的优势

1）对供应商

① VMI 下双方信息的共享，使得供应商可以获得下游企业的必要经营数

据，直接接触真正的需求信息。

② VMI 能使供应商利用这些需求信息调节库存水平，合理安排生产，提高由预测驱动的物料管理活动的准确性。

③ 减少分销商的订货偏差，减少退货。

④ 供应商与下游客户发展长期合作的战略关系，进行有效沟通，这有利于供应商在激烈的竞争中提高竞争优势，增强市场竞争力。

2) 对客户

① 有效利用外部资源，集中精力发展核心能力。VMI 使客户更加有效地利用企业外部资源，将其从库存陷阱中解放出来，客户不需要占用库存资金，不需要增加采购、进货、检验、入库、出库、保管等一系列的工作，能够集中更多的资金、人力、物力用于提高其核心竞争力。

② 降低成本，提高服务质量。与企业自己管理库存相比，供应商在对自己的产品管理方面更有经验，更专业化；供应商可以提供包括软件、专业知识、后勤设备和人员培训等一系列的服务。

③ 降低了缺货风险，避免库存积压。在 VMI 的基础上，供应商可以实时了解企业库存的消耗变动情况，并结合合理预测进行及时的物资补充，降低客户的缺货风险；根据市场需求量的变化，及时调整生产计划和采购计划，既不造成超量库存积压，又降低了缺货发生的概率。

3) 对供应链

除了对企业和供应商有益外，VMI 还有利于整条供应链的优化。

① 优化供应链库存。从整个供应链来看，作为供应链上游企业的供应商，既是物流的始发点，又是资金流的开始，同时还是信息流的端点。由于供应商拥有下游企业库存管理的权利，可以建立起下游企业与供应商的长期合作伙伴关系，稳定供应链的上下游，促进供应商与下游企业的交流，实现交货提前期的缩短和可靠性的增加，降低供应链的整体库存水平。

② 降低供应链库存成本。库存成本的降低除了得益于供应链整体库存水平的降低之外；VMI 双方合作伙伴关系的建立，还可以有效降低双方采购订单、发票、付款、运输、收货等交易时间和交易成本。

③ 提高供应链的柔性。VMI 还可以大大缩短供需双方的交易时间，使上游企业更好地控制其生产经营活动，提高供应链的整体响应速度，提高整个供应链的柔性。

（4）VMI 的不足

但是 VMI 也有其不足之处，主要表现在以下几个方面。

1) VMI 中供应商和零售商协作水平可能受到各种因素的限制，如软件的采购库存情况。

2）VMI 对于企业间的信任程度要求较高。

3）VMI 中的框架协议虽然是双方协定的，但供应商处于主导地位，决策过程中缺乏足够的协商，难免造成失误。

4）VMI 的实施减少了库存总费用，但在 VMI 系统中，库存费用、运输费用和意外损失（如物品损坏）不是由用户承担，而是由供应商承担的。由此可见，VMI 实际上是对传统库存控制策略进行"责任倒置"后的一种库存管理方法，这无疑加大了供应商的风险。

所以，在实施 VMI 时需要对其优势和不足进行全面综合分析。

（5）VMI 的实施

1）VMI 实施的原则

① 合作性原则。VMI 模式的成功实施，客观上需要供应链上各企业在相互信任的基础上密切合作，其中，信任是基础，合作是保证，供应商和客户都要有较好的合作精神，才能够进行较好的合作。

② 互利性原则。VMI 追求双赢的实现，即 VMI 主要考虑的是如何降低双方的库存成本，而不是考虑如何就双方成本负担进行分配的问题，通过该策略使双方的成本减少。

③ 互动性原则。VMI 要求双方在合作时采取积极响应的态度，以实现反应快速化，努力降低因信息不畅而引起的库存费用过高的状况。

④ 目标一致性原则。VMI 的实施，要求企业在观念上达到目标一致，并明确各自的责任和义务，具体的合作事项都通过框架协议明确规定，以提高操作的可行性。

⑤ 持续改进原则。持续改进使供需双方能共享利益并消除浪费。

2）VMI 实施的准备

VMI 实施的准备主要是针对实施 VMI 所必需的一些支持，主要是技术支持，包括 ID 代码、EDI/Internet、条码及条码应用标识符、连续补给程序等。

① ID 代码

供应商要有效地管理客户的库存，必须对客户的商品进行正确识别，为此需要对客户商品进行编码，通过获得商品的标识（ID 代码）并与供应商的产品数据库相连，以实现对客户商品的正确识别。

② EDI/Internet

供应商要有效地对客户的库存进行管理，采用 EDI 进行供应链的商品数据交换是一种安全可靠的方法。为了能够实现供应商对客户的库存进行实时掌握，供应商必须每天都能了解客户的库存补给状态。而采用基于 EDIFACT

标准的库存报告清单能够提高供应链的运作效率，每天的库存水平（或定期的库存检查报告）、最低的库存补给量都能自动地生成，这样大大提高了供应商对库存的监控效率。客户的库存状态也可以通过 EDI 文件的方式通知供应商。在 VMI 系统中，供应商有关装运与发票等工作都不需要特殊的安排，主要的数据是顾客需求的物料信息记录、订货点水平和最小交货量等，客户要做的是能够接收 EDI 订单确认或配送建议，以及利用该系统发放采购订单。

③ 条码

为了有效地实施 VMI 管理系统，应该尽可能地使供应商的产品条码化。条码是 ID 代码的一种符号，是对 ID 代码进行自动识别且将数据自动输入计算机的方法和手段，条码技术的应用解决了数据录入与数据采集的"瓶颈"，为 VMI 提供了有力的支持。

④ 连续补给程序

连续补给程序策略将客户向供应商发出订单的传统订货方法变为供应商根据客户库存和销售信息决定商品的补给时间和数量，这是一种实现 VMI 管理策略有力的工具和手段。为了快速响应客户"降低库存"的要求，供应商通过和客户建立合作伙伴关系，主动提高向客户交货的频率，使供应商从过去单纯地执行客户的采购订单变为主动为客户分担补充库存的责任，在加快供应商响应客户需求速度的同时，也使客户库存量减少。

3）VMI 实施的步骤

① 确定目标

根据企业的情况不同，VMI 目标的确定可以从以下几个方面着手：降低供应链上产品库存，抑制"牛鞭效应"；降低买方企业和供应链的成本，提高利润；增强企业的核心竞争力；提高双方合作程度和忠诚度。

② 建立客户情报信息系统

实施 VMI，首先要改变订单的处理方法，供应商和客户一起确定供应商的订单业务处理过程中所需要的信息和库存控制参数，然后建立一种订单的处理标准模式，最后把订货、交货和票据处理各个业务功能集成在供应商处。要有效地管理客户库存，供应商必须能够获得客户的有关信息。通过建立客户情报信息系统，供应商能够掌握需求变化的相关情况，把由客户进行的需求预测与分析功能集成到供应商的系统中来。

③ 建立销售网络管理系统

供应商要很好地管理客户库存，就必须建立起完善的销售网络管理系统，保证自己的产品需求信息和物流畅通，为此，必须保证自己产品信息的可读性和唯一性，解决产品分类、编码的标准化问题，解决商品存储运输过程中的识别问题。

④ 建立供应商与客户的合作框架协议

实施 VMI 的双方要达成一致的目标，就要明确各自的责任和义务，事先对实施的具体细节用一个框架协议确定下来，确定应用模式和订单业务的处理流程，设定库存控制方式、信息的传递方式以及费用如何分摊等。这个框架协议由双方共同监督实施，双方根据 VMI 具体运行情况，经过协商对框架协议条款进行修改，消除不合理环节，减少浪费。

还要对相关的违约责任进行规定，如由供应商发错货或延迟供货引起的损失和费用如何承担；如果用户信息系统出错，提供的错误信息导致供应商出错，损失费用如何分摊；如果用户取消订货但由于信息系统或沟通渠道的原因，导致供应商已经发货，谁对这批存货负责等。

⑤ 组织结构的变革

实施 VMI 后，为了适应新的管理模式，需要对组织机构进行相应的调整。供应商要建立一个 VMI 职能部门，负责对 VMI 服务（负责库存控制、库存补给和保证服务水平）的监控以及维持与客户之间的关系。

4）实施 VMI 应注意的问题

① 信任问题

VMI 的成功实施依赖于相互之间的信任，客户要信任供应商，不要过多的干预，尤其是在利益分配上，相信供应商是站在整体上去看问题的，是为了供应链整体争取最大利润和谋求长远发展的；供应商也要相信客户，相信客户提供的各种信息是真实的。只有相互信任，才能通过交流解决实施过程中面临的各种问题，使双方受益。

② 技术问题

VMI 要求库存控制和计划系统都必须是实时的、准确的，只有采用先进的信息技术，才能保证数据传递的及时和准确。比如，采用 EDI/Internet 技术将销售点信息和配送信息分别传输至供应商和零售商，利用条码技术和扫描技术来确保数据的准确性。但是采用这些技术的费用一般都很昂贵，可能会导致成本的增加。

③ 库存所有权问题

实施 VMI 之前在客户收到货物时货物所有权也随之转移了，而在实施 VMI 之后，供应商一直拥有库存的所有权直至货物被售出。由于供应商对库存管理的责任和成本都增加了，因此在制定利益分配机制时要充分考虑到这一点，以使双方共享供应链的总利润。

④ 资金支付问题

资金支付问题较多，如货款支付的具体时间问题就属于资金支付问题。

在实践中，推行 VMI 远比想象的要复杂。在 VMI 推行的实际过程中会面对许许多多的困难，但是只要合作双方本着利益共享、风险共担的原则，积极努力地推行，就一定会成功，最后一定会使双方实现"共赢"的目标。

9.2.2.2 JMI

VMI 在长期的时间过程中已被证明是比较先进的库存管理方法，但如上节所示，该方法有着许多的局限性。为克服 VMI 的局限性和规避传统库存控制中的"牛鞭效应"，联合库存管理（Jointly Managed Inventory，JMI）应运而生。

（1）JMI 概述

联合库存管理（Jointly Managed Inventory，JMI）是一种在 VMI 的基础上发展起来的上游企业和下游企业权利、责任平衡和风险共担的库存管理模式。联合库存管理强调供应链中各个节点同时参与，共同制定库存计划，使供应链过程中的每个库存管理者都从相互之间的协调性考虑，保持供应链各个节点之间的库存管理者对需求的预期保持一致，从而消除了需求变异放大现象。JMI 模型如图 9-6 所示。

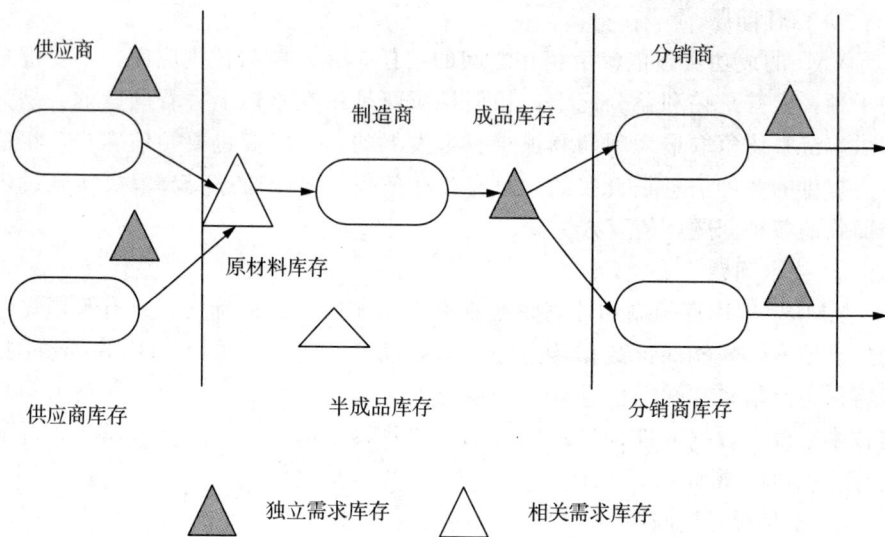

图 9-6 JMI 模型

（2）JMI 的优势与劣势

1）优势

① 由于联合库存管理将传统的多级别、多库存点的库存管理模式转化成

对核心制造企业的库存管理，核心企业通过对各种原材料和产成品实施有效控制，就能达到对整个供应链库存的优化管理，简化了供应链库存管理运作程序。

② 联合库存管理在减少物流环节降低物流成本的同时，提高了供应链的整体工作效率。联合库存管理可使供应链库存层次简化和运输路线得到优化。在传统的库存管理模式下，供应链上各企业都设立自己的库存，随着核心企业分厂数目的增加，库存物资的运输路线将呈几何级数增加，而且重复交错，这显然会使物资的运输距离和在途车辆数目的增加，其运输成本也会大大增加。

③ 联合库存管理系统把供应链系统管理进一步集成为上游和下游两个协调管理中心，从而部分消除了由于供应链环节之间不确定性和需求信息扭曲现象导致的库存波动。通过协调管理中心，供需双方共享需求信息，因而提高了供应链的稳定性。

从供应链整体来看，联合库存管理减少了库存点和相应的库存设立费及仓储作业费，从而降低了供应链系统总的库存费用。

供应商的库存直接存放在核心企业的仓库中，不但保障核心企业原材料、零部件供应、取用方便，而且核心企业可以统一调度、统一管理、统一进行库存控制，为核心企业的快速高效地生产运作提供了强有力的保障条件。

④ 这种库存控制模式也为其他科学的供应链物流管理如连续补充货物、快速反应、准时化供货等创造了条件。

2）劣势

① 建立和协调成本较高；

② 企业合作联盟的建立较困难；

③ 建立的协调中心运作困难；

④ 联合库存的管理需要高度的监督。

（3）JMI 实施策略

1）建立供需协调管理机制

为了发挥联合库存管理的作用，供需双方应从合作的精神出发，建立供需协调管理的机制，明确各自的目标和责任，建立合作沟通的渠道，为供应链的联合库存管理提供有效的机制。没有一个协调的管理机制，就不可能进行有效的联合库存管理。建立供需协调管理机制，要从以下几个方面着手：

① 建立共同合作目标。要建立联合库存管理模式，首先供需双方必须本着互惠互利的原则，建立共同的合作目标。为此，要理解供需双方在市场目标中的共同之处和冲突点，通过协商形成共同的目标，如用户满意度、利润

的共同增长和风险的减少等。

② 建立联合库存的协调控制方法。联合库存管理中心担负着协调供需双方利益的角色，起协调控制器的作用。因此需要对库存优化的方法进行明确确定。这些内容包括库存如何在多个需求商之间进行调节与分配，库存的最大量和最低库存水平、安全库存的确定，需求的预测等等。

③ 建立一种信息沟通的渠道或系统信息共享是供应链管理的特色之一。为了提高整个供应链需求信息的一致性和稳定性，减少由于多重预测导致的需求信息扭曲，应增加供应链各方对需求信息获得的及时性和透明性。为此应建立一种信息沟通的渠道或系统，以保证需求信息在供应链中的畅通和准确性。要将条码技术、扫描技术、POS 系统和 EDI 集成起来，并且要充分利用因特网的优势，在供需双方之间建立一个畅通的信息沟通桥梁和联系纽带。

④ 建立利益的分配、激励机制。要有效运行基于协调中心的库存管理，必须建立一种公平的利益分配制度；并对参与协调库存管理中心的各个企业（供应商、制造商、分销商或批发商）进行有效的激励，防止机会主义行为，增加协作性和协调性。

2）发挥两种资源计划系统的作用

为了发挥联合库存管理的作用，在供应链库存管理中应充分利用目前比较成熟的两种资源管理系统：MRPII 和 DRP。原材料库存协调管理中心应采用制造资源计划系统 MRPII；而在产品联合库存协调管理中心则应采用物资资源配送计划 DRP。这样在供应链系统中就能把两种资源计划系统很好地结合起来。

3）建立快速响应系统

快速响应系统是在 20 世纪 80 年代末由美国服装行业发展起来的一种供应链管理策略，目的在于减少供应链中从原材料到用户过程的时间和库存，最大限度地提高供应来源的运作效率。

快速响应系统在美国等西方国家的供应链管理中被认为是一种有效的管理策略，经历了 3 个发展阶段。第一阶段为商品条码化，通过对商品的标准化识别处理加快订单的传输速度；第二阶段是内部业务处理的自动化，采用自动补库与 EDI 数据交换系统提高业务自动化水平；第三阶段是采用更有效的企业间的合作，消除供应链组织之间的障碍，提高供应链的整体效率，如通过供需双方合作，确定库存水平和销售策略等。

目前在欧美等西方国家，快速响应系统应用已到达第三阶段，通过联合计划、预测与补货等策略进行有效的用户需求反应。美国的 Kurt Salmon 协会调查分析认为，实施快速响应系统后供应链效率大有提高；缺货大大减少，通过供应商与零售商的联合协作保证 24 小时供货；库存周转速度提高 1～2 倍；通过敏捷制造技术，企业的产品中有 20％～30％是根据用户的需求而制造的。快速响应系统需要供需双方的密切合作，因此协调库存管理中心的建立为快速响应系统发挥更大的作用创造了有利的条件。

4）发挥第三方物流系统的作用

第三方物流系统是供应链集成的一种技术手段。TPL 也叫做物流服务提供者（Logistics Service Provider，LSP），它为用户提供各种服务，如产品运输、订单选择、库存管理等。第三方物流系统的产生是由一些大的公共仓储公司通过提供更多的附加服务演变而来，另外一种产生形式是由一些制造企业的运输和分销部门演变而来。

9.2.2.3　协同规划、预测和补货

（1）CPFR 的产生

CPFR 的形成始于沃尔玛所推动的 CFAR（Collaborative Forecast And Replenishment），CFAR 是利用 Internet 通过零售企业与生产企业的合作，共同做出商品预测，并在此基础上实行连续补货的系统。后来，在沃尔玛的不断推动之下，基于信息共享的 CFAR 系统又向 CPFR（Collaborative Planning Forecasting and Replenishment）发展，CPFR 是在 CFAR 共同预测和补货的基础上，进一步推动共同计划的制订，即不仅是合作企业实行共同预测和补货，同时将原来属于各企业内部事务的计划工作（如生产计划、库存计划、配送计划、销售规划等）也由供应链各企业共同参与。

该系统是在 1995 年，由沃尔玛与其供应商 Warner-Lambert、管理信息系统供应商 SAP、供应链软件商 Manugistics、美国咨询公司 Benchmarking Partners 等 5 家公司联合成立了工作小组，进行 CPFR 的研究和探索。1998 年美国召开零售系统大会时又加以倡导。目前实验的零售企业有沃尔玛、凯马特和威克曼斯，生产企业有 P&G、金佰利、HP 等 7 家企业。可以说，这是目前供应链管理在信息共享方面的最新发展。从 CPFR 实施后的绩效看，Warner－Lambert 公司零售商品满足率从 87％提高到 98％，新增销售收入 800 万美元。在 CPFR 取得初步成功后，由零售商、制造商和方案提供商等 30 多个实体参加的 CPFR 委员会，与 VICS（Voluntary Interindustry Commerce Standards）协会一起致力于 CPFR 的研究、标准制定、软件开发和推广应用工作。

（2）CPFR 的特点

1）协同。从 CPFR 的基本思想看，供应链上下游企业只有确立起共同的目标，才能使双方的绩效都得到提升，取得综合性的效益。CPFR 这种新型

的合作关系要求双方长期承诺公开沟通、信息分享，从而确立其协同性的经营战略，尽管这种战略的实施必须建立在信任和承诺的基础上，但是这是买卖双方取得长远发展和良好绩效的唯一途径。正是因为如此，所以协同的第一步就是保密协议的签署、纠纷机制的建立、供应链计分卡的确立以及共同激励目标的形成（如不仅包括销量，也同时确立双方的盈利率）。应当注意的是，在确立这种协同性目标时，不仅要建立起双方的效益目标，更要确立协同的盈利驱动性目标，只有这样，才能使协同性能体现在流程控制和价值创造的基础之上。

2）规划。1995 年沃尔玛与 Warner - Lambert 的 CFAR 为消费品行业推动双赢的供应链管理奠定了基础，此后当 VICS 协会定义项目公共标准时，认为需要在已有的结构上增加"P"，即合作规划（品类、品牌、分类、关键品种等）以及合作财务（销量、订单满足率、定价、库存、安全库存、毛利等）。此外，为了实现共同的目标，还需要双方协同制订促销计划、库存政策变化计划、产品导入和中止计划以及仓储分类计划。

3）预测。任何一个企业或双方都能做出预测，但是 CPFR 强调买卖双方必须做出最终的协同预测，像季节因素和趋势管理信息等无论是对服装或相关品类的供应方还是销售方都是十分重要的，基于这类信息的共同预测能大大减少整个价值链体系的低效率、死库存，促进更好的产品销售，节约使用整个供应链的资源。与此同时，最终实现协同促销计划是实现预测精度提高的关键。CPFR 所推动的协同预测还有一个特点是它不仅关注供应链双方共同做出最终预测，同时也强调双方都应参与预测反馈信息的处理和预测模型的制定和修正，特别是如何处理预测数据的波动等问题。只有把数据集成、预测和处理的所有方面都考虑清楚，才有可能真正实现共同的目标，使协同预测落在实处。

4）补货。销售预测必须利用时间序列预测和需求规划系统转化为订单预测，并且供应方约束条件，如订单处理周期、前置时间、订单最小量、商品单元以及零售方长期形成的购买习惯等都需要供应链双方加以协商解决。根据 VICS 协会的 CPFR 指导原则，协同运输计划也被认为是补货的主要因素。此外，例外状况的出现也需要转化为存货的百分比、预测精度、安全库存水准、订单实现的比例、前置时间以及订单批准的比例，所有这些都需要在双方公认的计分卡基础上定期协同审核。潜在的分歧，如基本供应量、过度承诺等双方事先应及时加以解决。

（3）CPFR 的优势和不足

1）CPFR 的优势

① 对需求双方

a）强化供应链节点企业间的关系。CPFR 始终从全局出发，制定统一的管理目标以及方案实施办法，以库存管理为核心，兼顾供应链上其他方面的管理，目的是实现共赢。因此，CPFR 能实现伙伴间更广泛深入的合作，提升了企业间的关系。另外，节点企业间会经常召开 CPFR 会议来发现合作中存在的问题并进行解决，使合作关系得到强化。

b）提高销售额。实施 CPFR 后，供方和需方能够紧密合作，共同制订提高销售额的商业计划，这种战略上的合作优势也将最终转化为各种产品销售额的提高。

c）分类管理，提高效率。在开始 CPFR 之前，供需双方会检查货架位置和每一个商品单元的陈列，以保证足够的产品供应周期和合适的产品陈列来满足消费者的需求。这样详细检查带来的好处就是可以通过合理的分类管理来提高货架的利用率。

b）提高产品供应水平。在实施 CPFR 之前，买卖双方会共同制定产品配置方法，包括每个产品单元价值评估和附加产品机会等，以提高产品供应水平。

② 对供应商

a）提高订单预测准确性。共同制定计划、进行预测和补货的企业间需要共享信息。并且，这些共享的信息是实时信息，这极大提高了预测的准确性。

b）降低库存。CPFR 降低了预测的不准确性，提高了供应链的运作效率。采取 CPFR 后，企业可以按照订单生产而不是传统的基于库存的生产方式，这就减少了企业为应对预测失误或伙伴企业供货不及时而设置的库存。

c）提高资金回报率。由于提高了整体的运作效率，在 CPFR 上的投资会得到良好的回报。尤其是在技术上的投资，由于技术上的投资提高了内部的集成，可以获取高质量的预测信息，使得企业能够通过准确、高质量的信息来优化内部流程。

d）提高客户满意度。通过准确的预测信息、良好的店铺服务降低了缺货水平，顾客满意度也就相应提高了。

2）CPFR 的不足

CPFR 是一种较好的供应链库存管理方法，但它也存在不足之处。

① 以消费者为中心的思想未能完全实现。主要是因为缺乏最主要的当事人——消费者的积极参与和密切配合。由于合作过程是在消费者"缺席"的

情况下展开的，缺乏与消费者的互动和交流。而 POS 系统只能提供关于"过去"的统计数据，不能真实反映消费者未来需求的真实情况。所以，在 POS 基础上的需求预测难免存在偏差，导致供应链效率低下。

② 合作过程不太完善。CPFR 的工作重点是产品的生产领域和流通领域的良好对接，但归根结底，这种合作性仍集中于流通领域，需要增加更加接近实际的群体性的消费预测，并以此驱动生产过程。

（4）CPFR 实施的步骤

第一步，制定框架协议。框架协议的内容主要包括协同合作的范围、各方的期望值以及为保证成功所需的行动和资源、合作的目的、保密协议、资源使用的授权、意外状况判定的法则等。它是所有业务的总纲领。

第二步，协同商务方案。根据共同的发展战略，由合作方基于共享业务信息制定共同的商务发展计划。合作方首先要建立战略合作关系，确定好部门责任、目标及策略。项目管理方面则包括每份订单的最少产品数及倍率、交货提前期等。此方案是进行以后各种预测的基石，方便了供应链上各部门间的交流与合作。

第三步，销售预测。销售商或生产商根据实时销售数据、预计的事务等信息来制定销售预测报告，然后将此报告同另一方进行协商，双方也可各自提出一份报告进行协商。

第四步，鉴别预测异常。根据框架协议中规定的异常标准，对预测报告中的每一项目进行审核，最后得到异常项目表。

第五步，协商解决异常。通过查询共享信息、电子邮件、电话交谈记录、会议记录等来解决异常项目，并对预测报告做相应变更。这种解决方法不但使预测报告更加准确，减小了风险，而且还加强了合作伙伴间的交流。

第六步，订单预测。综合实时及历史销售数据（POS）、库存信息及其他信息来生成具体的订单预测报告。订单实际数量要随时间而变，并反映库存情况。报告的短期部分用来产生生产指令，长期部分用来规划。

第七步，鉴别预测异常。确定哪些项目的预测超出了框架协议中规定的预测极限。

第八步，协商解决预测异常。解决方法类似第五步。

第九步，生产计划生成。将预测的订单转化为具体的生产指令，对库存进行补给。指令生成可由制造商完成，也可由分销商完成，这取决于他们的能力、资源等情况。

9 步运作模式的产生，在很大程度上为企业成功实行 CPFR 模式指明了方向。供应链上的企业可以根据自身情况，结合在供应链中的位置，逐步进行

CPFR 流程改造。由于运作模式分为 9 步，且步骤之间联系紧密，互相影响牵制，企业在实施过程中会遇到很多的困难。因而，是否可以改进 CPFR 的业务流程，简化运作模式的复杂性，成为正在尝试 CPFR 实践的企业界最关心的焦点问题。

（5）CPFR 成功实施的保障

1）合作的意识和价值观

供应链合作的目的是为了提高各节点企业的盈利能力，增强各自的竞争力。面向 CPFR 的合作的价值观要素如下。

① 以共赢的态度看待合作伙伴和价值链相互作用。

② 为价值链成功运行提供持续保证和共同承担责任。无论在哪个层次，合作伙伴坚持其保证和责任将是决定 CPFR 实施过程成功的关键。每个合作伙伴对价值链成功运作的保证、权限和能力有差别。在实施 CPFR 时，合作伙伴应该能够调整其业务活动以适应这些差别。

③ 承诺抵制转向的机会。转向会较大地抑制合作伙伴协调需求和供应计划的能力。抵制转向机会的一个关键是要明确其短期效益和长期效益之间的差别，这也是对 CPFR 必要的信心和承诺的检验。

④ 承诺实现跨企业、面向团队的价值链。

⑤ 承诺制定和维护行业标准。公司价值系统的另一个重要组成部分是对行业标准的支持。每个公司都有一个单独开发的过程，各自为政会影响公司与合作伙伴的联合。制定的行业标准要既便于实行的一致性，又允许公司间有差别，这样才能被有效应用。

2）组织间的信任

供应链合作伙伴间是否信任主要体现在能否共享完整的信息。CPFR 要求企业间能够共享一些敏感的操作信息，这可以使得每个节点企业都能从中获益。

3）内部预测协作

需求信息的预测可以通过很多途径获取，如供应商、分销商、仓储部门或产品设计部门。如果企业内部的职能部门如营销部门、运营部门和财务部门独自掌握着需求预测信息和财务数据等，企业内部对预测结果就会经常出现冲突。那么，基于这些预测结果所安排的各种经营计划在企业内部就会出现不同步，从而使得计划决策反映出不同的期望水平，进而导致与外埠企业进行合作时，无法获得理想的效果。因此，CPFR 要求企业内部不同部门间进行协作，对市场需求做出预测。

4）技术设备的配置及其成本

先进的技术设备的使用能够保证企业间可以快速沟通、共享并利用信息。

因此，技术设备的可得性、设备成本以及企业现有技术的能力对于 CPFR 的成功实施至关重要。

5）预测信息的集成

供应链企业间需要共享很多信息，如果不能正常使用，这些信息将成为实施 CPFR 的障碍。例如，条形码扫描技术使得零售商能够根据 POS 数据进行预测；而供应商则会通过仓库的进出货情况来预测订单。POS 数据非常具体，反映的是每个货架日常的实际需求水平；而出货数据则代表的是一个仓库所面临的所有商店的数据，其时间间隔相对较长，如一周左右。由于这种差别，供应商和零售商所反映出来的需求预测水平就会出现很大差异，导致出现需求预测数据的波动或不统一。而 CPFR 中的例外管理又要求必须对此做出报告，这样导致的结果是供应链上的各节点都会经常收到类似的例外报告，带来许多问题。为了解决上述问题，就需要能够把来自各方的预测信息进行集成。

总之，CPFR 是近来出现的供应链管理的新模式，也是未来中国零售业工业化运营的关键价值提案，需认真研究和推广 CPFR 的管理思想、管理方法和信息技术实现。

9.2.2.4 多级库存控制

（1）多级库存控制的概念

多级库存优化与控制是一种对供应链资源全局优化的库存管理模式，一般至少包括供应—生产—分销 3 个层次。多级库存优化与控制主要有两种库存控制策略：一种是分布式策略，是把供应链库存控制分为 3 个成本中心，即制造商成本中心、分销商成本中心和零售商成本中心，各自根据其库存成本制定优化控制的策略；另一种是集中式策略，是将控制中心放在核心企业上，由核心企业对供应链系统的库存进行控制，协调上游企业和下游企业的库存活动。

实施多级库存优化的首要任务是明确控制目标，使供应链库存成本最小，即在存储成本、订货成本、缺货成本、丢单损失成本、运输成本之和达到最小的基础上，协调供应链上各结点的库存。在激烈的市场竞争环境下，供应链库存管理更强调敏捷制造和基于时间的竞争。但是，无论是基于成本的控制还是基于时间的控制，都要体现集成的、多级库存控制的思想。特别要注意的是，在输入库存信息时，要采用新的"级库存"概念，即在供应链环境下，各结点企业的库存应等于某一库存结点现有库存加上转移到或正在转移给后续结点的库存。这样检查库存状态则不但要检查本库存结点的库存数据，而且还要检查下游需求方的库存数据，才能避免信息扭曲现象。

（2）多级库存控制策略

1）集中式库存控制策略

集中式库存控制策略是将控制中心放在核心企业上，由核心企业对供应链系统的多级库存进行控制，协调上下游企业的库存活动。在协调供应链上各库存点相互关系的基础上，较全面地把握整条供应链系统的运行。

它将管理重心放在供应链核心企业上，这样核心企业也就成了供应链系统的数据中心，担负着数据的集成和协调功能。

从理论上讲，供应链的层次可以是无限的，从消费者到原材料供应商，整个供应链是一个由 n 个层次的供应链组成的网络模型，分为一级供应商、二级供应商……再到核心企业（制造商）；分销商也可以是多层次的，分为一级分销商，二级分销商，三级分销商等，最后到用户。但是现实中，供应链的层次越少越好。

采用集中式方法的优势在于能够对整个供应链的运作有一个较全面的掌握，能够协调各个节点企业的库存活动。但是，集中化方法在管理上的协调难度大，特别是供应链层次比较多时，协调问题更为突出。

2）分布式库存控制策略

分布式控制策略是指供应链上各节点企业库存点独立地采取各自的库存策略。其库存订货点的确定，基本按照单点企业库存的订货点策略进行，即每个库存点根据库存的变化，独立确定库存控制策略，也就是说各节点的库存决策是相对独立的，但彼此是协调的。

通常，它把供应链的库存管理分为 3 个成本控制中心，协调统一管理，即制造商成本中心、分销商成本中心和零售商成本中心，各自根据自己的库存成本做出优化的管理决策，其相互关系如图 9 - 7 所示，其中 d 为需求量；D 为总需求；Q 为采购量。

分布式库存控制要达到整体供应链优化效果，需要企业之间较好的协调，需要增加供应链的信息共享程度，使得供应链的各个部门能够共享统一的市场信息。分布式库存控制策略能够让企业根据自己的实际情况独立做出快速的决策，发挥企业自己的独立自主性和灵活机动性。

（3）多级库存控制应注意的问题

1）明确库存控制的目标

要强调"敏捷制造"、"基于时间"等目标，仅仅优化成本这一个参数显然是不够的，这应该是多目标问题，因此确定库存控制目标的时候应该把时间（库存周转时间）等因素也考虑在内。

制造商成本中心　　　　　　Qt

成本

优化　　　　控制策略

分销商成本中心　　　Dt

成本

优化　　　　控制策略

零售商成本中心　　　$Dt=\sum dt$

成本

优化　　　　控制策略

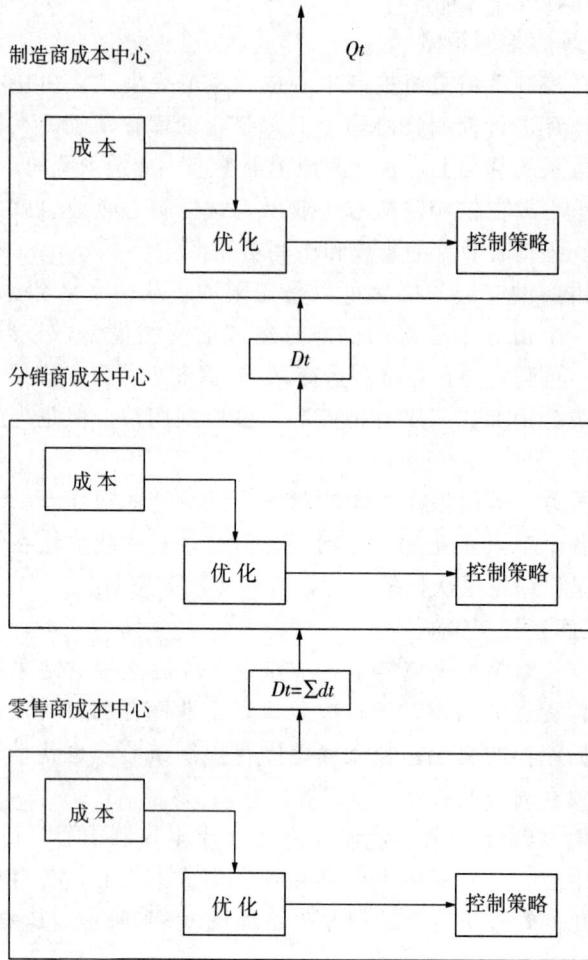

图 9-7　分布式库存控制策略

2）明确库存控制的边界

供应链的结构有各式各样的形式，有全局的供应链，包括供应商、制造商、分销商和零售商各个部门；有局部的供应链，其中又分为上游供应链和下游供应链。在传统的多级库存控制模型中，绝大多数的库存控制模型是下游供应链，即关于制造商（产品供应商）—分销中心（批发商）—零售商的 3 级库存优化，很少有关于零部件供应商—制造商之间的库存控制模型。在上游供应链中，主要考虑的问题是关于供应商的选择问题。所以在多级库存控制时，应站在整条供应链的角度，明确所优化的库存范围。

3）多级库存控制的效率问题

如果所有的相关信息都是可获得的，并且把所有的管理策略都考虑到目标函数中去，集中化的多级控制策略要比单级库存控制策略好。但是当把组织与管理问题考虑进去时，许多决策常常是下放给各个供应链的部门独立进行的，因此多级库存控制策略的好处也许会被组织与管理的考虑所抵消。所以简单的多级库存控制并不能达到优化控制的效果，需要对供应链的组织、管理进行优化；否则，多级库存控制策略的效率仍是低下的。

4）明确采用的库存控制策略

关于多级库存控制，应对库存控制的策略非常明确，不仅要考虑基于无限能力假设的单一品种的多级库存控制策略，而且要综合确定对于能力有限的多级产品的库存控制策略。

复习思考题

1. 什么是定量采购？

2. 什么是定期采购？

3. 什么是多品种联合订购？按时间分为几种？

4. 什么是 ABC 分析法？

5. 什么是 VMI？有哪些形式？

6. 实施 VMI 的原则有哪些？

7. 如何实施 VMI？

8. 什么是 JMI？JMI 的实施策略包括哪些？

9. 什么是 CPFR？如何实施 CPFR？

10. 什么是多级库存控制？

第10章　采购相关法规解读

如何预防、识别、控制、解决企业采购中面临的法律风险，一直是企业采购管理的重大课题，尤其在当今国内法制环境正处于剧烈变革的大背景下，企业采购过程中遇到的法律风险已经呈现出种类越来越多样化、发生几率越来越频繁化、解决方式越来越复杂化的特点。法律风险管理已经成为企业采购所必须面对和解决的重大问题，必须被纳入到企业整体采购战略管理的范围之中。

10.1　经济法与合同法概述

10.1.1　经济法概述

（1）经济法概念

经济法是国家从整体经济发展的角度，对具有社会公共性的经济活动进行干预、管理和调控的法律规范的总称。经济法的概念是经济法学研究的首要问题，也是经济法立法、司法等活动的基础问题。

经济法的概念在我国出现得较晚。1979年6月，全国人民代表大会五届二次会议的官方文件提出："随着经济建设的发展，我们需要制定各种经济法"。第九届全国人民代表大会将经济法确立为我国法律体系中七大法律部门之一，与宪法及宪法相关法、民商法、行政法、社会法、刑法、诉讼与非诉讼法（程序法）并列。

（2）经济法特点

经济法作为一个独立的、新兴的法律部门，与传统的相邻法律部门相比，其主要特点有：

① 经济法是国家干预经济的法

经济法的产生是国家干预经济的必然结果，它把调整的重点始终放在引导各类经济主体依法进行经济活动，保证经济关系的正确确立和有序的进行上，以形成本国经济可持续发展的经济环境和经济秩序。

② 经济法是社会责任本位法

经济法与民法、行政法相比较，在调整社会整体与社会个体的关系上，各有自己的主导思想。经济法是"社会责任本位法"，它以社会利益为基点，无论是国家机关，还是社会组织或个人，都必须对社会负责，在此基础上处理和协调相互之间的关系。

③ 经济法是商品经济发达的法

只有当商品经济成为社会的主导，经济法才会伴随着生产力的发展而产生和发展，因而经济法是商品经济高度发展的产物。

④ 经济法是以经济为目的的法

经济法始终调整经济关系，调整的目的就是使社会的整体经济能持续、稳定的发展，提高社会生产力水平，而且在这个调整过程中甚至会有意使局部利益或个体利益有所损失。

⑤ 经济法是综合调整的法

经济法所调整的经济关系是纵向经济关系，但对横向经济关系会产生明显的影响；采取的手段既有惩罚性的，也有补偿性的，既有鼓励类的，也有禁止、限制类的，体现了明显的综合调整的特征。

（3）经济法体系结构

经济法的体系是由多层次的、门类齐全的经济法部门组成的有机联系的统一整体。

① 竞争法，由《反不正当竞争法》、《拍卖法》、《招标投标法》组成。

② 消费者法，由两个部分构成：《消费者权益保护法》和《产品质量法》。

③ 银行业法，即《商业银行法》。

④ 证券法。

⑤ 财税法，由《税法》（又分为《税收程序法》与《税收实体法》）、《会计法》及《审计法》组成。

⑥ 劳动法。

⑦ 土地法规，包括《土地管理法》和《城市房地产管理法》。

⑧ 环保法，即《环境保护法》。

（4）经济法的独立地位

经济法是独立的法的部门，因为它的调整对象有特定的范围，它只调整在国家协调本国经济运行过程中发生的经济关系，而且其调整对象同其他部门法的调整对象是可以分开的。

经济法是一个重要的法的部门，它所具有的重大作用主要表现在以下几个方面：

① 坚持以公有制为主体、多种所有制经济共同发展；

② 引导、推进和保障社会主义市场经济体制的建立和完善；

③ 扩大对外经济技术交流与合作；

④ 保证国民经济持续、快速、健康的发展。

10.1.2 合同法概述

（1）合同的概念和法律特征

合同是指平等主体的双方或多方当事人（自然人或法人）关于建立、变更、终止民事法律关系的协议。此类合同是产生债权的一种最为普遍和重要的根据，故又称债权合同。《中华人民共和国合同法》所规定的经济合同，属于债权合同的范围。合同有时也泛指发生一定权利、义务的协议，故又称契约。

合同具有以下法律特征：有偿、双务、诺成、非要式。

合同的法律性质：

① 合同是一种民事法律行为。

② 合同是两方或多方当事人意思表示一致的民事法律行为。

③ 合同是以设立、变更、终止民事权利义务关系为目的的民事法律行为。

（2）买卖合同的法律效力

1）卖方的义务

将货物交付给买方，并将货物的所有权转移给买方，这是卖方的基本义务。

货物的交付可分为现实交付和拟制交付。现实交付是指将货物交给买方实际占有；拟制交付是指将货物的所有权证书交给买方以代替货物的交付，例如提单的交付。

卖方交付货物时，承担的具体义务如下：①卖方应当按照约定的时间交付货物。②卖方应当按照约定的地点交付货物。③卖方应当按照约定的或法律规定的质量标准交付货物。④卖方应当按照约定的数量交付货物。⑤卖方应按照约定的方式交付货物。

2）买方的义务

买方义务具体包括：①支付价款的义务，买方应当按照合同约定的时间、地点向卖方支付价款，这是买方的主要义务。②受领货物的义务。③拒收时的保管义务。买方对卖方不按合同约定条件交付的货物有权拒收，但在卖方没有临时保管的情况下，有暂时保管货物的义务，并立即通知卖方收回或者补交货物。

（3）合同的可撤销性

根据合同法等相关法律规定，以下情况，合同可以撤销：

① 因重大误解成立的合同。

② 显失公平的合同。

③ 因欺诈成立的合同。

④ 因胁迫成立的合同。

⑤ 乘人之危订立的合同。

（4）合同的无效性

根据合同法等相关法律规定，以下情况，合同无效：

① 一方以欺诈、胁迫等手段订立的合同，损害国家利益；

② 恶意串通，损害国家、集体或第三者利益；

③ 以合法形式掩盖非法目的；

④ 损害社会公共利益；

⑤ 违反法律、行政法规的强制性规定。

（5）合同的签订

1）要约

要约为当事人一方向他方提出订立合同的要求或建议。提出要约的一方称要约人。在要约里，要约人除表示欲签订合同的愿望外，还必须明确提出足以决定合同内容的基本条款。要约可以向特定的人提出，亦可向不特定的人提出。要约人可以规定要约承诺期限，即要约的有效期限。在要约的有效期限内，要约人受其要约的约束，即有与接受要约者订立合同的义务；出卖特定物的要约人，不得再向第三人提出同样的要约或订立同样的合同。要约没有规定承诺期限的，可按通常合理的时间确定。对于超过承诺期限或已被撤销的要约，要约人则不受其拘束。

2）承诺

承诺为当事人一方对他方提出的要约表示完全同意。同意要约的一方称要约受领人，或受要约人。受要约人对要约表示承诺，其合同即告成立，受要约人就要承担履行合同的义务。对要约内容的扩张、限制或变更的承诺，一般可视为拒绝要约而为新的要约，对方承诺新要约，合同即成立。

（6）合同的签订形式

合同的签订形式即合同双方当事人关于建立合同关系的意思表示方式。我国的合同形式有口头合同、书面合同和经公证、鉴证或审核批准的书面合同等。

1）口头合同

口头合同是以口头的（包括电话等）意思表示方式而建立的合同。但发生纠纷时，难以举证和分清责任。不少国家对于责任重大的或一定金额以上的合同，限制使用口头合同形式。

2）书面合同

书面合同即以文字的意思表示方式（包括书信、电报、契券等）而订立的合同，或者把口头的协议做成书契、备忘录等。书面形式有利于分清是非责任、督促当事人履行合同。我国法律要求法人之间的合同除即时清结者外，应以书面形式签订。其他国家也有适用书面合同的规定。

3）经公证、鉴证或审批的合同

合同公证是国家公证机关根据合同当事人的申请，对合同的真实性及合法性所做的证明。经公证的合同，具有较强的证据效力，可作为法院判决或强制执行的根据。对于依法或依约定须经公证的合同，不经公证则合同无效。

合同鉴证是中国工商行政管理机关和国家经济主管部门，应合同当事人的申请，依照法定程序，对当事人之间的合同进行的鉴证。鉴证机关认为合同内容有修改的必要时，有权要求当事人双方予以改正。鉴证机关还有监督合同履行的权利，故鉴证具有行政监督的特点。我国合同鉴证除部门或地方性法规有明确规定的以外，一般由当事人自愿决定是否鉴证。

合同的审核批准，指按照国家法律或主管机关的规定，某类合同或一定金额以上的合同，必须经主管机关或上级机关的审核批准时，这类合同非经上述单位审核批准不能生效。例如，对外贸易合同即应依法进行审批程序。

10.2 政府采购法

10.2.1 政府采购法的立法意义

（1）社会主义市场经济的客观需要。社会主义市场经济，应是法制经济，规范国内最大的消费市场——政府采购市场，发挥财政的宏观调控作用，对于社会主义市场经济的发展将起重要作用。

（2）依法行政的客观要求。政府的采购行为与其作为社会管理者的行为有着原则上的区别。在政府采购活动中，政府是市场参与者，与其他市场主体处于平等的地位。但同时，我们也应当看到，在政府采购活动中，政府所扮演的角色与其他的市场主体仍有一定的区别，政府不是简单地为满足自己的需求而采购。作为市场上最大的买主，其采购行为对宏观经济的运行有着举足轻重的影响，是现代社会政府调控经济的重要手段。正因如此，我们又不能简单地将政府的采购行为与一般市场主体的行为等同起来，也就是说，不能将政府的采购行为看成是单纯的商业行为。制定政府采购法规既要遵循市场的客观规律，使政府的采购行为市场化，防止其滥用职权，又要保障政府通过采购行为调控经济，实现社会经济持续、稳定发展的目标。

（3）节约资源，提高财政性资金使用效益的制度保证。在传统的财政支出管理体制下，财政性资金的使用效益不高，浪费比较严重。政府采购主要由各部门分散运行，未能有效发挥批量采购的价格效应和示范效应；由于对采购标准缺乏控制，一些部门超前消费，互相攀比；采购的决策秩序不够规范和科学，一些项目明显决策失误，造成浪费。建立健全政府采购法，就是要改革旧的财政支出管理制度，对政府采购方式进行制度化、科学化，提高财政性资金使用效益。

（4）促进公平交易，维护竞争秩序的环境保证。在市场经济条件下，市场对资源的优化配置起着基础性的作用。要使市场的作用得到充分发挥，实现公平竞争是其必要条件。政府作为市场上的最大买主，其采购行为是否规范，是否符合市场经济的客观规律，对能否实现公平竞争有着举足轻重的影响。故在制定政府采购法的过程中，始终坚持公开、公平、公正的原则，将竞争性方式作为政府采购的基本方式，切实保障供应商的合法权益，促进市场的健康发展。

（5）从源头上遏制腐败，防止政府寻租行为的制度保障。政府采购制度通过公开、竞争的透明机制，消除采购活动中的腐败现象，促使政府官员依法行政，维护政府的形象。

10.2.2　政府采购法内容解读

政府采购法共分 9 章、88 条。

第一章　总则主要讲制定本法的意义、法律适用范围和遵循的原则。

第一条　为了规范政府采购行为，提高政府采购资金的使用效益，维护国家利益和社会公共利益，保护政府采购当事人的合法权益，促进廉政建设，制定本法。

第二条　在中华人民共和国境内进行的政府采购适用本法。

本法所称政府采购，是指各级国家机关、事业单位和团体组织，使用财政性资金采购依法制定的集中采购目录以内的或者采购限额标准以上的货物、工程和服务的行为。

第三条　政府采购应当遵循公开透明原则、公平竞争原则、公正原则和诚实信用原则。

第二章　政府采购当事人

包括采购人、供应商和采购代理机构等。

第十五条　采购人是指依法进行政府采购的国家机关、事业单位、团体组织。

第十六条　集中采购机构为采购代理机构。市、自治州以上人民政府根据本级政府采购项目组织集中采购的需要设立集中采购机构。

采购代理机构是非营利事业法人，根据采购人的委托办理采购事宜。

第十八条　采购人采购纳入集中采购目录的政府采购项目，必须委托集中采购机构代理采购。

第三章　政府采购方式

第二十六条　政府采购采用以下方式：

（一）公开招标；

（二）邀请招标；

（三）竞争性谈判；

（四）单一来源采购；

（五）询价；

（六）国务院政府采购监督管理部门认定的其他采购方式。

公开招标应作为政府采购的主要采购方式。

第二十九条　符合下列情形之一的货物或者服务，可以依照本法采用邀请招标方式采购：

（一）具有特殊性，只能从有限范围的供应商处采购的；

（二）采用公开招标方式的费用占政府采购项目总价值的比例过大的。

第三十条　符合下列情形之一的货物或者服务，可以依照本法采用竞争性谈判方式采购：

（一）招标后没有供应商投标或者没有合格标的或者重新招标未能成立的；

（二）技术复杂或者性质特殊，不能确定详细规格或者具体要求的；

（三）采用招标所需时间不能满足用户紧急需要的；

（四）不能事先计算出价格总额的。

第三十一条　符合下列情形之一的货物或者服务，可以依照本法采用单一来源方式采购：

（一）只能从唯一供应商处采购的；

（二）发生了不可预见的紧急情况不能从其他供应商处采购的；

（三）必须保证原有采购项目一致性或者服务配套的要求，需要继续从原供应商处添购，且添购资金总额不超过原合同采购金额百分之十的。

第三十二条　采购的货物规格、标准统一、现货货源充足且价格变化幅度小的政府采购项目，可以依照本法采用询价方式采购。

第四章　政府采购程序

政府采购程序首先是编制政府采购预算，其次由政府采购监管部门根据采购的项目和金额确定采购方式，然后由采购代理机构组织实施，确定中标、成交供应商。

对采用招标方式的政府采购，法律在时间上作出了规定。法律第三十五条规定，自招标文件开始发出之日起至投标人提交投标文件截止之日止，不得少于二十日。

对采购文件，法律也作出了规定。

第四十二条　采购人、采购代理机构对政府采购项目每项采购活动的采购文件应当妥善保存，不得伪造、变造、隐匿或者销毁。采购文件的保存期限为从采购结束之日起至少保存十五年。

第五章　政府采购合同

政府采购项目的具体实施阶段。

第四十三条　政府采购合同适用合同法。采购人和供应商之间的权利和义务，应当按照平等、自愿的原则以合同方式约定。

第四十四条　政府采购合同应当采用书面形式。

第六章　质疑与投诉

主要是供应商对采购人或采购代理机构提出的质询。

第五十一条　供应商对政府采购活动事项有疑问的，可以向采购人提出询问，采购人应当及时作出答复，但答复的内容不得涉及商业秘密。

第五十二条　供应商认为采购文件、采购过程和中标、成交结果使自己的权益受到损害的，可以在知道或者应知其权益受到损害之日起七个工作日内，以书面形式向采购人提出质疑。

第五十三条　采购人应当在收到供应商的书面质疑后七个工作日内作出答复，并以书面形式通知质疑供应商和其他有关供应商，但答复的内容不得涉及商业秘密。

第五十五条　质疑供应商对采购人、采购代理机构的答复不满意或者采购人、采购代理机构未在规定的时间内作出答复的，可以在答复期满后十五个工作日内向同级政府采购监督管理部门投诉。

第五十八条　投诉人对政府采购监督管理部门的投诉处理决定不服或者政府采购监督管理部门逾期未作处理的，可以依法申请行政复议或者向人民法院提起行政诉讼。

所以在进行政府采购活动中，我们必须严格按照法律程序进行，否则，很容易受到供应商的质疑。

第七章　监督检查

第五十九条　政府采购监督管理部门应当加强对政府采购活动及集中采

购机构的监督检查。

监督检查的主要内容是：

（一）有关政府采购的法律、行政法规和规章的执行情况；

（二）采购范围、采购方式和采购程序的执行情况；

（三）政府采购人员的职业素质和专业技能。

在政府采购活动中，除财政部门负有监督检查外，审计部门、监察部门都有监督检查的职责。

第六十七条　依照法律、行政法规的规定对政府采购负有行政监督职责的政府有关部门，应当按照其职责分工，加强对政府采购活动的监督。

第六十八条　审计机关应当对政府采购进行审计监督。政府采购监督管理部门、政府采购各当事人有关政府采购活动，应当接受审计机关的审计监督。

第六十九条　监察机关应当加强对参与政府采购活动的国家机关、国家公务员和国家行政机关任命的其他人员实施监察。

第八章　法律责任

即对采购当事人违法行为进行处罚的规定。

对采购人违法行为的规定，法律第七十四条规定，采购人对应当实行集中采购的政府采购项目，不委托集中采购机构实行集中采购的，由政府采购监督管理部门责令改正；拒不改正的，停止按预算向其支付资金，由其上级行政主管部门或者有关机关依法给予其直接负责的主管人员和其他直接责任人员处分。

对供应商违法行为的规定，法律第七十七条规定，供应商有下列情形之一的，处以采购金额千分之五以上千分之十以下的罚款，列入不良行为记录名单，在一至三年内禁止参加政府采购活动；有违法所得的，并处没收违法所得，情节严重的，由工商行政管理机关吊销营业执照；构成犯罪的，依法追究刑事责任：

（一）提供虚假材料谋取中标、成交的；

（二）采取不正当手段诋毁、排挤其他供应商的；

（三）与采购人、其他供应商或者采购代理机构恶意串通的；

（四）向采购人、采购代理机构行贿或者提供其他不正当利益的；

（五）在招标采购过程中与采购人进行协商谈判的；

（六）拒绝有关部门监督检查或者提供虚假情况的。

供应商有前款第（一）至（五）项情形之一的，中标、成交无效。

对采购代理机构违法行为的处罚，法律第八十二条规定，政府采购监督管理部门对集中采购机构业绩的考核，有虚假陈述，隐瞒真实情况的，或者不作定期考核和公布考核结果的，应当及时纠正，由其上级机关或者监察机关对其负责人进行通报，并对直接负责的人员依法给予行政处分。

集中采购机构在政府采购监督管理部门考核中，虚报业绩，隐瞒真实情况的，处以二万元以上二十万元以下的罚款，并予以通报；情节严重的，取消其代理采购的资格。

第九章　附则规定的不适用本法的特殊情况和实施日期

第八十五条　对因严重自然灾害和其他不可抗力事件所实施的紧急采购和涉及国家安全和秘密的采购，不适用本法。

第八十六条　军事采购法规由中央军事委员会另行制定。

10.3　招标法

10.3.1　招标法简介

招标投标法是国家用来规范招标投标活动、调整在招标投标过程中产生的各种关系的法律规范的总称。按照法律效力的不同，招标投标法法律规范分为 3 个层次：第一层次是由全国人大及其常委会颁布的《招标投标法》法律；第二层次是由国务院颁发的招标投标行政法规以及有立法权的地方人大颁发的地方性《招标投标法》法规；第三层次是由国务院有关部门颁发的招标投标的部门规章以及有立法权的地方人民政府颁发的地方性招标投标规章。本章所称的《招标投标法》，是属第一层次上的，即由全国人民代表大会常务委员会制定和颁布的《招标投标法》法律。《招标投标法》是社会主义市场经济法律体系中一部非常重要的法律，是整个招标投标领域的基本法，一切有关招标投标的法规、规章和规范性文件都必须与《招标投标法》相一致。

10.3.2　招标法的立法宗旨和适用范围

（1）立法宗旨：为了规范招标投标活动，保护国家利益、社会公共利益和招标投标活动当事人的合法权益，提高经济效益，保证项目质量。

（2）适用范围：凡在我国境内进行的招标投标活动，不论是属于《招标投标法》第 3 条规定的法定强制招标项目，还是属于由当事人自愿采用招标方式进行采购的项目，其招标投标活动均适用本法。

从主体上说包括政府机构、国有企事业单位，私人企业，外商投资企业以及其他非法人组织等的招标；从项目资金来源上说，包括国有的资金、政策性贷款和企业资金；从采购对象上说，包括工程（建造、改造、修缮、拆除、管线敷设、装饰装修等），货物（设备、材料、产品、电力等），服务（咨询、勘察、设计、监理、维修等）的采购招标。

10.3.3 强制招标的范围

《招标投标法》第三条规定，"在中华人民共和国境内进行下列工程建设项目包括项目的勘察、设计、讯息工期、监理以及与工程建设有关的重要设备、材料等的采购，必须进行招标：（1）大型基础设施、公用事业等关系社会公共利益、公众安全的项目；（2）全部或者部分使用国有资金投资或者国家速效的项目；（3）使用国际组织或者外国政府贷款、援助资金的项目。前述所列项目的具体范围和规模标准，由国务院发展部门会同国务院有关部门制订，报国务院批准。法律或者国务院对必须进行招标的其他项目的范围有规定的，依照其规定。"

从中可以看出，《招标投标法》中规定的强制招标范围，主要着眼于"工程建设项目"，而且是工程建设项目全过程的招标，包括从勘察、设计、施工、监理到设备、材料的采购。工程勘察，指为查明工程项目建设地点的地形地貌、土层土质、岩性、地质构造、水文条件和各种自然地质现象而进行的测量、测绘、测试、观察、地质调查、勘探、试验、鉴定、研究和综合评价工作。工程设计，指在正式施工之前进行的初步设计和施工图设计，以及在技术要求高而又缺乏经验的项目中所进行的技术设计。工程施工，指按照设计的规格和要求建造建筑物的活动。工程监理，指业主聘请监理单位，对项目的建设活动进行咨询、顾问、监督，并将业主与第三方为实施项目建设所签订的各类合同履行过程，交予其负责管理，法律之所以将工程建设项目作为强制招标的重点，是因为当前工程建设领域发生的问题较多，在人民群众中产生了很坏的影响。其中很重要的一个原因，就是招标投标推行不力，程序不规范，由此滋生了大量的腐败行为。据有关部门调查，在工程建设项目中，勘察、设计、监理单位的选择采取指定方式占有的比例；设备、材料采购中只有部分进行了招标，其余均由业主或承包商直接采购；施工环节虽然大部分采取了招投标的形式，但许多未严格按"公开、公平、公正"原则进行。因此，实行规范招标投标制度，是十分迫切的。从 1998 年开始，国家加大投资力度，加快基础设施建设，以此拉动国民经济持续增长。在这种形势下，提高资金使用效益，确保工程质量，更成为当务之急。因此，制定《招标投标法》，将工程建设项目纳入必须范围，是大势所趋。基于资金来源和项目性质方面的考虑，法律将强制招标的项目界定为以下几项：

第一，大型基础设施、公用事业等关系社会公共利益、公众安全的项目。

　　这是针对项目性质作出的规定。通常来说，所谓基础设施，是指为国民经济生产过程提供基本条件，可分为生产性基础设施和社会性基础设施。前者指直接为国民经济生产过程提供的设施，后者指间接为国民经济生产过程提供的设施。基础设施通常包括能源、交通运输、邮电通讯、水利、城市设施、环境与资源保护设施等。所谓公用事业，是指为适应生产和生活需要而提供的具有公共用途的服务，如供水、供电、供热、供气、科技、教育、文化、体育、卫生、社会福利等。从世界各国的情况看，由于大型基础设施和公用事业项目投资金额大、建设周期长，基本上以国家投资为主，特别是公用事业项目，国家投资更是占了绝对比重。从项目性质上说，基础设施和公用事业项目大多关系社会公共利益和公众安全，为了保证项目质量，保护公民的生命财产安全，各国政府普遍要求制定相关的法律。法律另有规定的除外。

　　第二，全部或部分使用国有资金投资或者国家融资的项目。

　　这是针对资金来源做出的规定。国有资金，是指国家财政性资金（包括预算内资金和预算外资金），国家机关、国有企事业单位的自有资金。其中，国有企业是指人民所有制企业、国有独资公司及国有控股企业。国有控股企业包括国有资本占企业资本总额 50% 以上的企业以及虽不足 50%，但国有资产投资者实质上拥有控制权的企业。全部使用国有资金投资的项目，是指一切使用国有资金（不论其在总投资中所占比例大小）进行的建设项目。国家融资的建设项目，是指使用国家通过对内履行政府债券或向外国政府及国际组织机构举借主权外债所筹资金进行的建设项目。这些以国家信用为担保筹集，由政府统一筹措、安排、使用、偿还的资金也应视为国有资金。

　　第三，使用国际组织或者外国政府贷款、援助资金的项目。如前所述，这类项目必须招标，是世界银行等国际金融组织和外国政府所普遍要求的。我国在与这些国际组织或外国政府签订的双边协议中，也对这一要求给予了认可。另外，这些贷款大多属于国家的主权债务，由政府统借统还，在性质上应视同为国有资金投资。从我国的情况看，使用国际组织或外国政府贷款进行的项目主要有世界银行、亚洲开发银行、日本海外经济协力基金等，基本上用于基础设施和公用事业项目。基于上述原因，《招标投标法》将这类项目列入强制招标的范围。

　　需要指出的是，上述三类项目只是一个大的、概括的范围。项目的具体范围和规模标准，即投资额多大的项目需要招标，何种性质的工程需要招标，采购额多大的设备、材料需要招标，什么品种上的设备、材料需要招标，由国务院发展计划部门会同国务院有关部门制订，报国务院批准后发文公布施行。

第四，法律或者国务院规定的其他必须招标的项目。

随着招标投标制度的逐步建立和推行，我国实行招投标的领域不断拓宽，强制招标的范围还将根据实际需要进行调整。因此，除《招标投标法》外，其他法律和国务院对必须招标的项目有规定的，也应纳入强制招标的范围。

10.3.4 招标投标的原则

招标投标制度是市场经济的产物，并随着市场经济的发展而逐步推广，必然要遵循市场经济活动的基本原则。《招标投标法》依据国际惯例的普遍规定，在总则第 5 条明确规定："招标投标活动应当遵循公开、公平、公正和诚实信用的原则。"《招标投标法》通篇以及相关法律规范都充分体现了这些原则。

（1）公开原则

公开原则即"信息透明"，要求招标投标活动必须具有较高的透明度，招标程序、投标人的资格条件、评标标准、评标方法、中标结果等信息都要公开，使每个投标人能够及时获得有关信息，从而平等地参与投标竞争，依法维护自身的合法权益。同时将招标投标活动置于公开透明的环境中，也为当事人和社会各界的监督提供了重要条件。从这个意义上讲，公开是公平、公正的基础和前提。

（2）公平原则

公平原则即"机会均等"，要求招标人一视同仁地给予所有投标人平等的机会，使其享有同等的权利并履行相应的义务，不歧视或者排斥任何一个投标人。按照这个原则，招标人不得在招标文件中要求或者标明特定的生产供应者以及含有倾向或者排斥潜在投标人的内容，不得以不合理的条件限制或者排斥潜在投标人，不得对潜在投标人实行歧视待遇。否则，将承担相应的法律责任。

（3）公正原则

公正原则即"程序规范，标准统一"，要求所有招标投标活动必须按照规定的时间和程序进行，以尽可能保障招标投标各方的合法权益，做到程序公正；招标评标标准应当具有唯一性，对所有投标人实行同一标准，确保标准公正。按照这个原则，招标投标法及其配套规定对招标、投标、开标、评标、中标、签订合同等都规定了具体程序和法定时限，明确了废标和否决投标的情形，评标委员会必须按照招标文件事先确定并公布的评标标准和方法进行评审、打分、推荐中标候选人，招标文件中没有规定的标准和方法不得作为评标和中标的依据。

（4）诚实信用原则

诚实信用原则即"诚信原则"，是民事活动的基本原则之一，这是市场经济中诚实信用的商业道德准则法制化的产物，是以善意真诚、守信不欺、公平合理为内容的强制性法律原则。招标投标活动本质上是市场主体的民事活动，必须遵循诚信原则，也就是要求招标投标当事人应当以善意的主观心理和诚实、守信的态度来行使权利，履行义务，不能故意隐瞒真相或者弄虚作假，不能言而无信甚至背信弃义。在追求自己利益的同时尽量不损害他人利益和社会利益，维持双方的利益平衡，以及自身利益与社会利益的平衡，遵循平等互利原则，从而保证交易安全，促使交易实现。

10.4　电子签名法

10.4.1　电子签名法的立法意义

《中华人民共和国电子签名法》被称为"中国首部真正意义上的信息化法律"，该法首次赋予电子签名与文本签名具有同等法律效力，并明确电子认证服务市场准入制度，保障电子交易安全。随着这部法律的出台和实施，电子签名将获得与传统手写签名和盖章同等的法律效力，意味着在网上通行有了"身份证"。这部法律将对我国电子商务、电子政务的发展起到极其重要的促进作用。

10.4.2　电子签名法的基本内容

电子签名法，全文约 4 500 字，共 5 章 36 条，分为总则、数据电文、电子签名与认证、法律责任、附则。

"总则"对电子签章法的立法目的、适用范围和电子签章、数据电文的概念给予了明确定义。此外，给予了消费者选择使用或不使用电子签章的权利；

"数据电文"一章主要规定数据电文的书面形式效力、原件效力、保存要求、证据效力等；

"电子签章"明确了安全电子签章的效力、条件，第三方认证机构的设立条件、行为规范和管理机关。

10.4.3　电子签名法解读

（1）电子签名法重点解决的问题

电子签名法重点解决的问题是确立了电子签名的法律效力，规范了电子签名行为，明确了认证机构的法律地位及认证程序，规定了电子签名的安全保障措施，明确了电子认证服务行政许可的实施机关。

（2）电子签名法相关重要概念

1）什么是电子签名？

电子签名是伴随着信息网络技术的发展而出现的一种安全保障技术，目的就是通过技术手段实现传统的纸面签字或者盖章的功能，以确认交易当事人的真实身份，保证交易的安全性、真实性和不可抵赖性。从广义上讲，在不使用纸张的电子交易环境中，所有通过技术手段生成的，可以代替传统纸面签字或盖章的符号、代码、标识等都可以称为电子签名。根据电子签名法的规定，电子签名是指数据电文中以电子形式所含、所附，用于识别签名人身份并表明签名人认可其中内容的数据。与手写签名或者盖章一样，电子签名有两个基本功能：一是用于识别签名人的身份，二是表明签名人对文件内容的认可。

电子签名制作数据和电子签名验证数据是与电子签名有着密切联系的两个概念。电子签名制作数据，就是用于生成电子签名并将电子签名与电子签名人可靠地联系起来的字符、编码等数据。电子签名验证数据，就是用于验证电子签名的数据，包括代码、口令、算法或者公钥等。

2）什么是可靠的电子签名？

电子签名法规定，可靠的电子签名与手写签名或者盖章具有同等的法律效力，那么什么是可靠的电子签名呢？根据电子签名法的规定，同时符合下列4个条件的电子签名视为可靠的电子签名：①电子签名制作数据用于电子签名时，属于电子签名人专有；②签署时电子签名制作数据仅由电子签名人控制；③签署后对电子签名的任何改动都能够被发现；④签署后对数据电文内容和形式的任何改动能够被发现。此外，根据电子签名法的规定，当事人也可以选择使用符合其约定的可靠条件的电子签名。

可靠电子签名的4个条件可以概括为"四性"：①电子签名制作数据的专有性/唯一性；②电子签名制作数据的保密性；③电子签名的防篡改性；④数据电文的防篡改性。

3）什么是电子签名认证证书？

电子签名认证证书是指可证实电子签名人与电子签名制作数据有联系的数据电文或者其他电子记录。在现实社会中，我们每个人都持有一个自己的《居民身份证》，这是现实社会中确认我们身份的法定证件。但在网络环境中，交易各方互不谋面，无法通过《居民身份证》来确认相互的身份，必须通过技术手段实现网上的身份认证，电子签名认证证书作为"网上身份证"便应运而生。

根据电子签名法的规定，电子签名认证证书应包括下列内容：①证书签发者名称；②证书持有人名称；③证书序列号；④证书有效期；⑤证书持有人的电子签名验证数据；⑥证书签发者的电子签名；⑦国务院信息产业主管部门规定的其他内容。可以说，证书持有人的电子签名验证数据是电子签名认证证书中最为重要的一项内容，这就类似于居民身份证上的照片，通过它就可以把电子签名和电子签名人可靠地联系起来。

4）什么是电子签名认证服务提供者？

现实社会中用于确认身份的《居民身份证》是由公安机关签发的，公安机关是大家都信得过的一个权威机构。网络环境中，也需要有一个大家都信任的权威机构来签发电子签名认证证书，这个权威机构就是电子签名法中所说的电子签名认证服务提供者，其主要作用就是根据电子签名人的申请，为电子签名人签发电子签名认证证书。

我国对电子认证服务实行许可制。从事电子认证服务，应首先向国务院信息产业主管部门申领电子认证许可证书，并依法向工商行政管理部门办理企业登记手续。根据电子签名法的规定，提供电子认证服务，应当具备下列条件：①具有与提供电子认证服务相适应的专业技术人员和管理人员；②具有与提供电子认证服务相适应的资金和经营场所；③具有符合国家安全标准的技术和设备；④具有国家密码管理机构同意使用密码的证明文件；⑤法律、行政法规规定的其他条件。

电子签名法规定了电子认证服务的几项主要业务规范，包括：①依法制定并公布电子认证业务规则。②签发证书应查验申请人身份并对有关材料进行审查，确保所签发的证书准确无误，确保证书内容在有效期内完整、准确。③暂停或者终止服务前应就业务承接及其他有关事项进行妥善安排。④妥善保存与认证相关的信息。电子认证服务业的具体管理办法将由国务院信息产业主管部门依照电子签名法的授权另行制定。

5）密码在电子签名中的作用是什么？

具有安全可靠性和经济实用性的电子签名实现技术的核心是密码技术。在电子签名应用中，通常采用公开密钥的密码体制。在这种密码体制下，密钥由公开发布的公钥和保密的私钥组成。私钥和公钥是由密码算法生成的唯一对应的一对数据，通过私钥不能推导出对应的公钥，通过公钥也不能推导出对应的私钥。在这里，私钥就相当于前面所说的电子签名制作数据，公钥就相对于电子签名验证数据。

电子签名的基本实现过程是：电子签名人用只有自己知道的私钥对特定

数据进行加密生成电子签名,其他人用电子签名人公开发布的公钥对电子签名进行解密以确认电子签名人的身份。电子认证服务提供者签发的电子签名认证证书中最为重要的一项内容就是电子签名人的公钥信息。正因为密码技术在电子签名中的重要作用,我国电子签名法明确规定,开展电子认证服务必须事先取得国家密码管理机构同意使用密码的证明文件,实际上是为电子认证服务市场准入设置了一项前置性行政许可。

【案例分析】

甲公司与乙公司于 2001 年 5 月 20 日签订了设备买卖合同,甲为买方,乙为卖方。双方约定:⑴由乙公司于 10 月 30 日前分两批向甲公司提供 10 套设备,价款总计为 150 万元;⑵如一方迟延履行,应向另一方支付违约金 20 万元。7 月 1 日,乙公司向甲公司交付了 3 套设备,甲公司支付了 45 万元货款。9 月,该种设备价格大幅上涨,乙公司向甲公司提出变更合同,要求将剩余的 7 套设备价格提高到每套 20 万元,甲公司不同意,随后乙公司通知甲公司解除合同。11 月 1 日,甲公司仍未收到剩余的 7 套设备,从而严重影响了其正常生产,并因此遭受了 50 万元的经济损失。于是甲公司诉诸法院。

问:

(1) 乙公司通知甲公司解除合同是否合法?说明理由。

(2) 甲公司要求增加违约金数额依法能否成立?说明理由。

(3) 甲公司要求乙公司继续履行合同依法能否成立?说明理由。

复习思考题

1. 在什么情况下,合同是可以撤销的?

2. 在什么情况下,合同无效?

3. 政府采购主要有哪几种方式?

4. 简述强制招标的范围。

5. 什么是电子签名?

6. 什么是可靠的电子签名?

参 考 文 献

[1] 梁雯. 物流信息管理 [M]. 北京：中国物资出版社，2011.

[2] 张浩. 采购管理与库存控制 [M]. 北京：北京大学出版社，2011.

[3] 梁军，王金云. 采购管理 [M]. 北京：电子工业出版，2006.

[4] 王槐林. 采购管理与库存控制 [M]. 北京：中国物资出版社，2008.

[5] 曲立. 库存管理理论与应用 [M]. 北京：经济科学出版社，2006.

[6] 伍蓓，王珊珊. 采购与供应管理 [M]. 杭州：浙江大学出版社，2010.

[7] 鞠颂东. 采购管理 [M]. 北京：机械工业出版社，2005.

[8] 李严峰，罗霞. 物流采购管理 [M]. 北京：科学出版社，2011.

[9] 董千里. 采购管理 [M]. 重庆：重庆大学出版社，2008.

[10] 张晓华. 采购与库存控制 [M]. 武汉：华中科技大学出版社，2011.

[11] 潘波，田建军. 现代物流采购 [M]. 北京：机械工业出版社，2009.

[12] 杨晓雁，王卫华. 国际采购实务 [M]. 上海：华东师范大学出版社，2009.

[13] 鞠颂东，徐杰. 采购管理 [M]. 北京：北京：机械工业出版社，2009.

[14] 周云. 采购成本控制与供应商管理 [M]. 北京：机械工业出版社，2009.

[15] 鲁照旺. 采购法务与合同管理 [M]. 北京：机械工业出版社，2008.

[16] 徐杰，鞠颂东. 采购管理 [M]. 北京：机械工业出版社，2009.

[17] 李恒兴，鲍钰. 采购管理 [M]. 北京：北京理工大学出版社，2011.

[18] 张玉斌，陈宇. 采购管理 [M]. 北京：化学工业出版社，2009.

[19] 甘明，刘洪娟，杨悦. 采购管理 [M]. 北京：中国石化出版社，2010.

[20] 李锋，陈锦红. 采购管理必备制度与表格 [M]. 北京：化学工业出版社，2010.

[21] 孙佩红. 采购管理工作细化执行与模板 [M]. 北京：人民邮电出版社，2009.

[22] 李政，姜宏锋. 采购过程控制 [M]. 北京：化学工业出版社，2010.

[23] 北京中交协物人力资源培训中心组织. 采购过程与合同管理 [M]. 北京：机械工业出版社，2008.

[24] 王静. 采购人员岗位培训手册 [M]. 北京：人民邮电出版社，2010.

[25] 张友林. 采购新手快速入门 [M]. 北京：化学工业出版社，2012.

[26] 赵道致，王振强. 采购与供应链管理 [M]. 北京：清华大学出版社，2009.

[27] 维尔. 采购与供应链管理 [M]. 北京：清华大学出版社，2010.

[28] （英）肯尼斯·莱桑斯，（英）布莱恩·法林顿著. 采购与供应链管理（第7版）[M]. 北京：电子工业出版社，2007.

[29] 刘宝红. 采购与供应链管理：一个实践者的角度 [M]. 北京：机械工业出版社，2012.

[30] 李政，李亮. 采购主管工作手册 [M]. 北京：化学工业出版社，2011.

[31] 孙佩红，唐磊. 企业采购控制精细化管理全案 [M]. 北京：人民邮电出版社，2012.

[32] 刘尔烈，刘戈等. 项目采购与合同管理 [M]. 天津：天津大学出版社，2010

[33] 张冬云. 物流法律法规概论与案例 [M]. 北京：清华大学出版社，2010

[34] 中华人民共和国采购法，2003.

[35] 中华人民共和国招标投标法，2000.

[36] 刘晓，李海越，王成恩等. 供应商选择模型与方法综述 [J]. 中国管理科学，2004，(1)：139—148.

[37] 赵祥宇，赵淼，赵鑫. 供应商管理过程中的知识管理 [J]. 科学学研究，2007，25 (2)：287—291.

[38] 梁建英，李垣，廖貅武. 服务外包供应商信号传递 [J]. 中国管理科学，2007，15 (1)：99—105.

[39] 刘汉进，倪沈冰，张莉娜. 零售企业的供应商分类管理 [J]. 南开管理评论，2005，8 (2)：72—77.

[40] 徐金发，卢蓉. 战略采购的过程模型及其作用模式 [J]. 中国工业经济，2006，(3)：115—121.

[41] 宋华. 供应链管理环境下的战略采购 [J]. 中国工业经济，2003，(6)：10—17.

[42] 巫强，刘志彪. 本土装备制造业市场空间障碍分析——基于下游行业全球价值链的视角 [J]. 中国工业经济，2012，(03)：580—597.

[43] 艾冰，陈晓红. 政府采购与自主创新的关系 [J]. 管理世界，2008.

[44] 高维和，陈信康，江晓东. 声誉、心理契约与企业间关系：基于在华外资企业采购视角的研究 [J]. 管理世界，2009.

[45] 焦媛媛，王蓬源，王璐. 有无制造经验的全球采购商特征差异性研究

——基于全球价值链不同驱动模式的跨案例分析［J］．管理世界，2009．

［46］William H．，Xu X．，Prasanta K. D.. Multi－criteria decision making approaches for supplier evaluation and selection：A literature review ［J］．European Journal of Operational Research，2010，202：16－24．

［47］Lin Y. T．，Lin C.. A novel hybrid MCDM approach for outsourcing vendor selection：A case study for a semiconductor company in Taiwan ［J］．Expert Systems with Applications，2010，37：4796－4804．

［48］Amit Kumar，Vipul Jain，Sameer Kumar。A comprehensive environment friendly approach for supplier selection ［J］．Omega 42 (2014) 109－12．

［49］Pamela Danese. Supplier integration and company performance：A con-figurational view ［J］．Omega 41 (2013) 1029－104．

［50］Mee－shew Cheung，Mathew B. Myers，John T. Mentzer. The Value Of Relational learning in global buyer－supplier exchanges：a dynamic perspective and test of pie－sharing premise ［J］．Strategic Management Journal，32：1061－1082 (2011)．

［51］Anil Arya，Brian Mittendor. The Make－or－Buy Decision in the Presence of a Rival：Strategic Outsourcing to a Common Supplier ［J］．Management Science，54 (10)，2008：1747－1758．

［52］Xiaoqing Jing，Jinhong Xie. Group Buying：A New Mechanism for Selling Through Social Interactions ［J］．Management Science，57 (8)，2011：1354－1372．

［53］Chris Snijders，Frits Tazelaar. Five counterintuitive findings in IT－purchasing ［J］．Journal of Purchasing & Supply Management 11 (2005) 83－96．

［54］Lieven Quintens，Pieter Pauwels，Paul Matthyssens. Global purchasing：State of the art and research directions ［J］．Journal of Pur-chasing & Supply Management 12 (2006) 170－181．

［55］Filip Roodhooft，Jozef Konings. Vendor selection and evaluation An activity based costing approach ［J］．European Journal of Operational Research 96 (1996) 97－102．

［56］帕迪采购咨询：http：//www. sino－pardi. com/

［57］灵捷咨询采购培训：http：//987085. co. sonhoo. com/company _ web/

index—987086. html

[58] Coupon 优惠券网：http：//www. groupon. com/

[59] 中国政府采购网：http：//www. ccgp. gov. cn/。

[60] 中国采购与招标网：http：//www. chinabidding. com. cn/zbw/index. jsp。

[61] 中国采购网：http：//www. caigou. biz/。

[62] 代工网：http：//www. franklin77. com/group _ buy. html? a=1.

[63] 采购师考试网：采购师谈判经典案例 — 细节决定成败 [DB/OL].
http：//edu. 21cn. com/ caigou/g _ 66 _ 847025—1. htm，2012. 4. 29.

[64] 美国劳工统计局：http：//www. bls. gov/.

[65] 中国联合采购促进会：http：//www. capunp. org/index. ycs.

[66] 联合国采购：http：//www. un. org/chinese/procurement/.

[67] 国家采购师培训中心：http：// www. zgpeixun. org/main/20081219532034/.

[68] 采购师国家考试中心：http：//www. cgsosta. com/.

[69] 曹东，吴晓波，周根贵. 不对称信息下绿色采购激励机制设计 [J]. 系统工程理论与实践，2013.

[70] 李军，刘树林. 基于 Cobb—Douglas 效用函数的多属性采购拍卖 [J]. 管理科学学报，2012.

[71] 王丽梅，姚忠，刘鲁. 现货供应不确定下的优化采购策略研究 [J]. 管理科学学报，2011.

[72] 慕银平，冯毅，唐小我. 随机需求下期权采购与预售联合决策研究[J]. 管理科学学报，2011.